Aprendiendo

MySQL

en 21 Días

TRADUCTOR:
Gustavo Adolfo Antúnez Barnad
Ingeniero Electrónico - UNAM
Jorge Joel del Arco Pérez
Ingeniero en Alimentos

REVISIÓN TÉCNICA:
Luis Enrique Serrano

MÉXICO • ARGENTINA • BRASIL • COLOMBIA • COSTA RICA • CHILE
ESPAÑA • GUATEMALA • PERÚ • PUERTO RICO • VENEZUELA

Datos de catalogación bibliográfica

MASLAKOWSKI, MARK y BUTCHER, TONY
Aprendiendo MySQL en 21 Días

PEARSON EDUCACIÓN, México, 2001

ISBN: 970-26-0036-7
Área: Computación

Formato: 18.5 × 23.5 cm   Páginas: 560

EDICIÓN EN ESPAÑOL

EDITOR DE DIVISIÓN COMPUTACIÓN: DANIEL GONZÁLEZ PINEDA
SUPERVISOR DE TRADUCCIÓN: ANTONIO NÚÑEZ RAMOS
SUPERVISOR DE PRODUCCIÓN: RODRIGO ROMERO VILLALOBOS

APRENDIENDO MySQL EN 21 DÍAS

Versión en español de la obra titulada *Teach Yourself MySQL in 21 Days*, de Mark Maslakowski publicada originalmente en inglés por SAMS Publishing, una división de Macmillan Computer Publishing, 201 W, 103rd Street, Indianapolis, Indiana, 46290, EUA.

Esta edición en español es la única autorizada.

Primera Edición 2001

ISBN: 970-26-0036-7 de la versión en español
ISBN: 0-672-31914-4 de la versión en inglés

Pearson Educación ®

Impreso en México, *Printed in Mexico*

1 2 3 4 5 6 7 8 9 0   04 03 02 01

EDITOR ASOCIADO
Michael Stephens

EDITORA EJECUTIVA
Rosemarie Graham

EDITORA DE ADQUISICIONES
Shelley Johnston

EDITORES DE DESARROLLO
Clint McCarty
Gus A. Miclos

EDITOR ADMINISTRATIVO
Matt Pursell

EDITOR DE PROYECTO
Andy Beaster

CORRECTOR DE ESTILO
Pat Kinyon

INDIZADOR
Sandy Henselmeier

CORRECTOR DE PRUEBAS
Matt Wynalda

REVISOR TÉCNICO
Pierre Boutquin

COORDINADOR DEL EQUIPO
Pamalee Nelson

ESPECIALISTA EN DESARROLLO DE SOFTWARE
Jason Haines

DISEÑADOR DE PÁGINAS INTERIORES
Gary Adair

DISEÑADOR DE PORTADA
Aren Howell

REDACTOR
Eric Borgert

PRODUCCIÓN
Brandon Allen
Cheryl Lynch

Resumen de contenido

Contenido

Acerca de los autores

MARK MASLAKOWSKI es un asesor que trabaja para Thor Systems Inc., que es una compañía especializada en integración de sistemas. Como desarrollador en jefe de soluciones, Mark es el responsable del desarrollo de soluciones para las necesidades específicas de los clientes sin importar la plataforma de la que se trate. Ha estado involucrado en el desarrollo de grandes aplicaciones de múltiples capas para grandes corporaciones. Mark inició su carrera en la Armada de los Estados Unidos y se ha dedicado a eso desde entonces. Ha ocupado diversos puestos, incluyendo administrador de bases de datos, desarrollador en jefe y analista de sistemas en jefe. Mark puede ser contactado en markm@thorinc.com.

TONY BUTCHER es asesor especializado en el diseño de sitios Web interactivos y basados en bases de datos. Como director de tecnología de Tribal Internet en el Reino Unido, desarrolla soluciones basadas en MySQL en combinación con Perl y PHP3. Ha diseñado sitios como front ends para grandes cantidades de datos que se pueden buscar con consultas refinadas y ha creado comunidades virtuales de miles de personas con sistemas de regalías y publicación personalizada de información. Aunque ha tenido una variedad de carreras, ha implementado bases de datos en casi todos los trabajos que ha tenido. "No deberíamos estar preocupados por el exceso de información", tal vez diría: "Lo importante es la manera en que planteamos nuestras búsquedas".

Dedicatoria

Me gustaría dedicar este libro con amor a la memoria de mi padre quien dejó este mundo tempranamente pero les dio a aquellos que tocó, una vida entera de recuerdos y enseñanzas.

—Mark

Reconocimientos

Primero y antes que nada me gustaría agradecer a Ken Robertson por darme el tiempo, el discernimiento y la oportunidad de hacer este libro una realidad.

Me gustaría agradecer también a Carla Maslakowski. Sin su empuje y dirección no hubiera tenido esta profesión que he disfrutado tanto.

También me gustaría agradecer a David Smith de Cornerstone Information Systems, por darme la oportunidad cuando nadie lo hizo.

A todos mis amigos del club por ayudarme como válvula de escape cuando más lo necesité.

No puedo olvidar a mi familia por estar ahí cuando más los necesité y por tolerar mis malos hábitos.

También me gustaría dar las gracias a todo el equipo de Sams Publishing, especialmente a Shelley Johnston por hacer de esta experiencia algo placentero.

—Mark Maslakowski

Pearson Educación de México

El personal de Pearson Educación de México está comprometido en presentarle lo mejor en material de consulta sobre computación. Cada libro de Pearson Educación de México es el resultado de meses de trabajo de nuestro personal, que investiga y refina la información que se ofrece.

Como parte de este compromiso con usted, el lector de Pearson Educación de México lo invita a dar su opinión. Por favor háganos saber si disfruta este libro, si tiene alguna dificultad con la información y los ejemplos que se presentan, o si tiene alguna sugerencia para la próxima edición.

Sin embargo, recuerde que el personal de Pearson Educación de México no puede actuar como soporte técnico ni responder preguntas acerca de problemas relacionados con el software o el hardware.

Si usted tiene alguna pregunta o comentario acerca de cualquier libro de Pearson Educación de México, existen muchas formas de entrar en contacto con nosotros. Responderemos a todos los lectores que podamos. Su nombre, dirección y número telefónico jamás formarán parte de ninguna lista de correos ni serán usados para otro fin, más que el de ayudarnos a seguirle llevando los mejores libros posibles. Puede escribirnos a la siguiente dirección:

Pearson Educación de México
Attn: Editorial División Computación
Calle Cuatro No. 25, 2° Piso,
Col. Fracc. Alce Blanco
Naucalpan de Juárez, Edo. de México
C.P. 53370.

Si lo prefiere, puede mandar un fax a Pearson Educación de México al (525) 5387-0811.

También puede ponerse en contacto con Pearson Educación de México a través de nuestra página Web: http://www.pearsonedlatino.com

Introducción

Desde antes de la era de las computadoras la gente usaba bases de datos. Antes del advenimiento de las computadoras una base de datos podría haber sido un Rolodex que contuviera números telefónicos de gente importante que usted conociera, o podía ser un archivero con información de los registros del personal de la compañía. Actualmente las bases de datos están basadas en computadoras y se pueden encontrar virtualmente en cualquier parte. Desde las bases de datos de escritorio de su colección de discos hasta las bases de datos en Web de grandes corporaciones, las bases de datos vienen en todas las formas y tamaños. Debido a todo esto, la industria de bases de datos ha crecido tan rápido y tan extensamente como el resto de la industria de la computación.

Hasta hace poco, las bases de datos más poderosas costaban un ojo de la cara. Podían proveer todas las herramientas y funcionalidad para manejar una empresa pero a un precio muy alto. De ahí que muchas compañías preferían utilizar bases de datos más económicas sacrificando la funcionalidad.

Además, Internet ha difundido una nueva necesidad para las bases de datos que pueden ser accedidas a través de Web. Esta necesidad ha llevado a los productores de software a crear productos que puedan tomar ventaja de esta tecnología. Nuevamente, el precio juega un papel importante. Estos productos generalmente son muy caros y dependientes de la plataforma, de modo que no todos los proveedores de servicios de Internet ni las pequeñas compañías pueden aprovechar esta tecnología.

Entre a Linux y a la revolución del Open Source. Esta idea —tener un sistema operativo y el código fuente sin un cargo adicional— cambió la forma en que la industria hacía negocios. Ahora que esta revolución se ha estabilizado, la gente se ha desbandado en masa para ver cómo pueden utilizar esta nueva solución propuesta.

MySQL es parte de esta solución. MySQL fue desarrollado por TcX en 1996. Lo crearon porque se necesitaba una base de datos relacional que pudiera manejar grandes cantidades de datos en equipos relativamente baratos. Nada había en ese momento que pudiera hacerlo, así que lo crearon ellos mismos.

MySQL es la base de datos relacional más rápida del mercado. Se desempeña mejor que cualquiera de las bases de datos líderes en casi cualquier categoría. Tiene casi toda la funcionalidad de las bases de datos líderes, pero no el alto precio de sus competidores. Esto puede parecer algo así como argumentos de mercadotecnia, pero después de un poco de tiempo de trabajar con MySQL usted estará de acuerdo.

Si MySQL es tan bueno, ¿por qué no ha captado todavía la atención de la industria? La respuesta es que hasta 1999, Linux y el movimiento Open Source eran prácticamente desconocidos.

MySQL corre primariamente en sistemas basados en UNIX —aunque se ha portado para casi todas las plataformas del mercado. Hasta que surgió el movimiento Open Source y la disponibilidad de sistemas operativos basados en UNIX con precios accesibles, nadie consideraba a MySQL como un contendiente.

Debido al reciente éxito de Linux, MySQL ha crecido en popularidad. Desafortunadamente no hay mucha documentación publicada. Aquí es donde *Aprendiendo MySQL en 21 Días* hace su aparición. Usted se introducirá en los diferentes componentes de MySQL, como instalación, administración e interfaces.

Cuando finalice sus lecciones, estará familiarizado con estos temas, así como con algunos otros. Entenderá por qué MySQL es uno de los mejores RDBMSs (sistemas de administración de bases de datos relacionales) en este momento.

Cómo está organizado este libro

Este libro cubre en 21 días el RDBMS MySQL, separado en tres bloques semanales. Cada semana cubre un área diferente de MySQL y estructura la información aprendida en los días previos.

En la primera semana aprenderá algunos de los componentes básicos de MySQL:

- El día 1, "Qué es MySQL", es la introducción a MySQL —qué es y cómo se compara con otros RDBMSs de su clase. Aprenderá acerca de los diferentes componentes de una base de datos y se introducirá a las bases de datos relacionales.

- El día 2, "Inicio", aprenderá cómo instalar MySQL tanto en la plataforma Linux como en la plataforma Windows.

- El día 3, "Diseño de su primera base de datos", cubre las base de cómo diseñar una base de datos. Diseñará una base de datos de muestra, la cual será utilizada a lo largo del libro como ejemplo.

- El día 4, "Creación de su primera base de datos", creará su primera base de datos de MySQL. Aprenderá los comandos necesarios para esto, así como algunas utilerías especiales.

- El día 5, "Normalización de sus datos", cubre la normalización —un tema muy importante cuando se trata con bases de datos relacionales.

- El día 6, "Cómo agregar tablas, columnas e índices a su base de datos", usted "fortalecerá" su base de datos aprendiendo cómo agregar tablas, columnas e índices, lo que le dará estructura a su diseño.

- El día 7, "Tipos de datos de MySQL", cubre los diferentes tipos de datos que utiliza MySQL.

La semana 2 está dedicada a enseñarle cómo trabajar con su base de datos. Conocerá varias formas de manipular los datos almacenados en su base de datos de MySQL. Aprenderá acerca de las funciones intrínsecas de MySQL, así como de sus interfaces, incluyendo la popular DBI/DBD de Perl:

- El día 8, "Cómo poblar su base de datos", conocerá las herramientas y los trucos que puede utilizar para poblar su base de datos.

- El día 9, "Consulta de la base de datos", se dará un compendio de SQL. La guía básica le proporcionará las bases necesarias para manipular sus datos.

- El día 10, "Cómo dejar que MySQL haga el trabajo: funciones intrínsecas", cubre las funciones disponibles en MySQL.

- El día 11, "Bloqueo de tablas y diversos tipos de claves", lo introduce a los bloqueos y las claves. Los usos y los porqués de estas características serán cubiertos en este día.

- El día 12, "Cómo obtener datos—interfaces de bases de datos", inicia el tema de las interfaces y las APIs disponibles en MySQL. Verá cómo algunas interfaces comparten funciones comunes.

- El día 13, "Cómo utilizar MyODBC", cubre la interfaz del controlador ODBC. En este día explorará las técnicas necesarias para acceder la base de datos de MySQL utilizando esta tecnología.

- El día 14, "La Interfaz de Bases de Datos de Perl", cubre en detalle la DBI de Perl para MySQL. Construirá basándose en las lecciones de los días anteriores y creará su propio programa Perl para acceder datos a través de Internet.

En la semana 3 se introducen algunas técnicas más avanzadas de administración de las bases de datos de MySQL. Aprenderá cómo administrar el servidor de bases de datos MySQL incluyendo técnicas de seguridad y optimización. Al final de esta semana terminará construyendo un sitio Web utilizando MySQL para construir páginas Web dinámicamente y procesar las entradas de los usuarios.

- El día 15, "MySQL y PHP", aprenderá cómo utilizar MySQL con PHP, una excitante y nueva tecnología.

- El día 16, "MySQL y el tiempo", cubre el uso de las fechas en MySQL. Conocerá algunas de las funciones que están disponibles en MySQL.

- El día 17, "Seguridad de bases de datos en MySQL", aprenderá acerca de la seguridad de bases de datos en MySQL. Aprenderá cómo está implementada la seguridad en MySQL, así como la forma de mantener segura su base de datos.

- El día 18, "Cómo se compara MySQL con otras BDDs", compararemos MySQL con otras bases de datos. Echaremos un vistazo a ciertas características de algunas bases de datos que MySQL no tiene, y discutiremos algunas formas de implementarlas.

- El día 19, "Administración de MySQL", cubre la administración a detalle. Aprenderá cómo mantener los registros y la búsqueda de registros con problemas. También aprenderá sobre los respaldos y la restauración de las bases de datos de MySQL.

- El día 20, "Cómo optimizar MySQL", aprenderá cómo afinar el desempeño de su motor de base de datos. También aprenderá cómo realizar mejores consultas, así como algunos trucos para mejorar su desempeño.

- El último día, "Cómo agruparlo todo", utilizará todo lo que ha aprendido en las lecciones anteriores para construir una aplicación funcional, utilizando MySQL.

Acerca de este libro

Este libro le enseña el RDBMS MySQL. Aprenderá una amplia variedad de temas, desde la creación, la interacción, hasta la administración de bases de datos. Al final de estas lecciones será capaz de instalar, crear, utilizar y mantener una base de datos de MySQL. En el camino aprenderá acerca del diseño de bases de datos, así como el uso de bases de datos relacionales.

¿Quién debe leer este libro?

Este libro es para usted si alguna de las siguientes condiciones es verdadera:

- Ha excedido la capacidad de su administrador de bases de datos actual y está buscando un buen sustituto.

- Está desarrollando un sitio Web que necesita acceso a bases de datos.

- Nunca antes ha trabajado con una base de datos relacional y quiere aprender a utilizar una.

- Se está cambiando a la plataforma Linux y está buscando un administrador de bases de datos relacionales probado que dé soporte a su empresa.

Este libro le mostrará los pasos, desde el principio hasta el final, que usted necesita saber para utilizar MySQL. Todos los aspectos de MySQL se cubren aquí.

Si nunca antes ha utilizado un RDBMS, se preguntará si este libro es para usted. De hecho lo es. Lo llevará paso a paso por las situaciones más difíciles, ofreciéndole ejemplos e ilustraciones que lo ayudarán a entender y lo guiarán a través de los aspectos más difíciles de MySQL.

Si ha utilizado RDBMSs como Microsoft SQL Server, Sybase u Oracle, este libro también es para usted. Le dará la oportunidad de ver uno de los sistemas menos conocidos y que, sin embargo, puede codearse con los más "grandes".

Si ya había utilizado MySQL o lo usa actualmente, este libro también es para usted, pues aquí encontrará métodos abreviados y explicaciones que podría no encontrar fácilmente en otras partes. Aquí se responde una gran cantidad de preguntas que tal vez usted se haya hecho alguna vez.

Aprendiendo MySQL en 21 Días asume que usted no tiene experiencia previa en sistemas de administración de bases de datos. Así que tome las cosas con un poco de calma y asegúrese de que está entendiendo cada lección completamente antes de pasar a la siguiente. Cada capítulo está soportado en el material cubierto previamente. Usted será capaz de tomar lo que ha aprendido en una lección para aplicarlo más adelante.

Cómo está estructurado este libro

Se pretende que este libro sea leído y comprendido en un lapso de tres semanas. Cada semana usted lee siete capítulos y lleva a cabo ejercicios al final de cada uno de ellos.

Convenciones utilizadas en este libro

Nota | Una nota presenta información técnica interesante relacionada al tema tratado.

Tip | Un tip provee consejos o formas fáciles de hacer algo.

Precaución | Una precaución le avisa de problemas potenciales y le ayuda a evitar desastres.

Los términos nuevos aparecen en *cursivas* en el párrafo en el que son definidos.

Al final de cada capítulo encontrará secciones muy útiles de resumen y de preguntas y respuestas.

Además, a lo largo del libro encontrará diversas convenciones tipográficas.

- Los comandos, las variables, los directorios y los archivos aparecen en una `fuente monoespaciada`.

- Los comandos y lo que usted escribe, aparecen en fuentes **`monoespaciadas`** y en **`negritas`**.

- Los caracteres sustituibles en la descripción de la sintaxis aparecen como fuentes *`monoespaciadas cursivas`*. Esto indica que usted debe reemplazar dichos caracteres con el nombre de archivo, parámetro o cualquier otro elemento que éste represente.

Semana 1

De un vistazo

Para comenzar su primera semana de aprendizaje de MySQL, necesitará contar con algunas cosas: una computadora, un servidor Web y este libro. Si no cuenta con las dos primeras cosas, de cualquier forma puede utilizar este libro. Sin embargo, necesitará practicar estas lecciones de alguna forma. No puede esperar aprender algo si no lo practica. Este libro lo llevará paso a paso a través de cada aspecto de MySQL. Este libro está preparado para que termine cada día con un ejercicio. Aproveche estos ejercicios; pueden servirle de ayuda en su jornada para llegar a ser un verdadero administrador de bases de datos de MySQL.

Hacia dónde va

Esta semana se cubren las bases de MySQL. En el día 1 aprenderá qué es MySQL y algunos de sus usos. En el día 2 aprenderá cómo instalar MySQL en las plataformas Windows y Linux. Los días 3 y 4 aprenderá cómo diseñar y crear una base de datos. El día 5 se cubrirá el tema de la normalización. El día 6 aprenderá cómo añadir columnas e índices a sus bases de datos. La semana termina con el día 7, en la que se tratan los diferentes tipos de datos de MySQL y la manera en que se aplican en MySQL.

Éste es bastante material para cubrirse en una semana, pero si se toma su tiempo y lleva a cabo los ejercicios, de todos modos lo hará bien.

1

2

3

4

5

6

7

DÍA 1

Qué es MySQL

Bienvenido a *Aprendiendo MySQL en 21 días*. Este día iniciará la aventura de descubrir uno de los mejores sistemas de administración de bases de datos relacionales que hay en el mercado actual.

Este día aprenderá lo siguiente:

- Qué es una base de datos relacional y para qué puede utilizarse.
- Qué significa estar en el nivel empresarial
- Todo lo referente a la programación cliente/servidor
- Algunas características relevantes de MySQL

Qué es MySQL

MySQL es un sistema de administración de bases de datos relacionales Open Source y licencia pública, de nivel empresarial y múltiples subprocesos. Esto suena un poco como a un *slogan* publicitario, pero en realidad así es MySQL. Tal vez usted no esté familiarizado con algunos de estos términos, pero al final del día lo estará.

MySQL fue desarrollado por una firma consultora en Suecia llamada TcX. Ellos necesitaban un sistema de administración de bases de datos que fuera muy rápido y flexible. Desafortunada o afortunadamente, dependiendo de su punto de vista, no encontraron nada en el mercado que pudiera hacer lo que ellos querían. Así que crearon MySQL, el cual toma algunos conceptos de otro sistema de administración de bases de datos llamado mSQL. El producto que ellos crearon es rápido, confiable y demasiado flexible. Es utilizado en muchos lugares alrededor del mundo. Los principales usuarios de MySQL son universidades, proveedores de servicios de Internet y organizaciones no lucrativas, principalmente por su precio (la mayoría de las veces es gratuito). Sin embargo, ya comenzó a infiltrarse en el mundo de los negocios como un sistema de bases de datos confiable y rápido. Algunos ejemplos de su uso a nivel comercial están disponibles en el disco compacto que acompaña a este libro.

La razón para el crecimiento en popularidad de MySQL fue el advenimiento del movimiento Open Source, así como el increíble crecimiento de Linux en la industria de la computación. El movimiento Open Source, en caso de que usted no haya oído de él, es el resultado del acuerdo de varios proveedores de software en proporcionar no sólo el producto, sino también el código fuente. Esto permite a los consumidores ver cómo operan sus programas, así como la capacidad de modificarlos cuando sea necesario. Esto, aunado a la popularidad de Linux, ha elevado el uso de los productos Open Source en el mundo de los negocios. Debido a la enorme popularidad de Linux, los usuarios buscan cada vez más productos que se ejecuten en esta plataforma. MySQL es uno de estos productos.

MySQL es a veces confundido con SQL, el Lenguaje de Consultas Estructurado desarrollado por IBM. MySQL no es un derivado de este lenguaje, sino un sistema de bases de datos que usa SQL para manipular, crear y mostrar datos. MySQL es un programa que administra bases de datos, así como Microsoft Excel administra hojas de cálculo. SQL es un lenguaje de programación que MySQL utiliza para llevar a cabo tareas en una base de datos, así como Excel usa VBA (Visual Basic para Aplicaciones) para llevar a cabo tareas con hojas de cálculo y libros. Otros programas que administran bases de datos son: Microsoft SQL Server, Sybase Adaptive Server y DB2.

Ahora que sabe de dónde viene MySQL, veamos qué es. Para comenzar, examinemos qué significa el término base de datos. ¿Qué es una base de datos? Quizás ha utilizado una base de datos alguna vez en su vida. Si ha comprado alguna vez algo por Internet o tiene una licencia de manejo, puede estar seguro que ha utilizado una. Una base de datos es una serie de archivos estructurados en una computadora que están organizados de una manera muy eficiente. Estos archivos pueden almacenar toneladas de información que puede ser manipulada y llamada cuando se le necesite. Una base de datos está organizada de forma jerárquica de arriba hacia abajo. Usted inicia con una base de datos que contiene cierto número de tablas. Cada tabla está conformada por columnas o campos. Los datos están almacenados en filas o registros, el lugar donde cada fila se intersecta con una columna se conoce como celda. La figura 1.1 representa esta organización. Por ejemplo, en su tienda de libros en línea favorita existe una base de datos. Esta base de datos está hecha de muchas tablas. Cada tabla contiene datos específicos con características comunes. Usted podría encontrar una tabla de Autores o una de Libros. Estas tablas están hechas con nombres de columnas que nos indican los datos que dichas tablas contienen. Cuando se inserta un registro en una tabla se crea una fila de datos. Donde una fila y una columna se intersectan, se forma una celda. Así es como se conforma una base de datos.

Figura 1.1

La anatomía de una base de datos.

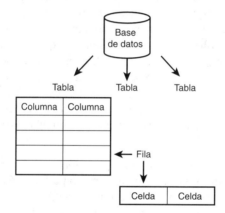

MySQL es más que una simple base de datos: es un sistema para administrar bases de datos. Controla quién puede utilizarlas y cómo son manipuladas. Registra las acciones y las ejecuciones de manera continua en segundo plano. Esto lo hace diferente de lo que usted haya usado anteriormente. A la mayoría de la gente le viene a la mente Microsoft Access o Lotus Approach cuando piensa en bases de datos. Éstas son bases de datos, pero no sistemas de administración de bases de datos. Un DBMS puede contener muchas bases de datos. Los usuarios se conectan al servidor de bases de datos y formulan sus solicitudes. El servidor de la base de datos consulta sus bases de datos y devuelve una respuesta al usuario. Bases de datos como Approach y Access están un nivel abajo de este tipo de sistemas. Éstos comparten sus archivos con muchos usuarios, pero no existe una interfaz que controle la conexión o la respuesta a las solicitudes.

Existe una variedad de usos para un DBMS como MySQL. Éstos pueden ir desde sistemas de ayuda hasta aplicaciones para sitios Web. Lo que debe recordar es que MySQL es suficientemente grande y rápido para funcionar de manera adecuada en casi cualquier tipo de situación. Donde se le puede aprovechar mejor es en el ambiente empresarial.

¿Qué es una empresa?

La *empresa (enterprise)* es el área en el mundo de los negocios en donde muchos sistemas grandes interactúan con otro más para lograr metas comunes. Algunas aplicaciones que se encuentran en este nivel de negocios incluyen SAP, Microsoft SQL Server, Oracle 8i y Sybase Adaptive Server. Las aplicaciones que existen en este nivel de negocios tienden a poseer ciertas características. Generalmente son multiusuario por naturaleza —mucha gente puede usar la misma aplicación al mismo tiempo. Otra característica es que proporcionan ciertos mecanismos de seguridad. Y finalmente otra característica es que las aplicaciones a este nivel tienen que ser muy flexibles.

La primera característica de una aplicación a nivel empresarial es que puede ser utilizada por más de una persona a la vez. Esto es un requerimiento en este nivel de negocios. Más de una persona puede necesitar acceder información del negocio al mismo tiempo. Esto es crítico para negocios que funcionan con éxito. MySQL cumple con este requerimiento, ya que puede tener hasta 101 conexiones simultáneas. Esto no significa que sólo 101 personas puedan utilizar la aplicación. Significa que pueden existir hasta 101 conexiones al mismo tiempo, lo cual es un poco diferente. Una conexión es el tiempo que toma a un usuario recibir los datos requeridos. En el caso de MySQL, esto es una tarea ardua después de todo. La mayoría de los sistemas de bases de datos permiten un número menor de conexiones simultáneas. Actualmente el único sistema de administración de bases de datos que permite más conexiones simultáneas es Microsoft SQL Server.

La siguiente característica que debe tener una aplicación a nivel empresarial es la seguridad. Cuando se está tratando con información de misión crítica, sólo a la gente que necesita conocer dicha información se le puede permitir verla. La seguridad mantiene alejada a la gente maliciosa; sin este control podrían ocurrir eventos desastrosos. MySQL cumple con este requerimiento. La seguridad en MySQL no tiene paralelo. El acceso a las bases de datos en MySQL puede ser determinado desde una máquina remota que controle qué usuarios pueden ver una tabla. El acceso a la base de datos puede restringirse aún más aprovechando la seguridad que puede aportar el sistema operativo. Tratándose del nivel de seguridad proporcionado, pocas bases de datos pueden compararse con MySQL.

Una característica más de una aplicación a nivel empresarial es la flexibilidad. ¿Qué tan flexible es la aplicación? ¿Puede cambiar para cumplir con requerimientos cambiantes? ¿Qué tan profundos pueden ser dichos cambios? ¿Qué tan difícil es llevarlos a cabo? MySQL responde a todas estas preguntas muy bien. Es extremadamente flexible y fácil de usar. Puede ejecutarse en casi cualquier plataforma. Si un nuevo CIO quiere cambiar de Windows NT a Linux, no hay problema —MySQL se puede adaptar. MySQL viene también con el código fuente. Si necesita cambios profundos, edite usted mismo el código. Si MySQL carece de alguna característica sin la cual usted no puede vivir, simplemente añádasela usted mismo. Ninguna otra base de datos en el mercado le puede ofrecer esta

1

clase de flexibilidad. MySQL también cuenta con diferentes interfaces a nivel aplicación en una variedad de lenguajes. Si el suyo es principalmente el de Microsoft, puede utilizar ODBC para interactuar con MySQL. Si su empresa utiliza UNIX, puede utilizar C, Perl o JDBC. La flexibilidad que le ofrece MySQL no tiene fin.

Además de las características previamente discutidas, las bases de datos a nivel empresarial deben ser capaces de trabajar en conjunto. El almacenamiento de datos (*data warehousing*) es una técnica en que se combinan todos los datos de un negocio. Debido a la flexibilidad y velocidad que MySQL ofrece, puede trabajar muy bien en cualquier circunstancia.

Internet también se ha convertido en una pieza del pastel de la empresa. Actualmente, ninguna empresa importante está fuera de Internet. Para que las grandes empresas vendan y sean competitivas a este nivel de negocios, necesitan bases de datos. MySQL trabaja muy bien como servidor de bases de datos en Internet. Ha sido probado en este terreno, y ha resultado ser la base de datos preferida de los proveedores de servicios de Internet. Debido a su velocidad y al gran número de interfaces para aplicaciones, MySQL es la opción ideal.

Las aplicaciones empresariales son los componentes cruciales en el poder de la toma de decisiones de negocios. Para que un negocio se desempeñe de manera efectiva, la información debe ser oportuna y precisa. Esto se logra si las aplicaciones trabajan velozmente. Una aplicación se parece a un coche. Puede verse atractivo por fuera, pero es el motor lo que le da el poder. Lo mismo puede decirse de una aplicación. Si el motor de base de datos es débil, también lo será la aplicación. MySQL es claramente una alternativa para las empresas.

¿Qué es una base de datos relacional?

Una base de datos relacional se puede definir simplemente como una base de datos conformada por tablas y columnas que se relacionan entre sí. Estas relaciones están basadas en valores clave contenidos en una columna. Por ejemplo, puede tener una tabla llamada Pedidos que contenga toda la información requerida para procesar un pedido, tal como el número de pedido, la fecha del pedido y la fecha de embarque. Podría tener también una tabla llamada Clientes que contuviera todos los datos referentes a los clientes, como nombre y dirección. Estas dos tablas podrían ser relacionadas. Usted no podría tener un pedido sin un cliente, o ¿sí? Aprenderá todo acerca de las relaciones el día 3, "Diseño de su primera base de datos".

El modelo relacional de bases de datos fue desarrollado por E. F. Codd a principios de los setenta. Propuso que una base de datos debía consistir de datos almacenados en columnas y tablas que pudieran relacionarse entre sí. Esta clase de pensamiento era muy diferente al de los sistemas de archivos jerárquicos que se usaban en aquel tiempo. Esta idea revolucionó la forma de usar y crear las bases de datos.

Una base de datos relacional es muy intuitiva. Imita la forma de pensar de la gente. Ésta tiende a agrupar objetos similares juntos a partir de objetos complejos convirtiéndolos en objetos más simples. Las bases de datos relacionales son verdaderamente de esta naturaleza. Debido a que imitan la forma en que la gente piensa son de uso y aprendizaje fácil. En los siguientes días descubrirá lo fácil que es diseñar y utilizar una base de datos relacional.

La mayoría de las bases de datos modernas usan el modelo relacional para llevar a cabo sus tareas. MySQL no es diferente a las otras. De hecho se ajusta perfectamente al modelo relacional. Esto se agrega al uso fácil de MySQL.

El paradigma cliente/servidor

El paradigma o modelo cliente/servidor ha rondado por ahí más de lo que la gente se imagina. Si echa una mirada a los primeros días de la programación, recordará o habrá leído o escuchado acerca de las mainframes con muchas pequeñas terminales tontas alrededor de ellas. Estas terminales se conocían como tontas por una razón: ningún proceso se llevaba a cabo en ellas. Éstas sólo eran receptáculos de salida de la computadora principal. Éste fue el inicio de la era del cliente/servidor, pero el término cliente/servidor no se había escuchado tanto sino hasta la época actual.

Tan pronto como las computadoras personales se volvieron más comunes, dando paso a las LANs (redes de área local), los modelos cliente/servidor evolucionaron. En la actualidad, el procesamiento podría ser ejecutado en el cliente. El cliente inició compartiendo datos, los cuales estaban almacenados en computadoras compartidas llamadas servidores de archivos. Ahora en lugar de realizar todo el proceso en el servidor, se realiza en el cliente. El servidor o computadora central era sólo un dispositivo para almacenar grandes cantidades de datos. Hacía muy poco o nada del proceso —al contrario de la idea original.

Después de un par de años, las aplicaciones de escritorio llegaron a ser más poderosas. La gente necesitaba compartir más información de manera más rápida. Esto dio paso a servidores mucho más poderosos, los cuales respondían a las solicitudes de los clientes y las procesaban. Éstos son lo que ahora conocemos como servidores de bases de datos, servidores Web y servidores de archivos. Es aquí cuando la gente empieza a llamar a este proceso computación cliente/servidor. Esto es básicamente un diseño de dos capas; el cliente manda sus solicitudes y el servidor las contesta. Toda la lógica de los negocios está en el nivel de aplicación del cliente. El diseño de dos capas prevalece en la actualidad. Éste es conocido también como *cliente pesado* porque todos los procesos de las aplicaciones se hacen al nivel del cliente.

Después de un par de años, los servidores llegaron a ser parte fundamental de las organizaciones de negocios debido a sus tareas. Utilizaban lo mejor de lo mejor en sistemas con el mejor hardware y con impresionante velocidad. Así que sólo era cuestión de tiempo antes de que alguien llegara con la idea de mover los procesos de sus programas al servidor. El cliente podría ser sólo la GUI (interfaz gráfica de usuario) y la aplicación principal o lógica de negocios podría ser procesada en el servidor. Éste podría hacer las llamadas necesarias a otros servidores, como servidores de bases de datos o de archivos, según se necesitara. Esto dio origen al nacimiento del diseño en tres capas o *cliente ligero*. En este diseño todo el proceso de la lógica de negocios se hacía al nivel del servidor. Esto permitía a las máquinas más poderosas manejar la lógica y a las más lentas desplegar la salida. ¿Le suena familiar? Debería, hemos cerrado el círculo por completo. El proceso pesado se hace nuevamente en las máquinas centralizadas más poderosas, mientras que todo lo que hacen las máquinas del cliente es desplegar la salida.

Internet es un ejemplo selecto de la arquitectura de cliente ligero. Un cliente muy ligero —el navegador— envía solicitudes al servidor Web que, a su vez, envía la respuesta de regreso al navegador. Éste despliega la información solicitada, cerrando así el círculo.

De nueva cuenta estamos en los márgenes de una nueva era en computación. Las aplicaciones ahora se vuelven más equilibradas a través de la red. Debido al decremento en los precios de las computadoras están surgiendo muy buenos equipos de escritorio como clientes. Esto permite a las aplicaciones desempeñar algunos procesos no muy críticos. Por otro lado, las aplicaciones de los servidores se están volviendo cada vez más complejas. Actualmente usted puede ejecutar funciones y llevar a cabo computación distribuida sin muchas dificultades. Estos avances permiten que sus aplicaciones sean más robustas en naturaleza y más útiles para su negocio.

Nota

> La *computación distribuida* permite a los programas cliente interactuar con múltiples procesos del servidor, el cual, por otro lado, puede interactuar con otros servidores. Los componentes del servidor se pueden diseminar a través de los recursos de la red.

MySQL se adapta muy bien a todas estas arquitecturas. Se desempeña muy bien en arquitecturas de dos o tres capas. Se desempeña igualmente bien por sí mismo.

Características de MySQL

MySQL es un sistema de administración de bases de datos relacionales. Es muy estable y ha sido probado a lo largo del tiempo. MySQL se ha estado produciendo por más de 10 años.

MySQL es un servidor multiprocesos. *Multiprocesos* significa que cada vez que alguien establece una conexión con el servidor, el programa servidor crea un subproceso para manejar la solicitud del cliente. Esto hace al servidor extremadamente rápido. En efecto, el servidor proporciona su propio subproceso a cada cliente que se conecta a MySQL.

MySQL también es totalmente compatible con ANSI SQL92. Se adhiere a todos los estándares del ANSI (Instituto Estadounidense de Estándares Nacionales). Los desarrolladores en TcX tomaron todos estos estándares en forma seria y se adhirieron con mucho cuidado a ellos.

 Nota

> ANSI SQL92 es un conjunto de estándares para el Lenguaje de Consultas Estructurado acordado en 1992 por el ANSI.

Otra característica muy valiosa de MySQL es su sistema de ayuda en línea. Todos los comandos de MySQL se introducen mediante el indicador de comandos. Para ver qué tipo de argumentos acompañan a los comandos o qué función desempeña cada comando, todo lo que tiene que hacer es teclear el comando, seguido de un guión y la palabra `help` o `-?` Esto desplegará información acerca del comando.

Otra característica más de MySQL es su portabilidad —ha sido llevado a casi cualquier plataforma. Esto significa que usted no necesita cambiar su plataforma principal para aprovechar todas las ventajas que le brinda MySQL. Y si no quiere cambiarse es probable que exista una versión de MySQL para su plataforma.

MySQL cuenta con diferentes APIs (interfaces de programación de aplicaciones). Incluye APIs para Perl, TCL, Python, C/C++, Java (JDBC) y ODBC. Así que no importa qué utiliza su empresa, MySQL siempre tiene una forma de acceso para usted.

MySQL también es muy barato. La versión completa no tiene costo. Para obtener una licencia de su copia, usted pagaba 200 dólares hasta julio del 2000 cuando decidieron cambiar su licencia a GPL. Otros sistemas de bases de datos que le dan la mitad de las características que le ofrece MySQL pueden costar decenas de miles de dólares. MySQL puede hacer lo que hacen otros, mejor y por menos.

Resumen

Como puede ver MySQL es un servidor de bases de datos muy robusto. Puede funcionar totalmente en una empresa. Cuenta con las medidas de seguridad avanzadas que necesita al nivel del negocio. Además, proporciona la velocidad y flexibilidad que ninguna otra base de datos en su clase puede darle.

MySQL es una base de datos relacional. Usa tablas y columnas para contener datos, los cuales pueden relacionarse por medio de claves. Y se desempeña muy bien para todas estas tareas.

Es igualmente bueno para trabajar en diferentes arquitecturas. Puede utilizarse en una arquitectura estrictamente cliente/servidor o como una base de datos independiente. Para lo que usted lo necesite, MySQL puede servirle.

Este día aprendió acerca de algunas de las características de MySQL. Supo que es multi-procesos y que cumple totalmente con el estándar ANSI SQL92. Leyó también acerca de la variedad de plataformas y APIs que MySQL puede utilizar.

Finalmente, aprendió que MySQL es gratis en la mayoría de los casos (revise el sitio de MySQL en www.mysql.com para las políticas de licencias). Esto de verdad es difícil de creer teniendo en cuenta lo robusto, flexible y rápido que es un RDBMS como MySQL.

Preguntas y respuestas

P Mi madre siempre decía: "Tú obtienes aquello por lo que pagas". Si MySQL es tan bueno, ¿por qué es tan barato?

R Es una creencia que la mayor parte de la gente tiene. Si algo es barato, no es lo suficientemente bueno. Para algunas cosas es verdad, pero en el caso de MySQL no lo es. MySQL es parte del Movimiento Open Source y en fechas recientes cambió su licencia a GPL. Fue creado por un grupo de expertos que lo desarrolló en su tiempo libre, más que nada para que no tuviera costo. Esto permite a los usuarios disfrutar de un muy buen producto por muy poco dinero o sin costo alguno.

P Si MySQL es todo lo que usted dice, ¿por qué no había oído acerca de él?

R MySQL no ha gozado de la popularidad de algunos productos de bases de datos porque no tiene atrás de sí una gran compañía que lo respalde, fue desarrollado por una firma de consultores para un cliente. La firma no lo comercializó. La única razón por la que MySQL ha ganado popularidad es debido al Movimiento Open Source y a Linux. Existe la esperanza de que con este libro y la robustez de este producto más gente pueda disfrutar de los beneficios de MySQL.

Ejercicios

1. Compare los precios de varias bases de datos que tengan características similares a las de MySQL. Podrían ser SQL Server, Oracle, Adaptive Server y DB2. Vea cuánto vale realmente MySQL.

2. Visite algunos sitios Web y pruebe algunos productos que utilicen MySQL (algunos están incluidos en el CD-ROM). Cuando vea a MySQL en acción, cambiará su forma de pensar acerca de los productos Open Source.

SEMANA 1

DÍA 2

Inicio

Este día aprenderemos cómo instalar MySQL en las plataformas Windows y
Linux. Leerá acerca de las licencias de MySQL y de la forma de conseguir
MySQL. Aprenderá también cómo cambiar la contraseña principal. Y, finalmente, aprenderá cómo iniciar y detener el servidor MySQL, así como a utilizar la línea de comandos de MySQL.

Licencias

Ahora que sabe qué es MySQL y cómo encaja en su trabajo, puede empezar a
trabajar con él. Como se mencionó anteriormente, MySQL es una aplicación
Open Source. Es decir, el código fuente está disponible para cualquiera que
quiera verlo y modificarlo.

A partir de la versión 3.23.19 se cambió el tipo de licencia de MySQL. La nueva licencia es del tipo GPL, lo que permite usar MySQL en cualquier situación sin importar si se trata de una aplicación comercial o personal. Recomiendo enfáticamente que visite el sitio Web `www.mysql.com` y lea las características para la licencia, así como visitar el sitio de la GPL para revisar las características de ésta.

Descarga de MySQL

Una vez que ha entendido la licencia de MySQL, está listo para bajarlo. Vaya a la página Downloads del sitio Web de MySQL. Ahí verá una lista de las versiones binarias y de los códigos fuente de MySQL para una multitud de plataformas. Además, para su conveniencia, en el CD que acompaña a este libro encontrará algunas versiones binarias de MySQL. Esto le ahorra un paso en el proceso de instalación. Vea la documentación que señala cómo tener acceso al CD-ROM.

MySQL constantemente padece actualizaciones y modificaciones. Con cierta regularidad hay disponibles versiones Alfa, las cuales contienen algunas características nuevas de MySQL, así como algunas modificaciones hechas a la versión anterior. Éstas se prueban usando los modelos de TcX, aunque dichas pruebas no son lo exhaustivas que debieran. TcX recomienda utilizar la versión más reciente, la cual ya ha sido probada y está actualmente en producción alrededor del mundo. En el sitio de descarga se indica cuál es la última versión estable de MySQL.

MySQL se ejecuta en diferentes plataformas, y los códigos binarios están disponibles para la mayoría de ellas. Los códigos binarios son el resultado de la compilación del código fuente. Ésta es, con mucho, la forma más fácil de adquirir MySQL. Otra alternativa es bajar el código fuente para su plataforma específica y compilarlo. Esto requiere que usted tenga un poco más de conocimiento. Por ejemplo, requiere que tenga las bibliotecas necesarias, así como un compilador. Esto va más allá del enfoque de este libro. Si tiene la necesidad imperiosa de compilar el código fuente, lea cuidadosamente la documentación. Si tiene algún problema, revise las listas de correo de MySQL. Son una fuente de información muy valiosa para administradores de MySQL. Miembros del equipo de desarrollo leen los correos regularmente y siempre están en disponibilidad de responder a sus preguntas o darle el apoyo necesario.

Para bajar el código binario para Linux, vaya a un sitio espejo de MySQL. *Un sitio espejo* es una réplica exacta del sitio Web, pero en otro servidor. Esto ayuda a distribuir la carga y el tráfico del servidor principal y permite a otros usuarios utilizar el servidor Web sin problemas. Después de seleccionar el sitio espejo, haga clic en el código binario de su elección.

Este libro cubre la instalación del código binario de Linux y Windows.

Instalación para Linux

Una vez que ha bajado completamente el código binario, tendrá un archivo comprimido llamado `mysql-3.23.32-pc-linux-gnu-i686.tar.gz`. Es recomendable que desempaque este archivo en `/usr/local` —ya que todos los valores predeterminados apuntan hacia esta dirección. Para modificar el directorio `/usr`, debe tener privilegios de administrador. Le recomiendo que instale MySQL como `root`, pues parecen haber menos problemas de permisos de esta manera. Para desempacar el archivo como se ha explicado aquí, teclee lo siguiente desde la línea de comandos:

ENTRADA
```
cd /usr/local
tar -xvzf mysql-3.23.32-pc-linux-gnu-i686.tar.gz
ln -s mysql-3.23.32-pc-linux-gnu-i686 mysql
```

Éste es sólo un ejemplo; el nombre del archivo puede cambiar cuando se distribuyan nuevas versiones. Con esto habrá descomprimido la versión binaria de MySQL y creado la estructura de directorios suponiendo que el archivo `mysql-3.23.32-pc-linux-gnu-i686.tar.gz` se encuentre en el directorio `/usr/local`. La última línea creó un enlace simbólico al directorio recién creado. Pase a ese directorio y teclee lo siguiente:

ENTRADA
```
cd  mysql
ls
```

Verá un resultado similar al siguiente:

SALIDA
```
COPYING         bin          manual.html       share
COPYING.LIB     configure    manual.txt        sql-bench
ChangeLog       data         manual_toc.html   support-files
INSTALL-BINARY  include      mysql-test        tests
README          lib          scripts
```

Instalación para Windows

Después de descargar desde un sitio espejo el archivo comprimido que contiene el código binario para Windows, `mysql-3.23.32-win.zip`, haga doble clic en el archivo y se abrirá un programa de descompresión asociado; por ejemplo, WinZip (puede conseguir una versión de evaluación en el sitio `www.winzip.com`).

Existen dos formas para iniciar el programa de instalación de MySQL. Una de ellas es descomprimir los archivos en una carpeta y, una vez hecho esto, ejecutar el programa Setup.exe. La segunda de estas formas es hacer clic en el botón Install de WinZip, con lo que se presentará un cuadro de diálogo informando que los archivos serán descomprimidos en una carpeta temporal para después ejecutar el programa Setup.exe. Haga clic en el botón OK y el programa de instalación se ejecutará.

Una vez iniciado el programa de instalación, éste lo guiará a través de cuadros de diálogo que muestran información de MySQL, y le solicitará la carpeta en la que desea instalar (el valor predeterminado es `C:\mysql`). Además, le preguntará qué tipo de instalación desea hacer. Seleccione la típica y comenzará la instalación. Si hizo la instalación vía el botón Install de WinZip, aparecerá una pantalla que indica que la instalación se ha completado. Haga clic en el botón OK. Por último, cierre WinZip.

Para ver los nuevos archivos, abra el Explorador de Windows y vaya a la carpeta donde los haya colocado. Deberá ver algo similar a lo que se muestra en la figura 2.1.

La estructura de directorios de la instalación de Linux y Windows es similar.

FIGURA 2.1

Contenido de la carpeta donde se instaló MySQL.

Archivos incluidos

Antes de continuar, examine lo que tiene en el directorio de instalación bajo Linux (`/usr/local/mysql`).

El archivo `ChangeLog` contiene todos los cambios y ajustes para esta versión en particular.

`COPYING` contiene información referente a los derechos de autor y al derecho de uso de la licencia GNU.

El archivo `README` contiene información útil para configurar correctamente su servidor MySQL.

El directorio `sql-bench` contiene archivos que auxilian en la configuración de su servidor MySQL.

El directorio `bin` contiene todos los comandos de MySQL, tales como `mysqladmin`, `mysqlaccess` y muchos otros igualmente importantes. Esto lo estudiará con más detalle en capítulos posteriores. En la versión para Windows hay un par de comandos adicionales. El MySQLManager (vea la figura 2.2) es la GUI (interfaz gráfica de usuario) de MySQL. Muestra la base de datos actual y la estructura de las tablas, y permite al usuario hacer consultas, todo esto dentro de un entorno gráfico amigable. Como en muchas GUIs, algo de capacidad ha sido sacrificada en aras de verse mejor. No todas las características de la línea de comandos están disponibles aquí. Las GUIs son cómodas, pero para conocer bien esta herramienta, debe saber cómo utilizar la línea de comandos.

Nota

Los ejemplos de este libro se ejecutaron en Linux RedHat7.0 Standard utilizando WindowMaker, un manejador de ventanas para ambiente gráfico.

FIGURA 2.2

MySQLManager.

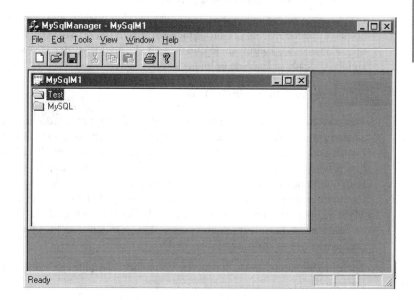

El archivo `configure` contiene una secuencia de comandos (*script*) para configurar las tablas de permisos de acceso en su servidor MySQL.

El directorio `data` es el lugar donde se almacenan las bases de datos. Cada base de datos tiene su propio directorio y dentro de éste se encuentran los archivos con la información de tablas, permisos de acceso y configuración, así como los datos mismos.

El directorio `include` contiene archivos de encabezado para C. Éstos se utilizan en la API de C/C++ y en el controlador de MyODBC.

El directorio `test` contiene algunas secuencias de comandos de Perl para probar su servidor MySQL.

El directorio `lib` contiene las bibliotecas utilizadas en la API de C++.

Después de los archivos de datos, los archivos `manual.txt`, `manual.htm` y `manual_toc.htm` son probablemente las herramientas más importantes para el administrador/desarrollador de MySQL. Proveen información de incalculable valor. El archivo `mysql_for_dummies`, contenido en la carpeta `\mysql\Docs` de la instalación bajo Windows, es un buen punto de partida para el principiante en MySQL.

El directorio `script` contiene las secuencias de comandos para la instalación de MySQL. Éste es llamado por el comando `configure`.

El directorio `share` contiene los registros y mensajes de error.

El directorio `sql-bench` contiene la herramienta `crash_me`. Esta herramienta se utiliza para generar comparaciones entre sistemas de bases de datos. El sitio Web de MySQL contiene evaluaciones e información comparativa.

Cambio de contraseña en Linux

Una vez que se haya creado la estructura del directorio y que se hayan extraído los archivos, puede iniciar la configuración y ejecución de MySQL. Para crear tablas de permisos de acceso, asegúrese de que está en el directorio `/usr/local/mysql` y teclee lo siguiente desde la línea de comandos:

ENTRADA `scripts/mysql_install_db`

Verá mucha información pasar por la pantalla. Se está creando la tabla de permisos de acceso para MySQL. Ésta determina quiénes pueden conectarse a la base de datos. Es buena idea cambiar en este momento la contraseña principal de la base de datos `mysql`. Los privilegios de la base de datos y los del sistema de archivos son dos cosas diferentes. Esto quiere decir que si tiene un usuario del sistema llamado Miguel, no necesariamente tendrá un usuario de base de datos llamado Miguel, a menos que lo cree. La seguridad de MySQL opera de manera independiente de la del sistema. El día 17, "Seguridad de bases de datos en MySQL", aprenderá más de la seguridad y de los privilegios. Por ahora, sólo escoja una nueva contraseña principal.

Teclee lo siguiente desde la línea de comandos —donde *nuevacontraseña* es su nueva contraseña:

`bin/mysqladmin  -p password` *nuevacontraseña*

Nota Para ejecutar esta línea de comandos correctamente, debe iniciar el daemon `mysqld`. La forma de hacer esto se describe en las secciones Uso de MySQL en Linux y Uso de MySQL en Windows.

Esto cambia la contraseña actual (la cual está vacía) por una nueva. En cualquier entorno, la seguridad se considera como de alta prioridad, especialmente cuando se trata de Internet. Asegúrese de que ha cambiado su contraseña; si no es así, está dejando una puerta abierta para cualquiera que quiera acceder a sus datos.

Inicio y detención del servidor

Al igual que muchos RDBMSs (sistemas de administración de bases de datos relacionales) de su clase, MySQL se ejecuta como un servicio o daemon. Un *servicio* o *daemon* es un programa que se ejecuta continuamente en segundo plano. Generalmente no cuenta con una interfaz de usuario ni puede verse, a menos que ejecute el programa ps en Linux o lo vea directamente en el Administrador de tareas de Windows (vea la figura 2.3). mysqld es un programa servidor, lo que significa que su único propósito es esperar a que alguien se conecte a él y le envíe una solicitud para que él responda enseguida a ésta.

Puede considerar a un programa servidor como el encargado de la ventanilla de información de una oficina de correos. Está sentado ahí sin otro propósito que responder a las preguntas de los clientes. La gente que trabaja en dicha ventanilla y responde a las solicitudes de los clientes, no almacena todas las respuestas en su cabeza. Busca información de los recursos que tiene a la mano. Esto es muy parecido a lo que hace el daemon mysqld. Una vez que el programa ha iniciado, se queda en espera de solicitudes. Dependiendo del tipo de solicitudes, las responderá directamente, o bien, utilizará la base de datos de la cual fue solicitada información. Esto es lo que hace a una base de datos a nivel empresarial diferente de una aplicación de escritorio.

Figura 2.3

Ejecución de mysqld *como un proceso en segundo plano.*

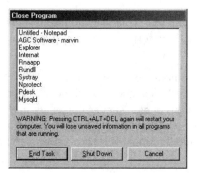

Uso de MySQL en Linux

Para utilizar su base de datos, el daemon mysqld debe estar ejecutándose; de lo contrario este programa servidor no podrá responder ninguna solicitud. Para iniciarlo en Linux, asegúrese primero de que está en el directorio mysql y teclee lo siguiente desde la línea de comandos:

ENTRADA `bin/safe_mysqld &`

El comando safe_mysqld arranca el servidor. El ampersand, &, fuerza al programa a ejecutarse en segundo plano. Hay muchas formas de asegurarse de que su proceso está ejecutándose. Desde la línea de comandos pruebe lo siguiente:

ENTRADA `bin/mysqladmin -p ping`

Deberá ver lo siguiente:

SALIDA
```
Enter password: Sucontraseña <Entrar>
mysqld is alive
```

El argumento `ping` del comando `mysqladmin` es una forma fácil y rápida para ver si el proceso `mysqld` está ejecutándose. Otra técnica consiste en verificar los procesos del sistema; para esto, teclee lo siguiente desde la línea de comandos:

ENTRADA   `ps -aux | grep mysql`

Si `mysqld` está ejecutándose, verá su instancia aquí.

El comando `safe_mysqld` es la mejor forma para arrancar su motor. Se reiniciará automáticamente si se cae. Puede arrancar MySQL utilizando el comando `mysqld`. Éste no es muy recomendado en entornos de producción, ya que no se reiniciará automáticamente.

Para detener el motor, use el comando `mysqladmin` con el argumento `shutdown` como se muestra a continuación:

ENTRADA   `bin/mysqladmin -p shutdown`

Esto detendrá de forma segura el motor. Una manera más drástica de detenerlo es mediante el uso del comando `kill`. Esta forma no es muy recomendable ya que puede corromper los datos.

Como con la mayoría de los daemons, se recomienda que inicie este proceso cuando el servidor haya arrancado y lo detenga cuando el servidor se haya detenido. Para hacer esto, use la secuencia de comandos `mysql.server` con el argumento start (`mysql.server start`) localizado en el directorio support-files. Utilice esta instrucción en el directorio `rc.d`. Consulte la documentación de Linux de su proveedor para hacer esto adecuadamente.

Uso de MySQL con Windows

Como en Linux, el servidor MySQL se ejecuta como un proceso en segundo plano. Para arrancar el servidor en una plataforma Windows, haga doble clic en el archivo `mysqld.exe`, que se encuentra en el directorio `\mysql\bin`. Esto arrancará el proceso.

Para detener el servicio, ejecute el comando `mysqladmin shutdown` desde la línea de comandos de DOS. Esto detendrá suavemente el proceso. La manera más drástica, y probablemente dañina, para detener el proceso es utilizar el Administrador de tareas. Esto podría corromper los datos, por lo que no es recomendable hacerlo.

Es importante mencionar también que al contrario de los daemons de Linux, los procesos de Windows tienen una pequeña fuga de memoria. Después de cierto tiempo, esta memoria puede causar problemas. El sistema puede llegar a bloquearse y los programas no se ejecutarán. Para solucionar este problema, debe reiniciar la computadora cada dos semanas. De acuerdo con la documentación, el equipo de desarrolladores de TcX ha resuelto este problema y será corregido en la siguiente versión.

Para iniciar el proceso automáticamente en Windows 2000, vaya al Panel de control | Herramientas administrativas y haga clic en Servicios. Debe ver el servicio `mysqld`. Verifique que arranque automáticamente. En Windows 95/98 debe poner el comando `mysqld.exe` en la carpeta Programas | Inicio, utilizando las Opciones avanzadas de Configuración | Barra de tareas y menú Inicio.

Uso de MySQL: la línea de comandos

Ahora que tiene a MySQL ejecutándose, es tiempo de poner a su motor de base de datos a trabajar. La interfaz de la línea de comandos de MySQL puede desanimarlo la primera vez, especialmente si está acostumbrado a las GUIs que ofrecen otras bases de datos del mismo tipo. Para arrancar la interfaz de la línea de comandos en Linux o en Windows, asegúrese de que está en el directorio `mysql`. En Windows debe usar la línea de comandos de DOS. Estando en ella teclee:

ENTRADA   `bin/mysql -p`

Deberá ver lo siguiente:

SALIDA
```
Welcome to the MySQL monitor. Commands end with ; or \g.
Your MySQL connection id is 62 to server version: 3.23.32
Type 'help;' or `\h´ for help. Type `\c` to clear the buffer
```

Una vez que los mensajes se han desplegado, usted se queda en una línea de comandos vacía (vea la figura 2.4). Si es primerizo en MySQL, aquí es donde probablemente sienta algo de temor. La mayoría de los comandos que sirven para manipular los datos se teclean aquí. Es indispensable tener un buen dominio de SQL (Lenguaje de Consultas Estructurado) para orientarse. Esto puede ser una desventaja o una ventaja, depende cómo lo vea.

Si tiene la línea de comandos, no necesita una GUI. Puede argumentar que es muy agradable tener una GUI, pues hace las cosas más fáciles. Con algunos clics del ratón, puede ver todas sus tablas y las relaciones entre ellas, puede ver permisos, así como activar conexiones. Con una GUI puede hacer muchas cosas, pero lo que no puede hacer es administrar de manera remota su base de datos rápida y eficientemente. La mayoría de los administradores de Windows usan PC AnyWhere o algún otro producto similar para administrar los servidores bajo su control. Aunque estos programas son amigables, dejan mucho que desear, sobre todo cuando se usa una conexión telefónica lenta.

Con el uso de la línea de comandos este tipo de ineficiencias ya no son problema. Con una simple sesión de Telnet usted puede administrar de manera remota su base de datos rápida y eficientemente. Por medio de la línea de comandos puede crear, borrar y llenar una base de datos como si estuviera ahí. Con una simple llamada nocturna usted podrá arreglar cualquier problema, con lo que se dará cuenta y entenderá el poderío que tiene esta simple herramienta.

FIGURA 2.4

El monitor de MySQL.

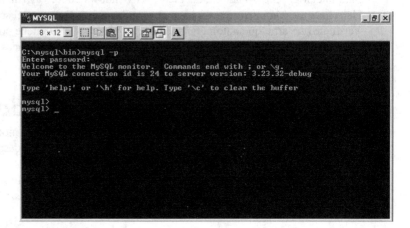

Asumiendo que usted se conectó como root, eche un vistazo a las bases de datos creadas en el proceso de instalación. Para ver las bases de datos existentes en este servidor teclee:

ENTRADA `show databases;`

Deberá ver una salida similar a la desplegada en la figura 2.5.

Para confirmar la instrucción SQL que tecleó, debe terminarla con un punto y coma (;) o con \g. Esto le dice al monitor de MySQL que ha terminado su comando y que debe ejecutarlo. Al oprimir la tecla Entrar se genera un salto de línea. Esto le permite teclear instrucciones SQL largas y legibles. Otra característica interesante es la tecla de repetir. Para los usuarios de Linux la flecha hacia arriba llama a la última línea que tecleó. MySQL utiliza un archivo histórico diferente al del sistema operativo de tal forma que las únicas líneas que son rescatadas son las tecleadas en la línea de comandos de MySQL. Sin embargo, los usuarios de Windows no tienen esta suerte, ya que para Windows no existe dicha tecla (ni siquiera la tecla F3, la cual se usa normalmente en DOS). La tecla de repetir es muy útil, especialmente cuando comete algún error de dedo en comandos muy largos de SQL. Usted puede ahorrarse una buena cantidad de re-tecleo.

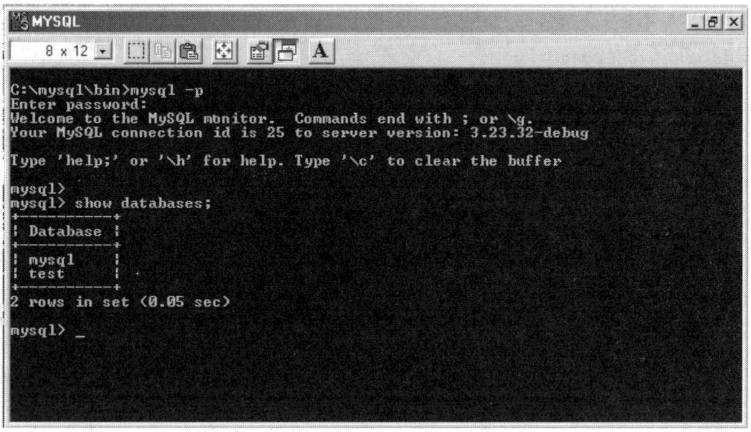

FIGURA 2.5

Vista de las bases de datos existentes en el monitor de MySQL.

2

Para trabajar con una base de datos específica, debe decirle al monitor de MySQL cuál quiere utilizar. El comando es bastante simple. Para utilizar la base de datos `mysql` teclee:

ENTRADA `USE mysql;`

Deberá ver una salida similar a la mostrada en la figura 2.6.

Para ver el esquema o estructura de una base de datos, use el siguiente comando:

ENTRADA `SHOW TABLES FROM mysql;`

La salida se muestra en la figura 2.7.

Este simple comando proporciona un listado de todas las tablas de la base de datos seleccionada. El siguiente comando muestra en detalle un listado de las columnas de la tabla `user`.

ENTRADA `SHOW COLUMNS FROM user;`

La salida se muestra en la figura 2.8.

Figura 2.6

Resultado del comando
USE.

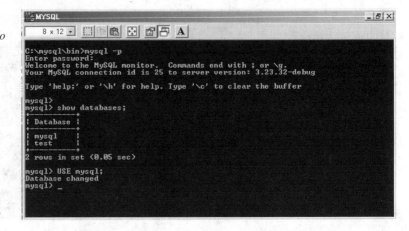

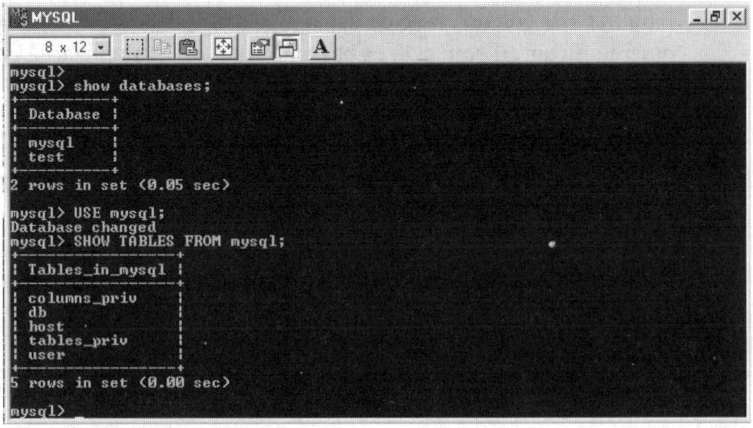

Figura 2.7

*Vista de la estructura
de una base de datos.*

Este comando despliega la descripción de los campos de la tabla de la base de datos. Muestra el tipo, el valor predeterminado, nulo o no nulo y los campos clave. Éste es un comando muy útil y se utiliza con mucha frecuencia.

Como puede ver, la línea de comandos es una herramienta muy útil cuando está trabajando con su base de datos. Puede tomarle algo de tiempo habituarse a ella, pero al final se dará cuenta de lo rápida, poderosa y confiable que es.

Figura 2.8

Listado de las columnas de la base de datos seleccionada.

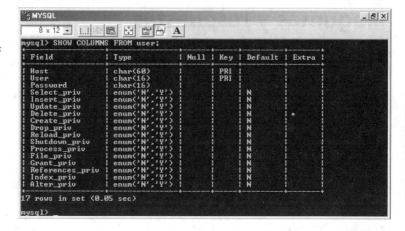

La base de datos integrada

Al llegar al término de este breve recorrido, quizá se haya dado cuenta que existen dos bases de datos dentro de MySQL. Se estará preguntando ¿qué son estas tablas?, y ¿para qué las puedo usar? La siguiente sección describe estas bases de datos integradas.

La base de datos `mysql` es la predeterminada y almacena toda la información de los privilegios. La explicación de cómo trabaja el sistema de privilegios de MySQL se cubrirá el día 17. Por ahora, es suficiente saber que esta base de datos almacena los privilegios para saber qué usuarios pueden conectarse a qué bases de datos y desde qué máquinas. Alterar o borrar cualquiera de las tablas causará problemas a MySQL. Es por eso que se recomienda que las tablas de la base de datos mantengan la estructura predeterminada. No cambie los tipos de campo predeterminados.

Resumen

MySQL es un RDBMS muy poderoso. Es fácil de instalar en su forma binaria (ejecutable) bajo las plataformas Windows y Linux. El monitor de MySQL es una muy buena herramienta que le permite acceder de forma remota MySQL sin sacrificar capacidad ni velocidad. Tareas simples de administración como cambiar la contraseña principal, iniciar y parar el servidor, y desplegar información de la base de datos son fáciles de llevar a cabo.

Preguntas y respuestas

P **¿Qué debo hacer si olvido la contraseña principal?**

R Entre al sistema como la misma persona que está ejecutando el daemon `mysqld` (probablemente `root`). Detenga el proceso con el comando `Kill` (el proceso debe estar asociado a `safe_mysqld`, de lo contrario el daemon `mysqld` se reiniciará). Ejecute las siguientes líneas:

```
bin/safe_mysqld –skip-garant-tables &
                bin/mysql –u root
                USE mysql;
                UPDATE use SET password = password('nuevacontraseña')
                ➥ WHERE User = 'root';
                Exit
bin/mysqladmin reload
```

La siguiente vez que entre al sistema deberá usar la nueva contraseña. De no ser así, detenga e inicie `/bin/safe_mysqld &` y entre al sistema.

P **¿Cómo cambio las opciones de inicio en MySQL si utilicé `mysql.server` para iniciar en el directorio `rc.d`?**

R `mysql.server` es una secuencia de comandos que contiene el comando `mysqld`. Para agregar opciones como inicio de sesión y depuración al daemon servidor, debe editar esta secuencia de comandos. Utilice su editor favorito y abra este archivo y ponga los argumentos en los lugares apropiados.

P **Soy un consultor que provee servicios a un cliente que utiliza el RDBMS MySQL para una organización no lucrativa. ¿Debe pagar los costos de las licencias?**

R Dadas las características de la licencia de uso (GPL) con la que cuenta MySQL no necesita pagar por su uso, sin importar cuál sea éste.

P **¿En dónde están almacenados los datos de mi base de datos de MySQL?**

R MySQL utiliza archivos para almacenar datos. Estos archivos residen en el directorio `/data/nombrebasededatos`, donde `nombrebasededatos` es el nombre de la base de datos. Hay tres tipos de archivos: `.ISM`, `.FRM` y `.ISD`. Los archivos `.FRM` contienen los esquemas de las tablas. En los archivos `.ISD` es donde están los datos. Los archivos `.ISM` proveen acceso rápido entre los dos archivos anteriores.

P **¿Por qué debo pagar por la versión de MySQL para Windows?**

R Como se mencionó antes, no es necesario pagar por su uso. Sin embargo, el grupo que desarrolla MySQL vende servicios de consultoría y soporte a fin de hacerse de recursos y seguir desarrollándolo. Le recomiendo que visite el sitio de MySQL (`www.mysql.com`) para enterarse a detalle de las características de la licencia, así como de las pólizas de soporte.

Ejercicios

1. Utilice la línea de comandos para desplegar todos los datos de la base de datos MySQL.
2. Revise si el daemon `mysqld` está ejecutándose. Para ello utilice dos métodos diferentes.
3. Conéctese a través de Telnet a un sitio remoto y arranque y detenga el servidor MySQL.
4. Use de manera remota el monitor de MySQL.

2

DÍA 3

Diseño de su primera base de datos

La parte más importante de cualquier base de datos es su diseño. Si una base de datos está bien diseñada, será una muy buena herramienta de negocios, la cual le brindará la flexibilidad y la información necesarias para su negocio. Este día cubriremos los siguientes puntos:

- El proceso de diseño
- Los diferentes tipos de relaciones
- Introducción a la base de datos de muestra

El proceso de diseño

Un buen diseño puede hacer o deshacer una base de datos. Para crear una base de datos exitosa, debe invertir algo de tiempo en su diseño. Una base de datos bien diseñada puede crecer bien. Recuperar y mantener la información en una base de datos bien diseñada es una delicia. Desafortunadamente, la mayor parte de la gente no se toma el tiempo suficiente para diseñar una base de datos. Crean tablas y campos pensando en sus necesidades actuales sin tomar en cuenta las futuras. Esta técnica conduce a una estructura débil, y recuperar la mínima cantidad de información de ésta es tan molesto como sacarse una muela, por lo que hacer crecer una base de datos tan pobremente diseñada para satisfacer sus necesidades es poco menos que imposible.

Crear una base de datos es como construir una casa. Los constructores no pueden construirla sin tener planos. El arquitecto viene con los planos y se los da al constructor. Éste los toma y construye la casa. El constructor pone especial atención en los cimientos de la casa, ya que sin unos buenos cimientos, la casa se podría caer. Estos mismos principios básicos se aplican en la construcción de una base de datos.

En este caso usted desempeña ambos papeles: el del arquitecto y el del constructor. Como arquitecto debe desarrollar los planos de la base de datos. Debe decidir qué información va a almacenar y recuperar. También debe definir las relaciones entre las tablas que va a construir. Esto es vital para una base de datos relacional buena y sólida.

Como constructor de la base de datos, debe introducir los comandos de SQL apropiados para crear la base de datos. Debe saber qué tipos de datos va a usar para almacenar los datos eficiente y correctamente. En esta parte es donde se construyen los cimientos de la base de datos. El saber qué tipos de campos utilizar y cuándo hacerlo, así como construir las relaciones apropiadas, le ayudará a tener unos cimientos sólidos para su base de datos.

Para guiarlo a lo largo de este proceso, he establecido una serie de pasos para ayudarlo a estar seguro de que el proceso de diseño se lleve a cabo correcta y cabalmente (vea la figura 3.1). El primer paso es definir el proceso de negocios actual, o en algunos casos, inventarlo. El siguiente paso es definir los objetos de negocios. Una vez que haya definido dichos objetos, debe definir las reglas del negocio relacionadas con estos objetos. El cuarto paso es hacer un diagrama de la base de datos. Esto ayuda en el siguiente paso, el cual consiste en definir las relaciones entre las tablas. Una vez que las relaciones han sido definidas, debe definir los tipos de datos que va a almacenar para cada campo. Una vez que todos estos pasos se hayan llevado a cabo y se haya revisado el trabajo escrupulosamente, usted puede crear la base de datos.

FIGURA 3.1

Proceso de diseño de la base de datos.

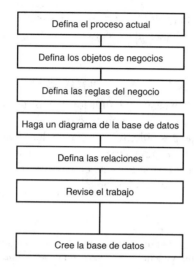

> Defina el proceso actual
>
> Defina los objetos de negocios
>
> Defina las reglas del negocio
>
> Haga un diagrama de la base de datos
>
> Defina las relaciones
>
> Revise el trabajo
>
> Cree la base de datos

3

Definición del proceso de negocios

El primer paso en el diseño de una base de datos es adquirir un buen conocimiento del proceso de negocios. Un proceso de negocios es la forma en que una empresa desempeña sus tareas para alcanzar sus metas. Por ejemplo, una librería virtual (en línea) podría contar con el siguiente proceso:

1. Atender un pedido, que un cliente realizó en el sitio Web, de un libro.
2. Verificar la tarjeta de crédito
3. Dar de baja el libro del inventario y pasar el pedido al departamento de envíos.
4. En el departamento de envíos, empacar el producto, verificar la dirección y enviar el producto.

En algunos casos, sólo será necesario actualizar algún proceso basado en computadora, y en otros deberá crear el proceso en computadora basándose en el desarrollado en papel.

Existen diferentes técnicas para auxiliarlo a comprender el proceso de negocios. Las entrevistas con la gente que trabaja a diario con el sistema es una de las ayudas más valiosas. Se supone que esta gente conoce las partes más internas del proceso. Para entender completamente el proceso, debe entrevistar a más de una persona. Cómo llevar a cabo las entrevistas y qué tipo de preguntas formular va más allá del alcance de este libro.

Es esencial que entienda completamente este proceso, pues mediante él podrá tener un claro entendimiento de todos los objetos involucrados. Esto forma los cimientos de su base de datos.

Definición de los objetos de negocios

El siguiente paso en el proceso de diseño es definir los objetos de negocios. Estos objetos son los componentes de que está hecho el proceso de negocios. Partiendo del ejemplo anterior, el libro y el cliente serían los objetos de negocios, los cuales contienen la información a la que usted quiere darle seguimiento en su base de datos. Éste es en realidad un proceso en dos partes; la primera parte consiste en identificar los objetos y la segunda en identificar los campos que describan dichos objetos.

Nota   Un *objeto de negocios* es un componente del proceso de negocios. Es uno de los engranes que hace que giren las ruedas de la empresa.

Por lo general, estos objetos son fáciles de identificar. Casi siempre contienen información clave para el manejo de la empresa. Algunas veces no es tan fácil ubicarlos. En el ejemplo anterior podía ver claramente que el libro y el cliente eran los objetos de negocios. Pero ¿qué hay de la transacción que ocurre cuando el cliente compra el libro? Esa transacción contiene información relevante, sin embargo no se reconoce fácilmente como un objeto. Ésta es la razón por la cual un conocimiento exhaustivo del proceso de negocios es esencial para construir una buena base de datos.

La segunda parte de este paso es la creación de los campos o atributos que describen a los objetos. Piense en cosas que son utilizadas o asociadas con los objetos de negocios. Continuando con el ejemplo, el objeto libro podría estar formado por los siguientes campos: título, editor, autor, precio, cantidad y fecha de edición. El objeto transacción podría contener fecha de transacción, monto, descripción y forma de pago. Estos campos definen aún más su objeto. Además, son los campos que rastreará en su base de datos. He encontrado que es de mucha utilidad poner por escrito todos los atributos que describen a cada objeto. Más tarde elimino los que son innecesarios e incluyo a aquellos que había pasado por alto.

Definir los objetos de negocios es en realidad el inicio de la construcción de su base de datos. Posteriormente estos objetos serán tablas en su base de datos, y la descripción serán los campos de sus tablas.

Definición de las reglas del negocio

El tercer paso en el proceso de diseño es establecer las reglas del negocio. Una regla de negocios es un enunciado o conjunto de enunciados que gobiernan la forma en que funciona la empresa. Tomando como base el ejemplo anterior, una muestra de regla sería: "No existen transacciones negativas". Obviamente sí podrían existir (reembolsos por ejemplo), pero la persona encargada de dirigir la empresa decide que ésta debe ser una regla. Otro ejemplo sería: "Cada vez que un pedido cumple con los requerimientos del proceso debe haber un envío". Este tipo de reglas ayuda a establecer las relaciones que deben existir entre los objetos de negocios.

Existen dos tipos de reglas, las *establecidas* (reglas impuestas por la empresa) y las *implícitas* (reglas basadas en el sentido común). Volviendo al ejemplo anterior, una regla establecida sería que un cliente puede tener más de un pedido. Una regla implícita sería que cada libro debe tener un título. Esto puede sonar un poco tonto, pero es sumamente importante para determinar qué tipos de datos debe utilizar para sus campos y si pueden estar vacíos o no.

Nota

> Una regla *establecida* es definida por la empresa. Una regla *implícita* no puede ser definida por la empresa sino que usualmente se define por sentido común.

Las mejores herramientas que puede utilizar en este paso son lápiz y papel. Ponga por escrito cada regla sin importar si usted cree que es irrelevante o no. Acérquese a alguna persona que conozca bien el proceso para que le ayude a determinar las reglas. Quizá pueda ayudarle a comprender algo sobre las reglas que usted no perciba claramente. Más adelante, durante la creación del proceso, la lista que ha creado le ahorrará una gran cantidad de tiempo y le ayudará a prepararse para la siguiente etapa.

Modelado de la base de datos

El siguiente paso en el proceso de diseño es hacer un diagrama de su modelo. Esto puede parecer al principio como un desperdicio de tiempo, pero he encontrado que ese tipo de cosas adquieren mayor sentido una vez que se han terminado y las tiene frente a usted. He perdido la cuenta de los innumerables borradores que se han generado al tratar de hacer algo tan simple como un diagrama.

Actualmente, existen varios programas en el mercado que le permiten hacer diagramas de su base de datos. Algunos son buenos, pero para un primer borrador prefiero hacerlo de la manera tradicional. De esta forma, puedo borrar y añadir cosas rápida y fácilmente. Una vez que la base de datos ha sido creada el diagrama producido por estos programas es una herramienta invaluable para formular consultas o familiarizarse con el esquema de la base de datos.

Una vez que ha completado el diagrama de la base de datos, es tiempo de llenar los espacios en blanco. Quizá detecte algunos huecos que deban ser llenados, o quizá en este momento se dé cuenta que algunas de las descripciones que utilizó para uno de los objetos encaja mejor en otro objeto.

Una vez que las cosas se acomoden en su lugar, es tiempo de asignar los tipos de datos a los campos. Los tipos que usted asigne y el que un campo deba ser nulo o no nulo, puede estar determinado en parte por las reglas del negocio definidas por usted en el paso anterior. En el día 7 "Tipos de datos de MySQL", se describen con mayor precisión los tipos soportados por MySQL. Por ahora, lo importante es entender que en esta fase del diseño se asignan los tipos de campos.

Cuando haya completado esta etapa, verá la estructura básica de su base de datos. Las tablas, al igual que la mayoría de las columnas, se definirán aquí. El siguiente paso servirá para reforzar la estructura existente.

Definición de las relaciones

Éste es el último paso antes de crear su base de datos. Definir las relaciones entre las tablas no siempre es una tarea fácil. Primero que nada debe determinar si existe una relación. Segundo, si existe una relación, debe determinar su tipo.

La forma más fácil de determinar las relaciones es observando el diagrama creado en el paso anterior. Tome una tabla/objeto y vea si se relaciona lógicamente o interactúa con alguna(s) otra(s). Por ejemplo, en la base de datos de la librería tiene objetos cliente, libro y transacción. Yo vería el objeto cliente y me preguntaría si existe alguna relación o interacción con el objeto libro. En este ejemplo sí la hay. Un cliente debe comprar un libro de la librería para ser un cliente; por lo tanto, existe una relación. Después me haría la misma pregunta, pero esta vez con el objeto transacción. De nuevo, existe una relación entre ellos. Cuando un cliente compra un libro, se crea una transacción; por lo tanto, aquí también existe una relación. Tomaría ahora el objeto libro y vería si existe alguna relación. Tiene una con el objeto cliente, pero no con el objeto transacción. Un libro puede existir sin ninguna transacción. El objeto transacción interactúa con el cliente, pero no con el libro. Todo esto puede parecer algo confuso al principio, pero con el tiempo y la experiencia será capaz de establecer las relaciones de manera rápida y fácil.

El siguiente paso en este proceso es determinar qué tipo de relaciones existen. En una base de datos relacional hay tres tipos de relaciones: uno a uno, uno a varios, varios a varios.

Uno a uno

En una relación uno a uno, un registro en la tabla uno debe tener un registro en la tabla dos, y si la tabla dos tiene un registro, debe existir un registro correspondiente en la tabla uno. La figura 3.2 muestra esto.

FIGURA 3.2

Relación uno a uno.

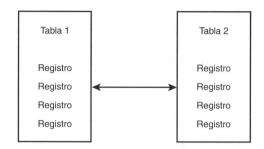

En el ejemplo de la librería, podría existir una relación uno a uno entre la tabla Pedidos y la tabla Transacciones. Para cada pedido debe existir una transacción, y cada transacción debe tener un pedido. Para crear esta relación dentro de la base de datos debe añadir un campo que permita establecer esta relación. El campo que normalmente se usa para esto, se conoce como campo clave. En el día 11, "Bloqueo de tablas y diversos tipos de claves", se ven con más detalle los campos clave. Por ahora, sólo es necesario entender que un *campo clave* ayuda, entre otras cosas, a definir relaciones.

El campo clave es un campo único dentro de la tabla. Ningún otro registro tendrá el mismo valor para este campo. El propósito de esto es distinguir un registro de los demás en esa tabla (vea la figura 3.3).

FIGURA 3.3

Campos clave en una relación uno a uno.

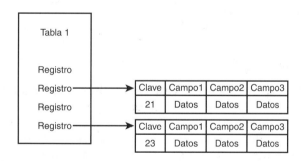

Por esta razón la mayoría de los diseñadores de bases de datos llaman a este campo, el campo ID. Por ejemplo, la tabla `Libros` podría tener un campo `ID_Libro` y la tabla `Transacciones` podría tener un campo `ID_Trans`.

Para establecer una relación uno a uno debe designar a una de las tablas como primaria y a la otra como secundaria. Generalmente ésta es una decisión arbitraria en relaciones uno a uno. Para hacer esto más fácil, escoja la tabla que se afectará en primera instancia cuando agregue un nuevo registro a la base de datos. Esta tabla primaria contendrá un campo clave. En el ejemplo de la librería, la tabla `Pedidos` tendrá un campo `ID_Pedidos`, el cual es único para esta tabla. La tabla secundaria tendrá también su campo clave único, así como el mismo campo clave de la tabla relacionada. Ambos campos serán únicos dentro de la tabla secundaria. Esto creará una relación uno a uno. La figura 3.4 ilustra este concepto.

FIGURA 3.4

Relación uno a uno en una base de datos.

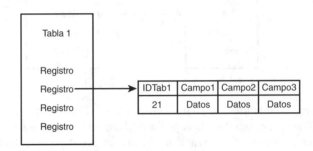

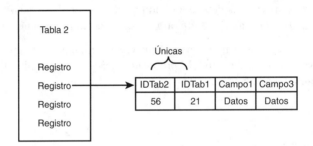

Uno a varios

Una relación uno a varios ocurre cuando un registro de la tabla 1 puede tener varios registros correspondientes en la tabla 2, y la tabla 2 tiene varios registros que corresponden a un solo registro de la tabla 1 (vea la figura 3.5). En el ejemplo de la librería existe una relación uno a varios entre la tabla Clientes y la tabla Pedidos. Un cliente puede tener varios pedidos, pero éstos apuntan a un solo cliente. La figura 3.6 ilustra este punto.

FIGURA 3.5

Relación uno a varios.

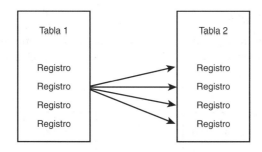

FIGURA 3.6

Cliente con varios pedidos.

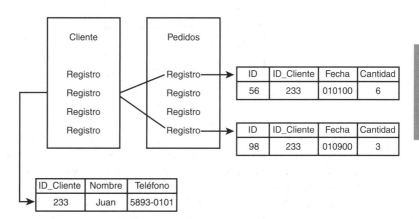

Crear una relación uno a varios en la base de datos es muy similar a crear una relación uno a uno. Es necesario utilizar nuevamente claves. Primero debe seleccionar una tabla primaria. A diferencia de las relaciones uno a uno, aquí es necesario definir la tabla primaria y la secundaria. La tabla primaria es la que contiene registros únicos y la secundaria es la que contiene registros múltiples. El campo clave de la tabla primaria existirá en la tabla secundaria, pero no será único. El campo clave de la tabla secundaria será único, pero la clave foránea no será única. Esto le permite añadir tantos registros nuevos como quiera y aun así poder distinguir cada registro individualmente, así como relacionarlos a un registro de otra tabla. Observe nuevamente la figura 3.6, la cual ilustra este punto.

Varios a varios

Una relación varios a varios existe cuando la tabla 1 tiene un registro que tiene varios registros correspondientes en la tabla 2, y la tabla 2 tiene varios registros correspondientes en la tabla 1 (vea la figura 3.7).

FIGURA 3.7

Una relación varios a varios.

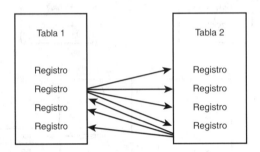

La relación varios a varios puede causar algunos problemas. Puede introducir datos redundantes, lo cual viola las reglas de normalización. La normalización se cubre con más detalle el día 5 "Normalización de sus datos". Una relación varios a varios también es difícil de mantener. Borrar y añadir registros es peligroso. Por ejemplo, supongamos que la librería tiene muchas bodegas en todo el país. Cada bodega almacena libros para surtir. Hay varios libros que podrían estar en una bodega y muchas bodegas que podrían contener un libro en particular. ¿Qué pasa si añade una nueva bodega? Tendría que añadir nuevamente cada título de libro en su tabla de bodegas. Esto sería un poco tedioso. Para remediar esta situación debería contar con una tabla intermedia para enlazar estas tablas entre sí. Esto crearía dos relaciones de uno a varios (vea la figura 3.8). Esta tabla debería tener las claves primarias de ambas tablas. Cuando se coloca un libro en una bodega, se tendría que agregar un registro en esta tabla intermedia, la cual debería contener el campo clave de la tabla libros y el campo clave de la tabla bodegas. Si necesitara saber qué libros están en una bodega, podría consultar la tabla intermedia para averiguarlo. A primera vista puede parecer que se está haciendo más compleja la base de datos. Le puedo asegurar que esto bien vale la pena. Es verdaderamente difícil implementar una relación varios a varios sin la ayuda de una tabla intermedia.

Una vez que haya identificado las relaciones, es buena idea que las agregue a su modelo. Esto le ayudará a recordar que debe incluir estas relaciones cuando esté creando su base de datos. También agregue los campos clave que haya creado. Recuerde que un campo clave es un identificador —describe únicamente una fila de datos. Éste no debe ser nulo. Cuando haya completado este proceso, estará listo para el siguiente paso en el proceso de diseño.

FIGURA 3.8

Una relación varios a varios se convierte en dos relaciones uno a varios. Esto se hace para un mantenimiento fácil, para agregar flexibilidad y para obedecer las reglas de normalización.

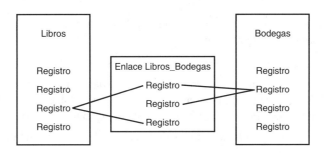

Etapa final: creación de la base de datos

El paso final de este proceso consiste en crear la base de datos. En este momento debería tener perfectamente entendido el proceso de negocios, los objetos y las reglas del negocio. Debe contar con un modelo visual de su base de datos propuesta. Esto es de gran ayuda cuando se necesitan hacer modificaciones o consultas a la base de datos. Éste es el momento perfecto para hacer una revisión exhaustiva de todo. Compruebe el proceso de negocios y vea si algo quedó fuera. Revise los objetos de negocios para asegurarse de que no falta nada en los objetos. Éste es el mejor momento para añadir o quitar campos o tablas que pudieran hacer mejor su sistema.

Una vez que haya terminado la revisión, está listo para asignar tipos de datos a cada campo. Los tipos de datos de MySQL se cubren con detalle el día 7. Asignar los tipos de datos apropiados ayudará a reforzar las reglas que haya definido y hará su base de datos más eficiente. En este momento también es buena idea añadir un campo clave a cada tabla. Todas las tablas deben tener un campo clave. Ya que tiene todo en papel puede comenzar a crear su base de datos. Asegúrese de apegarse fielmente a su diagrama. Improvisar no es conveniente. Esto puede conducirlo a un diseño pobre que es precisamente lo que está tratando de evitar.

Una vez que su base de datos está creada, deberá establecer privilegios, añadir usuarios y llevar a cabo muchas otras tareas administrativas.

Base de datos de muestra: `Mi_Tienda`

Para reforzar lo que ha aprendido, aplicará la lección de hoy en un proyecto de muestra. El proyecto consiste en desarrollar una base de datos para un servicio de venta de libros llamado Mi_Tienda. Mi_Tienda está basado en un sitio Web que usa MySQL. El URL es `http://www.pearson.com.mx/mitienda`. Lo invito a que visite este sitio y vea qué es lo que ofrece. Continuará la construcción de este proyecto en las siguientes lecciones. Ahora comencemos con el diseño.

El primer paso es definir el proceso de negocios. Después de entrevistar a los clientes deberá formular el siguiente plan:

1. Un cliente potencial entra al sitio para comprar un libro.

2. Pregunta inicialmente cómo llenar la solicitud de membresía. En esta solicitud se obtiene información personal básica. Contiene también un cuestionario con preguntas específicas acerca de los gustos del cliente.

3. Una vez que el cliente ha llenado la solicitud, se le permite buscar en la base de datos Libros.

4. Cuando el cliente recibe los resultados de su búsqueda, puede comprar un libro que se encuentre en la base de datos. El cliente debe hacer clic en un hipervínculo que le mostrará el detalle del libro.

5. Ya que el cliente ha escogido su libro, puede comprar dicho libro vía Web y pedir que se le envíe a donde él indique.

A partir de este proceso usted puede fácilmente identificar algunos objetos de negocios. Hay por supuesto un objeto `Cliente`. Hay también un objeto `Producto`, así como un objeto `Pedidos` y un objeto `Transacción`.

La segunda parte de este paso consiste en describir sus objetos. El cliente potencial de Mi_Tienda ya llenó la solicitud de membresía. Éste es un excelente punto de partida para ayudarle a describir al cliente. Eche un vistazo a la figura 3.9.

FIGURA **3.9**

*Solicitud de distribu-
ción de Mi_Tienda.*

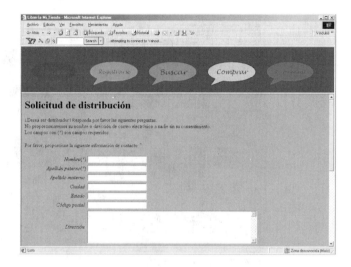

A partir de esta solicitud usted puede describir su objeto `Cliente` con las siguientes características:

- Nombre completo
- Dirección de correo electrónico
- Teléfono particular
- Edad
- Sexo

El cuestionario provee formas adicionales de describir al cliente (vea la figura 3.10).

A partir del cuestionario puede reunir la siguiente información:

- Edad
- Sexo
- Raza

Después de recolectar toda esta información el objeto `Cliente` debería verse como se
muestra en la figura 3.11.

FIGURA 3.10

Cuestionario de Mi_Tienda.

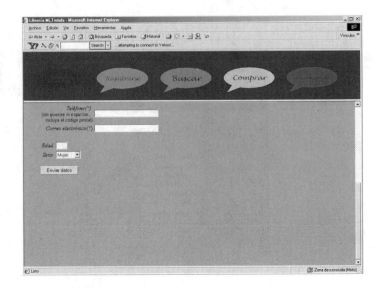

FIGURA 3.11

Objeto Clientes.

Clientes
Nombre
Apellido paterno
Apellido materno
Dirección
Ciudad
Estado
Código postal
Correo electrónico
Edad
Raza
Sexo
División favorita
Tema favorito
Ocupación
Recibir ofertas

Los otros objetos serán algo más difíciles de describir. Comencemos con el objeto Productos. Cada producto tiene un precio y un nombre. Sería muy conveniente asociar una descripción a cada producto, así que la incluiremos aquí. Otro campo que tal vez necesite incluir es el fabricante. Basado en los requerimientos del proyecto probablemente querrá incluir una fotografía de su producto. El resultado final podría verse como se muestra en la tabla 3.1.

TABLA 3.1   El objeto Producto

Productos
Nombre
Precio
Descripción
Fabricante
Fotografía

Deberá llevar a cabo el mismo procedimiento para el resto de los objetos hasta que esté satisfecho con sus descripciones. Recuerde muy bien que no sólo está describiendo los objetos, sino que también está buscando información que pueda ser útil para alcanzar las metas de su empresa. Por ejemplo, añadió una fotografía como descripción en la tabla Productos. Una fotografía no necesariamente describe su objeto; sin embargo, usted sabe que es necesario tener una fotografía del producto para desplegarla en el sitio Web. Aquí es donde usted forma esa asociación. Observe los objetos terminados de la tabla 3.2 y vea si hubiera hecho algo similar.

TABLA 3.2   Objetos de negocios terminados

Pedidos	Transacciones	Productos	Clientes
Fecha del pedido	Fecha de transacción	Nombre	Nombre
Cantidad	Mensajero	Descripción	Apellido paterno
Apellido materno			
Producto	Monto	Precio	Dirección
Cliente	Número de pedido	Fabricante	Ciudad
Monto	Fecha de envío	Fotografía	Estado

TABLA 3.2   continuación

Pedidos	Transacciones	Productos	Clientes
			Código Postal
			Correo electrónico
			Edad
			Sexo
			Actividad favorita
			Tema favorito
			Ocupación

Hubiéramos podido agregar más a esta lista, pero por ahora mantengámosla pequeña y simple. El punto más importante aquí no es el contenido, sino el uso de los conceptos. Espero que se dé cuenta de la importancia que tiene darle un buen diseño a la base de datos.

El siguiente paso es definir sus reglas del negocio: a partir del análisis del proceso de negocios puede determinar algunas reglas. También puede determinar las reglas por medio del sentido común y la experiencia. Partiendo del análisis, usted sabe que una persona no puede buscar en la base de datos a menos que sea un miembro. También sabe que un libro no puede comprarse a menos que haya sido pedido. Esto puede parecer bastante obvio pero como lo mencioné anteriormente incluso aquellas reglas que puedan parecer tontas, pueden ayudar en el diseño general. Piense en algunas otras reglas y después eche un vistazo a la lista de reglas que he compilado.

Reglas del negocio para Mi_Tienda

- Un cliente no puede consultar la base de datos a menos que sea miembro.
- Un libro no puede ser comprado a menos que sea colocado en el pedido.
- Un cliente debe tener un nombre y una dirección.
- Un producto debe tener un nombre y un precio.
- Una fecha de envío no puede ser anterior a la fecha de pedido.
- El sexo del cliente sólo puede ser masculino o femenino.
- El monto pagado debe ser igual al precio del producto por la cantidad de productos pedidos.
- El monto pagado no puede ser una cantidad negativa.

En aras de la simplicidad detengámonos aquí. Desde luego que hay muchas reglas más, pero quédese con lo que tiene. Ahora que ha definido su proceso de negocios, definido y descrito sus objetos de negocios y establecido sus reglas del negocio, está listo para modelar su base de datos. He desarrollado un modelo de su base de datos actual. Compare la figura 3.12 con el que ha hecho y vea si son similares.

Definición de las relaciones

Vayamos al siguiente paso, que consiste en definir las relaciones. Observe el diagrama que ha desarrollado. Se ve de inmediato la relación entre Clientes y Pedidos —una relación uno a varios. Un cliente puede tener varios pedidos, pero cada uno de esos pedidos apuntará sólo a un cliente. Existe también una relación entre Productos y Pedidos. Ésta es una relación de varios a varios —un pedido puede contener varios productos, y un producto puede estar en varios pedidos. Por lo que sabe sobre las relaciones varios a varios, tendrá que añadir otra tabla a su base de datos. Otra relación bastante evidente es la que existe entre las tablas Pedidos y Transacciones. Para cada pedido, existe una transacción. Para cada transacción, hay un pedido. Ésta es una clásica relación uno a uno.

FIGURA 3.12

Modelo final de
Mi_Tienda.

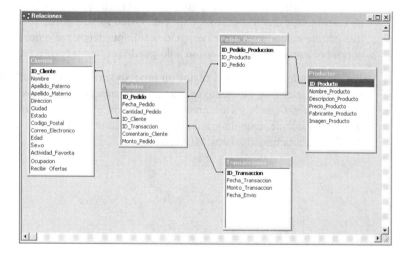

En este paso se supone que usted debe asignar los tipos de campos; sin embargo, como esto se verá a detalle hasta el día 7, no se complique mucho por ahora y utilice tipos simples para sus campos. Empiece con la tabla `Clientes`.

TÉRMINO NUEVO En la tabla `Clientes` tiene los campos `Nombre`, `Apellido paterno` y `Apellido materno`. Las reglas del negocio que definió indican que estos campos son requeridos. Para reflejar este requerimiento en la base de datos, debe definir estos campos como `NOT NULL`. Es más fácil explicar `NULL` diciendo lo que no es. Un valor nulo no es 0. Tampoco poco es una cadena vacía como `""`. Ni tampoco es un número negativo. En realidad es nada. Un campo que no tiene absolutamente ningún valor es considerado como `NULL`. Así es que para evitar que se deje vacío un campo, debe definirlo como `NOT NULL`. Esto fuerza a la base de datos a tener siempre un valor en dicho campo. Debido a que estos dos campos son nombres y los nombres están formados generalmente por letras, debe definir estos campos como de caracteres. Y de igual forma se debe hacer para los campos de `Direccion`, `Ciudad`, `Estado` y `Codigo_postal`. Defina también como campo de carácter el campo `Correo_Electronico`. El campo `Edad` debe ser numérico y siempre positivo (la edad no puede ser un número negativo). Puede definir a los campos `Nombre`, `Apellido_paterno`, `Apellido_materno`, `Sexo` y `Direccion` como de caracteres. El día 7 aprenderá que es más conveniente definir a estos campos como numéricos. Por ahora defínalos como de caracteres. Los demás campos también se pueden definir como de caracteres, excepto `Recibir_Ofertas`. Usted sabe, a partir de las reglas del negocio, que en este campo los valores aceptados sólo pueden ser sí o no, así es que establézcalo como booleano. Un tipo *booleano* sólo puede ser `Verdadero` o `Falso`.

Para las demás tablas deberá seguir un proceso similar al de la tabla `Clientes`. También recuerde que en este momento es cuando debe añadir los campos clave a cada una de las tablas. Una vez que haya terminado de añadirlos, es buena idea que modele la base de datos nuevamente. Este diagrama le será de gran utilidad para la lección de mañana, en donde creará la base de datos Mi_Tienda.

Resumen

Este día aprendió la importancia que tiene el dar un buen diseño a la base de datos. Una base de datos es como una construcción. Requiere de una buena planeación y diseño para soportar el paso del tiempo. Conoció el concepto de proceso de diseño de la base de datos. Este proceso está constituido por seis pasos fundamentales. Si este proceso se sigue paso a paso, la base de datos resultante será muy sólida. Cada paso está soportado por el paso anterior. El primer paso es definir el proceso de negocios. El siguiente es la definición de los objetos de negocios. Estos objetos se convertirán eventualmente en las tablas que formarán la base de datos. La descripción de estos objetos serán los campos de las tablas. El tercer paso consiste en establecer las reglas del negocio. Estas reglas gobiernan la manera en que se almacenan los datos y cómo interactúan los objetos de negocios entre sí. El siguiente paso es el modelado de la base de datos. Esto le ayuda a tener una idea más sólida en su mente de la estructura de la base de datos. Esto permite detectar fácilmente posibles errores u omisiones y evitar imperfecciones en el diseño y la lógica de la base de datos. El paso final consiste en identificar las relaciones entre los objetos. Aprendió que hay tres diferentes tipos de relaciones: uno a uno, uno a varios y varios a varios. También aprendió lo que hace cada una y cómo implementar las relaciones dentro de la base de datos. Además, hoy se dio inicio al proyecto de Mi_Tienda. Este proyecto está basado en un sitio Web que se ejecuta con MySQL. Este proyecto le sirvió para practicar los conceptos y las técnicas que aprendió este día.

Los conceptos cubiertos este día pueden aplicarse para cualquier base de datos. Están en este libro, porque basado en mi experiencia, le puedo decir que no hay nada más importante que un buen diseño de la base de datos. Si va a ser administrador de MySQL o a escribir programas para el acceso a bases de datos de MySQL es esencial que sepa cómo diseñar una base de datos.

Preguntas y respuestas

P Este proceso de diseño da la impresión de ser un desperdicio de tiempo. ¿Por qué debo invertir tanto tiempo en el diseño cuando podría hacerlo en la creación de la base de datos?

R El tiempo invertido en el diseño escrupuloso de la base de datos le será retribuido diez veces en la creación y mantenimiento de la base de datos. Si ésta no tiene un buen diseño, pasará incontables horas añadiendo campos y relaciones que pasó por alto. Extraer la información le tomará también mucho tiempo y trabajo, pues cuando el diseño se hace atropelladamente, el resultado es una base de datos no normalizada. Esto produce datos redundantes, así como desperdicio de espacio en disco. Así es que las horas que invierta en el diseño le serán más que bien retribuidas a futuro.

P **¿Cuál es el propósito de modelar la base de datos?**

R El modelado de la base de datos tiene muchas funciones. Primero le da una representación visual de la lógica y del flujo de su diseño. Esto le permite identificar con precisión las imperfecciones y debilidades de su diseño. Segundo, es una buena fuente de documentación para su base de datos. El modelado contiene todas las tablas, relaciones, campos y tipos de campos. No hay mejor fuente de documentación que un buen modelado.

Ejercicios

1. En el proyecto Mi_Tienda definió algunos objetos de negocios. ¿Puede definir algunos más?

2. Defina el resto de las reglas del negocio para el proyecto Mi_Tienda.

SEMANA 1

DÍA 4

Creación de su primera base de datos

Crear una base de datos es una de las funciones más importantes, aunque menos utilizada, de MySQL. Hay muchas formas de hacerlo en MySQL. Este día aprenderá lo siguiente:

- Cómo utilizar los comandos CREATE y DROP
- Cómo utilizar la utilería mysqladmin
- Cómo agregar usuarios a su base de datos
- Cómo crear la base de datos Mi_Tienda

Los comandos CREATE y DROP

Aunque los comandos CREATE y DROP son utilizados rara vez, son de los más importantes. Espero que lo piense dos veces antes de usarlos.

El comando CREATE

En MySQL hay varias formas de crear una base de datos. Cuando usted crea una base de datos, por lo general ya tiene el esquema completo a la mano. Normalmente añadiría las tablas inmediatamente después de haber creado la base de datos, pero como este libro es una guía de aprendizaje, lo hará paso a paso.

La primera forma de crear una base de datos en MySQL es utilizar el comando de SQL, CREATE DATABASE>*nombre_base_de_datos* en el monitor de MySQL, donde *nombre_base_de_datos* es el nombre de la base de datos que está creando. Lleve a cabo los siguientes pasos para crear la base de datos de muestra.

El proceso de crear una base de datos es el mismo para la mayoría de los sistemas operativos. Cuando no se pueda hacer algo en un sistema operativo en particular, se lo haré notar de inmediato.

En este momento ya debió cambiar la contraseña principal para entrar al sistema de bases de datos MySQL. Para utilizar el comando mysqladmin y arrancar el monitor de MySQL, necesita haber tecleado ya la contraseña.

1. Abra una terminal.
2. Cámbiese al directorio mysql. Si ha creado un enlace simbólico teclee:

   cd mysql

   Si no ha creado un enlace simbólico, deberá teclear la ruta completa como se indica a continuación:

   cd /usr/local/mysql

   (asumiendo que MySQL fue instalado en el directorio predeterminado).

Nota

Los enlaces simbólicos se utilizan normalmente como métodos abreviados. Pueden tomar el nombre de una ruta muy larga y condensarlo en una palabra, lo cual es muy conveniente para el usuario.

3. Cerciórese de que el daemon esté ejecutándose. Para hacerlo, teclee el siguiente comando:

```
bin/mysqladmin -p ping
```

4. Una vez que esté seguro de que el monitor está ejecutándose, arránquelo tecleando lo siguiente desde la línea de comandos:

```
bin/mysql -p
```

5. En el indicador del monitor teclee lo siguiente:

```
CREATE DATABASE bd_muestra;
```

Asegúrese de teclear todo exactamente como se muestra. Recuerde que es necesario terminar la línea con un punto y coma o con una \g.

Sus resultados deben ser similares a los que se muestran en la figura 4.1.

4

FIGURA 4.1

Resultados de la creación exitosa de la base de datos.

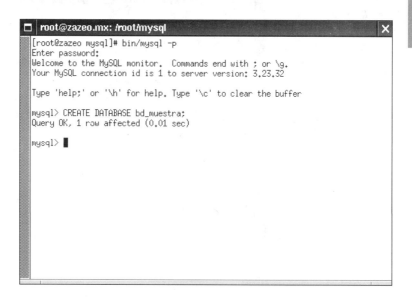

El monitor de MySQL no es sensible a mayúsculas y minúsculas cuando se trata de comandos de SQL. Por lo tanto, los siguientes comandos son válidos:

```
Create Database bd_muestra;
```

```
CrEaTe DaTaBaSe bd_muestra;
```

```
create database bd_muestra;
```

Todos estos comandos crearán la misma base de datos bd_muestra. Se ha popularizado la convención de utilizar mayúsculas en los comandos de SQL —este libro seguirá dicha convención. Es importante puntualizar que el uso de mayúsculas y minúsculas cuando nos referimos a objetos de la base de datos sí es importante. Por ejemplo, no es lo mismo bd_muestra que Bd_muestra.

Una vez que ha creado con éxito su base de datos, puede comenzar a usarla. Si recuerda la lección del primer día, "Qué es MySQL", el comando para hacerlo es USE. Para utilizar la base de datos bd_muestra, teclee desde el monitor de MySQL, lo siguiente:

ENTRADA `USE bd_muestra;`

Los resultados del comando deben verse como se muestra en la figura 4.2.

FIGURA 4.2

Uso de la nueva base de datos.

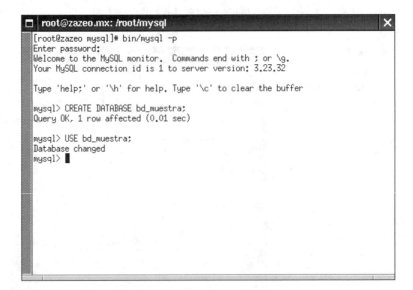

```
[root@zazeo mysql]# bin/mysql -p
Enter password:
Welcome to the MySQL monitor.  Commands end with ; or \g.
Your MySQL connection id is 1 to server version: 3.23.32

Type 'help;' or '\h' for help. Type '\c' to clear the buffer

mysql> CREATE DATABASE bd_muestra;
Query OK, 1 row affected (0.01 sec)

mysql> USE bd_muestra;
Database changed
mysql>
```

Algo que es importante recordar es que MySQL no activa automáticamente la base de datos que acaba de crear. Debe utilizar el comando U3E para indicar explícitamente qué base de datos estará activa.

El comando DROP

El comando DROP es similar al comando CREATE. Mientras que el segundo sirve para crear una base de datos, el primero sirve para borrarla. Atención con esto, el comando DROP de SQL no tiene vuelta atrás. No existen cuadros de confirmación que le preguntan si está seguro de lo que va a hacer. El comando DROP simplemente borra la base de datos y todos los datos contenidos en ella. Esto es una muestra del poder de los comandos de SQL. Una vez que un comando se ha confirmado, ya no hay marcha atrás. (Esto no es completamente verdadero; puede recuperar sus datos mediante el uso del archivo de registro, log.) Sea muy precavido cuando use el comando DROP.

Para utilizar el comando DROP, debe completar los siguientes pasos:

1. Asegúrese de que el daemon mysqld esté ejecutándose y de que usted se encuentre en el directorio mysql.

2. Si no está en el monitor de MySQL, desde la línea de comandos teclee:

   ```
   bin/mysql -p
   ```

   Esto arrancará el monitor de MySQL.

3. Desde la línea de comandos del monitor teclee:

   ```
   DROP DATABASE bd_muestra;
   ```

   Esto borrará la base de datos bd_muestra y todo su contenido.

La salida de los pasos indicados debe ser similar a la que se muestra en la figura 4.3.

4

FIGURA 4.3

Eliminación de la base de datos.

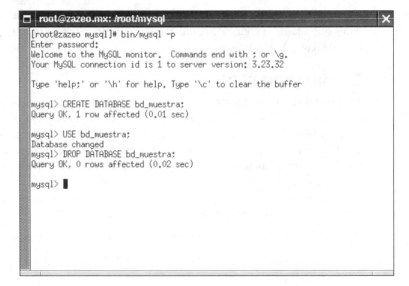

```
□  root@zazeo.mx: /root/mysql                                            ✕
[root@zazeo mysql]# bin/mysql -p
Enter password:
Welcome to the MySQL monitor.  Commands end with ; or \g.
Your MySQL connection id is 1 to server version: 3.23.32

Type 'help;' or '\h' for help. Type '\c' to clear the buffer

mysql> CREATE DATABASE bd_muestra;
Query OK, 1 row affected (0.01 sec)

mysql> USE bd_muestra;
Database changed
mysql> DROP DATABASE bd_muestra;
Query OK, 0 rows affected (0.02 sec)

mysql> █
```

mysqladmin

Como muchas cosas en el mundo de las computadoras, en MySQL existe más de una forma de hacer las cosas. MySQL cuenta con una utilería muy poderosa que le puede ayudar a crear o borrar una base de datos —mysqladmin. Esta utilería también le brinda muchas otras funciones de gran utilidad; en lecciones posteriores aprenderá cómo utilizar algunas de esas funciones. Por ahora creará y borrará una base de datos utilizando esta utilería.

Crear una base de datos con msqladmin es muy simple. Para crear la base de datos de muestra, haga lo siguiente:

1. Asegúrese de que el daemon mysqld esté ejecutándose y de que usted se encuentre en el directorio mysql.

2. Para crear la base de datos de muestra, teclee el siguiente comando.

   `bin/mysqladmin -p CREATE bd_muestra`

La salida deberá verse como se muestra en la figura 4.4.

Borrar la base de datos es igual de simple. Para borrar la base de datos de muestra, haga lo siguiente:

1. De nuevo, asegúrese de que el daemon mysqld esté ejecutándose y de que usted se encuentre en el directorio mysql.

2. Teclee el siguiente comando para borrar la base de datos de muestra.

   `bin/mysqladmin -p DROP bd_muestra`

FIGURA 4.4

Creación de la base de datos mediante mysqladmin.

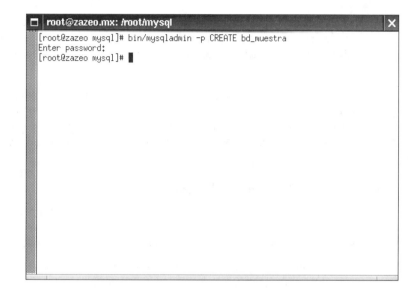

La salida debe verse como se muestra en la figura 4.5.

FIGURA 4.5

Eliminación de la base de datos mediante mysqladmin.

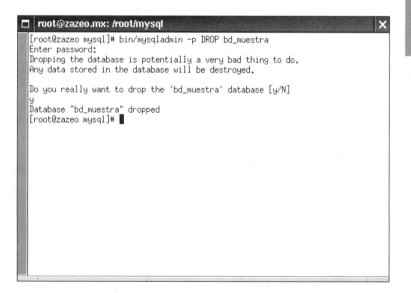

4

Se habrá dado cuenta que al usar `mysqladmin`, el sistema le pregunta antes de borrar la base de datos. Esto es de gran ayuda para el administrador de bases de datos tanto principiante como avanzado. Le permite un momento más para reflexionar antes de perder sus datos.

Los argumentos de `CREATE` y `DROP` de `mysqladmin` no son sensibles a mayúsculas y minúsculas, pero el nombre de la base de datos sí lo es. Otro punto que se debe destacar es que usted debe tener la autoridad para usar los comandos `CREATE` y `DROP`. Como `root` tiene esta autoridad, pero si no es un administrador, no podrá utilizar estos comandos.

Cómo agregar usuarios

Ahora que tiene su base de datos lista y ejecutándose, debería permitir a otros usuarios utilizarla. Este día aprenderá cómo añadir usuarios; los permisos y los privilegios de usuario se cubrirán con más detalle el día 17, "Seguridad de bases de datos en MySQL".

Para permitirle a un usuario desde su máquina local —llamada de aquí en adelante *local-host*— el acceso a su base de datos, el usuario debe estar dado de alta en muchos lugares. El RDBMS MySQL contiene una base de datos llamada `mysql`. Ésta contiene los permisos para todas las bases de datos de MySQL y está formada por las siguientes tablas:

- `user` Esta tabla contiene todos los nombres, contraseñas, hosts y privilegios de los usuarios del RDBMS MySQL.
- `db` Esta tabla contiene todos los usuarios, bases de datos y nombres de hosts de MySQL.
- `host` Esta tabla contiene todos los nombres de hosts, bases de datos y privilegios del RDBMS MySQL.

Para que alguien utilice su base de datos, el nombre de la máquina desde donde se está conectando debe existir en la tabla `host`. El usuario debe existir en la tabla `user` y la base de datos debe existir en la tabla `db`. Complete los siguientes pasos para dar a un usuario la capacidad de utilizar su base de datos desde una máquina local.

1. Asegúrese de que el daemon esté ejecutándose y de que usted se encuentre en el directorio `mysql`.
2. Para agregar el nombre del host y la base de datos en la tabla `host` debe usar el monitor de MySQL.
   ```
   bin/mysql -p
   ```
3. Además, debe hacer que la base de datos `mysql` sea la activa. Para hacer esto, teclee lo siguiente:
   ```
   USE mysql;
   ```

Nota
> Recuerde, los comandos no son sensibles a las mayúsculas y minúsculas, pero los objetos de bases de datos, sí lo son.

4. Para añadir simultáneamente el nombre del host y la base de datos al RDBMS MySQL, debe usar el comando de SQL, INSERT. Teclee lo siguiente desde la línea de comandos:

```
INSERT INTO host VALUES('localhost','bd_muestra',
'Y','Y','Y','Y','Y','Y','Y','Y','Y','Y');
```

Recuerde que si no teclea un punto y coma o \g, el monitor de MySQL continuará su comando en la siguiente línea. Esto siempre es útil, porque le permite hacer más legibles sus comandos y, si usted comete algún error, puede utilizar la tecla de repetir, para llamar al comando que desea corregir.

La salida debe verse como se muestra en la figura 4.6.

FIGURA 4.6

Adición de un host en la tabla host.

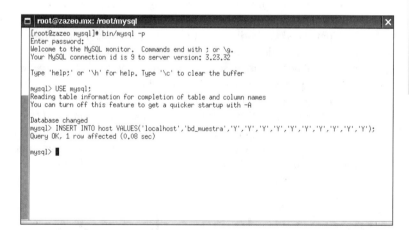

El siguiente paso es asegurarse de que tiene usuarios que añadir a su base de datos. En este momento agregará un usuario.

```
INSERT INTO user VALUES('localhost','usuario_de_prueba',
PASSWORD('pas123'),'Y','Y','Y','Y','Y','Y','Y'
,'Y','Y','Y','Y','Y','Y','Y');
```

La función PASSWORD es una *función intrínseca*, es decir, una función que puede llamarse desde MySQL. El día 10, "Cómo dejar que MySQL haga el trabajo: funciones intrínsecas", veremos con más detalle las funciones intrínsecas. La función PASSWORD toma una cadena como un argumento y la encripta. La palabra encriptada se almacena en la base de datos. Esto previene que ojos curiosos tengan fácil acceso a las contraseñas de los usuarios mediante una simple consulta a la base de datos mysql. Es mejor tener el hábito de añadir usuarios de esta forma.

Ahora está listo para añadir su base de datos y los usuarios a la base de datos mysql. Para hacerlo, teclee lo siguiente:

ENTRADA
```
INSERT INTO db VALUES('localhost','bd_muestra',
'usuario_de_prueba','Y','Y','Y','Y','Y','Y','Y','Y', 'Y',
'Y');
```

Revisemos lo que ha hecho. Para permitir a una persona usar su base de datos bd_muestra desde la máquina local, muchas cosas deben estar en su lugar. Necesitará el nombre de host de la computadora del usuario que se quiera conectar a su base de datos. En el ejemplo, usted va a utilizar la misma máquina que tiene instalado el RDBMS MySQL. Su máquina puede tener el nombre que usted quiera, pero MySQL sólo requiere el nombre 'localhost' para describir a una máquina local. Si se fuera a conectar a otra base de datos mysql desde su máquina, el nombre de su máquina tendría que estar en esa base de datos. La segunda cosa que necesita estar en su lugar es un usuario. Puede añadir usuarios en cualquier momento. Puesto que asumí que usted tiene una instalación nueva de MySQL, realice el proceso completo de añadir un usuario. Una vez que el usuario ha sido añadido, podría darle los permisos necesarios para usar su base de datos. Usted hizo eso añadiendo el usuario a la tabla db. Las ventajas de hacer las cosas de esta forma se verán con detalle el día 16.

Creación de la base de datos Mi_Tienda

Creará la base de datos Mi_Tienda utilizando la utilería mysqladmin. (Añadirá usuarios en una lección posterior.) Utilizará esta base de datos, como un ejemplo, a lo largo del libro, estructurándola en cada lección. Para crear la base de datos, haga lo siguiente:

1. Asegúrese de que el daemon mysqld esté ejecutándose y de que usted se encuentre en el directorio mysql.

2. Para crear la base de datos teclee lo siguiente:

```
bin/mysqladmin -p CREATE Mi_Tienda
```

Resumen

Ayer aprendió la importancia de un diseño apropiado. Hoy dio el primer paso para dar vida a su diseño. Ha alcanzado un importante logro. Creó su primera base de datos de MySQL. También aprendió que los desarrolladores de MySQL le ofrecen más de una opción para llevar a cabo esta tarea. Si usted es adicto a los comandos, puede utilizar la utilería `msqladmin` y si es un fanático de SQL, puede utilizar comandos de SQL para obtener los mismos resultados. De cualquier manera, va en la dirección correcta para convertirse en un DBA (administrador de bases de datos) de MySQL.

Preguntas y respuestas

P **¿Existe otra forma de introducir comandos en `mysql`? El monitor de MySQL es un poco problemático y tengo muchos comandos para introducir.**

R Hay otra manera, si está usando una máquina LINUX. Puede redirigir la salida a un archivo dentro del programa `mysql`. Por ejemplo, cree un archivo utilizando su editor favorito (*emacs*, *vi* o *gedit*). Use cualquier nombre para el archivo. Sus comandos deben ser iguales a como los teclea en el monitor. Asegúrese de terminarlos con un punto y coma o con \g. Una vez que ha terminado, debe importar el archivo a MySQL. Asegúrese de que el daemon `mysqld` esté ejecutándose y de que usted se encuentre en el directorio `mysql`. Teclee lo siguiente:

```
cat /ruta/nombre_archivo | bin/mysql
```

Esto ejecutará todos los comandos insertados en el archivo. Ésta es una muy buena manera de añadir datos o crear un esquema de la base de datos. Esto también es una nueva forma de almacenar el esquema para transportarlo o volver a crear la base de datos en caso de pérdida de un disco.

P **¿Cuántas bases de datos puede soportar el RDBMS MySQL?**

R Debido a que MySQL usa el sistema de archivos del sistema operativo, en realidad no existe límite en el número de bases de datos que puede soportar el RDBMS MySQL. El tamaño de las bases de datos está limitado por el sistema operativo. Las tablas de las bases de datos pueden ser tan grandes como el sistema de archivos del sistema operativo lo permita. Para Linux el tamaño máximo permitido actualmente es de 4 GB.

Ejercicios

1. Cree y elimine bases de datos con la utilería `mysqladmin` y también con el monitor.
2. Agregue un par de usuarios a la base de datos y utilice esas cuentas.

SEMANA 1

DÍA 5

Normalización de sus datos

Cuando está estructurando una base de datos, poner las columnas correctas en las tablas adecuadas puede ser una tarea algo fastidiosa. Cuando finalmente ha completado esta tarea, puede encontrar problemas de lógica en su base de datos, especialmente si usted viene del viejo mundo de las bases de datos no relacionales, donde todo está contenido en el mismo archivo. Utilizando la vieja idea de mantener todos sus datos dentro de una tabla de una base de datos relacional es una mala idea. Es casi un sacrilegio. Existe un conjunto de reglas para ayudar a los diseñadores de bases de datos. Estas reglas lo pueden ayudar a desarrollar una verdadera base de datos relacional sin problemas de lógica. A la aplicación de estas reglas en la estructura de su base de datos se le conoce como *normalizar* sus datos o *normalización*.

Este día aprenderá:

- Qué es la normalización y qué beneficios puede aportar.
- Grados de normalización.

Qué es la normalización

Normalización es un conjunto de reglas que sirven para ayudar a los diseñadores a desarrollar un esquema que minimice los problemas de lógica. Cada regla está basada en la que le antecede. La normalización se adoptó porque el viejo estilo de poner todos los datos en un solo lugar, como un archivo o una tabla de la base de datos, era ineficiente y conducía a errores de lógica cuando se trataba de manipular los datos. Por ejemplo, vea la base de datos `Mi_Tienda`. Si almacena todos los datos en la tabla `Clientes`, ésta podría verse como se muestra a continuación:

```
Clientes

ID_Cliente

Nombre

Apellidos

Nombre_Producto1

Costo_Producto1

Imagen_Producto1

Nombre_Producto2

Costo_Producto2

Imagen_Producto2

Fecha_Pedido

Cantidad_Pedido

Nombre_Cia_Envios
```

La tabla se ha descrito de manera abreviada pero aun así representa la idea general. ¿Cómo podría añadir un nuevo cliente en su tabla `Clientes`? Debería añadir un producto y un pedido también. ¿Qué tal si quisiera emitir un informe de todos los productos que vende? No podría separar fácilmente los productos de los clientes con una simple instrucción SQL. Lo bello de las bases de datos relacionales, si están bien diseñadas, es que puede hacer esto fácilmente.

La normalización también hace las cosas fáciles de entender. Los seres humanos tenemos la tendencia de simplificar las cosas al máximo. Lo hacemos con casi todo —desde los animales hasta con los automóviles. Vemos una imagen de gran tamaño y la hacemos menos compleja agrupando cosas similares juntas. Las guías que la normalización provee crean el marco de referencia para simplificar la estructura. En su base de datos de muestra, es fácil detectar que usted tiene tres diferentes grupos: clientes, productos y pedidos. Si sigue las guías de la normalización, podría crear las tablas basándose en estos grupos.

El proceso de normalización tiene un nombre y una serie de reglas para cada fase. Esto puede parecer un poco confuso al principio, pero poco a poco irá entendiendo el proceso, así como las razones para hacerlo de esta manera. A la mayoría de la gente le encantan las hojas de cálculo por la forma en la que manejan sus datos. El tiempo que le lleve reconfigurar su esquema para ajustarlo al proceso de normalización, siempre será bien invertido. Al fin y al cabo, esto le tomará menos tiempo que el que tendría que invertir para cortar y pegar sus columnas de datos para generar el informe que quiere su jefe.

Otra ventaja de la normalización de su base de datos es el consumo de espacio. Una base de datos normalizada puede ocupar menos espacio en disco que una no normalizada. Hay menos repetición de datos, lo que tiene como consecuencia un mucho menor uso de espacio en disco.

Grados de normalización

Existen básicamente tres niveles de normalización: Primera Forma Normal (1NF), Segunda Forma Normal (2NF) y Tercera Forma Normal (3NF). Cada una de estas formas tiene sus propias reglas. Cuando una base de datos se conforma a un nivel, se considera normalizada a esa forma de normalización. Por ejemplo, supongamos que su base de datos cumple con todas las reglas del segundo nivel de normalización. Se considera que está en la Segunda Forma Normal. No siempre es una buena idea tener una base de datos conformada en el nivel más alto de normalización. Puede llevar a un nivel de complejidad que pudiera ser evitado si estuviera en un nivel más bajo de normalización.

5

> **Nota** Existen nueve diferentes reglas de normalización. Éstas son: Primera Forma
> Normal, Segunda Forma Normal, Tercera Forma Normal, Forma Normal
> Boyce-Codd, Cuarta Forma Normal, Quinta Forma Normal o Forma Normal
> de Proyección-Unión, Forma Normal de Proyección-Unión Fuerte, Forma
> Normal de Proyección-Unión Extra Fuerte y Forma Normal de Clave de
> Dominio. Este libro sólo cubre las primeras tres formas de normalización.

Primera Forma Normal

La regla de la Primera Forma Normal establece que las columnas repetidas deben eliminarse y colocarse en tablas separadas. Ésta es una regla muy fácil de seguir. Observe la
tabla 5.1, la cual contiene el esquema de la tabla Clientes de la base de datos.

TABLA 5.1   Esquema de la tabla Clientes de la base de datos

Clientes
ID_Cliente
Nombre
Apellidos
Nombre_Producto1
Costo_Producto1
Imagen_Producto1
Nombre_Producto2
Costo_Producto2
Imagen_Producto2
Fecha_Pedido
Cantidad_Pedido
Nombre_Cia_Envios

La tabla 5.1 tiene varias columnas repetidas. Éstas se refieren principalmente a los productos. De acuerdo con la regla, debe eliminar las columnas repetidas y crearles su
propia tabla. Las tablas resultantes se muestran en la tabla 5.2.

TABLA 5.2   Eliminación de datos repetidos en una base de datos

Clientes	Pedidos
ID_Cliente	Nombre_Producto
Nombre	Costo_Producto
Apellidos	Imagen_Producto
Direccion	
Numero_Pedido	
Fecha_Pedido	
Cantidad_Pedido	
Clave_Cia_Envios	
Nombre_Cia_Envios	

Ahora tiene dos tablas. Pero todavía hay un problema. No hay forma de relacionar los datos de la tabla original con los de la nueva tabla. Para hacerlo, debe añadir un campo clave a la segunda tabla de forma que se establezca la relación. Añada a la tabla Productos una clave primaria que se llame ID_Producto y añada una clave a la tabla Clientes que la relacione con la tabla Productos. El campo ID_Producto es el candidato ideal. Las tablas resultantes se muestran en la tabla 5.3.

TABLA 5.3   Primera Forma Normal

Clientes	Pedidos
ID_Cliente	ID_Producto
ID_Producto	Nombre_Producto
Nombre	Costo_Producto
Apellidos	Imagen_Producto
Direccion	
Numero_Pedido	
Fecha_Pedido	
Cantidad_Pedido	
Clave_Cia_Envios	
Nombre_Cia_Envios	

Así, se ha establecido una relación uno a varios. Ésta representa lo que la base de datos estará haciendo en la vida real. El cliente tendrá muchos productos que podrá comprar, sin importar cuántos otros clientes quieran comprarlos también. Además, el cliente necesitará haber pedido un producto para ser un cliente. Usted ya no está obligado a añadir un cliente cada vez que añade un nuevo producto a su inventario.

Poner la base de datos en la Primera Forma Normal resuelve el problema de los encabezados de columna múltiples. Muy a menudo, los diseñadores de bases de datos inexpertos harán algo similar a la tabla no normalizada del ejemplo de este día. Una y otra vez, crearán columnas que representen los mismos datos. En una empresa de servicios de electricidad en el noroeste, había una base de datos para el control de refacciones de una planta nuclear. La tabla de su base de datos, la cual contenía los números de parte de las refacciones, tenía una columna repetida más de treinta veces. Cada vez que una nueva parte se tenía que dar de alta, se creaba una nueva columna para almacenar la información. Obviamente, el diseño de la base de datos era bastante pobre y, por lo mismo, resultaba una pesadilla para sus programadores/administradores.

La normalización ayuda a clarificar la base de datos y a organizarla en partes más pequeñas y más fáciles de entender. En lugar de tener que entender una tabla gigantesca y monolítica que tiene muchos diferentes aspectos, usted sólo tiene que entender objetos pequeños y más tangibles, así como las relaciones que guardan con otros objetos también pequeños. No es necesario mencionar que un mejor entendimiento del funcionamiento de su base de datos conducirá a un mejor aprovechamiento de sus activos.

Segunda Forma Normal

TÉRMINO NUEVO La regla de la Segunda Forma Normal establece que todas las dependencias parciales se deben eliminar y separar dentro de sus propias tablas. Una *dependencia parcial* es un término que describe a aquellos datos que no dependen de la clave de la tabla para identificarlos. En la base de datos de muestra, la información de pedidos está en cada uno de los registros. Sería mucho más simple utilizar únicamente el número del pedido. El resto de la información podría residir en su propia tabla. Una vez que haya organizado la información de pedidos, su esquema podría verse como el que se muestra en la tabla 5.4.

TABLA 5.4 Eliminación de las dependencias parciales —Segunda Forma Normal

Clientes	Productos	Pedidos
ID_Cliente	ID_Producto	ID_Producto
ID_Producto	Fecha_Compra	Nombre_Producto
Numero_Pedido	Costo_Producto	Cantidad_Pedido
Nombre	Imagen_Producto	
Apellidos		
Direccion		
Nombre_Cia_Envios		

De nuevo, al organizar el esquema de esta forma puede reflejar el mundo real en su base de datos. Tendría que hacer algunos cambios en sus reglas del negocio para que esto fuera aplicable, pero para ilustrar la normalización, así está bien.

En este momento, ya debe haber notado algunas cosas. La tabla que anteriormente era difícil de leer y entender, ahora tiene más sentido. Las relaciones de la información que se va a almacenar son más claras y fáciles de entender. Todo se ve más lógico. Éstas son algunas de las ventajas de normalizar una base de datos.

Una de las mayores desventajas de la normalización es el tiempo que lleva hacerlo. La mayoría de la gente está demasiado ocupada, y emplear tiempo para asegurarse de que sus datos están normalizados cuando todo funciona más o menos bien, parece ser un desperdicio de tiempo. Pero no es así. Usted tendrá que emplear más tiempo arreglando una base de datos no normalizada que el que emplearía en una normalizada.

Al haber alcanzado la Segunda Forma Normal, usted puede disfrutar de algunas de las ventajas de las bases de datos relacionales. Por ejemplo, puede añadir nuevas columnas a la tabla Clientes sin afectar a las tablas Productos y Pedidos. Lo mismo aplica para las otras tablas. Alcanzar este nivel de normalización permite que los datos se acomoden de una manera natural dentro de los límites esperados.

Una vez que ha alcanzado el nivel de la Segunda Forma Normal, se han controlado la mayoría de los problemas de lógica. Puede insertar un registro sin un exceso de datos en la mayoría de las tablas. Observando un poco más de cerca la tabla Clientes, vemos la columna Nombre_Cia_Envios. Ésta no es dependiente del cliente. El siguiente nivel de normalización explicará cómo solucionar esto.

Tercera Forma Normal

La regla de la Tercera Forma Normal señala que hay que eliminar y separar cualquier dato que no sea clave. El valor de esta columna debe depender de la clave. Todos los valores deben identificarse únicamente por la clave. En la base de datos de muestra, la tabla Clientes contiene la columna Nombre_Cia_Envios, la cual no se identifica únicamente por la clave. Podría separar estos datos de la tabla y ponerlos en una tabla aparte. La tabla 5.5 muestra los resultados del esquema de la base de datos.

TABLA 5.5   Eliminación de los datos que no son claves para la Tercera Forma Normal

Clientes	Productos	PedidoMaestro	PedidoDetallado	Cias_Envios
ID_Cliente	ID_Producto	ID_Pedido	ID_Pedido_Detallado	ID_Cia_Envios
ID_Producto	Nombre_Producto	Fecha_Pedido	ID_Pedido	Nombre_Cia_Envios
Numero_Pedido	Costo_Producto	Cantidad_Pedido	Fecha_Pedido	
ID_Cia_Envios	Fotografia_Producto		Cantidad_Pedido	
Nombre				
Apellidos				
Direccion				

Ahora todas sus tablas están en la Tercera Forma Normal. Esto le da más flexibilidad y previene errores de lógica cuando inserta o borra registros. Cada columna en la tabla está identificada de manera única por la clave, y no hay datos repetidos. Esto provee un esquema limpio y elegante, que es fácil de trabajar y expandir.

Qué tan lejos debe llevar la normalización

La siguiente decisión es ¿qué tan lejos debe llevar la normalización? La normalización es una ciencia subjetiva. Determinar las necesidades de simplificación depende de usted. Si su base de datos va a proveer información a un solo usuario para un propósito simple y existen pocas posibilidades de expansión, normalizar sus datos hasta la 3FN sea quizá algo extremoso. Las reglas de normalización existen como guías para crear tablas que sean fáciles de manejar, así como flexibles y eficientes.

A veces puede ocurrir que normalizar sus datos hasta el nivel más alto no tenga sentido. Por ejemplo, suponga que añade una columna extra para la dirección en su base de datos. Es muy normal tener dos líneas para la dirección. El esquema de la tabla podría verse como se muestra a continuación:

```
ID_Cliente

Nombre

Apellidos

Direccion1

Direccion2
```

De acuerdo con las reglas, si aplica la Primera Forma Normal, la columna de dirección debería sacarse de esta tabla y reemplazarse con la clave de una nueva tabla. El resultado de este esquema se muestra a continuación:

```
ID_Cliente     ID_Direccion

Nombre         ID_Cliente

Apellidos      Direccion
```

La base de datos ahora cumple con la Primera Forma Normal. Los clientes pueden tener más de una dirección. El problema aquí es que usted ha complicado demasiado una idea simple, por tratar de seguir las reglas de normalización. En el ejemplo mostrado, la segunda dirección es totalmente opcional. Está ahí sólo para colectar información que pudiera utilizarse como información de contacto. No hay necesidad de partir la tabla en dos y forzar las reglas de la normalización. En esta instancia, el exceso de normalización frustra el propósito para el que se utilizan los datos. Añade, de manera innecesaria, un nivel más de complejidad. Una buena forma de determinar si está llevando demasiado lejos su normalización, es ver el número de tablas que tiene. Un número grande de tablas pudiera indicar que está normalizando demasiado. Vaya un paso atrás y observe su esquema. ¿Está dividiendo tablas sólo para seguir las reglas o estas divisiones son en verdad prácticas? Éstas son el tipo de cosas que usted, el diseñador de la base de datos, necesita decidir. La experiencia y el sentido común lo pueden auxiliar para tomar la decisión correcta. La normalización no es una ciencia exacta. Es subjetiva.

Existen seis niveles más de normalización que no se han discutido aquí. Ellos son Forma Normal Boyce-Codd, Cuarta Forma Normal (4NF), Quinta Forma Normal (5NF) o Forma Normal de Proyección-Unión, Forma Normal de Proyección-Unión Fuerte, Forma Normal de Proyección-Unión Extra Fuerte y Forma Normal de Clave de Dominio. Estas formas de normalización pueden llevar las cosas más allá de lo que necesita. Éstas existen para hacer una base de datos realmente relacional. Tienen que ver principalmente con dependencias múltiples y claves relacionales. Si está familiarizado con este tipo de normalización, probablemente no necesite este libro.

Resumen

La normalización es una técnica que se utiliza para crear relaciones lógicas apropiadas entre tablas de una base de datos. Ayuda a prevenir errores lógicos en la manipulación de datos. La normalización facilita también agregar nuevas columnas sin romper el esquema actual ni las relaciones.

Existen varios niveles de normalización: Primera Forma Normal, Segunda Forma Normal, Tercera Forma Normal, Forma Normal Boyce-Codd, Cuarta Forma Normal, Quinta Forma Normal o Forma Normal de Proyección-Unión, Forma Normal de Proyección-Unión Fuerte, Forma Normal de Proyección-Unión Extra Fuerte y Forma Normal de Clave de Dominio. Cada nuevo nivel o forma lo acerca más a hacer su base de datos verdaderamente relacional. Se discutieron las primeras tres formas. Éstas proveen suficiente nivel de normalización para cumplir con las necesidades de la mayoría de las bases de datos.

Normalizar demasiado puede conducir a tener una base de datos ineficiente y hacer a su esquema demasiado complejo para trabajar. Un balance apropiado de sentido común y práctico puede ayudarle a decidir cuándo normalizar y cuándo mejor no hacer tantas olas.

Preguntas y respuestas

P **¿Cuál es el mejor momento para normalizar mi base de datos?**

R Muchas veces la normalización se hace cuando todo está funcionando y su base de datos está lista para entrar en producción. Éste no es el mejor momento para hacerlo. El mejor momento para normalizar es inmediatamente después de que ha diseñado sus tablas y tiene todo esquematizado. Aquí es cuando usted se encontrará con algunos problemas y será capaz de detectar rápidamente, dónde debe normalizar.

5

P **¿Debo llevar mi base de datos a la Tercera Forma Normal?**

R Debe hacerlo solamente si esto tiene sentido. Como vimos en el último ejemplo de este día, algunas veces tiene más sentido no normalizar. La normalización parte las cosas hasta su forma más pequeña —pequeño es igual a velocidad. Mientras más rápida sea una base de datos, mejor será para usted.

Ejercicios

1. Describa algunos de los beneficios de la normalización.
2. Identifique áreas que no necesiten normalizarse.

SEMANA 1

DÍA 6

Cómo agregar tablas, columnas e índices a su base de datos

Después de crear la base de datos, agregar columnas, tablas e índices es lo más importante en el proceso de desarrollo de una base de datos. Las tablas y sus columnas son lo que definen a una base de datos. Este día aprenderá lo siguiente:

- Cómo crear tablas y columnas
- Cómo editar columnas existentes
- Qué es un índice y cómo se usa

Creación de tablas

La creación de tablas en MySQL es una tarea relativamente fácil. Como con algunas otras cosas, hay más de una forma de hacerlo. En este día se cubrirán dos de las formas de añadir las tablas que usted desarrolló en la sesión de diseño. Primero utilizará el monitor de MySQL. El monitor es la herramienta primaria que debe utilizar cuando interactúe con la base de datos. Para crear su primera tabla, dé los siguientes pasos:

1. Asegúrese de que el daemon `mysqld` esté ejecutándose (utilizando `mysqladmin ping`) y de que usted se encuentre en el directorio `mysql` (al teclear la contraseña se debe mostrar `/user/local/mysql`, asumiendo que instaló MySQL en el directorio predeterminado).

2. Arranque el monitor de MySQL tecleando lo siguiente:
   ```
   bin/mysql -u root -p Mi_Tienda
   ```

El sistema le pedirá la contraseña. Una vez que ha tecleado la contraseña, entrará al monitor con la base de datos `Mi_Tienda` como la base de datos activa (vea la figura 6.1).

FIGURA 6.1

Inicio de MySQL con una base de datos activa.

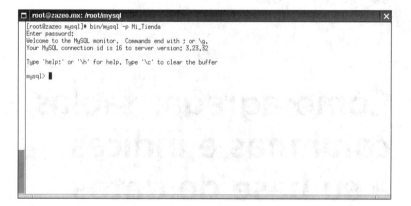

```
[root@zazeo mysql]# bin/mysql -p Mi_Tienda
Enter password:
Welcome to the MySQL monitor.  Commands end with ; or \g.
Your MySQL connection id is 16 to server version: 3.23.32

Type 'help;' or '\h' for help. Type '\c' to clear the buffer

mysql>
```

Creará su tabla `Clientes` basándose en el diagrama que desarrolló el día 3, "Diseño de su primera base de datos". Para hacer esto, teclee los comandos exactamente como aparecen. Recuerde que el comando no se ejecuta al oprimir la tecla <Entrar>, sino hasta terminarlo con un punto y coma o una \g.

```
CREATE TABLE Clientes (
  ID_Cliente          INT NOT NULL PRIMARY KEY AUTO_INCREMENT,
  Nombre              VARCHAR(20) NOT NULL,
  Apellido_Paterno    VARCHAR(20) NOT NULL,
  Apellido_Materno    VARCHAR(20) NOT NULL,
  Direccion           VARCHAR(50),
  Ciudad              VARCHAR(20),
  Estado              VARCHAR(2),
  Codigo_Postal       VARCHAR(20),
  Correo_Electronico  VARCHAR(20),
  Edad                INT,
  Sexo                ENUM('Hombre', 'Mujer') DEFAULT 'Mujer',
  Actividad_Favorita  ENUM('Programación', 'Cocina', 'Ciclismo',
                           'Correr', 'Ninguna') DEFAULT 'Ninguna',
  Genero_Favorito     VARCHAR(50),
  Ocupacion           VARCHAR(30)
);
```

La salida debe verse como la que se muestra en la figura 6.2.

FIGURA 6.2

Creación de una tabla para la base de datos Mi_Tienda.

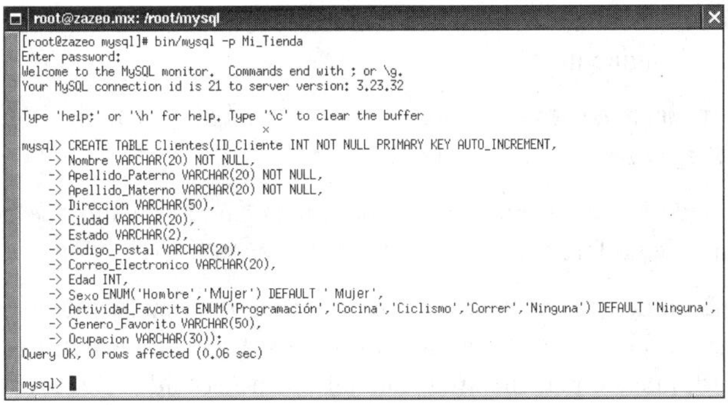

1. Para verificar lo que ha hecho, teclee lo siguiente:
   ```
   SHOW TABLES FROM Mi_Tienda;
   ```

Deberá ver una lista de las tablas disponibles en la base de datos `Mi_Tienda`. Si ha seguido los pasos indicados, debe haber sólo una tabla: `Clientes`.

2. Para ver la descripción de la tabla, teclee lo siguiente:
   SHOW COLUMNS FROM Clientes;

o

DESCRIBE Clientes;

Tip	Yo prefiero usar el segundo comando, pues es más corto. Sin embargo, los dos comandos hacen lo mismo.

Una vez que ha verificado sus datos, puede continuar agregando tablas a su base de datos.

MySQL también le permite crear tablas temporales. Éstas sólo existen durante la sesión en la que son creadas y desaparecen cuando se cierra la conexión. Estas tablas sólo pueden ser vistas por la conexión que las ha creado. De tal forma que si usted arranca MySQL localmente y crea una tabla temporal, Juan, en una máquina remota, no podrá ver ni interactuar con esta tabla de ninguna forma. Las tablas temporales son herramientas útiles para almacenar datos temporales o cuando usted necesita almacenar los resultados de una consulta y compararla con los resultados de otra. Para crear una tabla temporal teclee lo siguiente:

CREATE TEMPORARY TABLE *nombre_tabla* (*nombre_columna* **tipo_datos**
[, *nombre_columna* **tipo_datos...**]);

Como puede ver, crear una tabla temporal es casi lo mismo que crear una tabla permanente, la única diferencia es la palabra TEMPORARY.

Otra función de gran utilidad que fue introducida recientemente en MySQL es la habilidad de crear tablas basadas en los resultados de una consulta. Esta función es verdaderamente útil, pues le permite crear una tabla sin necesidad de teclear todas las columnas de datos. Y también le permite crear fácilmente una copia de una tabla permanente existente. Si quisiera crear una copia temporal de la tabla `Clientes`, tendría que teclear:

CREATE TEMPORARY TABLE Temporal SELECT * FROM Clientes;

Si quisiera crear una copia permanente de la tabla `Clientes`, tendría que omitir la palabra TEMPORARY. A continuación se muestra la sintaxis para esta acción:

CREATE TABLE *nombre_tabla* **SELECT * FROM Clientes;**

Otra característica digna de mencionarse es el parámetro IF NOT EXISTS. Esta instrucción puede utilizarse para verificar si una tabla existe, antes de ser creada. Esto es extremadamente útil cuando necesita crear una tabla, pero no sabe si ya existe. La siguiente es la sintaxis:

```
CREATE TABLE IF NOT EXISTS nombre_tabla (nombre_columnas tipo_datos);
```

Recuerde que la condicional sólo creará la tabla si ésta no existe ya. De otra forma, no hará nada.

> **Nota**
> Recuerde que el uso de convenciones para la asignación de los nombres es un mal necesario. Pueden ser de ayuda para usted durante todo el proyecto al igual que para los nuevos colaboradores.

Es necesario mencionar algo acerca del uso de convenciones en la asignación de nombres. Esto siempre es una buena práctica. Le permite estandarizar la forma de nombrar a los objetos que utiliza con frecuencia. Llamar a las cosas de cierta manera permite que la gente nueva se familiarice rápida y fácilmente con el esquema. Por ejemplo, si nombró Clientes y Productos a las tablas que almacenan clientes y productos, respectivamente, es mucho más fácil para alguien nuevo adaptarse y entenderlo, que si les hubiera dado el nombre Tabla01 y Tabla02. La decisión le corresponde a usted, el diseñador de la base de datos. Usted puede bautizar a las bases de datos como quiera. Yo prefiero usar las siguientes convenciones:

- Los nombres de las tablas van en plural y los de los campos en singular. La tabla que contiene los datos de los clientes se llama Clientes, y no Cliente. Esto tiene sentido para mí. La tabla Clientes, o cualquier otra de la misma clase, almacenará diferentes tipos del mismo objeto. Una tabla no es un espacio para sólo uno de mis clientes, sino para todos. Por eso tiene sentido utilizar el nombre en plural.

- La primera letra de un nombre siempre es mayúscula. Esto, debido a las reglas gramaticales, además de que se distingue más claramente.

- Los nombres compuestos van separados por un guión bajo y la primera letra después del guión, es mayúscula (por ejemplo, Mi_Tienda). Puede ser algo latoso teclearlo así, pero facilita mucho la lectura. Además, los espacios y los guiones normales no están permitidos en ningún nombre de objeto de la base de datos.

- Use nombres descriptivos y sea consistente. Cuando está creando un sinnúmero de tablas es muy grato saber que Apellido_Paterno siempre será Apellido_Paterno sin importar en qué tabla se encuentre. Esto es especialmente útil cuando está desarrollando programas y consultas que accedan muchas tablas continuamente.

6

Usaré este conjunto de convenciones a lo largo del libro. Siéntase libre de utilizar las que a usted le parezcan más convenientes. Estas reglas se han utilizado y probado en muchas bases de datos y el tiempo nos ha demostrado la conveniencia de su uso —aun cuando esto implique algunos teclazos de más.

Teclear los comandos desde la línea de comandos del monitor de MySQL es una forma de crear el esquema de la base de datos. Otra, es crearla mediante el uso de una secuencia de comandos (*script*). Éstas son archivos de texto que contienen todos los comandos requeridos para estructurar su base de datos. Ésta es probablemente la mejor manera de crear una base de datos, porque usted puede recrear su base de datos (menos los datos) en cualquier momento. Esto le permite reutilizar el código, ya que generalmente la gente que trabaja con computadoras es bastante floja y mientras menos trabajo tengan que hacer, mejor.

Para iniciar este proceso, abra su editor de texto favorito y teclee lo siguiente:

```
CREATE DATABASE Temporal;
USE DATABASE Temporal;
CREATE TABLE Tabla_De_Prueba
        (ID_Prueba INT NOT NULL PRIMARY KEY AUTO_INCREMENT,
        Nombre_Prueba VARCHAR(30),
        Fecha_Prueba DATETIME,
        Aplicador_Prueba VARCHAR(30));
INSERT INTO Tabla_De_Prueba
        (ID_Prueba, Nombre_Prueba, Fecha_Prueba, Aplicador_Prueba)
        VALUES
                (NULL, 'Prueba','2000-01-01','Raúl');
```

Es común usar este tipo de formato para los comandos de SQL. No estoy diciendo que es bueno o malo. Me gusta porque es bastante legible. Lleva algo de tiempo acostumbrarse, pero es bastante claro de interpretar. Desde luego, puede utilizar el formato que le plazca para sus comandos, siempre y cuando conserven el mismo orden y terminen con un punto y coma.

Mediante esta secuencia de comandos, primero creó una base de datos llamada Temporal e hizo que fuera la base de datos activa. Después, creó una tabla llamada Tabla_De_Prueba. Agregó cuatro columnas a su tabla, así como una fila de datos. Si tecleara esto en una sesión del monitor, le llevaría algo de tiempo. Además, cuando terminara su sesión, todas las instrucciones que haya tecleado ya no estarían para que las volviera a utilizar. Guarde este archivo como **Temporal.sql**. Podría usar cualquier nombre. Escogí éste porque así es más fácil identificar lo que hace la secuencia de comandos.

Antes de que pueda usar esta secuencia de comandos, hay algunas cosas que debe hacer. Primero asegúrese de que el daemon mysqld esté ejecutándose. Segundo, cerciórese de que se encuentre en el directorio mysql. Finalmente, para procesar la secuencia de comandos, teclee lo siguiente desde la línea de comandos:

```
bin/mysql -p </ruta_archivo/Temporal.sql
```

El sistema le pedirá la contraseña. Use la contraseña de root. Para ejecutar esta secuencia de comandos, debe tener privilegios CREATE. Una vez que su archivo ha sido procesado, arranque el monitor con la base de datos Temporal como base de datos activa. Ejecute el comando SHOW TABLES. Deberá ver la tabla Tabla_De_Prueba. Ahora teclee el siguiente comando:

```
SELECT * FROM Tabla_De_Prueba;
```

Como puede ver, ésta es una forma muy conveniente de ejecutar comandos de SQL desde un archivo de texto.

Cómo modificar las tablas existentes

Ahora que ha creado sus tablas, ¿qué tal si necesita cambiar algo de lo que ha hecho? Modificar tablas es casi tan fácil como crearlas, sólo tiene que saber qué es lo que quiere cambiar. El nombre de las columnas es diferente al de las tablas. Cambiar los tipos de datos es diferente que cambiar los nombres de las columnas. Observe el siguiente ejemplo y vea cómo se modifica el nombre y tipo de una columna, así como el nombre de una tabla.

Cómo cambiar el nombre de una columna

A veces puede ser necesario cambiar el nombre de alguna de las columnas, quizá lo tecleó mal cuando creó la tabla o se lo sugirió un colega. O su jefe le pidió que siguiera ciertas convenciones. De cualquier forma, cambiar el nombre de una columna es muy simple.

Si requiere cambiar el nombre de una columna, haga lo siguiente:

1. Asegúrese de que el daemon mysqld esté ejecutándose y de que usted se encuentre en el directorio mysql.

2. Arranque el monitor de MySQL como lo ha hecho con anterioridad y haga que la base de datos Mi_Tienda sea la activa.

3. Para cambiar la columna Nombre de la tabla Clientes a Nombres, teclee lo siguiente desde la línea de comandos:

   ```
   ALTER TABLE Clientes
   CHANGE Nombre Nombres VARCHAR(20);
   DESCRIBE Clientes;
   ```

6

Debe volver a especificar el tipo de datos, o tendrá un error. Utilicé el comando DESCRIBE al final para verificar los cambios. No es necesario utilizar este comando después de que ha hecho los cambios, en realidad yo lo hago por hábito.

Cambiar un tipo de columna

Cambiar el tipo de columna es similar a cambiar el nombre de la columna. En este caso va a cambiar el tipo `VARCHAR(20)` de la columna `Apellido_Paterno` a `VARCHAR(50)`: Siga los pasos 1 y 2 del ejemplo anterior. Luego, en lugar de teclear lo que está en el paso 3, teclee lo siguiente:

```
ALTER  TABLE Clientes
CHANGE Apellido_Paterno Apellido_Paterno VARCHAR(50);
DESCRIBE Clientes;
```

Observe que debe utilizar dos veces el nombre de la columna. La razón es que MySQL crea una tabla temporal para almacenar los cambios. Esto permite a los usuarios seguir utilizando la base de datos mientras hace dichos cambios.

Cómo cambiar el nombre de una tabla

Para cambiar el nombre de una tabla, asegúrese de que el daemon `mysqld` esté ejecutándose y de que usted se encuentre en el directorio `mysql`. Una vez que está seguro de que el sistema está ejecutándose, arranque el monitor de MySQL. Desde la línea de comandos del monitor, teclee lo siguiente:

```
ALTER TABLE Clientes RENAME Tabla_Clientes;
SHOW TABLES FROM Mi_Tienda;
```

La alteración de una tabla existente o sus columnas es un proceso muy directo. Algunas cosas peculiares de la sintaxis no se ven aquí, pero en general es un proceso bastante simple. La parte más escabrosa es el diseño. Téngalo en cuenta cuando esté planeando o estimando la extensión de un trabajo.

Adición/eliminación de tablas y columnas

Como puede ver, cuando crea una tabla o columna, no queda inscrito en una piedra, y por lo mismo, puede ser cambiado fácilmente. Esto se aplica también al añadir columnas a una tabla existente o borrar columnas o tablas indeseables. El proceso, nuevamente, es bastante fácil y directo.

Cómo eliminar tablas y columnas

Para borrar tablas o columnas, asegúrese de que el daemon `mysqld` esté ejecutándose y de que usted se encuentre en el directorio `mysql`. Arranque el monitor de MySQL, con la base de datos en la cual quiere hacer los cambios como base de datos activa. Una vez que esté seguro de que el sistema esté ejecutándose, teclee los siguientes comandos:

Para borrar una tabla existente, teclee:

```
DROP TABLE nombre_tabla;
```

Donde *nombre_tabla* es el nombre de la tabla que quiere borrar. Por ejemplo, para borrar la tabla `Clientes` de la base de datos `Mi_Tienda`, debería teclear el siguiente comando:

```
DROP TABLE Clientes;
```

Esto borrará la tabla completa con todo y sus datos. Sea precavido cuando ejecute este comando. Recuerde que no hay avisos de alerta del monitor. Una vez que ha borrado algo, la única forma de ir atrás es a través del registro de respaldo.

Si necesita borrar una columna de una tabla, teclee el siguiente comando:

```
ALTER TABLE nombre_tabla DROP nombre_columna;
```

Donde *nombre_tabla* es la tabla que contiene la columna que usted quiere borrar, y *nombre_columna* es la columna que quiere borrar.

Si quiere eliminar la columna `Apellido_Paterno` de la tabla `Clientes`, deberá teclear lo siguiente:

```
ALTER TABLE Clientes DROP Apellido_Paterno;
```

Esto borrará la columna y toda la información almacenada en la columna. De nuevo, sea cuidadoso al usar este comando.

Cómo agregar columnas

Hemos visto cómo agregar columnas a tablas de una base de datos. Por ahora usted puede crear y borrar una tabla. Para agregar una columna debe usar una variación del comando `ALTER TABLE`. Por ejemplo, para añadir una columna a un esquema existente, ejecute el siguiente comando:

```
ALTER TABLE nombre_tabla ADD nombre_columna tipo_columna;
```

Donde *nombre_tabla* es la tabla a la que agregará la columna y *nombre_columna* es el nombre de la columna que se agregará. Si desea volver a agregar la columna `Apellido_Materno` a la tabla `Clientes`, debe emitir la siguiente instrucción:

```
ALTER TABLE Clientes ADD Apellido_Materno VARCHAR(20);
```

Esto añadirá una columna a su tabla. Algo importante que usted debe recordar es que la columna que agregue debe tener un valor predeterminado. No puede ser una columna `NOT NULL`. Debe tener `NULL` o algún otro valor predeterminado. La razón para esto es bastante simple. Si agrega una columna que es `NOT NULL`, ¿cómo sabrá MySQL qué valor almacenar? No sabrá, así es que usted debe decírselo.

6

Uso de índices

Un índice es un archivo estructurado que facilita el acceso a los datos.

Lo que esto significa para usted como diseñador de bases de datos es: un índice en la columna adecuada puede incrementar considerablemente la velocidad de una consulta. Un índice trabaja como un separador alfabético en un archivero. Éste le permite ir directamente a la parte del alfabeto que usted anda buscando. Por ejemplo, suponga que necesita el registro de Gerardo Briseño. Podría ir directamente al separador con la letra B, sin tener que pasar por los separadores que anteceden al de la sección B, que es donde está el de Gerardo Briseño. Esto hace la búsqueda mucho más fácil y rápida, y no necesita perder tiempo buscando en los separadores inapropiados.

Los índices son algo maravilloso, pero tienen sus desventajas. Demasiados índices pueden tener un efecto adverso. En el ejemplo descrito, usted fue directamente a la sección B. ¿Qué pasaría si en lugar de tener separadores por letra los tuviera por nombre? Habría una tonelada de separadores —casi tantos como gente que tuviera que buscar. Esto haría las cosas más lentas en vez de acelerarlas. Por lo tanto, es mejor no tener demasiados índices.

Otro efecto indeseable es que agregar una fila en una tabla indexada es más lento que si no lo estuviera. Volviendo al ejemplo, toma un poco más de tiempo acomodar un registro en el orden adecuado. Esto es mucho más lento que sólo acomodar el registro en cualquier parte del archivero. La recuperación de registros en columnas indexadas es mucho más rápido. Usted debe decidir qué es mejor.

 Nota Los índices aceleran el acceso a la consulta de datos con el comando `SELECT`, pero la hacen más lenta con `INSERT`, `UPDATE` y `DELETE`.

Cuáles columnas debe incluir en el índice

Una vez que ha decidido utilizar índices, debe escoger la o las columnas que quiere indexar. Esto puede ser un poco delicado. Lo mejor es indexar las columnas que utiliza con más frecuencia como filtros para sus consultas. Éstas son las columnas que se mencionan enseguida de la cláusula `WHERE`. Por ejemplo, en la instrucción `SELECT Apellido_Paterno FROM Clientes WHERE ID_Cliente < 10`, `ID_Cliente` sería la columna candidata a indexar. Recuerde que va a indexar las columnas que usa más a menudo en sus consultas. Si lleva a cabo muchas consultas en las cuales busca los apellidos del cliente, quizá deba indexar esa columna.

Los índices trabajan mejor en columnas que contienen datos únicos. Ésta es una de las razones por las cuales las claves son su mejor opción para ser índices. Ésta también puede ser una de las razones por las que la gente confunde claves con índices. Una clave ayuda a definir la estructura de una base de datos, mientras que un índice mejora su desempeño.

Un índice puede estar constituido por más de una columna. Por ejemplo, en el proyecto `Mi_Tienda` puede tener un índice que esté basado en las columnas `Nombre` y `Apellido_Paterno`. Esto sería de utilidad si usted usara ambos como criterio de búsqueda con la cláusula `WHERE` en una instrucción SQL.

También puede tener más de un índice en una tabla. De hecho, puede tener hasta 16 índices en una tabla. Aunque nunca debería tener necesidad de utilizar tantos índices. Si los llegara a necesitar, debe echar un vistazo al diseño de su base de datos. Puede tener algunos problemas. Sin embargo, usar un par de índices en una tabla, basado en el criterio antes expuesto, es bastante común.

Cómo crear un índice

Cuando declara una clave como primaria, MySQL crea automáticamente un índice. Por lo tanto, ya no es necesario crear un índice para esta columna; pues tendría dos índices en la misma columna. La sintaxis para crear un índice para una columna es como se muestra a continuación:

```
CREATE INDEX nombre_índice ON nombre_tabla(lista_nombre_columnas);
```

`nombre_índice` es cualquier nombre que usted escoja. Nuevamente, es aconsejable que use algo descriptivo que le ayude a recordar para qué es el índice. Ponga atención en la palabra clave `ON`, y asegúrese de no olvidarla cuando esté definiendo un índice; de lo contrario, el sistema le enviará un error. Después de la palabra `ON` le sigue el nombre de la tabla que tiene la columna que se va a indexar. `lista_nombre_columnas` es la lista de columnas a partir de la cual se va a formar su índice. Recuerde que un índice puede estar formado por más de una columna.

También puede usar la instrucción `ALTER TABLE` para añadir un índice. Por ejemplo, si quisiera añadir un índice en la columna `Apellido_Paterno` de la tabla `Clientes`, tendría que teclear lo siguiente:

```
ALTER TABLE Clientes ADD INDEX (Apellido_Paterno);
```

Esta misma sintaxis puede usarse para añadir una clave primaria a una tabla que no la tiene. La instrucción podría ser algo como lo siguiente:

```
ALTER TABLE Clientes ADD PRIMARY KEY (ID_Cliente);
```

Crear un índice es un proceso muy simple. Los índices son unos de los factores más importantes para hacer más rápida a una base de datos, y MySQL es muy bueno en esto. Recuerde, no abuse de los índices, porque como con todas las cosas, la moderación es lo mejor.

6

Cómo borrar un índice

Borrar un índice es tan simple como crearlo. La sintaxis es la misma que se usa para borrar una columna o una tabla. Puede utilizar cualquiera de las siguientes instrucciones:

```
DROP INDEX (nombre_índice) ON nombre_tabla;
```

o

```
ALTER TABLE nombre_tabla DROP INDEX (nombre_índice);
```

Ambos producen el mismo efecto. Tenga cuidado al borrar una columna que contenga un índice, pues éste podría borrarse también. Si se elimina una columna de un índice multicolumnas, sólo esa columna será quitada del índice. Si se eliminan todas las columnas que forman un índice, éste se borrará también.

Si necesita borrar una clave primaria, utilice la siguiente instrucción:

```
ALTER TABLE nombre_tabla DROP PRIMARY KEY;
```

Recuerde que una tabla puede tener únicamente una clave primaria. Si decide que otra columna es mejor opción como clave primaria, debe borrar la original primero.

Resumen

Este día se cubrió mucho material. Aprendió acerca de los diferentes tipos de tablas que puede tener en MySQL, así como a crear, modificar y borrar esas tablas. También aprendió sobre la importancia de tener índices y cómo pueden acelerar el acceso a su base de datos. Leyó acerca de la importancia de adoptar convenciones para los nombres y de cómo esto puede ser de gran ayuda para usted y sus colaboradores en el mantenimiento y uso de su base de datos. Y, todavía más importante, aprendió cómo implementar el modelo desarrollado en la fase de diseño.

Preguntas y respuestas

P Me gusta la idea de las tablas temporales. Lo que no me gusta es que son invisibles para todos los demás. ¿Existe alguna forma de que esas tablas sean visibles para todos?

R Sí, MySQL tiene una tabla llamada tabla HEAP, la cual está disponible para todos los que están conectados al servidor. Esta tabla desaparece cuando se detiene el servidor. Existe solamente en la memoria, y es muy rápida. Sin embargo, tiene algunas limitaciones. No se pueden utilizar texto y BLOBS. Utiliza demasiados recursos y hace muy lento al sistema. Todos los tipos de datos deben ser de longitud fija. Esto sirve para ahorrar recursos y acelerar el sistema. Los índices no pueden ser valores NULL y sólo pueden utilizarse en comparaciones igual a y no igual a. Para crear una tabla como ésta teclee:

```
CREATE TABLE nombre_tabla (nombre_columna tipo_columna) TYPE=HEAP;
```

También puede convertir una tabla existente en una tabla, pero recuerde que la tabla será borrada automáticamente cuando el servidor se detenga. La sintaxis para esto es la siguiente:

```
ALTER TABLE nombre_tabla TYPE=HEAP;
```

P **He utilizado otros RDBMSs como Sybase y SQL Server 7, éstos manejan restricciones y verificación de tablas. ¿MySQL puede hacer lo mismo?**

R La respuesta más rápida es no. Sin embargo, MySQL puede analizar esa sintaxis, de tal forma que usted puede importar fácilmente esquemas existentes a MySQL.

P **¿Qué cantidad de datos puede manejar MySQL?**

R Responder esta pregunta puede ser un poco complicado. El tamaño máximo que puede alcanzar una tabla está determinado por el sistema de archivos del sistema operativo. MySQL almacena sus datos en archivos cuyo tamaño depende enteramente del sistema operativo. En sistemas de 64 bits pueden ser tan grandes que en realidad parecerían no tener limitaciones. En la plataforma Windows NT pueden llegar a medir hasta 2 TB.

Ejercicios

1. Cree un esquema para el proyecto Mi_Tienda. Base dicho esquema en el modelo que se desarrolló el día 3.

2. Cree índices para la base de datos Mi_Tienda. Utilice lo que aprendió este día para determinar qué columnas deben indexarse.

6

DÍA **7**

Tipos de datos de MySQL

Como es frecuente en la mayoría de los RDBMSs, MySQL tiene tipos de datos específicos de columnas. Este día aprenderá lo siguiente:

- Tipos de cadenas y caracteres de MySQL
- Tipos numéricos de MySQL
- Enumeraciones y conjuntos
- Modificadores de columna

Tipos soportados por MySQL

TÉRMINO NUEVO MySQL tiene varios tipos de datos que soportan diferentes funciones. Un *tipo de datos* define las características de los datos que la columna almacenará. Pueden haber diferentes tipos de datos dentro de una tabla, pero cada columna almacenará su propio tipo de información. Puede considerar un tipo de datos como una especie de definición de la columna. Una columna definida como entero sólo podrá almacenar datos numéricos enteros, mientras que una columna definida como CHAR(10) podrá manejar hasta 10 caracteres alfanuméricos. Estas definiciones son la clave de una base de datos rápida y eficiente.

Básicamente existen tres grupos de formatos de datos. El primero es obviamente numérico. Los datos numéricos son datos que pueden ser números positivos o negativos como 4 o –50. Además, pueden estar en formato hexadecimal (2ee250cc), notación científica (2X10^23) o decimal. El segundo tipo es el formato de carácter o cadena. Este formato puede incluir letras y números, palabras completas, direcciones, números telefónicos y, en general, cualquier cosa que se pueda encerrar entre comillas. Suelo llamar misceláneo al último tipo. Consiste en todo aquello que encaje dentro de las otras dos categorías. Por ejemplo, las fechas podrían ser alfanuméricas, pero se almacenan como números. Hay otros tipos de datos más que encajan en esta descripción, los cuales cubriremos más adelante, en este mismo capítulo.

MySQL tiene modificadores de columna, además de tipos de datos. Los modificadores ayudan a definir atributos adicionales de las columnas. Éstos son AUTOINCREMENT, UNSIGNED, PRIMARY KEY, NULL, NOT NULL y BINARY. Veremos una discusión más detallada de los modificadores de columna al tiempo que cubramos los tipos de datos básicos.

Tipos numéricos

Los tipos numéricos almacenan sólo números. No puede poner una letra o una cadena de caracteres en una columna definida como numérica. Los tipos numéricos pueden clasificarse en diferentes rangos. Por ejemplo, existen números enteros, fracciones, con valores positivos y negativos. Diferentes tipos numéricos usan diferente cantidad de memoria. La razón es que cada tipo tiene un rango diferente.

Tal vez se esté preguntando ¿por qué tal complejidad? Un número es un número. Claro, pero usted no almacena números en memoria como lo hace una computadora. Suponga que va a comprar dulces a una tienda de esas que venden dulces a granel, en donde hay barriles llenos de dulces. Asumamos que el kilo de dulces cuesta 15.00. Es noche de brujas y toma unos dos kilos de dulces de un barril, que probablemente contiene como 50 kilos. Va a la caja a pagar los dulces y el encargado le cobra 1,000.00. Usted no entiende lo que pasa, solamente quería tres kilos, los cuales le deberían costar 30.00, pero en lugar de eso le están cobrando el barril entero. La razón por la cual usted debería pagar sólo 30.00 es la misma por la cual existen rangos de tipos numéricos. Usted sólo debe pagar por lo que va a usar. Si no existieran los rangos, tendría que usar ocho bytes de espacio de almacenamiento cada vez que almacenara un número, porque MySQL no sabe qué número va a almacenar. La razón de que existan rangos es que se ahorra memoria (vea la tabla 7.1).

Los nombres de los diferentes tipos MySQL y sus rangos subsecuentes se listan en la tabla 7.2.

TABLA 7.1   Almacenamiento numérico

Nombre del tipo	Espacio en memoria
TINYINT	1 byte
SMALL INT	2 bytes
MEDIUMINT	3 bytes
INT	4 bytes
BIGINT	8 bytes
FLOAT(M, D)	4 bytes
DOUBLE(M, D)	8 bytes
DECIMAL(M, D)	El valor de M + 2 bytes

Si la columna es numérica y se declara como UNSIGNED, el rango se duplica para el tipo dado. Por ejemplo, si declara una columna como UNSIGNED TINYINT, el rango de esta columna es de 0 a 255. Si declara la columna como UNSIGNED, puede ocasionar que dicha columna sólo contenga valores positivos. El tamaño del tipo que está usando (TINYINT, BIGINT) no cambia, sólo el rango de los valores que puede almacenar.

TABLA 7.2   Tipos numéricos

Nombre del tipo	Rango de valores	Sin signo
TINYINT	-128 a 127	0-255
SMALL INT	-32768 a 32767	0-65535
MEDIUMINT	-8388608 a 8388607	0-16777215
INT	-2147483648 a 2147483647	0-4294967295
BIGINT	-9223372036854775808 a 9223372036854775807	0-18446744073709550615
FLOAT(M, D)	Varía según los valores	
DOUBLE(M, D)	Varía según los valores	
DECIMAL(M, D)	Varía según los valores	

7

Los tipos numéricos FLOAT, DOUBLE y DECIMAL pueden manejar fracciones. Los otros tipos no pueden. MySQL le permite limitar el número de dígitos a la derecha del punto decimal. Por ejemplo, suponga que tiene el valor 5.6876 y que lo almacena en una columna de tipo FLOAT(4,2). El número se almacena como 5.69. MySQL redondea la parte decimal del número de acuerdo a como se declaró en el tipo FLOAT. Este mismo número declarado como FLOAT(4,3), se almacena y despliega como 5.688. Estos números determinan el ancho de la columna. El primero es el número de dígitos de la parte entera y el segundo es el número de dígitos de la fracción. Esta característica es opcional, por lo tanto, no es necesaria para ningún tipo de datos numérico.

Como regla general, recuerde que MySQL procesa los datos numéricos más rápido que cualquier otro tipo de datos. Así es que si quiere consultas más rápidas, use un tipo de datos numérico que le sirva para buscar. Los índices numéricos también son más rápidos que los basados en caracteres.

Nada es más importante que escoger el tipo correcto para el trabajo correcto. Cuando defina sus columnas, asegúrese de tomar en cuenta el valor más grande que pueda necesitar. Si no lo hace, puede tener serios problemas en el futuro, especialmente si su base de datos va a utilizarse para aplicaciones críticas de negocios. Las siguientes son reglas generales para escoger los tipos de datos adecuados:

- Utilice tipos numéricos para la clave primaria. Esto la hace única y le permite una forma más veloz de recuperación de información.
- Use decimales para números verdaderamente grandes. Los tipos DECIMAL se almacenan de una forma diferente y no tienen límites.
- En moneda use DECIMAL para tener mayor precisión.
- Use el tipo de datos correcto. Usar un número más grande de lo necesario puede conducirlo a ser ineficiente en un futuro.

Cuando transfiera datos de una base de datos a otra, asegúrese de escoger los tipos de datos apropiados. Un tipo erróneo puede desembocar en un desastre. MySQL reemplaza los valores que están fuera de rango con el número más grande para ese tipo de datos. Por ejemplo, suponga que tiene un número UNSIGNED TYNYINT, cuyo máximo rango es 255, y que trata de insertar el valor 1000. MySQL almacenará sólo el valor 255. Como puede ver, esto sería devastador en una aplicación de negocios de misión crítica.

Los modificadores AUTO_INCREMENT, UNSIGNED y ZEROFILL sólo pueden utilizarse con datos de tipo numérico. Éstos llevan a cabo operaciones que solamente pueden hacerse con números. Ya conoce el modificador UNSIGNED (hace columnas positivas —números no negativos), ahora prepárese para aprender sobre otros modificadores.

AUTO_INCREMENT

Este modificador de columna incrementa el valor de una columna añadiendo 1 al máximo valor actual. Provee un contador sumamente útil para crear valores únicos. El valor de la fila recién insertada en una columna AUTO_INCREMENT inicia en 1 y se incrementa de 1 en 1 por cada registro insertado en la tabla. Por ejemplo, suponga que crea una tabla con una columna AUTO_INCREMENT. Le agrega una fila de datos. El valor de la columna AUTO_INCREMENT es 1. Si inserta otro registro, el valor será 2. Ahora, elimina la primera fila de datos e inserta un registro. ¿Cuál cree que será el valor de este nuevo registro? Si me dice que 3, está en lo correcto. Si ahora borra la nueva fila insertada, aquella cuyo valor era 3, e inmediatamente inserta otra más, ¿cuál piensa que será el valor de esta fila? Si responde que 4, nuevamente está en lo correcto. La columna AUTO_INCREMENT no reutiliza el máximo valor si usted lo borra.

Para sacar ventaja del modificador de columna AUTO_INCREMENT, usted debe usar un NULL, 0 o espacio en blanco en el campo AUTO_INCREMENT cuando inserte una nueva fila. El siguiente ejemplo muestra la ventaja de la función AUTO_INCREMENT:

```
CREATE TABLE Prueba (Auto_Prueba int NOT NULL AUTO_INCREMENT PRIMARY KEY);
INSERT INTO Prueba (Auto_Prueba) values(NULL);
INSERT INTO Prueba (Auto_Prueba) values(0);
INSERT INTO Prueba (Auto_Prueba) values();
```

También puede incluir un número. Si el número ya existe, obtendrá un error. Si no, será insertado. Si el valor es el más alto en esa columna, el siguiente será uno más que el valor actual. De esta forma, si quiere tener una columna AUTO_INCREMENT que inicie con el 9000, su primer registro debe tener un valor de 9000, y los siguientes registros se incrementarán en 1. Puede declarar explícitamente el valor inicial mediante la siguiente sintaxis:

```
CREATE TABLE Prueba
(ID_Prueba INT NOT NULL AUTO_INCREMENT,
Otra_Columna INT,
INDEX indice (ID_Prueba)) AUTO_INCREMENT = 9000;
```

Tome en cuenta que sólo debe haber una columna AUTO_INCREMENT en la tabla y que ésta debe estar en un índice.

7

Para obtener la secuencia de números más reciente, utilice la función LAST_INSERT_ID().
Esta función le mostrará la secuencia de números que haya agregado al último. Lo que
esto significa es que esta función le dará el último registro insertado por usted, y no por
alguien más que haya usado la base de datos. Ésta es una función muy útil. Incluso si alguien más inserta un registro inmediatamente después de usted, dicha función le dará el
último registro que usted insertó. Esta función está vinculada a su sesión, así es que si
pierde su sesión después de haber insertado un registro y trata de llamar a esta función
después de reconectarse, obtendrá un cero, porque de acuerdo con MySQL usted no ha
insertado nada.

Finalmente, algo que debe saber del modificador AUTO_INCREMENT es que no se reinicia.
Si ha alcanzado el máximo valor para el tipo de datos que escogió, el sistema le mandará
un error. Por ejemplo, si seleccionó TINYINT para una columna con AUTO_INCREMENT,
el valor máximo que puede tener es 255. Si trata de agregar un registro después de que el
255avo registro ha sido añadido, MySQL le mandará un mensaje de error. Para evitar
esto, use un tipo INT. Esto puede ser más que suficiente.

El modificador AUTO_INCREMENT sólo trabaja con números enteros —FLOAT, DOUBLE y
DECIMAL no son permitidos.

Zerofill

El modificador de columna ZEROFILL se usa para desplegar los ceros a la izquierda de
un número de acuerdo con el ancho de la columna. Como se mencionó anteriormente,
todos los tipos numéricos tienen un ancho específico para el despliegue. Por ejemplo, si
declara un INT(8) ZEROFILL, y el valor que está almacenando es 23, se desplegará
00000023. Esta característica es muy útil cuando necesita desplegar el valor completo,
en secuencia o cuando necesita desplegar información al usuario, por citar algunos casos.

Tipos de datos de carácter o cadena

El otro gran grupo de tipos de datos es de carácter o cadena. Una cadena es un conjunto
de caracteres. Por ejemplo, una cadena puede almacenar datos como Guadalajara o Av.
Insurgentes #1524. En un tipo de datos de cadena se puede almacenar cualquier valor .
Nuevamente, el tamaño es un factor determinante para el tipo de cadena que vaya a usar.
El tamaño máximo y las especificaciones de almacenamiento se listan en la tabla 7.3. El
espacio necesario para cada tipo está determinado por la longitud de la cadena.

TABLA 7.3   Tipos de cadena

Nombre del tipo	Tamaño máximo	Espacio en disco
CHAR(X)	255 bytes	X bytes
VARCHAR(X)	255 bytes	X+1 byte
TINYTEXT	255 bytes	X+1 byte
TINYBLOB	255 bytes	X+2 bytes
TEXT	65535 bytes	X+2 bytes
BLOB	65535 bytes	X+2 bytes
MEDIUMTEXT	1.6 MB	X+3 bytes
MEDIUMBLOB	1.6 MB	X+3 bytes
LONGTEXT	4.2 GB	X+4 bytes
LONGBLOB	4.2 GB	X+4 bytes

CHAR y VARCHAR

De todos estos tipos CHAR y VARCHAR son los más usuales. La diferencia entre ellos es que VARCHAR es de longitud variable y CHAR no lo es. Los tipos CHAR se utilizan para longitudes fijas. Debe usar este tipo cuando sus valores no cambien mucho. Si declara un CHAR(10), todos los valores almacenados en esta columna tendrán 10 bytes de longitud, aunque sus datos fueran de 3 caracteres. MySQL llena este valor para que se acople a la longitud declarada. El tipo VARCHAR hace lo opuesto. Si declara un VARCHAR(10) y almacena un valor de 3 caracteres de longitud, el espacio ocupado total es de 4 bytes (la longitud más uno).

La ventaja de utilizar tipos CHAR es que las tablas que contienen estos valores fijos se procesan más rápidamente que aquellas que usan tipos VARCHAR. La desventaja de usar tipos CHAR es el desperdicio de espacio. Usted decide cuál usar y cuándo.

Como regla, los tipos CHAR y VARCHAR no pueden utilizarse simultáneamente en la misma tabla. MySQL cambia de manera automática los tipos a VARCHAR cuando mezcla los dos. La única excepción es cuando usa tipos small VARCHAR. Small se define para valores de 4 o menos. Si lo hace, MySQL los convierte automáticamente a tipos CHAR. Por ejemplo, si declara lo siguiente:

```
CREATE TABLE Prueba (Columna_Fija CHAR(5), Columna_Variable VARCHAR(15));
```

MySQL convertirá automáticamente la columna Columna_Fija para que sea de longitud variable. Por el contrario, si declara lo siguiente:

```
CREATE TABLE Prueba (Columna_Variable1 VARCHAR(3));
```

MySQL convertirá la columna a CHAR.

7

TEXT y BLOB

Los tipos TEXT y BLOB (objeto binario grande) son tipos de longitud variable que pueden almacenar grandes cantidades de datos. Puede usar estos tipos cuando quiera almacenar imágenes, sonidos o grandes cantidades de texto, como páginas Web o documentos. Estos tipos también son útiles para almacenar valores que varían de longitud de fila a fila. Por ejemplo, si quisiera almacenar el contenido de un área de texto <TEXTAREA> de una sección de comentarios de una página Web, un tipo TEXT sería una buena elección. Una persona que llenara esta sección podría escribir un libro entero, mientras que otra podría dejarla en blanco. Puede considerar a los tipos TEXT y BLOB como VARCHARs muy grandes.

La ventaja de utilizar tipos TEXT y BLOB con respecto a los otros tipos, es la habilidad que tienen para almacenar grandes cantidades de datos. Con este tipo, puede almacenar archivos enteros. La desventaja es que se procesan más lentamente y que requieren una gran cantidad de espacio, lo que inevitablemente conduce con el tiempo a la fragmentación de sus archivos.

En la nueva versión de MySQL se pueden crear índices con estos tipos de datos. Sin embargo, esto no es muy recomendable, por la degradación en el desempeño de su base de datos. Los índices de estos tipos pueden hacer considerablemente más lentas las cosas. Los tipos TEXT y BLOB son demasiado grandes y por eso no son buenos candidatos para los índices.

Tipos misceláneos

Existen básicamente tres tipos misceláneos: ENUM, SET y DATE/TIME. Éstos se tratarán en conjunto, porque no encajan muy bien en los otros dos tipos. Este día cubriré los tipos SET y ENUM. El día 16, "MySQL y el tiempo", incluye información sobre los tipos DATE/TIME. Ese día aprenderá sobre las características de MySQL para fechas y horas.

Tipo ENUM

El tipo ENUM es una lista numerada. Esto significa que una columna con este tipo sólo puede almacenar uno de los valores declarados en una lista dada. La columna ENUM puede contener solamente uno de esos valores. La sintaxis para declarar un tipo ENUM es la siguiente:

```
CREATE TABLE Prueba(
    Return ENUM('S','N') DEFAULT 'N',
    Tamaño ENUM('CH','M','G','XG','XXG'),
    Color ENUM('Negro','Rojo','Blanco')
);
```

Puede tener hasta 65,535 elementos en su lista numerada. Los tipos numerados son una buena opción para crear cuadros combinados para páginas Web o para cualquier aplicación en donde se deba escoger valores de una lista. Recuerde, un tipo numerado debe contener valores de la lista o ser NULL. Si trata de insertar un valor que no está en la lista, se insertará un espacio.

Tipo SET

El tipo SET es muy similar al tipo ENUM. Al igual que ENUM, el tipo SET almacena una lista de valores. La diferencia es que en SET usted puede escoger más de una opción para almacenar. Un tipo SET puede contener hasta 64 elementos. SET también es una buena opción para una página Web en donde un usuario puede seleccionar más de un valor. La sintaxis para crear un tipo SET es:

```
CREATE Table Prueba(
    Anunciante SET('Página Web ','Televisión','Periódico')
);
```

La columna creada mediante esta instrucción podría almacenar los siguientes valores:

```
"Página Web"
"Televisión, Periódico"
""
```

Para insertar un registro en una columna SET, debe insertar los valores usando comillas y separándolos con comas. Por ejemplo, para insertar un registro que contenga dos valores de la tabla del ejemplo previo, tendría la siguiente sintaxis:

```
INSERT INTO Prueba (Anunciante) values('Página Web, Televisión');
```

Por esta razón nunca use un valor SET que contenga comas, pues podría arruinar las cosas definitivamente.

La razón por la que los valores de SET y ENUM están agrupados en tipos misceláneos, es porque se ven y actúan como cadenas, pero se almacenan como números. Por esta razón se procesan de manera más eficiente que una cadena cualquiera. También pueden manipularse utilizando operaciones numéricas. Por ejemplo, puede utilizar el número que MySQL usa para recuperar los valores almacenados en la tabla. Vea el siguiente ejemplo:

```
SELECT * FROM Prueba WHERE Anunciante = 1;
```

Esta instrucción le dará los valores de la tabla Prueba en donde el Anunciante es igual a Página Web. Para saber qué valores usa MySQL, puede teclear la siguiente instrucción:

```
SELECT Anunciante, Anunciante +0 FROM Prueba;
```

7

Los tipos SET y ENUM son tipos de columnas muy útiles y se deben considerar seriamente cuando está diseñando su base de datos. Recuerde que los tipos ENUM permiten solamente un valor de la lista, mientras que los tipos SET permiten más de un valor.

Modificadores de columna adicionales

MySQL tiene muchas palabras clave que modifican la forma en que se comporta una columna. Por ejemplo, usted ya aprendió acerca de los modificadores AUTO_INCREMENT, UNSIGNED y ZEROFILL, y cómo afectan a la columna en la que se utilizan. Algunos modificadores sólo se aplican a un cierto tipo de columnas. Vea la tabla 7.4 y observe los modificadores que están disponibles para cada tipo.

TABLA 7.4   Modificadores de columna

Nombre del modificador	Tipos aplicables
AUTO_INCREMENT	Todos los tipos INT
BINARY	CHAR, VARCHAR
DEFAULT	Todos, excepto BLOB y TEXT
NOT NULL	Todos los tipos
NULL	Todos los tipos
PRIMARY KEY	Todos los tipos
UNIQUE	Todos los tipos
UNSIGNED	Tipos numéricos
ZEROFILL	Tipos numéricos

El modificador BINARY hace que los valores almacenados en estos tipos sean tratados como cadenas binarias, haciéndolas sensibles a mayúsculas y minúsculas. Cuando ordena o compara estas cadenas, también se toman en cuenta las mayúsculas y minúsculas. Por definición, los tipos VARCHAR y CHAR no se almacenan como binarios.

El modificador DEFAULT permite especificar el valor de una columna, si no existe alguno. El valor predeterminado de MySQL es NULL para todos los tipos, excepto para ENUM. MySQL usa como valor predeterminado el primer valor de la lista numerada. Para los tipos SET, MySQL usa como valor predeterminado una cadena vacía. Para especificar un DEFAULT use la siguiente sintaxis:

```
CREATE TABLE Prueba(Estado char(3) NOT NULL DEFAULT "Mor");
```

Esto hará que todos los registros que tengan un valor NULL o una cadena vacía en la columna de Estado, tengan el valor predeterminado "Mor".

Los modificadores NULL y NOT NULL especifican si una columna debe tener o no valores. Por ejemplo, si una columna está definida como NOT NULL, la columna debe tener algún valor. Recuerde que NULL es absolutamente ningún valor. Una cadena vacía (" "), aunque aparente no tener nada, es NOT NULL. Si utiliza NULL y NOT NULL puede forzar restricciones requeridas para los datos que van a almacenarse. Para más información, repase el día 3, "Diseño de su primera base de datos".

PRIMARY KEY es en realidad un índice que debe contener valores únicos. No puede ser NULL. Cada tabla debe tener una clave, y MySQL le permite crear fácilmente un índice declarando esta clave como clave primaria.

> **Tip**
>
> Aunque MySQL no requiere tener claves, éstas son herramientas esenciales para un buen desempeño de su base de datos. Las claves se cubren extensamente el día 11, "Bloqueo de tablas y diversos tipos de claves".

El modificador UNIQUE refuerza la regla de que todos los datos dentro de la columna declarada deben ser únicos. Si trata de insertar un valor que no es único, se generará un error.

Resumen

Como puede ver, existen muchos tipos de datos. Cada uno tiene sus propias características. De usted, el desarrollador, depende asociar los tipos de datos correctos de acuerdo con los datos que va a almacenar. Esto no es siempre una tarea fácil. Pero recuerde esto, si hace una mala elección, siempre está en posibilidad de cambiar el tipo mediante el uso del comando ALTER TABLE.

Este día aprendió acerca de varios tipos de datos. Aprendió sobre los tipos numéricos y sus rangos, así como algo acerca de los tipos de datos de cadena. Descubrió que hay dos tipos de cadenas —variables y de longitud fija. Conoció las ventajas y desventajas de los dos. También observó los tipos SET y ENUM y vio la diferencia entre ellos y por qué son mejores que los tipos comunes de cadenas. Finalmente leyó algo acerca de los modificadores de columna y cómo afectan a la columna en la que se utilizan.

7

Preguntas y respuestas

P **Quiero ordenar los valores de mis columnas ENUM y SET. ¿Cómo lo hago?**

R El ordenamiento depende de cómo se insertaron los datos. Los tipos ENUM y SET no son sensibles a mayúsculas y minúsculas. El valor que está insertando se cambia al valor que usó cuando creó el ENUM o el SET. Por ejemplo, si declaró un ENUM con los valores "NEGRO", "ROJO" y "VERDE", e insertó una fila con el valor "rojo", se convertirá y almacenará como "ROJO".

P **Quiero almacenar imágenes en mi base de datos. ¿Cuál es la mejor forma de hacerlo?**

R En los grupos de discusión se han dado grandes debates acerca de esto. Un argumento en contra de almacenar imágenes o archivos muy grandes en MySQL es que MySQL usa el sistema de archivos para almacenar sus datos. ¿Por qué no dejar al sistema de archivos almacenar los archivos de imágenes y sólo almacenar en la base de datos las rutas de éstos? De esa manera usted no tendría que preocuparse por la fragmentación en su base de datos. El problema con esto, es que si está operando remotamente debe encontrar alguna otra forma de acceder el archivo en el sistema remoto. Hay dos pros y dos contras en ambas partes de estos argumentos. Estudiaremos cómo hacer esto de las dos formas cuando toquemos el tema de interfaces los días 12 al 15.

Ejercicios

1. Utilice lo que ha aprendido hasta ahora y redefina todos los valores de las columnas del proyecto Mi_Tienda.
2. Practique la inserción de filas en una tabla utilizando los tipos de columna SET y ENUM.

SEMANA 1

Repaso

Al final de esta semana debe sentirse bien al trabajar con el monitor de MySQL. También debe tener muy bien entendido el proceso de diseño de una base de datos. Además debe saber cómo crear una base de datos relacional utilizando los tipos de datos apropiados.

SEMANA 2

8

9

De un vistazo

Debe sentirse realmente cómodo trabajando con MySQL. No hay GUIs que aprender, sólo comandos sencillos. En este momento ya creó una base de datos. Trabajará con ella en cada una de las lecciones.

10

Hacia dónde va

Esta semana nos mantendremos al mismo ritmo introduciéndolo a las diferentes formas de usar MySQL. Nos apoyaremos en lo que hizo la primera semana, pues trabajaremos con la base de datos que creó en dicha semana.

11

Las lecciones de esta semana están enfocadas al uso de la base de datos. Comenzaremos enseñándole cómo poblar la base de datos con datos existentes o mediante la transferencia de datos de una base de datos a otra. El día 9 cubre el lenguaje de programación SQL. En esa lección aprenderá cómo hablarle a su base de datos. El día 10, "Cómo dejar que MySQL haga el trabajo: funciones intrínsecas", aprenderá acerca de las funciones que MySQL puede desempeñar. El día 11 lo introduce a los bloqueos y las claves. La semana termina con una serie de capítulos —el día 12, "Cómo obtener datos: interfaces de bases de datos", el día 13, "Cómo utilizar MyODBC", y el día 14, "La interfaz de bases de datos de Perl"— que muestran cómo construir interfaces en su base de datos MySQL.

12

13

Nuevamente, se le presentará mucha información. Invierta algo de tiempo analizando los ejemplos y realizando los ejercicios y todo se irá aclarando.

14

SEMANA 2

DÍA 8

Cómo poblar su base de datos

Ahora que ha diseñado y creado su base de datos está listo para poner algunos datos en ella. Podría hacerlo desde la línea de comandos, pero eso sería algo tedioso, sin mencionar el desperdicio de tiempo. MySQL le ofrece varias formas de importar y exportar datos. Sabemos que la parte más importante de una base de datos son los datos, por eso MySQL ha desarrollado muchas herramientas para ayudarlo a mover datos dentro y fuera de la base de datos.

Existen varias maneras de poblar la base de datos. También hay diversas herramientas disponibles para auxiliarlo. El CD-ROM contiene algunas de estas herramientas de terceros. Este día aprenderá:

- Algunas técnicas para importar datos
- Cómo importar datos de una base de datos de Microsoft Access
- Cómo exportar datos desde una base de datos de MySQL

Métodos para importar datos

Hay muchas razones para aprender a importar datos de una base de datos a otra. Una razón podría ser porque su base de datos ha crecido demasiado. Tal vez necesita cambiar productos de su base de datos, pero no quiere perder todos los datos que ha recopilado por años. Otra razón podría ser porque no quiere teclear sus datos desde la línea de comandos. Éste puede ser un proceso aburrido, largo y propenso a errores. Una última razón pudiera ser que usted está sincronizando su base de datos con otra. Los datos necesitan ser transferidos, pero las bases de datos no utilizan los mismos formatos. Éstas son razones válidas para entender las diferentes formas en que MySQL puede ayudarlo en la importación de datos.

Hay diversas formas de importar datos desde una base de datos existente a otra. La forma más común de hacerlo es mediante el BCP (Protocolo de Copia Masiva). Ésta es una forma extremadamente rápida de importar datos de texto a una estructura de datos existente. Muchas bases de datos usan este protocolo; por ejemplo, MicroSoft SQL Server y Sybase Adaptive Server.

Otro método común de importar datos es a través del proceso de conversión de archivos. Un archivo que está escrito en un formato en una base de datos se convierte a otro formato adecuado para la nueva base de datos. Puede ver esto en acción cuando importa datos en MS Access. La herramienta de importación le permite seleccionar el formato de archivo. Una vez que ha seleccionado el tipo de archivo, éste se convierte automáticamente al formato de MS Access. Puede utilizar este método para convertir archivos de versiones anteriores de Dbase.

Otra forma más es exportar datos de una base de datos al formato que otra base de datos pueda leer. Los archivos delimitados por comas son un buen ejemplo de esto. Una base de datos exporta todos sus datos en un archivo de texto delimitado por comas, y otra base de datos los lee. Esto es similar a la forma en que trabaja BCP, pero en un nivel más rudimentario.

Una de las formas nuevas de transferir datos (que es de lo que estamos hablando aquí), es con el XML (Lenguaje Extensible de Marcado). Es un lenguaje semejante a HTML (Lenguaje de Marcado de Hipertexto), pero es más robusto. Da a los programadores más libertad que HTML, pues les permite crear sus propias etiquetas. Ofrece una forma fácil y confiable de transferir datos a través de una red. Las nuevas versiones de las bases de datos más populares están incorporando de alguna forma está nueva tecnología (para más información sobre XML lea *XML con Ejemplos*, de esta misma editorial). Los desarrolladores de MySQL creen que el proceso de análisis debe hacerse a cualquier nivel que no sea el de la base de datos. Esto indudablemente tiene sentido. Permite a la base de datos librarse de la sobrecarga, haciéndola más rápida y dándole al programador la capacidad de escoger. Los programadores no están limitados al formato en el que deben mandar sus datos —simplemente analizan con sus propios programas todo lo que entra y sale de sus bases de datos.

8

Como puede ver, hay muchas diferentes formas de importar datos de una base de datos. Cómo hacerlo, le corresponde a usted decidirlo. Hay también muchas herramientas de ayuda disponibles. Por fortuna, MySQL incluye algunas de éstas.

Herramientas de MySQL para importar datos

MySQL tiene una utilería hecha especialmente para cargar datos en una tabla. Es un poco rústica, pero muy efectiva. Esta utilería se llama `mysqlimport`. Reside en el directorio `mysql/bin`. Es una utilería que se utiliza a través de la línea de comandos que toma dos parámetros más un cierto número de opciones. Esta herramienta puede tomar un archivo de texto e importarlo a la base de datos o tabla que usted especifique. Por ejemplo, si quisiera cargar un archivo con datos en la tabla `Clientes`, tendría que usar el comando `mysqlimport` de la siguiente manera:

```
bin/mysqlimport Mi_Tienda Clientes.txt
```

Este comando toma el contenido del archivo de texto y lo carga en la tabla especificada por el nombre de archivo hasta el primer punto. En este ejemplo, los datos en el archivo de texto irán a la tabla `Clientes`. Si su archivo tiene un nombre como `Cli.en.te.txt`, sus datos irían a la tabla `Cli`. Esto es porque la herramienta es un poco rudimentaria, pero finalmente hace el trabajo. Otro punto que vale la pena mencionar es que si la tabla no existe o si los datos del archivo no concuerdan con los de las columnas de la tabla, puede ocurrir un error. Los datos deben concordar en tipo y número —igual que con el comando `INSERT`. En el ejemplo anterior, si la tabla que fuera a recibir los datos tuviera las columnas `ID_Cliente INT`, `Apellido_Paterno VARCHAR(25)`, `Apellido_Materno VARCHAR(25)` y `Nombre VARCHAR(15)`, y su archivo tuviera los valores delimitados por comas `"I"`, `1`, `"Ruiz"`, `"Peña"`, `"Pedro"`, ocurriría un error. Los datos no concuerdan en tipo —el primer valor en el archivo de datos (`"I"`) no concuerda con el tipo de datos de esa columna, el cual es un entero (`INT`). El segundo problema es que el archivo de datos contiene más datos, que columnas la tabla. Para prevenir este género de contratiempos, asegúrese de que todo esté en orden antes de tratar de insertar sus datos.

Opciones de `mysqlimport`

Como se mencionó anteriormente, la utilería `mysqlimport` puede tener muchas opciones. La tabla 8.1 muestra una lista de estas opciones y lo que hacen.

TABLA 8.1   Opciones de `mysqlimport`

Opción	Acción desempeñada
-d o -delete	Esta opción borra todos los datos existentes de la tabla antes de importar los nuevos.
-f o -force	Esta opción forzará a `mysqlimport` a continuar insertando datos, sin importar los errores que pueda encontrar.

TABLA 8.1   continuación

Opción	Acción desempeñada
-i o -ignore	Hace que `mysqlimport` se salte o ignore las filas que comparten un mismo y único número. Los datos del archivo de importación serán ignorados.
-L o -local	Esta opción fuerza a `mysqlimport` a usar un archivo de su máquina local, no del servidor MySQL. Esto es muy útil si quiere usar un archivo localmente e importarlo de forma remota. Es un poco lento, pero no tiene que transferirlo con FTP y después ejecutar el comando `mysqlimport`.
-l o -lock-tables	Esta opción bloquea cada tabla antes de que cada dato sea insertado. Ésta es una buena opción si está importando una gran cantidad de datos en un servidor ocupado.
-r o -replace	Esta opción reemplazará el campo de la tabla que comparte el mismo valor único.
--fields-enclosed-by=char	Esta opción especifica qué carácter delimita los datos de su archivo. Por ejemplo, muchos productos encierran con comillas los campos. Con esta opción, usted podría especificar esto a la utilería para importación. De manera predeterminada, `mysqlimport` asume que no hay caracteres delimitadores.
--fields-escaped-by=char	Esta opción le dice a `mysqlimport` cuál es el carácter de "escape" de entre los caracteres especiales. Los caracteres que necesitan especificarse como de escape son la diagonal invertida (\\) y el de avance de línea (\n). El valor predeterminado es sin carácter de escape.
--fields-optionally-terminated-by=char	Esta opción establece que los campos pueden estar delimitados por un carácter especial. De otra forma, funcionarían igual que el comando del mismo nombre.
--fields-terminated-by=char	Esta opción especifica qué carácter separa los valores uno a otro. En un archivo delimitado por comas, sería la coma. La utilería `mysqlimport` usa como valor predeterminado el tabulador.
--lines-terminated-by=str	Esta opción especifica con qué se termina una línea de datos o registros. De manara predeterminada, `mysqlimport` asume el carácter de avance de línea. Podría utilizarse una cadena en lugar del carácter solo —un avance de línea y un retorno de carro, por ejemplo.

El comando `mysqlimport` también tiene las opciones comunes, como -V para versión y -p para contraseña.

Cómo importar un archivo delimitado por comas

Asumamos que necesita importar un archivo de texto delimitado por comas que fue generado por su programa de hoja de cálculo. Cada columna está separada por una coma y encerrada entre comillas, como se muestra a continuación:

```
"850","12-11-2000","1","15","50","","120"
```

Algunos de los datos vinieron de la base de datos y pueden no haber sido actualizados. Esta tarea debe hacerse al final del día en el sistema de producción. Su trabajo ahora es importar estos datos a la tabla `Pedidos` de la base de datos `Mi_Tienda`. Podría utilizar el siguiente comando:

```
bin/mysqlimport  -rlp -fields-enclosed-by=\"

-fields-terminated-by=, Mi_Tienda Pedidos.txt
```

Precaución

> Recuerde que el shell de Linux interpreta cierto conjunto de caracteres llamados metacaracteres —por ejemplo, las comillas. Es importante que si utiliza metacaracteres, los anteceda con una diagonal invertida (como en el caso de las comillas en la opción —`fields-enclosed-by=\"`. Para más información sobre los metacaracteres, consulte el manual del shell que esté utilizando (el de uso más común es el bash).

Este comando puede lucir algo intimidatorio, pero, una vez que lo entiende bien, es muy simple. La primera parte, `bin/mysqlimport`, le dice básicamente al sistema operativo qué comando quiere ejecutar. La opción `p` se usó debido a que ya sabe cómo mantener segura su base de datos y ahora debe confirmarse la contraseña, antes de hacer cualquier cambio en la estructura. La opción `r` se usó pues es necesario reemplazar cualquier registro que tenga la misma clave única. Está haciendo esto porque se le dijo que la hoja de cálculo podría o no estar actualizada. Debe asumir que su hoja de cálculo es la más actualizada y que quiere actualizar la base de datos con esos datos. La opción `l` se usó porque es necesario bloquear la tabla mientras está insertando registros. Esto previene que un usuario pueda seleccionar o cambiar cualquier dato mientras está actualizando la tabla. El día 11, "Bloqueo de tablas y diversos tipos de claves", aprenderá más acerca de los bloqueos. El siguiente par de opciones describen los datos que se llevan en su archivo de importación. Le está diciendo a `mysqlimport` que los datos están encerrados entre comillas y que los campos están separados por comas. Finalmente, le indica a `mysqlimport` qué base de datos usar, así como la tabla en la cual se van a insertar los datos. Recuerde, `mysqlimport` toma el nombre de la tabla del nombre de archivo. Asume que todo lo que está a la izquierda del primer punto es el nombre de la tabla, así que mejor asegúrese de que el nombre coincida con el de la tabla.

Cómo importar mediante el procesamiento por lotes

Otra forma en la que MySQL puede importar datos es mediante el procesamiento por lotes. Éste es un método para ejecutar programas de MySQL pasivamente en vez de interactivamente, como lo hace con el monitor de MySQL, usando incluso el mismo comando. Para esto, usted redirecciona un archivo al programa `mysql`. ¿Suena un poco confuso? Pues no lo es, de hecho es bastante simple.

Para hacer esto necesita un archivo de texto que contenga el mismo texto que usted tecleará en el monitor de MySQL. Por ejemplo, suponga que quiere insertar algunos datos. Podría crear un archivo de texto que contuviera lo siguiente:

```
USE Mi_Tienda;
INSERT INTO Clientes (ID_Cliente, Apellido_Paterno) VALUES(NULL, "Serrano");
INSERT INTO Clientes (ID_Cliente, Apellido_Paterno) VALUES(NULL, "Peña");
INSERT INTO Clientes (ID_Cliente, Apellido_Paterno) VALUES(NULL, "Montalvo");
```

Observe que estos comandos son sintácticamente correctos —los comandos de SQL se cubrirán con más detalle mañana— y que están terminados con un punto y coma, como deberían si los tecleara en el monitor de MySQL. La siguiente parte es donde realmente va a importar estos datos a MySQL. Antes de hacerlo, asegúrese de que el daemon `mysqld` esté ejecutándose y de que usted se encuentre en el directorio `mysql`. Teclee lo siguiente desde la línea de comandos:

```
bin/mysql -p < /ruta_archivo/datos.sql
```

 Nota

Daemon es un término de UNIX equivalente casi en su totalidad a los servicios de Windows NT.

Se le pedirá una contraseña y, después, el archivo será dirigido hacia el programa `mysql`. Éste procesará cada línea como la ha tecleado dentro de monitor. Ésta es una manera extremadamente rápida y efectiva de procesar comandos de SQL. Si sus comandos son correctos, serán procesados.

El comando `USE` es necesario porque la base de datos predeterminada no había sido declarada. Podría haber declarado la base de datos y dejar fuera el comando `USE`. Se ha usado aquí para mostrarle cuántos comandos de los usados en el monitor pueden utilizarse en un archivo.

Se estará preguntando, ¿por qué querría teclear todos estos comandos de SQL en un archivo y después ejecutarlos a través del programa? Parece que es demasiado trabajo. Bueno, quizá tenga razón. Pero, ¿qué tal si tuviera un registro que generara todos estos comandos por usted? Ahora sí suena mejor, ¿no? La mayoría de las bases de datos generan un registro de todos los eventos que ocurren en ellas. La mayoría de estos registros contienen comandos de SQL que fueron utilizados con anterioridad. Así que si usted no pudiera exportar los datos desde su base de datos actual para usarlos en su nueva base de datos de MySQL, podría usar ese registro para la opción de MySQL de procesamiento por lotes para importar sus datos fácil y rápidamente. Seguro que es más rápido que teclearlo.

Cómo cargar sus datos mediante el comando `LOAD DATA INFILE`

Existe otra forma más para importar datos a la base de datos de MySQL. Es muy similar a la utilería `mysqlimport`, pero este método se puede ejecutar desde la línea de comandos del monitor de MySQL. Esto significa que también puede ejecutarse desde cualquier aplicación que haya escrito mediante las APIs. De esa manera podría importar datos a través de sus aplicaciones si usted quisiera.

Para comenzar este proceso, el daemon `mysqld` debe estar ejecutándose y usted debe estar en el directorio `mysql`. Teclee lo siguiente desde la línea de comandos:

```
bin/mysql -p
```

Se le preguntará la contraseña. Una vez que haya iniciado el monitor, teclee el siguiente comando para usar la base de datos `Mi_Tienda`:

```
USE Mi_Tienda;
```

El monitor le dirá que su base de datos ha cambiado. Desde la línea de comandos teclee el siguiente comando:

```
LOAD DATA INFILE "/ruta_archivo/datos.txt"
INTO TABLE Pedidos;
```

Básicamente, esto tomará el contenido del archivo `datos.sql` y lo importará a la tabla `Pedidos`, como lo haría la utilería `mysqlimport`. Este comando, como la utilería, tiene algunos argumentos opcionales. Por ejemplo, si el archivo que necesita importar reside en su computadora personal y el servidor de base de datos se encuentra en otra locación, podría ejecutar el siguiente comando:

```
LOAD DATA LOCAL INFILE "C:\misdocumentos\datos.txt"
INTO TABLE Pedidos;
```

Esto tomaría el contenido del archivo y lo importaría a la tabla `Pedidos`. No necesita transferir el archivo, MySQL lo hará por usted.

También puede establecer la prioridad de `INSERT`. Si lo marca como de baja prioridad, `LOW_PRIORITY`, MySQL esperará hasta que nadie lea la tabla para insertar los datos. Ese comando podría verse de la siguiente manera:

```
LOAD DATA LOW_PRIORITY INFILE "/ruta_archivo/datos.txt"
INTO TABLE Pedidos;
```

También puede especificar si quiere o no reemplazar o ignorar aquellos elementos con valores de claves duplicadas, al igual que lo hizo con la utilería `mysqlimport`. Para reemplazar valores duplicados, utilice el siguiente comando:

```
LOAD DATA LOW_PRIORITY INFILE "/ruta_archivo/datos.txt"
REPLACE INTO TABLE Pedidos;
```

Se ve un poco incómodo, pero ahí es donde está la clave para que el analizador entienda lo que usted quiere hacer.

El siguiente par de opciones describe la configuración del archivo. Estas mismas opciones están disponibles para la utilería `mysqlimport`. Se ven un poco diferentes en este contexto. Primero, se utiliza la palabra clave `FIELDS`. Si se utiliza, el analizador de MySQL espera encontrarse al menos alguna de las siguientes cosas:

- `TERMINATED BY` *carácter*
- `ENCLOSED BY` *carácter*
- `ESCAPED BY` *carácter*

Estas palabras clave y sus argumentos se utilizan de la misma forma que con las opciones de `mysqlimport`. La frase `TERMINATED BY` describe lo que separa a los campos del archivo. El valor predeterminado es el tabulador (\t). La frase `ENCLOSED BY` describe lo que encierra a los caracteres. Si los campos están encerrados entre comillas, se deberá especificar utilizando este comando. Finalmente, la frase `ESCAPED BY` describe los caracteres de escape. El carácter predeterminado es la diagonal invertida (\). Si utilizamos el ejemplo anterior de la utilería `mysqlimport`, el mismo archivo podría importarse utilizando `LOAD DATA INFILE` de la siguiente forma:

```
LOAD DATA INFILE "/ruta_archivo/Pedidos.txt" REPLACE
INTO TABLE Pedidos
FIELDS
TERMINATED BY ','
ENCLOSED BY '"';
```

Una característica disponible en el comando `LOAD DATA INFILE`, que no está en la utilería `mysqlimport`, es la capacidad de referirse a columnas específicas dentro de las cuales poner los datos. Esto es realmente importante si va ha hacer una importación parcial de datos. Por ejemplo, si va a actualizar de MS Access a MySQL y en el proceso agregó columnas a la base de datos de MySQL para ajustarse a algunos requerimientos adicionales. Los datos que tiene en su base de datos existente son todavía utilizables, pero debido a que las columnas no concuerdan en número, usted ya no puede emplear la utilería de importación. Sin embargo, `LOAD DATA INFILE` puede venir al rescate. Las siguientes líneas muestran cómo cargar las columnas que usted quiere:

```
LOAD DATA INFILE "/ruta_archivo/Pedidos.txt"
INTO TABLE Pedidos;
(Num_Pedido, Fecha, ID_Cliente);
```

Como puede ver, se pueden especificar tantas columnas como quiera. Los nombres de las columnas se encierran entre paréntesis y se separan con comas. Si olvida alguno de ellos, MySQL se lo echará en cara.

Cómo importar datos de Microsoft Access

El siguiente paso es poner en práctica lo que ha aprendido. Va a importar datos de una base de datos de Microsoft Access. Hay muchas herramientas de terceros que lo pueden hacer, pero usted lo va ha hacer de la manera tradicional —con mucha talacha e ingenuidad.

Hay varias formas de hacer esto. La más fácil es crear un DSN (Nombre de Origen de Datos) y utilizar ODBC. Esto no siempre es la mejor forma. Algunas veces usted podría necesitar añadir un par de pasos para ahorrarle algo de tiempo en una ejecución larga.

La primera forma para importar datos a MySQL desde Access es configurar un DSN. Antes de que pueda hacer esto, necesita instalar el controlador ODBC (Conectividad Abierta de Bases de Datos). Ésta es una tecnología desarrollada por Microsoft para crear un entorno en donde los datos se puedan compartir y dispersar fácilmente entre aplicaciones independientemente del origen de éstos. ODBC actúa como una capa entre las aplicaciones y las bases de datos. Actúa como un intérprete de la aplicación a la base de datos y viceversa. Al software que actúa como intérprete para la base de datos se le conoce como *controlador*. Cada base de datos tiene el suyo propio.

Las interfaces ODBC y DSN se cubrirán el día 13, "Cómo utilizar `MyODBC`". Este día aprenderá cómo exportar datos de archivos de texto e incorporarlos a MySQL. Ésta no es la manera más adecuada, pero hay veces que no es posible instalar un controlador ODBC en una máquina y usar un DSN para apuntar a una base de datos de MySQL. Es en esos momentos cuando es una buena experiencia hacerlo de esta manera.

En la siguiente sección se asume que tiene acceso a Microsoft Access. Si no es así, de todas formas lea la lección. Hay una gran cantidad de pantallas que le pueden ayudar a entender las técnicas para mover datos de una base de datos a otra.

Para comenzar, necesita una base de datos que tenga tablas que pueda exportar. Utilizaremos la base de datos `Neptuno` de muestra que viene en la carpeta Ejemplos de Access 2000. Exportará archivos de esta base de datos a su base de datos de MySQL.

1. Abra la base de datos y verá todos sus objetos —tablas, consultas, informes y formularios (vea la figura 8.1).

2. Utilizará las tablas `Pedidos` y `Clientes`. Abra la tabla `Pedidos`; verá que las fechas están almacenados en formato dd-mm-aaaa. Esto puede ser un problema cuando importe datos a MySQL. Las fechas en MySQL se guardan en el formato aaaa-mm-dd. La forma más fácil de cambiar esto es en la base de datos de MS Access. Para hacerlo, abra la tabla Pedidos en vista Diseño, haga clic en la fila correspondiente a `FechaPedido`. En el campo Formato de la ficha General, escriba aaaa-mm-dd. Con esto haremos que el formato de la fecha concuerde con el de MySQL.

FIGURA 8.1

Base de datos Neptuno.

3. Ahora tratará de exportar la tabla Pedidos a la tabla del mismo nombre de la base de datos de MySQL; sin embargo, se dará cuenta que existen algunos problemas. La tabla Pedidos de la base de datos Neptuno no está tan normalizada como lo está su tabla. Esto requerirá que usted haga algunas manipulaciones para que concuerde con su base de datos. Lo primero será agregar una columna de tipo AutoNumérico a la tabla Clientes.

4. El plan es crear una consulta con la cual exportará los datos que usted quiere a un archivo de texto delimitado por comas. Para hacer esto, haga clic en el botón Consultas, que se encuentra en el panel izquierdo Objetos (vea la figura 8.2).

FIGURA 8.2

Objetos para consulta de la base de datos Neptuno.

5. Diseñará una consulta que traiga los datos que usted necesita para llenar las columnas de su tabla. Desde la ventana de consultas, haga clic en el botón Nuevo. Se abrirá el cuadro de diálogo Nueva consulta. Haga clic en Vista Diseño y en Aceptar.

6. Aparecerá la ventana Mostrar tabla. Seleccione las tablas que contienen los datos que necesita. En este caso, Pedidos y Clientes. La tabla Pedidos contiene los nombres de los clientes, no las claves de éstos, así es que necesita jalar ambas tablas para su consulta.

7. Una vez que haya seleccionado las tablas, necesita seleccionar los campos que quiere desplegar en su consulta. Cuando se despliegue el contenido de las tablas que seleccionó, podrá ver algunos de los campos que están en la base de datos `Mi_Tienda`, aunque no todos. Esto significa que tendrá que usar el comando `LOAD DATA INFILE` en lugar de la utilería `mysqlimport` debido a que su tabla ya existe en la base de datos MySQL. Seleccione los siguientes campos:

   • Seleccione el campo que acabamos de agregar a la tabla `Clientes`.

   • Haga doble clic en `IdPedido` y `FechaPedido` de la tabla `Pedidos`. En la ventana debe aparecer algo como lo que se muestra en la figura 8.3.

FIGURA 8.3

Selección de la consulta.

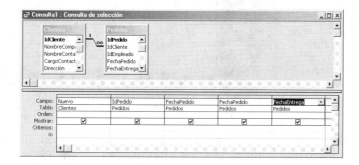

8. Una vez que haya seleccionado los campos, ejecute la consulta. Para esto haga clic en el signo de exclamación que se encuentra en la barra de herramientas. Su pantalla deberá verse como la que se muestra en la figura 8.4.

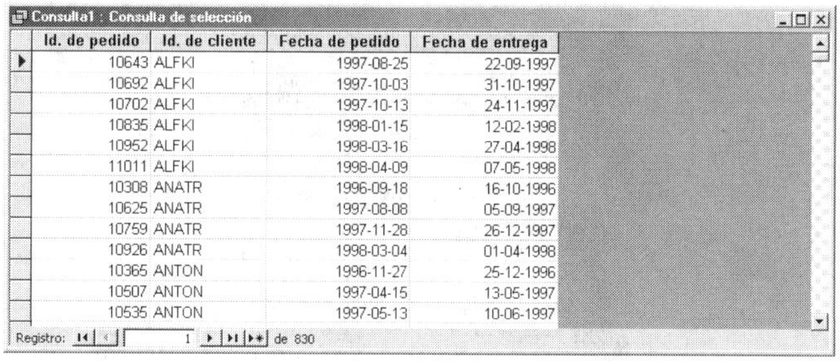

FIGURA 8.4

Resultados de la consulta.

9. Guarde la consulta como `ImportarPedidos`. Una vez que lo haya hecho, cierre dicha consulta y, en la ventana de consultas, haga clic con el botón derecho del ratón en el nombre de la consulta que acaba de guardar. Deberá aparecer un menú contextual, muévase hasta la opción Exportar y haga clic con el botón izquierdo.

10. Deberá aparecer el cuadro de diálogo Exportar Consulta (vea la figura 8.5). El nombre del archivo debe ser el nombre predeterminado de la consulta —`ImportarPedidos`. Debajo del nombre del archivo aparecen sus opciones para exportar. Por ahora, elija la opción Archivos de texto y haga clic en el botón Guardar.

FIGURA 8.5

EL cuadro de diálogo de Exportar Consulta.

11. El Asistente para exportación de texto aparecerá automáticamente (vea la figura 8.6). Este asistente le ayuda a formatear su archivo. Recuerde que usted quiere un archivo donde los campos estén separados por comas y los datos estén encerrados entre comillas. Asegúrese que la opción Delimitado se encuentre seleccionada y haga clic en Siguiente.

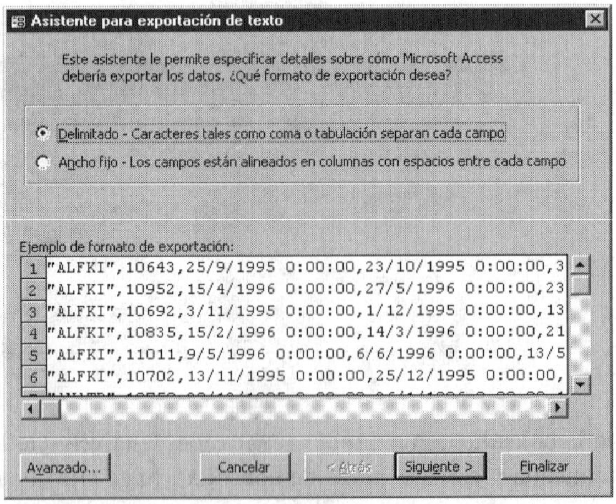

FIGURA 8.6

El Asistente para exportación de texto.

12. La siguiente pantalla (mostrada en la figura 8.7) le permite escoger el carácter que quiere utilizar como delimitador. La coma y las comillas se usan como caracteres predeterminados para delimitar campos y texto, respectivamente. Asegúrese de que estas opciones estén seleccionadas y haga clic en Siguiente.

FIGURA 8.7

Elija sus delimitadores.

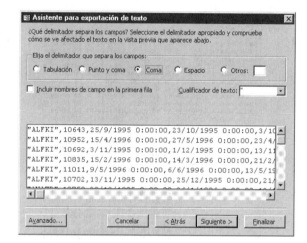

13. El panel final del asistente (vea la figura 8.8) es para la localización del archivo. Dé la ruta de dónde quiere guardar el archivo y haga clic en Finalizar. A menos que ocurra algo imprevisto, su archivo debe crearse en el directorio que especificó.

FIGURA 8.8

Selección de la ruta y el nombre del archivo.

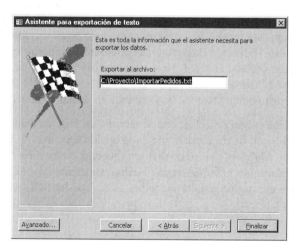

14. En este momento debe tener un archivo delimitado por comas con los datos de su consulta. Para verificar esto, muévase por el directorio hasta encontrar el archivo que guardó. Haga doble clic en el nombre del archivo para abrirlo. Deberá ver algo similar a lo que se muestra en la figura 8.9.

FIGURA 8.9

Archivo de importación terminado.

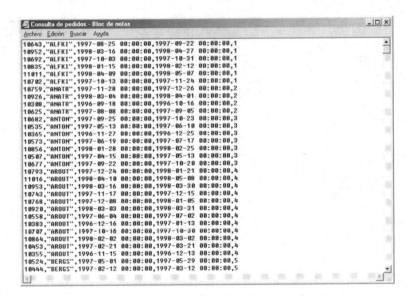

Ahora que ya tiene su archivo de importación, la batalla apenas va a la mitad. La segunda parte consiste en cargar los datos en el servidor MySQL. Éste es un proceso bastante fácil y directo. El primer paso es tener acceso al servidor MySQL. Puesto que el archivo de importación está localizado en su máquina y no en su servidor MySQL (estoy asumiendo que está utilizando dos máquinas diferentes), importará el archivo utilizando la instrucción DATA LOCAL INFILE. Si su servidor MySQL y su máquina personal son una misma, de todas formas deberá seguir casi todos los pasos. No tendrá que usar la opción LOCAL en su instrucción LOAD DATA. Pero todo lo demás lo deberá hacer igual.

1. Abra Una sesión de Telnet con el servidor de base de datos. Una forma de hacerlo es ir al botón Inicio y hacer clic en la opción Ejecutar. A continuación, en el cuadro de texto Abrir del cuadro de diálogo Ejecutar, teclee *telnet 192.168.0.1 (ésta debe ser la dirección ip, o lógica, del equipo con el servidor de la base de datos)*. Esto iniciará una sesión remota vía telnet en el servidor SQL (vea la figura 8.10).

Nota

Es recomendable hacer conexiones seguras para evitar que alguien que no tenga muy buenas intenciones pueda ver su contraseña y, en consecuencia, acceder a la información contenida en su cuenta, en especial si su sesión remota es como `root`. Una buena herramienta, además de gratuita, es putty que puede encontrar en Internet.

8

FIGURA 8.10

Inicio de sesión de Telnet con el servidor remoto.

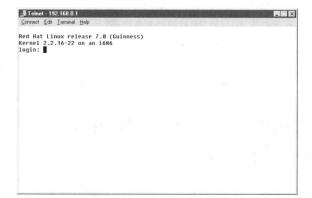

2. Una vez establecida la sesión remota, el sistema Linux le pedirá su nombre de usuario y su contraseña. Cuando aparezca la línea de comandos, ejecute las siguientes líneas:

```
cd /usr/local/mysql
bin/mysql -p Mi_Tienda
```

Este comando activará la base de datos `Mi_Tienda` después de que introduzca la contraseña de administrador (`root`).

3. Una vez que el monitor de MySQL haya arrancado, ejecute el siguiente comando:

```
DESCRIBE Pedidos;
```

La salida será similar a la que se muestra en la figura 8.11.

4. El siguiente paso es donde realmente importará los datos a la base de datos. Introduzca la siguiente instrucción en la línea de comandos:

```
LOAD DATA LOCAL INFILE "C:\\PedidosImportados.txt"
INTO TABLE Pedidos
FIELDS
TERMINATED BY ','
ENCLOSED BY '\"'
(ID_Pedido, ID_Cliente, Fecha_Pedido);
```

Esto debería importar todos sus datos exitosamente.

Nota

Recuerde que los tipos de datos del archivo importado deben coincidir con los de la base de datos.

FIGURA 8.11

Salida de DESCRIBE
Pedidos.

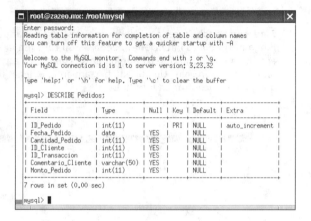

```
root@zazeo.mx: /root/mysql                                              ✕
Enter password:
Reading table information for completion of table and column names
You can turn off this feature to get a quicker startup with -A

Welcome to the MySQL monitor.  Commands end with ; or \g.
Your MySQL connection id is 1 to server version: 3.23.32

Type 'help;' or '\h' for help. Type '\c' to clear the buffer

mysql> DESCRIBE Pedidos;
+-------------------+-------------+------+-----+---------+----------------+
| Field             | Type        | Null | Key | Default | Extra          |
+-------------------+-------------+------+-----+---------+----------------+
| ID_Pedido         | int(11)     |      | PRI | NULL    | auto_increment |
| Fecha_Pedido      | date        | YES  |     | NULL    |                |
| Cantidad_Pedido   | int(11)     | YES  |     | NULL    |                |
| ID_Cliente        | int(11)     | YES  |     | NULL    |                |
| ID_Transaccion    | int(11)     | YES  |     | NULL    |                |
| Comentario_Cliente| varchar(50) | YES  |     | NULL    |                |
| Monto_Pedido      | int(11)     | YES  |     | NULL    |                |
+-------------------+-------------+------+-----+---------+----------------+
7 rows in set (0.00 sec)

mysql> █
```

Herramientas de transferencia de bases de datos

Como puede ver, MySQL tiene muchas herramientas que le ayudan a transferir datos de una base de datos a otra. MySQL es muy adaptable. Aunque puede no tener ciertas características que otras bases de datos tienen, como FOREIGN KEYS, MySQL no generará un error si se encuentra con algo así mientras está importando datos. Esto es debido a que los desarrolladores de MySQL querían ser extremadamente flexibles cuando se estuviera migrando. Para poder lograrlo, tuvieron que permitir estas peculiaridades.

Puesto que MySQL pertenece a la congregación Open Source, mucha gente ha contribuido con programas y herramientas de gran utilidad para apoyar al trabajo que se desarrolla con MySQL. Algunas de éstas son GUIs, asistentes para importación y APIs. Estas herramientas, junto con las que usted mismo puede crear, son recursos invaluables para cualquier DBA de MySQL.

El sitio Web de MySQL, así como el CD-ROM que viene incluido con este libro tienen algunas herramientas muy útiles. Explórelas y utilícelas. Hay una herramienta que es muy útil para exportar a Access llamada exportsql.txt. Toma el esquema y los datos de la base de datos y los exporta a un archivo de texto. Su secuencia de comandos (scrip) hermana, importsql.txtmysqlaccess, hace lo mismo, pero al revés, toma una base de datos de MySQL y la convierte a Access.

Métodos para exportar datos

Puede ver que MySQL tiene una gran variedad de utilerías de importación. Pero esto sólo es la mitad de la transferencia de datos. La otra mitad es extraer los datos de MySQL. Hay numerosas razones para exportar datos.

Una razón importante es para respaldar sus datos. El costo de los datos siempre es caro, y por eso siempre se justifica su cuidado. Respaldar su información con regularidad ayuda a prevenir la pérdida de datos preciosos. El día 19, "Administración de MySQL", cubre completamente el proceso de respaldo. Por ahora, baste con saber que respaldar sus datos es una buena razón para exportarlos.

Otra razón por la cual pueda querer exportar sus datos, es para compartirlos. En el siempre creciente mundo de la tecnología de la información, compartir datos se ha convertido en algo cada día más común. Por ejemplo, Macmillan USA mantiene una base de datos gigante de libros potenciales. Todas las librerías comparten esta base de datos, de tal forma que pueden saber qué libros estarán próximos a publicarse. Los hospitales se están acercando cada vez más al manejo de sus expedientes en formatos electrónicos, los cuales estarán a la mano dondequiera que usted vaya. El mundo se está haciendo pequeño, y la información está siendo compartida cada vez más y más cada año.

Hay diversas formas de exportar datos. Todas son bastante similares a la forma de importar datos, porque después de todo, es sólo cuestión de perspectivas. Los datos que se exportan de una base de datos son los mismos que se consideran como importados en el otro extremo. En lugar de discutir las diversas formas en que otras bases de datos exportan datos, aprenderá cómo lo hace MySQL.

Cómo trabajar con `mysqldump`

La utilería `mysqldump` es en gran medida la contraparte de `mysqlimport`. Comparten algunas opciones comunes, pero esta utilería hace algunas cosas más. Toma toda la base de datos y la vacía en un solo archivo de texto. Este archivo contiene todos los comandos de SQL necesarios para recrear su base de datos. Toma el esquema y lo convierte a la sintaxis de DDL adecuada (instrucciones `CREATE`), y toma todos los datos y crea instrucciones `INSERT`. Esta utilería hace ingeniería inversa de su base de datos. Debido a que todo está contenido en el archivo de texto, puede ser importado de nuevo en su base de datos de MySQL con un simple procesamiento por lotes y la sintaxis adecuada de SQL. Esto es increíblemente fácil y rápido. No le causará dolores de cabeza.

Así que si quiere vaciar su base de datos `Mi_Tienda` en un archivo de texto, podría hacerlo tecleando lo siguiente:

```
bin/mysqldump -p Mi_Tienda  > Mi_Tienda_Respaldo.txt
```

Esta utilería también le permite especificar la tabla en la que quiere hacer el vaciado. Si sólo quisiera vaciar el contenido de la tabla `Pedidos` de la base de datos `Mi_Tienda` en un archivo, tendría que utilizar la siguiente instrucción:

```
bin/mysqldump -p  Mi_Tienda Pedidos > Mi_Tienda_Pedidos.txt
```

Esta utilería es tan flexible que le permite el uso de la cláusula `WHERE` para seleccionar solamente los registros que quiere vaciar en el archivo. Para hacer esto, su comando debe ser el siguiente:

```
bin/mysqldump -p
-where="ID_Pedido > 2000" Mi_Tienda Pedidos > vaciado_especial.txt
```

La utilería `mysqldump` tiene una variedad de opciones. Éstas se explican en la tabla 8.2.

TABLA 8.2   Opciones de `mysqldump`

Opción	Acción desempeñada
--add-drop-table	Esta opción hará que la utilería `mysqldump` añada una instruc- ción `DROP TABLE IF EXISTS` antes de cada tabla. Esto evitará tener errores al importar a la base de datos de MySQL. `DROP TABLE IF EXISTS` hace que MySQL verifique y vea si la tabla existe; si es así, la borra.
--add-locks	Esta opción hace que la utilería proteja las instrucciones `INSERT` con un comando `LOCK TABLE` y `UNLOCK TABLE`. Esto previene que los usuarios puedan hacer algo a la tabla mientras los registros están siendo reintroducidos a la base de datos.
-c o -complete_insert	Esta opción hace que la utilería nombre cada columna en la instrucción `INSERT`. Esto puede ser útil cuando se exportan estos datos a otra base de datos.
--delayed-insert	Esta opción hace que la utilería use la opción `DELAYED` en los comandos `INSERT`.
-F o -flush logs	Esta opción vaciará los archivos de registro del servidor MySQL antes de ejecutar el vaciado.
-f o -force	Esta opción hace que la utilería continúe vaciando, incluso si ocurren errores.
--full	Esta opción hace que la utilería añada información adicional a las instrucciones `CREATE TABLE`. Estas instrucciones opcionales las vimos el día 4, "Creación de su primera base de datos".
-l o -lock-tables	Esta opción hace que el servidor bloquee las tablas que están siendo vaciadas.
-t o -no-create-info	Esta opción evita que la utilería escriba cualquier instrucción `CREATE TABLE`. Esto puede ser útil si usted sólo quiere los datos y no el DDL.
-d o -no-data	Esta opción evita que la utilería escriba cualquier instrucción `INSERT`. Podría usar esta opción si lo que quiere es el archivo DDL.
--opt	Esta opción activa todas las opciones que ayudarán a acelerar el proceso de vaciado y crear un archivo más rápido de recarga.
-q o -quick	Esta opción evita que MySQL lea todo el archivo de vaciado en la memoria y después lo ejecute. En vez de eso, lo escribirá al archivo conforme lo vaya leyendo.

TABLA 8.2 continuación

Opción	Acción desempeñada
`-T` *ruta* o `-tab` = *ruta*	Esta opción creará dos archivos. Uno contendrá el DDL o la tabla de generación de instrucciones y el otro contendrá los datos. El archivo DDL es llamado `archivo.sql` y el de datos `archivo.txt`. El argumento de la ruta es el directorio donde usted quiere crear estos archivos. Este directorio debe existir. Para usar este comando, debe tener los permisos necesarios sobre el directorio.
`-w` *"cláusula WHERE"* o `–where` = *"cláusula Where"*	Como se mencionó anteriormente, puede usar esta opción para filtrar los datos que estarán en el archivo de exportación.

`mysqlimport` como su contraparte, también tiene opciones de formato de archivo. Ya las ha visto con anterioridad, pero se listan nuevamente en la tabla 8.3.

TABLA 8.3 Opciones de `mysqlimport`

Opción	Acción desempeñada
`--fields-enclosed-by=`*char*	Esta opción especifica qué carácter delimita los datos de su archivo. Por ejemplo, muchos productos encierran con comillas los datos. Usted podría utilizar esta opción para especificar esto a la utilería para importación. De manera predeterminada, `mysqlimport` asume que no hay caracteres delimitadores.
`--fields-escaped-by=`*char*	Esta opción le dice a `mysqlimport` cuál es el carácter de "escape" de entre los caracteres especiales. Los caracteres que necesitan especificarse como de escape son la diagonal invertida (`\`) y el de avance de línea (`\n`). El valor predeterminado es sin carácter de escape.
`--fields-optionally-terminated-by=`*char*	Esta opción establece que los campos pueden estar delimitados por un carácter especial. De otra forma, funcionarían igual que el comando del mismo nombre.
`--fields-terminated-by=`*char*	Esta opción especifica qué carácter separa los valores entre sí. En un archivo delimitado por comas, sería la coma. La utilería `mysqlimport` usa como valor predeterminado la tabulación.
`--lines-terminated-by=`*str*	Esta opción especifica con qué se termina una línea de datos o registros. De manera predeterminada, `mysqlimport` asume el carácter de avance de línea. Podría utilizarse una cadena en lugar de un carácter solo —un avance de línea o un retorno de carro, por ejemplo.
`--lines-terminated-by=`*str*	Esta opción especifica con qué se termina una línea de datos. De manera predeterminada, `mysqlimport` asume el carácter de avance de línea. Podría utilizarse una cadena en lugar de un carácter solo, un avance de línea y un retorno de carro, por ejemplo.

Suponga que necesita crear un archivo de contabilidad, para usarlo en una hoja de cálculo. El administrador quiere ver todos los pedidos de este año. Los contadores no están interesados en el DDL. Necesitan que el archivo sea delimitado por comas, porque de esa forma es fácil importarlo a Excel. Para llevar a cabo esta tarea, debe usar el siguiente comando:

ENTRADA
```
bin/mysqldump -p
-where "Fecha_Pedido >='1998-01-01'"
-tab = /ruta/al/archivo -no-create-info -fields-terminated-by=,
➥Mi_Tienda Pedidos
```

Esto producirá los resultados esperados.

Selección de un archivo de salida

Si la utilería `mysqldump` no es suficientemente buena, MySQL también tiene una contraparte para el comando `LOAD DATA INFILE`: el comando `SELECT INTO OUTFILE`. Estos comandos tienen mucho en común. Para comenzar, comparten las mismas opciones. La única gran diferencia es que un comando importa datos, y el otro, los exporta.

Para demostrar cómo usar este comando, llevará a cabo las mismas operaciones que con la utilería `mysqldump`. Para hacer esto, dé los pasos que se muestran a continuación:

1. Asegúrese de que el daemon `mysqld` esté ejecutándose y de que usted se encuentre en el directorio `mysql`.

   cd /usr/local/mysql
   bin/mysqladmin ping

2. Arranque el monitor de MySQL.

   bin/mysql -p Mi_Tienda

   Este comando iniciará `Mi_Tienda` como la base de datos activa. Desde luego, se le pedirá su contraseña.

3. Desde la línea de comandos, teclee el siguiente comando:
   ```
   SELECT * INTO OUTFILE '/ruta/al/archivo/Pedidos.txt'
   FIELDS
   TERMINATED BY = ','
   FROM Pedidos
   WHERE Fecha_Pedido >= '2000-01-01';
   ```

Después de que oprima Entrar, su archivo se creará. Esta instrucción es como un `SELECT` común, excepto que en lugar de que la salida vaya a la pantalla, va al archivo que usted designa. Esto significa que puede hacer consultas avanzadas utilizando `JOIN`s y múltiples tablas. Esta característica también se puede usar como generador de informes. Por ejemplo, podría utilizar algunos de los métodos discutidos en este capítulo para producir algunos informes muy interesantes. Inténtelo con éste:

1. Cree un archivo de texto llamado **informe_G.rpt** en el directorio `mysql` e introduzca las siguientes líneas:

8

```
USE Mi_Tienda;
INSERT INTO Clientes (ID_Cliente, Apellido_Paterno, Apellido_Materno,
Nombre)
VALUES (NULL, "Reyes", "Luis");
INSERT INTO Clientes (ID_Cliente, Apellido_Paterno, Nombre)
VALUES (NULL, "Dorantes", "Lidia");
INSERT INTO Clientes (ID_Cliente, Apellido_Paterno, Nombre)
VALUES (NULL, "Sánchez", "Jorge");
SELECT Apellido_Paterno INTO OUTFILE '/ruta_archivo/informe_G.rpt'
FROM Clientes
WHERE ID_Cliente > 1;
```

2. Enseguida asegúrese de que el daemon mysqld esté ejecutándose y de que usted se encuentra en el directorio mysql.

3. Teclee el siguiente comando:

    ```
    bin/mysql  -p < informe_G.rpt
    ```

4. Verifique que el archivo que designó sea el de salida. Los apellidos señalados en la secuencia de comandos deben estar en la tabla Clientes.

Como puede ver, puede combinar los métodos de importar/exportar que aprendió hoy para generar informes.

Resumen

Este día aprendió por qué las bases de datos necesitan importar y exportar sus datos. La información es como un río, siempre está en movimiento, fluyendo de un manantial al siguiente. En el camino puede llevar piezas importantes de información que puede ser necesario compartir.

MySQL tiene muchas utilerías para importar y exportar datos. Aprendió cómo usar la utilería mysqlimport para traer datos de todo tipo de formatos. También aprendió cómo usar la instrucción LOAD DATA INFILE. Aprendió que esta instrucción puede ser utilizada por APIs para cargar datos (LOAD DATA) en una base de datos. Además, aprendió de la capacidad del comando mysql para procesar un archivo mediante el uso del símbolo de redirección.

Aplicó los conocimientos adquiridos para convertir una tabla de Access en un archivo de texto e importar ese archivo a MySQL. Vio cómo algunas veces los datos necesitan manipularse antes de que MySQL los acepte.

También leyó acerca de algunas utilerías compartidas (shareware) que existen para hacer le vida más fácil a los DBAs.

Aprendió las diferentes formas en las que MySQL puede exportar datos. Aprendió sobre el comando `mysqldump`, y cómo esta utilería puede hacer ingeniería a la inversa de su base de datos, a partir del esquema actual de los datos almacenados. Finalmente, aprendió acerca de las instrucciones `SELECT ... INTO OUTFILE`. Vio cómo se usa esta instrucción para generar algunos informes muy complejos formateados para diversas especificaciones.

Hoy aprendió cómo se pueden mover datos dentro y fuera de MySQL.

Preguntas y respuestas

P **¿Qué puedo hacer con el contenido de mi archivo generado por `mysqldump`?**

R Este archivo es una réplica completa de su base de datos en formato SQL. Puede hacer muchas cosas con estos datos. Por ejemplo, puede recrear su base de datos en Microsoft SQL Server o en Sybase cortando y pegando simplemente el contenido del archivo. También podría restaurar su base de datos utilizando el archivo de vaciado y la habilidad de procesamiento por lotes de MySQL. Por ejemplo, para recargar su base de datos desde la salida de un comando `mysqldump`, podría usar la siguiente sintaxis:

```
bin/mysql -p < nombre_del_archivo_de_vaciado
```

Esto restauraría totalmente su base de datos.

P **¿Estoy limitado a exportar los datos sólo en formato de texto?**

R No piense en qué está limitado; piense en que no tiene límites. Los desarrolladores en TcX creen que descomponer los datos en varios formatos es un trabajo que no debe hacerse a nivel del servidor. Creen que esto debería corresponder a los programadores y a la aplicación. Se han provisto los medios para exportar datos de la manera más simple. Una vez que tiene los datos, es su decisión lo que haga con ellos. Esto se aplica de igual manera para el proceso de importación de datos. Usted escribe la interfaz para acceder los datos —todo lo que tiene que hacer es producir un archivo de texto para MySQL. Muy simple, ¿no?

Ejercicios

1. Utilice el comando `mysqlimport` con las opciones adecuadas para completar la siguiente tarea:

   Necesita importar una hoja de cálculo del departamento de envíos. Dicho departamento le da la hoja de cálculo para importar a la base de datos que lleva el seguimiento de todos los pedidos que han sido enviados. Los campos están separados por diagonales (/) y los datos están delimitados por apóstrofes. Todo lo que está en la hoja de cálculo son datos nuevos, no habrá actualización de datos. Importe el archivo.

2. Utilice el comando `mysqldump` correctamente en el siguiente escenario:

   El jefe quiere que le dé un informe de contabilidad basado en la tabla `Pedidos`. Para calcular las comisiones, los contadores necesitan la cantidad y el precio de cada artículo que fue ordenado. No necesitan el DDL, pero se requiere que el informe esté delimitado por comas. Haga el informe.

DÍA 9

Consulta de la base de datos

Definir la estructura de una base de datos es sólo la primera parte de un RDBMS. El verdadero poder y utilidad de una base de datos es la forma en que se manipula. MySQL utiliza el SQL (Lenguaje de Consultas Estructurado) para hacer esto.

Este día aprenderá:

- Qué es SQL y su historia
- Comandos básicos de SQL: SELECT, UPDATE, INSERT, DELETE
- Cómo utilizar uniones
- Funciones agregadas

Qué es SQL y de dónde viene

Se han escrito muchos libros sobre SQL (*Sams SQL Unleashed, 2a. Edición* es un buen lugar para comenzar). Mi objetivo aquí es darle el suficiente conocimiento práctico del lenguaje y de su sintaxis para permitirle realizar la mayoría de las cosas que va a hacer con una base de datos. He encontrado que el lenguaje SQL es muy fácil de aprender —así fue pensado. La parte difícil es en realidad utilizarlo de una manera productiva. Esto sólo puede aprenderse con la experiencia.

A mediados de la década de 1970, IBM desarrolló el Lenguaje de Consultas Estructurado o SQL —pronunciado también como "es quiu el" o "sicuel"— . SQL se desarrolló para la manipulación lógica de los datos de bases de datos relacionales. Hasta ese entonces no existía una forma más o menos fácil de manipular los datos que residían en las bases de datos. El objetivo de este lenguaje era facilitar el uso del inglés común en su sintaxis. IBM se imaginó a hombres y mujeres de negocios utilizando este lenguaje para "comunicarse" con una base de datos para acceder la información que requerían. El lenguaje no cumplió con las expectativas y no se utilizó hasta que Oracle lo utilizó para el acceso a bases de datos. Desde entonces ha sido la forma estandarizada de acceder las bases de datos relacionales.

Como se mencionó anteriormente, SQL es un lenguaje que permite la manipulación de bases de datos relacionales. Su sintaxis es muy similar al inglés común. Por ejemplo, si quisiera saber todos los nombres de las personas cuyas fechas de nacimiento fueran en enero y que residan en su base de datos, una instrucción SQL podría ser la siguiente:

```
SELECT Nombre, Apellido FROM Clientes WHERE FDN= "enero";
```

Este lenguaje es más una herramienta de comunicación que un lenguaje. La mayoría de los lenguajes de programación deben ser compilados y después ejecutados. Generalmente SQL no se compila. Algunas formas de SQL, como T-SQL, sí se compilan, pero ésa es una base de datos y un lenguaje diferentes. SQL es el lenguaje de las bases de datos, así como el inglés es el lenguaje de algunas personas. Para comunicarse con una persona, usted podría hacerle una pregunta y, si dicha persona supiera la respuesta, le contestaría. SQL trabaja de manera muy similar.

Para empezar a "hablar" con su base de datos, primero debe abrir una línea de comunicación con ella. MySQL provee una excelente utilería para llevar a cabo esta tarea —el monitor de MySQL. Si ha seguido el libro desde el principio, debe estar bastante familiarizado con el monitor de MySQL. De hecho, los comandos que utilizó para crear tablas y columnas en la base de datos de ejemplo, son instrucciones SQL. Por lo tanto, ya vio al monitor en acción.

SQL es un lenguaje muy poderoso. Una vez que emite un comando, ya no hay marcha atrás. El comando se ejecuta sin vacilación o aviso alguno. Sea muy cuidadoso cuando emita sus comandos, especialmente cuando se trate de sistemas en producción. No terminaría de contarle innumerables historias acerca de la pérdida de datos por falta de cuidado con las instrucciones SQL. Incluso yo mismo e incurrido en ese terrible pecado. Por un descuido al utilizar el comando `DELETE`, fui responsable de la eliminación de aproximadamente 20,000 filas de datos en producción. Así que preste atención y sea muy cuidadoso con las instrucciones SQL que ejecute en un sistema en producción.

Componentes de SQL

SQL puede descomponerse en subcomponentes. Debido a que el lenguaje cubre un vasto espectro, se ha dividido para ayudar a los usuarios a entenderlo mejor. SQL puede dividirse en dos partes —la parte que crea los objetos de la base de datos y la que los manipula. La primera a veces es llamada *DCL* (lenguaje de creación de datos). Es de hecho SQL, pero las instrucciones se aplican solamente a la creación, no a la manipulación. La otra parte, que tiene que ver con la manipulación de los datos, es llamada *DML* (lenguaje de manipulación de datos). Ya aprendió acerca de la parte DCL de SQL. La utilizó cuando creó sus tablas y columnas.

Como se señaló previamente, SQL es un lenguaje que se utiliza para hablarle a las bases de datos. Debido a que SQL es un lenguaje, tiene ciertas reglas y una gramática que deben seguirse. También existe una lista de las palabras que se utilizan en SQL. Puede considerarlas como palabras reservadas, pues tienen un significado especial. SQL entiende los siguientes verbos: `CREATE`, `DROP`, `ALTER`, `DELETE`, `INSERT`, `UPDATE` y `SELECT`. SQL también entiende las siguientes palabras: `SET`, `FROM`, `INTO`, `WHERE`, `JOIN`, `CROSS JOIN`, `RIGHT JOIN`, `FULL JOIN`, `INNER JOIN`, `ON`, `ORDER BY` y `GROUP BY`. La tabla 9.1 contiene una lista de las palabras reservadas.

TABLA 9.1 Palabras reservadas

CREATE	DROP
ALTER	DELETE
INSERT	UPDATE
SELECT	SET
FROM	INTO
ON	WHERE
ORDER BY	GROUP BY
JOIN	LEFT JOIN
CROSS JOIN	FULL JOIN
RIGHT JOIN	AND
LIMIT	OR

TABLA 9.1   continuación

LIKE	AS
INNER	DELAYED
RIGTH	CASE
THEN	WHEN
ELSE	END
DATE	TIMESTAMP

En la sección *Is MySQL Picky About Reserverd Words*? del manual que acompaña la distribución, encontrará una lista exhaustiva de estas palabras reservadas.

Sintaxis básica de SQL

Para hablarle a la base de datos, debe usar una o más de las palabras reservadas que SQL entiende, así como la información que usted quiere manipular, en una instrucción que se envía a la base de datos. Suponga que tiene en su base de datos una tabla llamada Clientes. Esta tabla está conformada por las siguientes columnas: Nombre, Apellido_Paterno, Apellido_Materno, Direccion y Fecha_Nacimiento. Si quisiera ver todos los clientes en la base de datos cuyo mes de nacimiento fuera enero, la instrucción SQL podría ser la siguiente:

```
SELECT Nombre, Apellido_Paterno, Apellido_Materno FROM Clientes WHERE
MONTH(Fecha_Nacimiento)=1;
```

 Nota

La primera palabra de cualquier instrucción SQL es un verbo, el cual le dice a la base de datos lo que usted quiere hacer. Aprenderá acerca de lo que cada verbo hace un poco más adelante, en este mismo capítulo. En el ejemplo utilizamos el verbo SELECT. Éste le dice a la base de datos que usted quiere seleccionar la información solicitada en su instrucción.

Las palabras que siguen al verbo son una lista de parámetros que usted quiere mostrar. Estos parámetros son los nombres de las columnas que contienen la información que quiere ver. Imagínese que su jefe le pide un informe que muestre todos los clientes que nacieron en enero, para que la compañía les envíe tarjetas de cumpleaños. Puede generar este informe utilizando las instrucciones previas. Piense en la lista de parámetros como los encabezados de las columnas para su informe. Ésta es la lista de información que quiere mostrar en su informe. Para este ejemplo, quiere mostrar el Nombre y los Apellidos de cada cliente que nació en enero.

Después de los encabezados de las columnas, tiene la palabra reservada FROM. Ésta le dice a la base de datos dónde buscar esa información.

Enseguida de FROM está el nombre de la tabla en donde se encuentran localizados los datos que usted quiere. Ésta puede ser una lista de tablas, no está restringida a una sola. En este ejemplo, sólo quiere utilizar los datos de la tabla Clientes.

La siguiente parte de la instrucción SQL es la cláusula WHERE, la cual limita la información que usted quiere desplegar. En este ejemplo, la cláusula WHERE dice que sólo quiere los registros en donde el mes en Fecha_Nacimiento sea igual a enero (el mes 1). Pueden haber múltiples expresiones en su cláusula WHERE. Para limitar la cantidad, podría añadir lo siguiente:

```
SELECT Nombre, Apellidos FROM Clientes
WHERE MONT(Fecha_Nacimiento)= 1 AND Apellidos LIKE "M%";
```

Esta instrucción devolvería todos los nombres y apellidos de sus clientes que hubieran nacido en enero y cuyo apellido comenzara con la letra M.

Cuidado con la cláusula WHERE. Cuando la utilice, asegúrese de ser muy específico y de que la condición sea lógica. De lo contrario, podría no obtener los resultados esperados. Esto puede causar estragos y serios errores cuando empiece a crear interfaces para su base de datos. La mayoría de la gente comete errores con la cláusula WHERE, así que esté atento cuando diseñe una.

Los únicos campos requeridos en su instrucción SQL son el verbo, los encabezados de columna y los campos usados con la cláusula FROM. La cláusula WHERE es opcional. Así que si quiere ver todos los campos y registros de su tabla Clientes, podría teclear la siguiente instrucción:

```
SELECT * FROM Clientes;
```

Esta instrucción le mostrará todas las columnas y todos los registros. Instrucciones rápidas y fáciles como ésta le mostrarán la información contenida en su tabla. Tenga cuidado con estas instrucciones, ya que podrían consumir grandes cantidades de tiempo del procesador si la tabla es muy grande. Imagínese esta consulta en una tabla que tuviera medio millón de registros. Si sólo necesitara una muestra de los datos contenidos en una tabla, usaría la palabra clave LIMIT. Ésta limita el número de filas de datos devueltas de una consulta. Si quisiera ver una muestra de los datos de la tabla Clientes, podría llevar a cabo la siguiente consulta, sin mayor problema:

```
SELECT * FROM Clientes LIMIT 10;
```

Esta instrucción devolvería sólo las primeras 10 filas de datos.

Otro punto que vale la pena mencionar es que las filas se devuelven en el orden en que se almacenaron en la instrucción de muestra. Así es que si Laura Gómez fue incluida antes que Gilberto Adame, será desplegada primero. Esto podría acarrear problemas, sobre todo si está creando un informe para su jefe y a él le gustan las cosas en orden alfabético. Afortunadamente, SQL cuenta con funciones para hacer eso exactamente. A éstas se les conoce como funciones agregadas, las cuales son ORDER BY y GROUP BY. Estas cláusulas se explicarán con más detalle más adelante, en este mismo capítulo.

Como puede ver, SQL puede ser una herramienta muy poderosa y útil para la recuperación de los datos que usted requiera. Tal vez se esté preguntando, ¿cómo puedo usar esto en una situación de la vida real? La respuesta es simple. Podría incrustar sus instrucciones SQL en un lenguaje de programación para la recuperación de los datos que usted quiere. Esto se cubre con detalle los días 12, "Cómo obtener datos: interfaces de bases de datos", 13, "Cómo utilizar MyODBC", y 14,"La interfaz de bases de datos de Perl". Este día aprenderá las bases de SQL. Los siguientes días aprenderá cómo manipular sus datos. Podrá ver fácilmente el contenido de sus tablas, borrar datos innecesarios e incluso añadir nuevos datos a su base de datos.

Manipulación de datos con SQL

El segmento de manipulación de datos del Lenguaje de Consultas Estructurado, puede ser resumido en los siguientes cuatro comandos: SELECT, INSERT, UPDATE y DELETE. Estos comandos cubren todo el rango de lo que puede hacer a sus datos. Cada comando tiene sus peculiaridades, las cuales estudiaremos más adelante, en este mismo capítulo. Me gustaría tomar un momento y explicar algunas de las cosas que son comunes para todas estas instrucciones.

Después de cada verbo hay una lista de encabezados de columna. Puede mencionar a cada columna que quiera obtener, o si necesita todas, puede usar el carácter comodín para verlas. En MySQL (así como en la mayoría de los RDBMSs), el asterisco (*) es el carácter comodín. Si quisiera ver todas las columnas de la tabla Clientes, podría utilizar la siguiente instrucción:

```
SELECT * FROM Clientes;
```

Esta instrucción mostraría todas las columnas.

Hay algunas reglas que son comunes para todas las instrucciones. Éstas son reglas generales de sintaxis y deben seguirse para que la base de datos entienda lo que le está diciendo.

A continuación se muestran algunas de las reglas que se deben seguir:

- Si va a utilizar más de una tabla en la cláusula FROM, todos los campos con el mismo nombre deben ir precedidos por el nombre de la tabla en donde se vayan a utilizar. Por ejemplo, las tablas Pedidos y Clientes tienen el campo ID_Cliente. Si quisiera llevar a cabo una consulta en estas tablas, necesitaría señalar explícitamente el nombre de la tabla en donde fuera a utilizar el campo ID_Cliente.

  ```
  SELECT Pedidos.ID_Pedido FROM Pedidos, Clientes
  WHERE Clientes.ID_Cliente=Pedidos.ID_Cliente;
  ```

- Las instrucciones múltiples de una cláusula WHERE deben conectarse por medio de alguna de las palabras clave, AND u OR. Tenga cuidado con el orden en el que usa estos comandos. Puede usar paréntesis para agrupar las instrucciones y obtener así la consulta deseada.

- Todas las instrucciones SQL deben tener un verbo, una cláusula FROM o INTO y, usualmente, una lista de parámetros de nombres de columna —puede ser una sola columna o todas las de la tabla.

Otra cosa que es común para todos los verbos es la capacidad de usar un alias para las tablas. Poner un *alias* a una tabla significa darle otro nombre para ahorrar tiempo y espacio cuando se quiere identificar a las tablas de las que quiere obtener información. Esto podría verse como se muestra a continuación:

```
SELECT P.ID_Pedido FROM Pedidos AS P, Clientes AS C
WHERE C.ID_Cliente = P.ID_Cliente;
```

Como puede ver, definir un alias le permite usar abreviaturas cuando está haciendo referencia a tablas, en lugar de tener que teclear el siguiente código:

```
SELECT Pedidos.ID_Pedido FROM Pedidos, Clientes
WHERE Clientes.ID_Cliente = Pedidos.ID_Cliente;
```

Puede ahorrarle algo de tiempo y es menos engorroso que teclear el nombre completo de la tabla. Cuando utiliza más de una tabla en la cláusula FROM, debe declarar el nombre de cada tabla, de tal forma que la base de datos sepa a qué campo se está refiriendo. Si tiene que hacer esto, qué mejor que hacerlo de una manera abreviada.

Tenga cuidado cuando use más de una tabla en los comandos SELECT, UPDATE o DELETE. Asegúrese de que sus uniones (que se cubrirán en la sección "Trabajo con uniones", más adelante en este capítulo) están completas y son precisas. De lo contrario, puede originar una *unión cartesiana*. Este tipo de unión ocurre cuando une cada fila de una tabla a cada fila de otra tabla. Esto consume mucha CPU, y generalmente se hace por error. Para evitar esto, asegúrese de entender lo que está uniendo y que la unión esté completa. De lo contrario, tendrá el inmenso placer de recuperar de la bitácora sus datos borrados.

SELECT

La instrucción SELECT es probablemente la más utilizada de las instrucciones SQL. Esta instrucción le devolverá únicamente los datos contenidos en la base de datos. MySQL probablemente procesa este tipo de consulta más rápido que cualquier otra base de datos. La siguiente es la sintaxis de SELECT:

```
SELECT nombre de columna FROM nombre de tabla WHERE condición;
```

El nombre de columna puede ser de una o más columnas que pertenezcan a una tabla en la cláusula FROM. No puede seleccionar un nombre de columna que no aparezca en la cláusula FROM. Por ejemplo, si quisiera seleccionar el campo de apellidos de la tabla Clientes, pero no tuviera definida esta tabla en la cláusula FROM, MySQL generaría un error. Como se mencionó anteriormente, puede usar un alias para abreviar. Usted sólo debe mencionar la tabla si existe alguna ambigüedad en el nombre de los campos. Esto significa que si una tabla tiene un campo llamado ID_Pedido y otra tabla tiene un campo con el mismo nombre, debe identificar cuál tabla/campo quiere usar. Si el nombre de campo es único en todas las tablas de su lista de parámetros de tablas, no tiene que especificar una tabla.

El orden en el que especifique los nombres de las columnas es con el que se mostrarán. Si eligiera los campos `Nombre`, `Apellidos`, éstos se desplegarían en ese orden. Si los invirtiera a `Apellidos`, `Nombre`, se desplegarían en este orden.

La instrucción `SELECT` también puede utilizarse para resolver una ecuación. Por ejemplo:

```
SELECT 1 + 1;
```

produciría la siguiente salida:

SALIDA   2

La siguiente instrucción también es válida:

```
SELECT concat(Nombre, " ", Apellidos) AS Nombre FROM Clientes;
```

Esta instrucción devolvería una columna llamada `Nombre` con los resultados de la función de concatenación. `concat()` es una función intrínseca de MySQL que será cubierta con más detalle en la lección de mañana. Si quiere un conjunto de resultados que contenga el nombre de las personas, así como su dirección, podría utilizar la siguiente instrucción SQL:

Nota La función `concat ()` une cadenas. El día 10, "Cómo dejar que MySQL haga el trabajo: funciones intrínsecas", cubriremos las funciones intrínsecas.

```
SELECT concat(Nombre, " ", Apellido_Paterno, " ",Apellido_Materno)
AS Nombre, Dirección, Ciudad, Estado FROM Clientes;
```

La salida resultante podría verse como se muestra en la tabla 9.2.

TABLA 9.2 Resultados de la concatenación

Nombre	Dirección	Ciudad	Estado
Pedro Salas	Av. México #316-102, Col. Los Laureles	Morelia	Michoacán
Rosa Juárez	Xochicalco #35, Col. Narvarte	México	D.F.

Observe que las columnas tienen los nombres que usted les asignó en la cláusula AS. Esta técnica es de mucha utilidad, especialmente cuando usa funciones intrínsecas. Otro ejemplo es la función MAX(), la cual devuelve el valor máximo de una columna numérica. Esta característica podría usarse en lugar del modificador auto_increment. Por ejemplo, para obtener el valor máximo de una columna, podría usar la siguiente instrucción:

```
SELECT MAX (ID_Cliente) as Numero_Actual FROM Clientes;
```

El resultado sería:

```
Numero_Actual
78
```

En un comando SELECT de MySQL, usted puede establecer la prioridad bajo la cual el motor de MySQL procesa esta consulta. Si MySQL recibe al mismo tiempo una solicitud para un INSERT y una para un SELECT, MySQL procesará primero la del INSERT. Para forzar a MySQL a que procese primero la del SELECT, debe establecer la prioridad de la consulta haciendo lo siguiente:

```
SELECT HIGH_PRIORITY ID_Cliente FROM Clientes;
```

Es recomendable utilizar el argumento HIGH_PRIORITY sólo en consultas pequeñas.

Una característica que todavía no está disponible en MySQL es la subselección. Ésta le permite utilizar los resultados de una consulta para efectuar otra consulta. Por ejemplo:

```
SELECT * FROM Clientes
WHERE ID_Cliente
IN (SELECT ID_Cliente FROM Pedidos AS P, Cia_Envios AS E
WHERE E.ID_Cia_Envios=12
AND E.ID_Cia_Envios = P.ID_Cia_Envios);
```

Quizá éste no es el mejor ejemplo, pero muestra de manera simple qué es una subselección. Desde luego hay forma de darle la vuelta a este tipo de selección. Podría hacer más uniones múltiples dentro de una sola consulta. Claro que ésta no es la mejor solución, pero hasta que MySQL tenga subselecciones, esto es todo lo que puede hacer.

Otra nueva característica disponible en la versión 3.23 es la capacidad de almacenar el resultado de una consulta (SELECT INTO) en una tabla. Ésta es una característica muy útil, especialmente en programación de procesamiento por lotes. La tabla que se cree aquí puede ser temporal, por lo que se borrará cuando la conexión se termine. Para hacer esto, introduzca el siguiente comando:

```
CREATE TEMPORARY TABLE Tabla_Temporal SELECT * FROM Clientes;
```

Este comando crea una tabla temporal, la cual tiene una copia exacta de todos los registros contenidos en la tabla Clientes. Esta característica es muy parecida al SELECT INTO incluido en otros RDBMSs. Una forma de evitar el SELECT INTO es utilizar INSERT INTO. Hace básicamente lo mismo.

9

INSERT

El comando `INSERT INTO` añade nuevas filas de datos a la tabla existente. El formato es básicamente el mismo que el de la instrucción `SELECT`. De hecho, puede utilizar una combinación de la sintaxis de `INSERT INTO` y `SELECT` para insertar filas de una tabla en otra. Un comando `INSERT INTO` sería como el siguiente:

```
INSERT INTO Clientes VALUES(NULL, "Jorge", "Dorantes");
```

El nombre de la tabla en la cual quiere insertar el nuevo registro se pone después de la palabra clave `INTO`. Después de la palabra clave `VALUES` debe ir la lista de valores que quiere insertar. Si inserta un registro de esta forma, debe tener un valor para cada columna y el orden de los datos debe concordar con el orden en que se declararon las columnas en la base de datos. En el ejemplo tiene una tabla definida con las siguientes columnas: `ID_Cliente`, `Nombre`, `Apellidos`. Cuando inserta una fila de datos en esta tabla, los datos deben quedar en el orden especificado —`ID_Cliente`, `Nombre`, etcétera. Los valores insertados deben concordar de manera precisa con las columnas, u ocurrirá un error. Para evitar este problema, SQL le permite elegir los valores que va a insertar. Por ejemplo, su instrucción SQL `INSERT` podría verse como se muestra a continuación:

```
INSERT INTO Clientes(ID_Cliente, Apellidos, Nombre)
VALUES (NULL, "Dorantes", "Jorge");
```

Si utiliza esta técnica, el orden o el número de columnas en la tabla no tiene que coincidir. Ésta es la forma preferida de insertar una fila de datos. De esta manera, usted especifica el orden y las columnas que quiere insertar. No está restringido por el orden de las tablas sino por el suyo. Además, este método le permite añadir sólo los datos que quiere —no tiene que añadir los valores que no tiene o que no quiere, como lo tendría que hacer con el método anterior.

A partir de la versión 3.23 de MySQL, puede usar la instrucción `INSERT INTO ... SELECT`. Ésta le permite añadir datos a una tabla basándose en el criterio que utiliza la instrucción `SELECT`. Por ejemplo, podría extraer los datos requeridos de una tabla e insertarlos en otra. Suponga que necesita extraer de la tabla `Clientes` todos los clientes de Michoacán, y ponerlos en la tabla correspondiente a la compañía de envíos, de manera que ésta pueda planear las rutas de los camiones. Para hacerlo, debe tener una tabla a la que llamaremos `Informacion_Cia_Envios`. Esta tabla tiene el siguiente diseño:

```
CREATE TABLE Informacion_Cia_Envios (
ID_Info_Env INT NOT NULL PRIMARY KEY AUTO_INCREMENT,
Nombre_Cliente VARCHAR(50),
Direccion VARCHAR(30),
```

```
Ciudad VARCHAR(20),
Codigo_Postal VARCHAR(15),
Num_Camion INT,
ID_Conductor INT);
```

Podría emitir una instrucción SQL que satisficiera las necesidades planteadas. Ésta podría ser la siguiente:

```
INSERT INTO Informacion_Cia_Envios
    (Nombre_Cliente, Direccion, Ciudad, Codigo_Postal)
    SELECT CAT(Nombre + " " + Apellidos)
AS Nombre, Direccion, Ciudad, Codigo_Postal AS cp
FROM Clientes
WHERE
    Estado = "Mich"
;
```

Esto añadiría una fila por cada fila del conjunto de resultados. Si hubiera 100 filas de datos que coincidieran con el criterio, se agregarían 100 filas a la tabla `Informacion_Cia_Envios`. Otro punto que es importante mencionar es que no puede insertar datos en la tabla de donde está seleccionando los datos. Además, el número de columnas y sus tipos de datos deben coincidir con los de las columnas en donde va a insertar los datos. Por ejemplo, no puede insertar filas de datos que no concuerden con las columnas en la tabla. Si lo hace, MySQL generará un error.

MySQL tiene otra característica muy útil, la capacidad de retardar la inserción de datos hasta que la tabla no esté en uso. Esto podría ser benéfico cuando hay muchas consultas complejas a la base de datos que utilizan SELECT con mayor prioridad que INSERT. Recuerde que MySQL ejecuta primero cualquier instrucción que no sea SELECT. Por eso es que una instrucción INSERT tiene de manera natural una mayor prioridad que en SELECT. Para aprovechar esta capacidad, debe usar la sintaxis INSERT DELAYED. Esta sintaxis es como se muestra a continuación:

```
INSERT DELAYED INTO Clientes (Apellidos) VALUES ("Ramírez");
```

La ventaja de esto es que los nuevos datos se insertarán hasta que la tabla esté libre. Si un SELECT que regresa muchos datos y múltiples instrucciones INSERT DELAYED se emiten al mismo tiempo, la instrucción INSERT se procesa hasta que la instrucción SELECT se completa. Después, todas las instrucciones INSERT pueden procesarse al mismo tiempo. Esto da un mejor desempeño que usar múltiples INSERTs. La mayor desventaja de usar INSERT DELAYED es que si el daemon mysqld se detiene, todos los comandos que estén en la cola de espera se borrarán sin ejecutarse. Afortunadamente, el daemon mysqld es un proceso muy estable y rara vez, si acaso ocurriera, se detendría inesperadamente por sí mismo. Por lo general, para que esto pasara, se tendría que llevar a cabo un *kill -9* o reiniciar la máquina.

UPDATE

El comando UPDATE le permite editar valores de datos existentes. Este comando es muy similar a SELECT, pero le permite manipular los valores seleccionados. La siguiente es la sintaxis para la instrucción UPDATE:

```
UPDATE nombretabla SET nombrecolumna = valor WHERE x=y;
```

Al igual que con todas las instrucciones SQL, el verbo reservado va primero. A éste le sigue el nombre de la tabla que va a manipular. A continuación, se emplea la palabra reservada SET y, por último, se coloca la lista de nombres de columna y valores que quiere establecer. Por ejemplo, si quisiera cambiar el nombre de la columna Ciudad a Oaxaca, su comando debería ser:

```
UPDATE Clientes SET Ciudad = "Oaxaca";
```

Pueden existir valores múltiples después del comando SET. Cada par columna/valor debe estar separado por una coma. Si lo desea, puede actualizar cada columna de la tabla con un solo comando UPDATE. La cláusula WHERE va enseguida de la lista de columnas/valores. Esta cláusula designa qué filas serán actualizadas. Esto puede ser peligroso si usted no pone la debida atención a lo que está haciendo. Por ejemplo, si quisiera actualizar a uno de sus clientes porque se va a casar y va a cambiar de nombre, podría emitir la siguiente instrucción:

```
UPDATE Clientes SET Apellido_Paterno = "Orozco" WHERE ID_Cliente = 12;
```

Si no se usara una cláusula UPDATE en esta instrucción, todos los valores de la columna Apellido_Paterno se cambiarían a Orozco. Es evidente el desastre que podría ocurrir. Recuerde que SQL no le avisa; por lo tanto, si va a cambiar algo, asegúrese de hacerlo correctamente.

Es común ejecutar un SELECT antes de modificar o borrar cualquier dato. Al hacer esto, se asegura de que se van a modificar o borrar sólo los datos que usted quiere. Volviendo al ejemplo anterior, podría emitir la siguiente instrucción SELECT antes de ejecutar la instrucción UPDATE.

```
SELECT * FROM Clientes WHERE ID_Cliente = 12;
```

Esta instrucción devolverá una sola fila de datos con la información que quiere actualizar. Puesto que es la única fila de datos devuelta, puede estar seguro de que cuando ejecute la instrucción UPDATE, sólo se afectará una fila. Este paso adicional puede ahorrarle muchos pesares en este largo camino.

MySQL también ha agregado una característica adicional para el comando UPDATE. Si quiere ejecutar una instrucción UPDATE cuando nadie está usando la tabla que quiere actualizar, puede establecer la prioridad como baja. Esto causa que el comando UPDATE se ejecute sólo cuando la tabla no está siendo utilizada. La sintaxis se vería como lo siguiente:

```
UPDATE LOW_PRIORITY Clientes SET Nombre = "Sofía" WHERE ID_Cliente = 16;
```

MySQL es lo suficientemente listo como para saber si está tratando de actualizar un valor con uno que el campo ya contiene. Si tratara de actualizar un registro que en la columna Apellido_Paterno tuviera el valor "Rosas" con el valor "Rosas", MySQL sería lo suficientemente listo como para reconocer esto e ignorar la operación. Esto ahorra ciclos de CPU y ayuda a que MySQL sea más eficiente.

Con MySQL también puede actualizar un valor basándose en el valor que tiene actualmente. Por ejemplo, si quiere añadir un año a las edades de todas las personas en la base de datos, podría hacerlo de la siguiente forma:

```
UPDATE Clientes SET Edad = Edad + 1;
```

Es importante recordar que MySQL evalúa las instrucciones UPDATE de izquierda a derecha.

Otra medida de seguridad que puede implementar cuando está actualizando la base de datos, es usar la función LIMIT. Mediante su uso puede controlar el número de filas afectadas por la instrucción UPDATE. Si quiere limitar el número de filas que actualizó en el ejemplo anterior, podría hacer lo siguiente:

```
UPDATE Clientes SET Edad = Edad + 1 LIMIT 10;
```

Esta instrucción limita la actualización a las 10 primeras filas de la tabla. De esa manera, puede revisar su trabajo y estar seguro de que su instrucción SQL hizo exactamente lo que usted quería que hiciera.

DELETE

La instrucción DELETE es muy similar a SELECT. La única diferencia es que en lugar de seleccionar registros para verlos, borra esos registros. De nuevo, debe tener precaución al usar esta instrucción para evitar borrar accidentalmente filas. MySQL no le avisa cuando borra registros. Así que tenga mucho cuidado. Puede ejercer la misma precaución descrita previamente; es decir, usar primero la instrucción SELECT para asegurarse de que borrará los registros que realmente quiere borrar y utilizar la palabra clave LIMIT para asegurarse de que sólo se borrará el número de filas que especificó.

La sintaxis de DELETE es como se muestra a continuación:

```
DELETE FROM Clientes WHERE Estado = "JAL";
```

Como en todos los comandos SQL, el verbo viene primero. Enseguida del verbo está la palabra clave FROM, seguida del nombre de la tabla de la cual quiere borrar los registros. Después del nombre de la tabla está la cláusula WHERE. Ésta es muy importante en una instrucción DELETE. Limita el número de eliminaciones basándose en el criterio establecido. Sin la cláusula WHERE, se borrarían de manera predeterminada todos los registros de la tabla. La siguiente sintaxis podría borrar todo el contenido de la tabla Clientes:

```
DELETE FROM Clientes;
```

Como en todas las demás instrucciones, MySQL provee niveles de prioridad para la consulta. Para ejecutar una instrucción DELETE mientras nadie está ocupando la tabla de donde quiere borrar registros, podría emitir la siguiente instrucción:

```
DELETE LOW_PRIORITY FROM Clientes WHERE Estado = "Pue";
```

Una instrucción DELETE en una tabla muy grande puede llevar algo de tiempo. Para liberar la tabla para otras consultas, puede usar instrucciones LIMIT múltiples. Puede establecer un límite de 10 y ejecutar la consulta muchas veces. Con esto, cada vez borrará cuando mucho 10 filas. Cuando la cláusula WHERE deje de ser verdadera, ya no afectará ninguna fila. Por ejemplo, si su cliente quiere que borre todos los clientes de Puebla, porque ya no se tienen sucursales en ese estado , puede formular su consulta usando primero una instrucción SELECT:

```
SELECT * FROM Clientes WHERE Estado = "Pue";
```

Esta consulta devolverá todos los registros de su base de datos que en el campo Estado tenga el valor Pue. Ahora aproveche las ventajas de usar la palabra clave LIMIT para optimizar el desempeño de su tabla:

```
DELETE  FROM Clientes WHERE Estado = "Pue" LIMIT 100;
```

Esta consulta borra sólo las primeras 100 filas de datos que coincidan con el criterio establecido en su cláusula WHERE. Los registros restantes que coincidan con dicho criterio se dejan intactos. Si ejecuta la consulta otra vez, se eliminan otros 100 registros. Cada vez que ejecute esta consulta, se elimina el número de registros que coincida con el criterio establecido en la cláusula WHERE, lo que decrementa el número de registros de la base de datos de 100 en 100. Esto continúa hasta que ya no hay registros que coincidan con el criterio. Si utiliza esta técnica, podrá manejar su base de datos limpiamente sin sacrificar el desempeño.

Otro punto que debe considerar cuando borre registros, es que cuando un registro es borrado, no sólo desaparece sino que pasa a formar parte de una lista vinculada interna. Esto significa que aunque el registro sea borrado, todavía estará ocupando espacio en el disco. Para eliminar los remanentes de este registro borrado, deberá llevar a cabo una instrucción OPTIMIZE, para optimizar la tabla, o usar la utilería myisamchk. Ambas herramientas limpiarán el espacio tomado por esos registros muertos.

Trabajo con uniones

Las uniones son una parte integral de las bases de datos relacionales. Permiten que el usuario de la base de datos aproveche las relaciones que se desarrollaron en la fase de diseño de la base de datos. *Unión* es el término que se usa para describir cuando dos tablas o más se unen para recuperar datos, basándose en las relaciones que dichas tablas comparten. Por ejemplo, en su base de datos `Mi_Tienda` tiene una relación entre las tablas `Clientes` y `Pedidos`. Para seleccionar datos de la tabla `Clientes` basándose en algunos criterios contenidos en la tabla `Pedidos`, requerirá usar una unión o algo parecido. Por ejemplo, para recuperar todos los clientes que hayan hecho algún pedido, deberá utilizar la siguiente sintaxis:

```
SELECT Nombre, Apellidos
  FROM Clientes AS C, Pedidos AS P
WHERE C.ID_Cliente = P.ID_Cliente;
```

Esto nos daría solamente los registros de clientes que hubieran hecho algún pedido, o aquellos registros que existieran en ambas tablas. Si un cliente hubiera hecho varios pedidos, usted vería todos sus pedidos.

Compatibilidad con ANSI-92

En 1992 el ANSI (Instituto Estadounidense de Estándares Nacionales) desarrolló un conjunto de estándares para SQL. Estos estándares fueron llamados ANSI-92. MySQL se enorgullece de ser totalmente compatible con ANSI-92. ANSI-92 estandariza la forma de crear uniones. En lugar de poner la lógica de uniones en la cláusula WHERE, le permite ponerla en la cláusula FROM. Hay dos escuelas de pensamiento: aquellos que han adoptado la nueva forma: la forma ANSI-92, y aquellos que continúan usándola en la cláusula JOIN. La forma tradicional es fácil de leer y tiene sentido; además, la mayoría de los DBAs y programadores crecieron aprendiéndolo de la manera tradicional. La nueva forma ofrece algunas ventajas. Primero, es el estándar ANSI. Todas las nuevas bases de datos deben hacer las cosas de acuerdo con ANSI-92 si quieren cumplir con el estándar. Así que puede estar seguro de que esta nueva forma seguirá en un futuro próximo. Además, esta nueva forma es mejor cuando se trata de desempeño. En lugar de que MySQL analice la cláusula WHERE y después desarrolle su plan de consulta, la unión es declarada antes de que la cláusula WHERE sea analizada, haciendo que las consultas sean mejor cuando se trata de desempeño.

La forma de implementar una unión compatible con ANSI-92 es un poco diferente sintácticamente a la manera tradicional, pero el concepto es el mismo. Debe combinar, en un conjunto resultante, la información de dos tablas basándose en una relación. En la unión tipo ANSI-92, para lograr el mismo conjunto resultante que en el ejemplo previo, podría escribir algo como lo siguiente:

```
SELECT Nombre, Apellido_Paterno
FROM Clientes AS C
INNER JOIN Pedidos AS P ON C.ID_Cliente = P.ID_Cliente;
```

El siguiente es el formato básico ANSI-92 de una unión:

```
SELECT lista de columnas
FROM nombre de tablas
JOIN nombre de tabla ON criterio de unión
WHERE criterio de condición;
```

 Nota | Para utilizar el estándar ANSI-92 es necesario que inicie el daemon `mysqld` con el parámetro `--ansi`. En forma predeterminada, el uso de JOIN de la forma descrita arriba generará un error.

La sintaxis de `JOIN` es básicamente la de `SELECT`. La única adición es la cláusula `JOIN`. Después de la palabra clave `JOIN` se pone el nombre de la tabla que comparte la relación con la tabla que está después de la palabra clave `FROM`. Enseguida del nombre de la tabla, viene el criterio de `JOIN`. Este criterio es básicamente la relación entre las dos tablas. Es también la misma lógica que se utiliza en la cláusula `WHERE`. Después de la cláusula `JOIN` está la cláusula `WHERE`. Ésta añadiría criterios limitantes adicionales a su instrucción `SELECT`. Si quiere ver todos los pedidos de un cliente, puede usar la siguiente sintaxis:

```
SELECT C.Nombre, C.Apellidos, P.Fecha, P.ID_Pedido
FROM Clientes AS C
JOIN Pedidos AS P ON C.ID_Cliente = P.ID_Cliente;
WHERE ID_Cliente = 12;
```

A la manera tradicional se vería como se muestra a continuación:

```
SELECT C.Nombre, C.Apellidos, P.Fecha, P.ID_Pedido
FROM Clientes AS C, Pedidos AS P
WHERE C.ID_Cliente = P.ID_Cliente
AND C.ID_Cliente=12;
```

De nuevo, cualquier forma que escoja depende totalmente de usted. Esto es más que nada una decisión personal. Puede haber una pequeña ganancia en desempeño usando ANSI-92, pero algunas veces, en aras de la legibilidad y la claridad, se prefiere la forma tradicional.

MySQL soporta las siguientes uniones: `CROSS JOIN`, `INNER JOIN`, `LEFT JOIN` y `NATURAL LEFT JOIN`. No deje que los nombres o los estilos lo confundan. Sólo recuerde que usted puede implementar una unión utilizando la lógica en su cláusula `WHERE`. Este día se cubrieron ambos estilos —el ANSI-92 y el tradicional. Use el que lo haga sentirse más cómodo y que tenga más sentido para usted.

CROSS JOIN

La unión cruzada (`CROSS JOIN`), no es de las más usadas. De hecho, la mayor parte del tiempo se usa por error. Una unión cruzada devuelve todos los registros de las tablas mencionadas en la unión. Esta unión también se conoce como *unión cartesiana*. Estas uniones utilizan muy intensamente el procesador y deberían ser evitadas. La sintaxis para una unión cruzada es como se muestra a continuación:

A la manera tradicional:

```
SELECT C.Nombre, C.Apellidos, P.ID_Pedido
FROM Clientes AS C, Pedidos AS P;
```

A la manera ANSI-92

```
SELECT C.Nombre, C.Apellidos, P.ID_Pedido
FROM Clientes AS C
CROSS JOIN Pedidos AS P;
```

El conjunto de resultados que devuelve esta unión es enorme. Básicamente devuelve todos los datos en todas las tablas. No hay muchos usos para una unión como ésta.

INNER JOIN

La unión interna, INNER JOIN, es probablemente la más común de todas las uniones.

Una unión interna significa simplemente que todos los registros que no coincidan son descartados. Sólo las filas coincidentes se despliegan en el conjunto de resultados. Éste es el tipo de unión predeterminado. Este tipo de unión está basado en el criterio de la cláusula JOIN. Su primer ejemplo fue de una unión interna.

```
SELECT Nombre, Apellidos, P.ID_Pedido
  FROM Clientes AS C
INNER JOIN Pedidos AS P ON C.ID_Cliente = P.ID_Cliente;
```

La forma tradicional de crear una unión interna podría verse como lo siguiente:

```
SELECT Nombre, Apellidos, P.ID_Pedido
  FROM Clientes AS C, Pedidos AS P
WHERE C.ID_Cliente = P.ID_Cliente;
```

Ésta es probablemente la unión que se usa con más frecuencia; por esto es la forma predeterminada de ANSI-92.

LEFT JOIN

Una unión izquierda, LEFT JOIN, devuelve todas las filas de la tabla del lado izquierdo de la unión. Por ejemplo, si continuamos usando el ejemplo de sus Clientes y Pedidos, la siguiente instrucción muestra la sintaxis para una unión izquierda:

```
SELECT Nombre, Apellidos, P.ID_Pedido
FROM Clientes AS C
LEFT JOIN Pedidos AS P ON C.ID_Cliente = P.ID_Cliente;
```

En este ejemplo, todas las filas de la tabla en el lado izquierdo de la ecuación (Clientes) serán devueltas sin importar si tienen una coincidencia o no con la tabla a la derecha de la ecuación (Pedidos). Si no hay coincidencia, el valor devuelto para ID_Pedido será NULL.

En otros sistemas de base de datos, la unión izquierda, LEFT JOIN, se implementa de la forma tradicional utilizando un símbolo. Dicho símbolo es una combinación del (*) y del signo de (=). El lugar en donde se pone el asterisco (derecha o izquierda del signo de igual) indica el tipo de unión. De tal forma que para implementar una unión izquierda, se debe utilizar la siguiente sintaxis:

```
SELECT C.Nombre, C.Apellidos, P.ID_Pedido
FROM Clientes AS C, Pedidos AS P
WHERE C.ID_Cliente *= P.ID_Cliente
```

Los desarrolladores en TcX decidieron no implementar esta característica en MySQL. Probablemente lo hicieron por varias razones. Primero, uniones de este tipo son muy poco usadas. Si necesita hacer una unión como ésta, puede usar el equivalente de ANSI-92. Otra razón pudo ser que TcX trabaja con un presupuesto muy bajo. Puesto que esta característica se utiliza muy poco, prefirieron aprovechar su tiempo en desarrollar estándares, y no en extras.

En lugar de la palabra clave ON puede utilizar la palabra clave USING. Ésta le permite usar una lista de columnas que aparecen en ambas tablas y es equivalente a decir: C.ID_Cliente = P.ID_Cliente AND C.ID_Cia_Envios = P.ID_Cia_Envios. La sintaxis se vería como lo siguiente:

```
SELECT C.Nombre, C.Apellidos, P.ID_Pedido
FROM Clientes AS C
LEFT JOIN Pedidos AS P USING (ID_Cliente);
```

En este ejemplo, la palabra clave USING sería como usar la palabra clave ON seguida de C.ID_Cliente = P.ID_Cliente. Ésta es otra forma de abreviar para ahorrar tiempo.

NATURAL LEFT JOIN

La unión izquierda natural, NATURAL LEFT JOIN, es igual que la unión izquierda normal, excepto porque usa automáticamente, como parte de la unión, todas las columnas concordantes. Esto es sintácticamente equivalente a una LEFT JOIN con la cláusula USING donde se utilizan todas las columnas que son idénticas en las dos tablas. La sintaxis sería como se muestra a continuación:

```
SELECT C.Nombre, C.Apellidos, P.ID_Pedido
FROM Clientes AS C
NATURAL LEFT JOIN Pedidos AS P;
```

Esto devolvería todas las filas de la tabla Clientes sin importar si tienen alguna coincidencia en alguna de las columnas iguales de la tabla Pedidos. Esta tabla regresaría un valor NULL si no hubiera coincidencias.

Nuevamente, este tipo de unión no es de uso frecuente. La única forma de usar este tipo de unión es con la sintaxis mostrada.

Las uniones son un poco vagas. Pero no deje que la sintaxis lo engañe. Las uniones le permiten aprovechar las relaciones definidas anteriormente, cuando creó las tablas. La práctica y la experiencia serán de gran ayuda cuando esté creando uniones.

Funciones agregadas

9

Las funciones agregadas son funciones que desempeñan operaciones matemáticas en una columna. MySQL implementa las siguientes funciones agregadas: `COUNT()`, `COUNT(DISTINCT)`, `MAX()`, `MIN()`, `AVG()`, `SUM()` y `STD()`.

COUNT()

La función `COUNT()` se usa para contar el número de ocurrencias en valores no nulos de una columna. Por ejemplo:

```
SELECT COUNT(C.Nombre)
FROM Clientes AS C, Pedidos AS P
WHERE C.ID_Cliente = P.ID_Cliente;
```

Esta instrucción devuelve el número de filas con valores no nulos en la columna Nombre de la tabla de Clientes, las cuales coincidan con el criterio de la cláusula WHERE.

Otro uso de la función `COUNT()` es como se muestra a continuación:

```
SELECT COUNT(*) as Num
FROM Clientes AS C, Pedidos AS P
WHERE C.ID_Cliente = P.ID_Cliente;
```

Esta instrucción devuelve el número total de filas. Es especialmente útil cuando necesita saber cuántas filas tiene en una tabla.

COUNT(DISTINCT)

La función `COUNT(DISTINCT)` se usa para contar las ocurrencias únicas de valores no nulos en una o más columnas. Por ejemplo:

```
SELECT COUNT(DISTINCT Nombre)
FROM Clientes;
```

Esta instrucción devuelve el número de filas con nombres diferentes. Por ejemplo, hay 10 filas de datos en la tabla Clientes. Las primeras 3 filas contienen "Rafael" en la columna Nombre. Las siguientes 2 contienen "Laura", la siguiente contiene "Gilberto" y las 4 últimas contienen "Lidia". La instrucción previa devolvería el número 4, que es el número total de nombres únicos que se encuentran en la columna Nombre.

Las funciones COUNT() y COUNT(DISTINCT) pueden utilizarse con cualquier tipo de datos. El resto de las funciones deben utilizarse con datos de tipo numérico.

MAX()

La función MAX() devuelve el valor más alto en la columna. Esta función es muy útil cuando crea su propia secuencia de números. La sintaxis es como se muestra a continuación:

```
SELECT MAX(ID_Cliente)
FROM Clientes;
```

Esta instrucción devuelve el valor más alto en la tabla.

MIN()

La función MIN() devuelve el valor más bajo en la columna. La sintaxis para la función MIN() es como se muestra a continuación:

```
SELECT MIN(ID_Cliente)
FROM Clientes;
```

AVG()

La función AVG() devuelve el valor promedio de la columna. La sintaxis para la función es como se muestra a continuación:

```
SELECT AVG(Precio)
FROM Pedidos;
```

Esta instrucción devolvería el precio promedio de todos los precios en la tabla Pedidos. MySQL lleva a cabo todos los cálculos por usted.

Nota   Recuerde que un valor nulo, NULL, no es en realidad un valor, así que no se preocupe cuando use las funciones SUM() o AVG(), los resultados no se verán afectados por la presencia de valores NULL.

SUM()

Esta función totaliza los valores de una columna dada. La función se usa como se muestra a continuación:

```
SELECT SUM(Precio)
FROM Pedidos;
```

Esta función suma todos los valores de la columna.

STD()

La función STD() devuelve la desviación estándar de una columna dada, como se muestra a continuación:

```
SELECT STD(Precio)
FROM Pedidos;
```

9

 Nota

> La *desviación estándar* es una medida de dispersión. Se usa para medir qué tan lejos se encuentra un valor del promedio. Mientras más pequeña sea la desviación estándar, los datos estarán más cerca al valor promedio esperado.

Funciones agregadas y la cláusula WHERE

Recuerde que la cláusula WHERE podría haberse utilizado en cualquiera de los ejemplos previos. Esto podría limitar qué valores se calculan en la función. El uso de la cláusula WHERE con estas funciones le da un conjunto de herramientas poderosas para llevar a cabo la mayoría de los cálculos financieros o científicos.

Funciones agregadas y la cláusula GROUP BY

MySQL también soporta la cláusula GROUP BY. Ésta sólo puede utilizarse en conjunto con las funciones agregadas. La cláusula GROUP BY permite agrupar un conjunto de resultados. Por ejemplo, suponga que quiere saber el número de pedidos por persona de un día en particular. Podría usar la siguiente instrucción:

```
SELECT C.Nombre, C.Apellidos, P.Fecha,
Count(C.ID_Cliente) AS Pedidos
```

```
FROM Clientes AS C
INNER JOIN Pedidos AS P ON C.ID_Cliente = P.ID_Cliente
WHERE P Fecha = '2000-01-13'
GROUP BY C.ID_Cliente;
```

El conjunto de resultados se vería como se muestra en la tabla 9.3.

TABLA 9.3   Funciones agregadas con GROUP BY

Nombre	Apellidos	Fecha	Pedidos
Juan	Tejeda	2000-01-13	3
Víctor	Ruiz	2000-01-13	1
Diana	Pino	2000-01-13	6

Observe que los resultados están agrupados con base en el nombre de la columna en la cláusula GROUP BY. Esta cláusula es una herramienta inapreciable cuando se generan informes.

Ordenamiento

La mayoría de los RDBMSs proveen un medio para que el usuario pueda ordenar los resultados. MySQL no es diferente. Para ordenar el conjunto de resultados con base en una columna dada, puede usar la cláusula ORDER BY. Ésta hace que el conjunto de resultados sea ordenado por la columna que usted señale y en la dirección que especifique. Por ejemplo, si quisiera ordenar el ejemplo anterior por Apellidos y por Nombre en orden descendente, debería hacer lo siguiente:

```
SELECT C.Nombre, C.Apellidos, P.Fecha,
Count(C.ID_Cliente) AS Pedidos
FROM Clientes AS C
INNER JOIN Pedidos AS P ON C.ID_Cliente = P.ID_Cliente
WHERE P.Fecha = '2000-01-13'
GROUP BY C.ID_Cliente
ORDER BY Apellidos, Nombre DESC;
```

Si quisiera ordenar sus datos en orden ascendente, tendría que reemplazar el DESC por ASC. Eso es todo lo que hay que hacer. Para ordenar columnas de tipo TEXT o BLOB, debe usar un segmento de los datos. Para hacerlo, debe usar la función SUBSTRING. Esto se cubrirá en la lección de mañana.

En el ejemplo tiene dos nombres de columnas en la cláusula ORDER BY. Ésta hará el ordenamiento por la primera columna y después por la segunda. Esto sigue el orden natural de las cosas, usted generalmente establece el ordenamiento primero por apellidos y si dos personas tienen el mismo apellido, usa el nombre para determinar en qué orden deben ir los nombres. Ésta es exactamente la forma en que la cláusula ORDER BY trata a las columnas múltiples. Ordenará por la primera columna y si tiene valores idénticos, pasará a la segunda columna y comparará esos valores para determinar su posición en el conjunto de resultados.

Resumen

SQL es una herramienta poderosa desarrollada originalmente por IBM para que usuarios promedio accedan a bases de datos relacionales. SQL es el lenguaje que las bases de datos entienden. Tiene una sintaxis y un vocabulario que puede usar para comunicarse. Cada palabra en SQL tiene un cierto significado y desempeña una función en particular.

Este día hemos cubierto mucho material. Recuerde que esto es sólo una semblanza del lenguaje SQL. No está completo, y no se intenta que lo esté. Este libro pretende darle los medios para manipular sus datos y proveerle de una base con la cual pueda estructurarlos. En lecciones posteriores explorará las APIs en las que utilizará lo que aprendió este día para estructurar informes y realizar aplicaciones. La parte más difícil de SQL no es el lenguaje o la sintaxis, sino la lógica utilizada para recolectar los datos de la base de datos. Tómese su tiempo para aprender cómo crear buenas cláusulas WHERE y cómo usar uniones. Esto le ayudará en el futuro.

Preguntas y respuestas

P **En la lección de este día se discutió la cláusula LEFT JOIN. ¿También existe una cláusula RIGHT JOIN?**

R Sí. La mayoría de los RDBMSs soportan la cláusula **RIGHT JOIN**. Y MySQL no es la excepción. Tome un minuto y piense lo que significa **RIGHT JOIN**, es lo inverso de **LEFT JOIN**, verá que sólo es cuestión de darle la vuelta. Simplemente invierta los nombres de la tabla en su consulta. Por ejemplo, si la siguiente fuera su **LEFT JOIN**:

```
    SELECT C.Nombre
FROM Clientes AS C
LEFT JOIN Pedidos AS P ON P.ID_Cliente = C.ID_Cliente;
```

Su `RIGHT JOIN` sería:

```
SELECT C.Nombre
FROM Pedidos AS P
LEFT JOIN Clientes AS C ON C.ID_Cliente = P.ID_Cliente;
```

P **Estaba hojeando mi manual de MySQL y vi algo sobre la instrucción `REPLACE`. ¿Qué es y cómo debo usarla?**

R La instrucción `REPLACE` es lo mismo que usar `INSERT INTO`. La sintaxis es prácticamente la misma. La diferencia entre una instrucción `INSERT` y una `REPLACE` es que MySQL borra el registro antiguo y lo reemplaza con los nuevos valores de la instrucción `REPLACE`, si es que ya existe un valor igual en el índice único, de ahí el nombre `REPLACE`. La sintaxis para la instrucción `REPLACE` es la siguiente:

```
REPLACE INTO Clientes
(ID_Cliente, Nombre, Apellidos)
VALUES (NULL, "Patricia", "Reyes")
```

La instrucción `REPLACE` usa las mismas reglas y parámetros que la instrucción `INSERT` incluyendo el `REPLACE INTO ... SELECT`, así como el modificador `LOW PRIORITY`.

Ejercicios

1. Traduzca lo siguiente a instrucciones SQL.
   a. Ver todos los registros de la tabla `Clientes` de los clientes que han realizado pedidos.
   b. Ver todas las compañías de envíos que se utilizaron el mes pasado.
   c. Ver todos los clientes.

2. Cree una instrucción SQL que realice lo siguiente:
   • Agregue la siguiente información a la tabla `Clientes`:
   a. Nombre: Gerardo
   b. Apellido paterno: Higareda
   c. Dirección: Tamaulipas #176

3. Cambie el nombre del último registro que añadió de "Gerardo" a "Samuel".

4. Borre, de la tabla `Clientes`, todos los registros con el nombre "Gerardo".

5. Cree una instrucción SQL que devuelva el número de clientes cuyos nombres empiecen con M.

6. Cree una instrucción SQL que devuelva el promedio de productos que compra cada cliente. (Tip: utilice la columna de cantidad.)

7. Cree una instrucción SQL que devuelva todos los clientes que hicieron algún pedido el mes pasado, ordenando alfabéticamente y de manera ascendente, y agrupando los registros por fecha.

DÍA **10**

Cómo dejar que MySQL haga el trabajo: funciones intrínsecas

Casi todas las bases de datos proporcionan al usuario una serie de funciones comunes. Éstas le dan a los administradores o a la gente que consulta la base de datos diversas formas de llevar a cabo tareas complejas dentro de una consulta. Algunas de estas tareas pueden ser manipulación de cadenas o ecuaciones matemáticas complejas. Esto permite a los usuarios aprovechar al máximo la capacidad de procesamiento del servidor de bases de datos.

MySQL provee muchas funciones intrínsecas. Este día aprenderá:

- Programación a nivel del servidor y la manera en que MySQL le puede ayudar
- Funciones básicas, tales como operaciones numéricas, manipulación de cadenas y condiciones lógicas

Programación a nivel del servidor

Se ha discutido mucho acerca de dónde poner la lógica de programación. ¿Dejar a la aplicación que está instalada en la computadora del usuario hacer el trabajo pesado? ¿Dejar que esto se haga en el servidor de base de datos? ¿Qué tal una capa intermedia? La respuesta a estas preguntas no es fácil. Depende mucho de la aplicación y del propósito para el que se va a usar. Una aplicación tradicional basada en Web tiene diferentes necesidades que una aplicación de tres capas. Estas necesidades varían desde una base de datos con tráfico pesado, como el que se genera en una tienda virtual de Web, hasta una manipulación de datos muy pesada, como en una aplicación financiera. La parte final de esta sección echa un vistazo a algunos escenarios y explica por qué y dónde es el mejor lugar para poner la lógica.

El primer ejemplo es una aplicación basada en Web, como la de `Mi_Tienda`. A continuación se muestran los pasos generales en una aplicación basada en Web.

1. El usuario teclea el URL de un sitio Web en su navegador.
2. El navegador encuentra el servidor y solicita una página Web.
3. El servidor Web responde a la solicitud y envía la página.
4. El navegador recibe la página.
5. El usuario navega en el sitio repitiendo los pasos 1 al 4 hasta que él o ella llegan a una página que requiere algún tipo de acceso a la base de datos (un formulario o una página generada dinámicamente).
6. Se ejecuta un programa o secuencia de comandos (script) y obtiene los datos requeridos del servidor de bases de datos.
7. La página con el resultado se le envía al usuario.

Como puede ver, se pasa constantemente de la base de datos al servidor Web, y de regreso. Ahora imagine un sitio que recibe mucho tráfico, el número de consultas y solicitudes hacia y desde el servidor podrían ser astronómicas.

Para facilitar la carga en los servidores, podría añadir programación en el cliente. El cliente es la computadora o aplicación que envía las solicitudes y recibe las respuestas. Mientras mayor cantidad de programación se ponga a nivel del cliente, como manejo de errores o manipulación de cadenas, mejor para usted.

No piense que no puede usar funciones intrínsecas en su servidor de bases de datos, sí puede, nada más considere el tamaño de su base de datos y la cantidad de tráfico que puede tener el sitio. Si tiene un sitio pequeño con una pequeña cantidad de datos, tiene la libertad de hacer cualquier cosa que quiera. Pero si su sitio es muy visitado y necesita hacer una gran cantidad de cálculos o de manipulaciones de cadenas, considere seriamente poner la lógica en el cliente.

En el ambiente empresarial, las cosas pueden ser un poco diferentes. A nivel empresarial puede tener muchas máquinas cliente accediendo su base de datos vía una aplicación. Esta aplicación puede estar escrita en Java, Visual Basic, C++ o cualquier otro lenguaje de programación. La aplicación le habla a la capa intermedia. Esta capa maneja toda la lógica de negocios, accede a la base de datos y devuelve las solicitudes al cliente. La capa intermedia también es una aplicación. Su responsabilidad es procesar las solicitudes y mandarlas a los lugares apropiados.

El siguiente es el flujo en un diseño de tres capas:

1. Un usuario utiliza una aplicación y envía una solicitud.

2. A la solicitud se le aplica la verificación de errores y se envía a la capa intermedia.

3. La capa intermedia recibe la solicitud, aplica alguna lógica de negocios y pasa dicha solicitud a la base de datos.

4. La base de datos lleva a cabo las funciones solicitadas, ya sea el resultado de una consulta con una instrucción SELECT o la actualización de algunos registros. Después regresa los datos a la capa intermedia.

5. La capa intermedia lleva a cabo cualquier otra lógica que se requiera y devuelve la solicitud al cliente.

6. El cliente recibe los datos y despliega los resultados al usuario.

La mayoría de la lógica de negocios se hace en la capa intermedia, mientras que el análisis simple y el control de errores se hacen en la aplicación. Generalmente, la única responsabilidad del servidor de la base de datos es proporcionar los datos solicitados o manipular los datos almacenados. En este tipo de arquitectura, la carga está balanceada entre todas las capas. Cada una es responsable de sus propias tareas. La aplicación es más que una herramienta de despliegue —es la forma en que los usuarios interactúan con los datos. La capa intermedia es responsable de toda la lógica pesada y también del manejo de las solicitudes y las conexiones a la base de datos. La base de datos hace lo que mejor sabe hacer, proporcionar los datos.

En un verdadero entorno cliente/servidor, ambas máquinas deben desempeñar sus propias tareas. En los inicios de la tecnología cliente/servidor, la mayoría de las operaciones lógicas se llevaban a cabo a nivel del servidor. Los servidores eran generalmente mucho más poderosos que las máquinas cliente, así que el procesamiento tenía que hacerse a nivel del servidor para evitar problemas. Con el advenimiento de las PCs baratas y poderosas, se podía llevar a cabo más lógica a nivel del cliente y más eficientemente. En la actualidad, la mayoría de las grandes aplicaciones usan un diseño de tres o n-capas. Sin embargo, para aplicaciones más pequeñas, no es necesaria una capa intermedia.

En general, el flujo de datos en una aplicación cliente/servidor es como se muestra a continuación:

1. El usuario utiliza una aplicación gráfica. Él o ella mandan una solicitud. La aplicación se encarga de toda la lógica, el análisis y el control de errores y manda la solicitud terminada al servidor de bases de datos.

2. El servidor de bases de datos recibe la solicitud. Desempeña las operaciones requeridas y envía la solicitud terminada de regreso al cliente.

3. El cliente lleva a cabo algunas otras operaciones y despliega la información al usuario.

Este proceso no tiene tantos pasos como las otras aplicaciones, pero tiene sus limitaciones. Sin embargo, para aplicaciones medianas y pequeñas, no hay necesidad de utilizar la complejidad que tienen otros tipos de arquitecturas.

El último tipo de arquitectura es la del informe directo. Ésta es la más simple de todas. Puede llevarse a cabo desde la línea de comandos del monitor de MySQL o contenida en un *shell* o en una secuencia de comandos de Perl. Todo lo que hace es generar un informe. Éste puede ser muy complejo, pero generalmente es como se muestra a continuación:

1. El usuario se conecta a la base de datos y ejecuta una consulta o serie de consultas.

2. El resultado se despliega en la pantalla o se envía a un archivo.

3. El usuario se desconecta de la base de datos.

Este tipo de programa no se preocupa de la interfaz gráfica ni de que un usuario inserte datos. Es simplemente un informe. La lógica, dependiendo de qué tan compleja sea la consulta, puede llevarse a cabo casi exclusivamente en el servidor de bases de datos utilizando las funciones provistas por MySQL.

Algunos ejemplos son el procesamiento por lotes, que imprime las facturas después que ha terminado, y un informe, que se ejecuta a diario y calcula la desviación estándar de resultados de prueba. Hay una infinidad de usos, pero este tipo de programas generalmente usan a la base de datos en lugar de al cliente para su lógica.

¿Cómo lo ayuda MySQL?

MySQL provee una gran cantidad de funciones que pueden ayudar a desempeñar muchas tareas. Estas funciones pueden usarse en lugar del código, a nivel de la aplicación o en conjunción con el código de su aplicación. Permita que las pautas que fueron discutidas anteriormente le ayuden a decidir qué hacer.

Debido a la velocidad de MySQL, resulta conveniente para usted implementar algo de la capacidad que podría necesitar en sus aplicaciones al nivel del servidor. Haga un poco de trampa. Aproveche lo que le ofrece MySQL. Si necesita desplegar en su aplicación el nombre completo y almacenó el nombre y los apellidos en columnas separadas, use una función intrínseca de MySQL para que una esas columnas antes de que se desplieguen en su aplicación. Esto le puede ahorrar algo de tiempo y dolores de cabeza.

Funciones básicas de MySQL

Las funciones básicas de MySQL pueden dividirse en cuatro tipos: numéricas o matemáticas, lógicas, de manipulación de cadenas y de fecha y hora. Este día aprenderá sobre los tres primeros tipos. Debido a la complejidad y a lo numeroso de las funciones de fecha y hora, éstas se cubrirán el día 16, "MySQL y el tiempo". En el apéndice B, "Funciones de MySQL", se proporciona una lista alfabética de las funciones con una breve descripción de ellas y un ejemplo.

10

Funciones numéricas

Las funciones numéricas están compuestas de varias operaciones matemáticas. Van desde las complejas (desviación estándar) hasta las sencillas (sumas). En esta sección discutiremos el uso y la sintaxis de las operaciones más simples: una vez que sepa cómo usarlas, puede echar un vistazo al apéndice B y tratar con algunas más complejas.

La anatomía de una función es muy simple. Tiene un nombre de función seguido de su argumento encerrado entre paréntesis (vea la figura 10.1). No hay espacios entre el nombre de la función y el paréntesis. Si pone un espacio sin darse cuenta, MySQL le enviará un error, ya que pensará que se trata de un nombre de columna de una tabla en lugar del de una función, así es como trabaja el analizador. Una función puede tener uno, más de uno o ningún argumento. Las funciones numéricas sólo pueden trabajar con tipos de datos numéricos, y las funciones de cadenas sólo pueden usar tipos de datos de caracteres o cadenas. Si trata de usar la función con algo para lo que no fue hecha, el sistema le enviará un error.

Figura 10.1

Anatomía de una función.

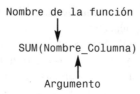

Nombre de la función

SUM(Nombre_Columna)

Argumento

Suma

Todas las funciones de MySQL operan de forma muy parecida. Para usar la función de suma, o cualquier otra función, debe llamar a la función desde dentro de una instrucción SQL. Una forma de usar la función es como se muestra a continuación:

```
SELECT (Columna1 + Columna2) as Total FROM Pedidos;
```

Esta instrucción devolverá el total de los valores de `Columna1` y `Columna2` para cada fila de la tabla. Por ejemplo, suponga que tiene dos filas en su tabla. La primera columna en la primera fila tiene el valor 3, y la segunda columna en la misma fila tiene el valor 4. La segunda fila de su tabla tiene los valores 3 y 3. La salida sería la siguiente:

 **Salida**

```
Columna1     Columna2
3            4
3            3
```

Ahora, si lleva a cabo la consulta mostrada al principio de esta lección, el conjunto de resultados sería:

Salida

```
Total
7
6
```

Se sumó cada fila individualmente. Para sumar los totales de las dos columnas para cada fila, podría usar la siguiente instrucción:

 Entrada
```
SELECT (SUM(Columna1) + SUM(Columna2)) AS Total FROM Pedidos;
```

El conjunto de resultados sería:

Salida

```
Total
13
```

La función `SUM()` suma los valores de la columna que se da como argumento. Se trata aquí porque es una suma, aunque de rango más amplio.

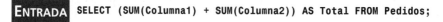

Un uso práctico de esta función es cuando su aplicación o página Web necesitan tener el total de una o más de las columnas de su tabla. Las aplicaciones financieras y los sitios Web para compras (tiendas virtuales) son dos excelentes ejemplos en donde podría utilizarse algo como esto. Recuerde, es conveniente que dé un nombre al valor que devuelve su función. Si no lo hace, se tendrá que referir a la columna por su número en vez de por su nombre, lo cual puede resultar un poco confuso cuando trate de utilizar éstas operaciones en sus aplicaciones.

Resta

La resta trabaja de manera similar a la suma. Deberá usar esta función cuando quiera restar valores de una columna de los valores de otra. Una instrucción que utilice esta función podría verse de la siguiente manera:

```
SELECT (Columna2 - Columna1) AS Diferencia FROM Pedidos;
```

Esta instrucción le dará la diferencia de cada fila de la tabla. No hay una función que le pueda dar la diferencia de dos columnas juntas, como en el caso de la función SUM(). Sin embargo, podría sumar las dos columnas y luego restarlas. Su instrucción se vería como la siguiente:

```
SELECT (SUM(Columna2) - SUM(Columna1)) AS Diferencia FROM Pedidos;
```

Esto le daría el mismo resultado.

De nuevo, los usos prácticos de esta función podrían ser en sitios Web de compras o aplicaciones financieras.

Multiplicación

La función de multiplicación trabaja de manera similar a las otras dos funciones. El operador que se usa para la multiplicación es el asterisco (*), como en la mayoría de los lenguajes de programación. Una función de multiplicación podría verse de la siguiente manera:

```
SELECT (Columna1 * Columna2) AS Producto FROM Pedidos;
```

Esta instrucción podría dar el producto de dos valores para cada fila que exista en la tabla. Para obtener el producto de dos columnas, primero debe tener la suma de ellas y después multiplicarlas como hizo en el ejemplo de la resta. Esto podría ser de la siguiente manera:

```
SELECT (SUM(Columna1) * SUM(Columna2)) AS Producto FROM Pedidos;
```

mientras que para obtener la suma de los productos individuales de cada fila usaría una instrucción como ésta:

```
SELECT SUM(Columna1 * Columna2) AS Producto FROM Pedidos;
```

Nota Un punto importante para recordar es que MySQL sigue, en sus instrucciones, el orden normal usado en matemáticas. Las operaciones entre paréntesis se ejecutarán primero, seguidas por la multiplicación división, suma y resta. Acuérdese de eso cuando lleve acabo sus operaciones matemáticas. Por ejemplo, 2+3*5 = 17 no 25.

División

MySQL también puede llevar a cabo divisiones. Trabajan de la misma forma que las funciones anteriores. Una instrucción que utiliza divisiones podría verse de la siguiente manera:

```
SELECT (Columna1 / Columna2) AS Resultado FROM Pedidos;
```

Si trata de dividir entre cero, le será devuelto un valor NULL. Las fracciones se devolverán como números decimales.

Módulo

La función de módulo devuelve el residuo de la división de dos números. Por ejemplo, si quisiera dividir 14 entre 3, el residuo sería 2. Esto es lo que el módulo, MOD(), devuelve.

La función MOD() toma dos argumentos. El primero es el dividendo, y el segundo el divisor. Para expresar el ejemplo anterior, la instrucción sería:

ENTRADA `SELECT MOD(14, 3) as Resultado;`

La salida sería:

SALIDA
```
Resultado
2
```

Como puede ver, esta función difiere de las anteriormente discutidas. Si trata de dividir entre 0, (MOD(14, 0)), MySQL devolverá un valor NULL. Para separar los argumentos dentro de una función utilice comas. Esto es muy parecido a cualquier lenguaje de programación. De hecho, MySQL usa el lenguaje C para ejecutar esas funciones. Si quiere crear sus propias funciones, lo puede hacer. El día 18, "Cómo se compara MySQL con otras BDDs", se cubren las funciones definidas por el usuario.

Esto cubre las funciones numéricas básicas. Como puede ver, son relativamente simples de usar. Vea el apéndice B para ver las funciones numéricas adicionales que MySQL le ofrece.

Funciones lógicas y condicionales

Las siguientes secciones cubrirán la manera en que MySQL utiliza las funciones lógicas y condicionales.

IF(), IFNULL() y CASE

MySQL provee una forma de llevar a cabo pruebas condicionales en expresiones. Es un poco rudimentaria, pero funciona. Es básicamente una función que toma tres argumentos.

Si la expresión del primer argumento es verdadera, devolverá el segundo argumento. Si la expresión es falsa, devolverá el tercer argumento. Supongamos que está comparando `Columna1` con `Columna2`. Si `Columna1` es mayor que `Columna2`, necesita que MySQL le devuelva un valor 1 a su programa. Si a `Columna2` es mayor, necesita que le devuelva un 0 a su programa. La instrucción para esto sería la siguiente:

```
SELECT IF(Columna1 > Columna2, 1, 0) FROM Pedidos;
```

Así que si `Columna1` tiene el valor 12 y `Columna2` el valor 3, esta instrucción devolverá un 1 (el segundo argumento). Si la columna 1 tiene el valor 3 y `Columna2` tiene el valor 12, esta instrucción devolverá un 0 (el tercer argumento). Como ve, esto podría tomarle algo de tiempo para acostumbrarse.

Esta función es muy útil cuando necesita hacer comparaciones directas entre columnas. Tal vez se pregunte ¿Por qué querría usar esto en lugar de colocar las condiciones en la cláusula WHERE? Si usa la cláusula WHERE, MySQL tendrá que analizar toda la instrucción, generar un plan de consulta, escoger las claves correctas y ejecutar la instrucción. Cuando usa una función, no se genera un plan de consulta. El resultado se devuelve de manera mucho más rápida. Si va a hacer algunas comparaciones directas, use esta función en lugar de la cláusula WHERE.

10

Para comparar más de un valor, MySQL tiene la instrucción CASE, que es bastante similar a la instrucción CASE de C. La sintaxis para la instrucción CASE es la siguiente:

```
SELECT CASE valor WHEN comparación THEN resultado ELSE resultados END;
```

Así que, para usar el ejemplo anterior, podría haber usado la instrucción CASE de la siguiente manera:

```
SELECT CASE 1 WHEN Columna1 > Columna2 THEN 0 ELSE 1 END;
```

La instrucción CASE le permite hacer múltiples comparaciones. Suponga que desea comparar tres columnas para ver si alguna de ellas tiene el valor "S". Para esto, podría usar la siguiente instrucción:

```
SELECT CASE 1 WHEN Columna1 = "S" THEN 1 WHEN Columna2 = "S" THEN 2 WHEN
Columna3 = "S" THEN 3 ELSE "Ninguna";
```

Esto devolvería el número de la primera columna que cumpla con el criterio. Si ninguna de las columnas tuviera una "S" en ella, la instrucción devolvería el valor "Ninguna". Ésta es una función muy útil cuando necesita llevar a cabo múltiples comparaciones. Como se mencionó anteriormente, es mucho más rápido hacer las comparaciones de esta forma, pues no se generará un plan de consulta.

La otra operación de comparación de MySQL es la función IFNULL(). Esta función devolverá el primer argumento si éste no es NULL; en caso contrario, devolverá el segundo argumento. Por ejemplo, supongamos que quiere estar seguro de que su función de división es correcta y que no va a dividir por accidente entre cero. Para hacer esto, podría utilizar la siguiente instrucción:

```
SELECT IFNULL(Columna1 / Columna2, 0);
```

Si la división de Columna1 entre Columna2 es correcta —lo que significa que Columna2 no tiene un valor de cero—, se devolverá el resultado de esta división. Si fuera incorrecta y el valor fuera NULL, se devolvería 0. Puede utilizar números para verlo más claro.

ENTRADA `SELECT IFNULL(12 / 2, 0) AS Resultado;`

El conjunto de resultados sería:

SALIDA
```
Resultado
6
```

Si hubiera algún error, como en

`SELECT IFNULL(12 / 0, 0) As Resultado;`

la salida sería:

SALIDA
```
Resultado
0
```

Si no utilizara la función IFNULL() y tratara de dividir entre cero, se devolvería un valor NULL. Sería preferible atrapar el error antes de que causara algún problema mayor.

La función IFNULL() es una muy buena manera de verificar algún resultado inesperado. Esto puede ser su salvación cuando no tiene control sobre los valores que van a introducirse en una columna.

AND, OR, NOT

MySQL también provee un conjunto de funciones de operadores lógicos. Estas funciones devolverán 1 si los valores comparados son verdaderos, y 0 si no lo son.

La función u operador AND (depende de cómo la vea), devolverá un valor verdadero si los dos valores son verdaderos, y falso, si alguno de los valores es falso o NULL. Suponga que tiene la siguiente instrucción:

ENTRADA `SELECT 3 AND 4;`

El valor devuelto sería:

SALIDA `1 o Verdadero - Ambos valores son verdaderos (no 0 o NULL)`

¿Qué valor devolvería la siguiente instrucción?

`SELECT 0 AND 3;`

Si me dice que 0, es correcto. Ambos valores deben ser verdaderos para que la expresión sea verdadera.

El operador AND también puede expresarse con &&, como en muchos otros lenguajes de programación.

El operador OR devolverá un valor verdadero si uno de los valores comparados es verdadero. Por ejemplo:

ENTRADA `SELECT 1 OR NULL;`

devuelve el valor 1 y

`SELECT NULL OR 0;`

devuelve el valor 0.

El operador OR también se puede expresar con dos símbolos de canalización. Éste es el símbolo localizado en la tecla arriba del tabulador (||). De nuevo, muchos lenguajes de programación usan esta nomenclatura.

El operador NOT niega el valor del argumento. La excepción es NULL. De cualquier forma, NOT NULL devuelve NULL. Por ejemplo:

ENTRADA `SELECT NOT (1 + 1);`

devuelve 0 y

`SELECT NOT (1 - 1);`

devuelve 1.

El operador NOT también puede expresarse con el signo de exclamación (!).

Las funciones de operador pueden utilizarse para llevar a cabo operaciones lógicas antes de que una consulta ejecute la cláusula WHERE. Esto acelera las consultas e incrementa el desempeño general.

Funciones de cadenas y caracteres

Las funciones de cadenas y caracteres pueden manipular texto antes de que se devuelva al cliente. Esto puede ahorrar algo de tiempo y procesamiento en su aplicación.

LTRIM, RTRIM, TRIM

Estas funciones recortan el espacio sobrante ya sea al inicio o al final de una cadena. Utilice estas funciones cuando quiera hacer algún tipo de comparación entre cadenas. Por ejemplo, la cadena " Hola" es diferente de "Hola". Podría usar la función LTRIM para quitar los espacios a la izquierda de la cadena, de tal forma que cuando las compare nuevamente, LTRIM(" Hola") sea igual a "Hola".

Como se explicó anteriormente, la función LTRIM toma un argumento. Ese argumento es la cadena de la cual usted quiere recortar los espacios iniciales. Por ejemplo:

10

ENTRADA `SELECT LTRIM("   Marcos");`

devuelve

SALIDA `"Marcos"`

y

ENTRADA `SELECT LTRIM("Marcos   ");`

devuelve nuevamente

SALIDA `"Marcos   "`

Para recortar los espacios a la derecha de la cadena, debe usar la función RTRIM. Trabaja exactamente como su contraparte, excepto que recorta los espacios a la derecha de la cadena en vez de los espacios a la izquierda. Por ejemplo:

ENTRADA `SELECT RTRIM("Marcos   ");`

devuelve

SALIDA `"Marcos"`

La función TRIM() hace un poco más. Con un solo argumento puede recortar los espacios a la izquierda y a la derecha de la cadena. Por ejemplo:

ENTRADA `SELECT TRIM("   Marcos   ");`

devuelve

SALIDA `" Marcos"`

La función TRIM() puede recortar espacios y caracteres o grupos de caracteres. Por ejemplo:

ENTRADA `SELECT TRIM(TRAILING "XXX" FROM "NombreArchivo.XXX");`

devuelve

SALIDA `"NombreArchivo. "`

También puede especificar caracteres iniciales. Si quisiera recortar caracteres iniciales y finales, tendría que usar la palabra clave BOTH. Por ejemplo:

ENTRADA `SELECT TRIM(LEADING "XXX" FROM "XXXNombreArchivo");`

devuelve

SALIDA `"NombreArchivo"`

y

ENTRADA `SELECT TRIM(BOTH "XXX" FROM "XXXNombreArchivoXXX");`

devuelve

SALIDA `"NombreArchivo"`

SUBSTRING()

La función `SUBSTRING()` toma dos argumentos. El primer argumento es la cadena. El segundo argumento es un número. Dicha función devuelve una cadena desde la posición dada en el segundo argumento. Por ejemplo, si quisiera devolver todo lo que está después de la palabra `Hola` en `Hola Mundo`, podría usar la función `SUBSTRING()` de la siguiente forma:

```
SELECT SUBSTRING("Hola Mundo", 6);
```

Esta instrucción devolvería la palabra `Mundo`.

Podría usar esta función en una variedad de formas. Puede no ser tan útil sola como cuando se usa en combinación con otras funciones, como la función `INSTR()`. Para más detalles, vea el apéndice B.

LOCATE()

La función `LOCATE()` toma tres argumentos. El primero es la cadena que está tratando de encontrar. El segundo es la cadena que puede contener la cadena que está buscando. El último argumento es la posición a partir de la cual usted quiere empezar a buscar. Si quisiera encontrar la palabra "negro" en la cadena `"El perro negro persigue al gato"`, podría usar la siguiente instrucción:

```
SELECT LOCATE("negro",
➥"El perro negro persigue al gato", 1);
```

10

Esta instrucción devolvería 10, que es la primera posición donde se encontró la cadena que estaba buscando. Puede combinar funciones para aprovecharlas más. Por ejemplo, podría combinar la función SUBSTRING() con la función LOCATE() para devolver una cadena que pudiera existir en un tipo de datos BLOB. Esto podría verse de la siguiente manera:

```
SELECT SUBSTRING(Columna1, LOCATE("Doctor", Columna1, 1));
```

La salida de esta función sería todo lo que está después de la palabra Doctor de esa columna. Por ejemplo, digamos que Columna1 tenía el valor "Dr. Ramírez" y usted sólo quería su apellido. Si utilizamos la sintaxis mostrada, la instrucción podría ser como se muestra a continuación:

```
SELECT SUBSTRING("Dr. Ramírez", (LOCATE(".","Dr. Ramírez",1) + 2));
```

La función LOCATE() evaluaría hasta el 3. Sabe que hay un espacio entre el nombre y el título. La función inicia contando en la posición dada como segundo argumento. Para obtener el apellido, debe añadir dos al resultado de la función LOCATE. Ésa sería la posición inicial del apellido.

Combinar funciones puede ser una herramienta muy poderosa. También puede ahorrar tiempo y lógica en su aplicación.

REPLACE()

La función REPLACE() reemplaza una cadena con otra cadena. Esta función toma tres argumentos. El primero es la cadena principal; el segundo es la cadena que quiere reemplazar, y el último es la cadena que va a reemplazar lo que está en el segundo argumento. Por ejemplo, si tiene una cadena "NombreArchivo.xxx" y quiere reemplazar "xxx" con "123", su llamada de función sería como se muestra a continuación:

ENTRADA   `SELECT REPLACE("NombreArchivo.xxx","xxx","123");`

Su resultado sería:

SALIDA   `"NombreArchivo.123"`

REVERSE()

La función REVERSE() simplemente invierte la cadena dada en el argumento. Por ejemplo, suponga que necesita invertir la cadena "Hola". Su función podría ser como se muestra a continuación:

ENTRADA   `SELECT REVERSE ("Hola");`

Su resultado sería:

SALIDA   `"aloH"`

UCASE(), LCASE()

Las funciones `UCASE()` y `LCASE()` toman cualquier cadena que tengan como argumento, y la convierten a mayúsculas o minúsculas, respectivamente. Por ejemplo:

ENTRADA
```
SELECT UCASE ("marcos");
```

el resultado sería:

SALIDA
```
"MARCOS"
```

y

ENTRADA
```
SELECT LCASE("MARCOS");
```

el resultado sería:

SALIDA
```
"marcos"
```

10

Como puede ver, MySQL tiene una gran cantidad de funciones para manipulación de cadenas, algunas muy útiles y otras no tanto. Esto puede ahorrar tiempo en el cliente, o permitirle crear informes robustos sin dejar el servidor de bases de datos.

Resumen

MySQL provee numerosas funciones internas que permiten, al administrador o al programador de aplicaciones, llevar a cabo tareas complejas dentro de la base de datos. Este día aprendió acerca de las ventajas y desventajas de incluir la lógica en el servidor de bases de datos. También aprendió algunas pautas para determinar cuál es el mejor lugar para poner la lógica de la aplicación. Además, aprendió acerca de varias funciones intrínsecas disponibles en MySQL.

Preguntas y respuestas

P MySQL tiene muchas funciones muy buenas. Pero, ¿qué tal si necesito alguna que no tenga?

R MySQL es tan flexible que le permite crear sus propias funciones. Las funciones definidas por el usuario actúan de la misma forma que las funciones intrínsecas de MySQL. También es posible recompilar sus funciones dentro de la aplicación de forma que siempre las tendrá ahí, sin importar cuántas veces la instale. El día 18 se da una semblanza de las funciones definidas por el usuario, así como un ejemplo de cómo hacer una.

P **¿Por qué hay tantas funciones?**

R Los creadores de MySQL incluyeron tantas funciones como pudieron por varias razones. La principal es que MySQL debería ser capaz de proveer un mecanismo para hacer informes de los datos contenidos. Como usted sabe, hacer informes puede ser una tarea bastante complicada. Por esa razón, se han provisto tantas funciones. Otra razón es por compatibilidad. Si va a cambiar de plataforma de base de datos, podría tener algunas consultas desarrolladas para su base de datos anterior que contuvieran funciones intrínsecas. MySQL ha tratado de incluir muchas de las funciones más comunes para que sea fácil transferir su vieja base de datos a otra mejor.

Ejercicios

1. Use en consultas algunas de las funciones que aprendió este día, utilizando la base de datos `Mi_Tienda`.

2. ¿Cómo obtendría el número total de transacciones del 1 de marzo del 2001?

SEMANA 2

DÍA 11

Bloqueo de tablas
y diversos tipos de claves

Este capítulo lo introduce a dos conceptos clave en el diseño de una base de datos. Los bloqueos son importantes para proteger la integridad de los datos en un entorno de múltiples subprocesos. Las claves son importantes para el diseño de la arquitectura de una base de datos, así como para mejorar su desempeño.

Este día aprenderá:

- Qué es un bloqueo y qué tipos de bloqueos soporta MySQL
- Cómo y cuándo utilizar bloqueos
- Tipos de claves
- Claves primarias, únicas y no únicas

- La importancia de la clave primaria para la estructura de una base de datos
- Las ventajas y desventajas del uso de claves en el desempeño

Qué es un bloqueo

Imagínese la situación en la que su base de datos está ocupada, tan ocupada que los accesos se están haciendo casi simultáneamente. Mientras algunos subprocesos están tratando de leer datos, otros necesitan leerlos, calcularlos y después escribirlos.

> **Nota**
>
> ¿Qué es un subproceso? Imagínelo como algo que está dentro del daemon de MySQL. Cada vez que se hace una consulta a MySQL, se inicia un subproceso. Cuando termina, el subproceso muere. De esta forma, pueden ocurrir varias cosas de manera concurrente, incluso en la misma tabla de una base de datos, y, al mismo tiempo, mantenerse sin interferir con las demás.
>
> Aunque en esencia los subprocesos son similares a los procesos de sistemas UNIX, en realidad no son lo mismo, pues el daemon de MySQL es en realidad un solo proceso de UNIX, pero puede tener muchos subprocesos dentro de él.

Por ejemplo, considere un escenario en el cual tiene una tabla que contiene niveles de inventarios. Para cada producto, dicha tabla contiene un campo Existencia. Si un cliente ordena un producto, la aplicación del servidor checa la cantidad en existencia de ese producto. Si lo que se tiene en existencia es mayor que el pedido del cliente, se procesa el pedido. Finalmente usted reduce el nivel del inventario y actualiza su tabla de acuerdo con eso.

```
SELECT Existencia FROM Productos WHERE ID_Producto=15;
...
# algo de código aquí para comparar las existencias contra los requerimientos
del cliente;
# si hay existencias
...
UPDATE Productos SET Existencia=(Existencia_Original-Cant_Comprada)
➥WHERE ID_Producto=15;
```

Mientras estas líneas de código se ejecutan, existe una pequeña posibilidad de que otro cliente esté comprando simultáneamente el mismo producto de la tienda. El mismo fragmento de código sería ejecutado por un segundo subproceso, pero los subprocesos confundirían entre sí los cálculos. El resultado sería la escritura de datos erróneos en la tabla (vea la figura 11.1).

FIGURA 11.1

Procesamiento sin bloqueos.

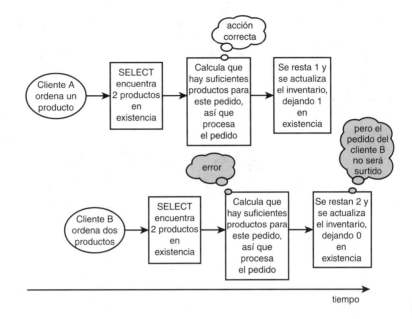

Es claro que usted hará enojar al segundo cliente. Le prometerá los artículos, pero cuando trate de surtirlos, encontrará que ya no hay en la tienda.

La solución a esto es usar bloqueos. Bloquear permite al subproceso tener acceso exclusivo a cierto número de tablas, asegurando que puede hacer los movimientos requeridos sin interferencia de otros subprocesos. Cuando termina, libera su bloqueo y otros subprocesos pueden tener acceso a los datos.

Si utiliza bloqueos, su código podría verse de la siguiente manera:

```
LOCK TABLES Productos WRITE;
SELECT Existencia FROM Productos WHERE ID_Producto=15;
...
# algo de código aquí para comparar las existencias contra los requerimientos
del cliente;
# si hay existencias
...
UPDATE Productos SET Existencia=(Existencia_Original-Cant_Comprada)
WHERE ID_Producto=15;
UNLOCK TABLES;
```

Ahora su proceso está un poco mejor administrado, porque el subproceso para el segundo cliente tiene que esperar hasta que el subproceso del primero haya terminado, como se muestra en la figura 11.2.

En este ejemplo sencillo utilizó una sola tabla. Comúnmente, una consulta involucrará más de una tabla, y una secuencia de consultas relacionadas podría involucrar muchas tablas. De cualquier forma, necesitaría bloquear todas las tablas que va a utilizar.

FIGURA 11.2

Procesamiento más seguro con bloqueos.

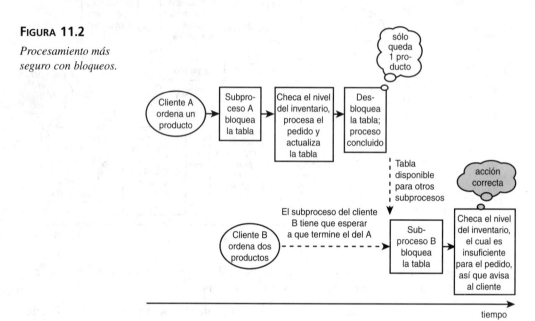

Imagine que su código es un poco más complicado, y que quiere añadir esta venta a una tabla de transacciones junto con el nombre del cliente y su dirección.

Su código podría verse como el que se muestra a continuación:

```
LOCK TABLES Productos WRITE, Transacciones WRITE, Clientes READ;
SELECT Existencia, Precio FROM Productos WHERE ID_Producto=15;
...
# algo de código aquí para comparar las existencias contra los requerimientos
➥del cliente;
# si hay existencias
...
UPDATE Productos SET Existencia=(Existencia_Original-Cant_Comprada)
➥WHERE ID_Producto=15;
SELECT Nombre, Apellido_Paterno, Apellido_Materno, Direccion, Codigo_Postal,
➥FROM Clientes;
WHERE ID_Cliente=17;
INSERT INTO Transacciones VALUES (Nombre, Direccion, Codigo_Postal, Precio,
➥Cantidad);
UNLOCK TABLES;
```

Observe que aquí se utiliza el bloqueo de escritura (WRITE) en las tablas de productos y transacciones, pero usó un bloqueo de lectura (READ) para la tabla Clientes. Esto es porque usted no necesita escribir nada en dicha tabla. De hecho, otros subprocesos podrán leer de la tabla Clientes aun cuando usted la haya bloqueado.

Es importante que sepa que necesita bloquear todas las tablas que esté utilizando mientras ejecuta el código. Esto asegura que no se den situaciones de estancamiento. Un estancamiento puede ocurrir si un subproceso bloquea, de un conjunto de tablas, sólo la tabla que necesita, mientras que otro subproceso bloquea de manera simultánea otra tabla del mismo conjunto. Cada subproceso iniciaría su procesamiento. Suponga que el subproceso A bloquea la tabla 1 y que el subproceso B bloquea la tabla 2. Pero si el subproceso B también quisiera usar la tabla 1 (a la cual no puede bloquear), tendría que detenerse y esperar hasta que el subproceso A liberara la tabla 1. Esto tal vez nunca suceda, pues el subproceso A puede estar esperando a que el subproceso B libere la tabla 2. Ésta es una situación de estancamiento y sería equivalente a un embotellamiento en su base de datos.

Cómo utiliza los bloqueos MySQL

La sintaxis para LOCK TABLES es como se muestra a continuación:

```
LOCK TABLES nombre_tabla1 (AS alias) {READ | [LOW_PRIORITY] WRITE}
➥[nombre_tabla2 {READ | [LOW_PRIORITY] WRITE}...];
```

Como puede ver, al comando LOCK TABLES se le puede dar una lista de tablas, algunas para bloquearse para lectura (READ) y otras para escritura (WRITE).

Hay algunas reglas simples sobre el manejo de bloqueos READ y WRITE en MySQL:

- Si un subproceso hace un bloqueo de lectura (READ) en algunas tablas, ese subproceso, y todos los demás, sólo podrá leer de esas tablas.
- Si un subproceso hace un bloqueo de escritura (WRITE), se convierte en el único subproceso con cualquier tipo de acceso a esas tablas. Puede leer y escribir en ellas, y ningún otro subproceso puede acceder las tablas hasta que el subproceso que las bloqueó las libere.

Enviar un comando LOCK TABLES para solicitar un bloqueo no es exactamente lo mismo que obtener uno. Hay un proceso muy importante de cola de espera primero, el cual tiene que ocurrir antes de que un bloqueo pueda otorgarse a un subproceso.

Colas de espera de las solicitudes de bloqueo

Existe un mecanismo de cola de espera tal, que cuando un subproceso solicita un bloqueo, tiene que esperar en la cola hasta que los bloqueos de las tablas sean liberados. Hay una cola para WRITE y otra para READ, las cuales trabajan de manera ligeramente diferente.

11

El siguiente es el orden de las prioridades:

Cuando se envía un bloqueo WRITE

- Si no hay bloqueos en ese momento en la tabla, se otorga el bloqueo WRITE sin colocarlo en la cola de espera.
- De otra forma, el bloqueo se coloca en una cola de bloqueos WRITE.

Cuando se envía un bloqueo READ

- Si la tabla no tiene bloqueos WRITE, se otorga el bloqueo READ sin colocarlo en la cola de espera.
- De otra forma, la solicitud se coloca en una cola de bloqueos READ.

Cuando un bloqueo es liberado, los subprocesos en la cola de bloqueos WRITE tienen prioridad sobre los de las colas READ. De aquí que si un subproceso solicita un bloqueo WRITE, lo obtiene sin tardanza.

Hay una buena razón para esto. Al dar prioridad a los subprocesos para desempeñar una operación WRITE, MySQL asegura que cualquier actualización de la base de datos se procese tan rápido como sea posible.

MySQL sólo otorga un bloqueo a un subproceso en la cola READ cuando no hay subprocesos esperando en la cola WRITE. Sin embargo, hay formas de contrarrestar este comportamiento.

LOW_PRIORITY WRITE

Podría tener una aplicación para la cual fuera más urgente otorgar bloqueos READ que WRITE.

Si envía un LOW_PRIORITY WRITE, hace que el sistema de colas se comporte de manera diferente: para que se pueda obtener un bloqueo WRITE, éste tendrá que esperar hasta que todos los bloqueos READ hayan liberado sus colas.

Sin embargo, si escribe una aplicación con flujo ocupado de bloqueos READ, debe asegurarse de que hay tiempo en el sistema para que los bloqueos WRITE ocurran. Hay que tener cuidado con los riesgos en el desempeño porque un WRITE podría tener que esperar algo de tiempo para que el subproceso sea procesado.

SELECT HIGH_PRIORITY

Otra manera de influir en la política de listas de espera es utilizar un SELECT HIGH_PRIO-RITY. Si se envía esta instrucción, se permite al SELECT leer de la tabla, incluso si hay un bloqueo WRITE en la cola.

Es conveniente utilizar esto sólo para consultas con SELECT que deban hacerse al mismo tiempo y que puedan completarse rápidamente.

Cómo desbloquear sus tablas

UNLOCK TABLES desbloqueará las tablas que hayan sido bloqueadas por el subproceso actual. Las tablas también serán desbloqueadas si el mismo subproceso envía otro comando LOCK, o si está cerrada la conexión al servidor. Los bloqueos no serán liberados por ningún compás de espera.

Cómo utilizar LOCK TABLES

En MySQL, hay varias razones por las que podría ser necesario utilizar bloqueos.

Ejecución de varias operaciones en tablas

Como puede ver, un subproceso puede enviar un bloqueo cuando se quiere asegurar de que nada puede acceder los datos entre un SELECT y un UPDATE en las tablas elegidas. Mientras más instrucciones SQL sean procesadas en una secuencia durante la cual sus subprocesos necesitan acceso exclusivo a la base de datos, más importante es utilizar LOCK TABLES. Ésta es probablemente la razón más común para el uso de bloqueos.

Sin embargo, observe que las instrucciones individuales UPDATE son *atómicas*. Esto significa que ningún otro subproceso puede interferir con la instrucción, sin importar qué tan complejo sea éste. De aquí que, si su consulta contiene una sola instrucción UPDATE, no necesita el bloqueo porque una instrucción simple no puede ser interferida con otra. Incluso si su UPDATE afecta 100,000 filas, ningún otro subproceso puede acceder esas filas hasta que el UPDATE esté completo.

Desempeño

Una aplicación podría necesitar llevar a cabo varias líneas de operaciones en varias tablas. En este caso, el código se ejecutaría más rápido si se bloquean las tablas, lo que garantiza el acceso exclusivo e ininterrumpido a ellas.

El mayor impacto puede ser si tiene múltiples instrucciones INSERT en su código. Normalmente, el búfer del índice es descargado al disco una vez por cada instrucción INSERT; pero cuando un bloqueo está en vigor, la descarga se pospone hasta que todas las instrucciones INSERT se hayan completado.

Los bloqueos pueden ayudar cuando existen partes de su código en donde la velocidad es crítica. La desventaja es que otras secciones del código se verán afectadas debido a que, para poder continuar, tienen que esperar a que se terminen los bloqueos.

Cómo superar la carencia de control transaccional

MySQL carece de control transaccional, es decir, de la habilidad para administrar varias transacciones dentro del sistema de administración de bases de datos.

11

Con el control transaccional, los cambios a la base de datos no afectan de inmediato a las tablas de destino, aunque parezca que sí lo hacen. En vez de eso, los datos modificados se almacenan en un búfer temporal hasta que usted emita un comando COMMIT para confirmar los nuevos datos para la tabla.

Los comandos transaccionales (en ANSI SQL) incluyen COMMIT, ROLLBACK y SAVEPOINT, los cuales pueden utilizarse con INSERT, UPDATE y DELETE. (El día 17, "Seguridad de bases de datos en MySQL", se presenta más información acerca de estos comandos, y cómo se las arregla MySQL sin ellos.)

Por ejemplo, puede utilizar ROLLBACK para deshacer cualquier cambio que haya hecho en las tablas de destino antes de confirmar en realidad los cambios a las tablas. Usted podría utilizar un ROLLBACK si sospechara que otro subproceso ha interferido con algunos de los datos que estaba tratando de actualizar.

Utilizando bloqueos, puede darle la vuelta a esta limitación con una técnica muy simple. Una vez que haya bloqueado las tablas requeridas, podría hacer pruebas para cualquier tipo de condiciones adversas que le hicieran pensar en un ROLLBACK. Después, si todo está bien, haría las modificaciones. Finalmente, desbloquearía las tablas.

Respaldo de su base de datos

Tal vez quiera respaldar su base de datos y, al hacerlo, estar seguro de que tiene una instantánea, consistente y completa, de su base de datos.

La consistencia es importante. En otras palabras, necesita asegurarse de que ningún subproceso esté modificando alguna tabla en el momento en que hace su copia de respaldo.

En esta situación, podría llevar a cabo un READ LOCK en las tablas para asegurarse de que ningún subproceso esté por ahí modificando algo.

Qué es una clave

Una clave de una tabla de base de datos provee los medios para localizar rápidamente información específica. Aunque las claves no necesitan tener significado para un usuario de la base de datos, son parte vital de la arquitectura de bases de datos, y pueden influir de manera significativa en el desempeño.

Principios de las claves

Imagínese que tiene una colección muy simple en la que almacena solamente datos "útiles". Podría crear una tabla de clientes similar a un archivo tradicional de tarjetas, con el nombre de un cliente y sus datos en cada tarjeta. Cuando buscara un cliente, iría a través del archivo leyendo cada una de las tarjetas. Cuando viera la tarjeta o tarjetas deseadas, leería la información útil, como el nombre del cliente, su dirección y su número telefónico.

Convencionalmente, podría ordenar su archivo de tarjetas por el apellido. Esto es útil si sabe el nombre de la persona de quien está buscando los datos. Pero, ¿qué pasaría si quiere encontrar personas bajo algún otro criterio?

Desde luego, podría configurar su base de datos MySQL de la misma forma. Pero muy pronto estaría en dificultades. Por ejemplo, imagine que quiere encontrar a todos los clientes de un área geográfica específica. Su base de datos tendría que leer la información de cada cliente —una operación muy ineficiente.

Podría llamar a esta operación rastreo en una tabla. Un *rastreo en una tabla*, el equivalente a buscar en todo su archivo de tarjetas hasta encontrar las entradas que quiere, es la operación que consume más tiempo en una base de datos.

Es ahí donde una clave, o índice, puede ayudar. Una *clave* es un campo en la tabla que ayuda a localizar, de una manera muy eficiente, las entradas de una tabla.

Cómo trabajan las claves

Una clave existe como una tabla extra en una base de datos, aunque pertenece a la tabla base. Ocupa espacio físico en el disco duro (o en otras áreas de almacenamiento) de la base de datos. Puede ser tan grande como la tabla principal y, en teoría, más grande.

Usted define la clave para relacionarla a una o más columnas en una tabla específica. Debido a que los datos de una clave se derivan totalmente de la tabla, puede borrar y recrear una clave sin ninguna pérdida de datos. Como verá más adelante, puede haber muy buenas razones para hacer esto.

Suponga que quiere hacer una selección de sus clientes tomando como criterio el estado. Podría crear una clave como se muestra en la figura 11.3. Una vez que tenga la clave por estado, puede localizar fácilmente a todos los clientes que viven en Puebla, por ejemplo. Podría ordenar fácilmente a los clientes por su estado en lugar de hacerlo por su nombre.

Beneficios de usar una clave

El uso adecuado de claves puede mejorar significativamente el desempeño de su base de datos. Para utilizar una analogía de un índice de libros, considere cuántas páginas necesita el índice de un libro para facilitarle la búsqueda de temas importantes. Compárelo con lo que le tomaría hacer una búsqueda de página en página a través de todo el libro.

11

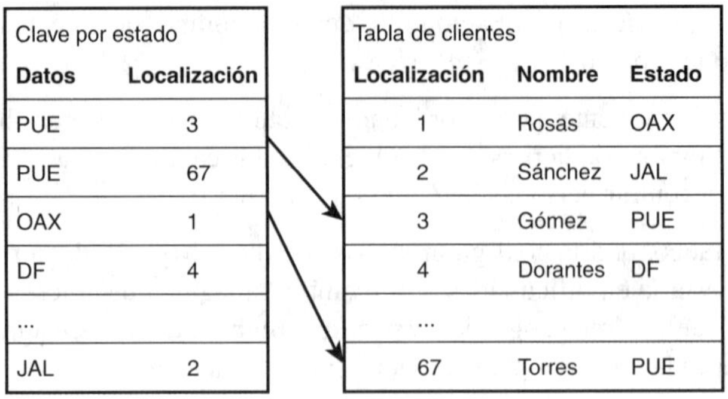

Figura 11.3

Uso de una clave para acceder la columna de estado de la tabla Clientes.

Clave por estado	
Datos	**Localización**
PUE	3
PUE	67
OAX	1
DF	4
...	
JAL	2

Tabla de clientes		
Localización	**Nombre**	**Estado**
1	Rosas	OAX
2	Sánchez	JAL
3	Gómez	PUE
4	Dorantes	DF
...		
67	Torres	PUE

En las bases de datos modernas, las claves están diseñadas para minimizar la cantidad de acceso a disco cuando se está leyendo de dichas bases de datos. Incluso el método de rastrear por medio de la clave y determinar si los datos coinciden con lo que se está buscando, involucra algoritmos de coincidencia muy complicados.

Soporte de claves en MySQL

MySQL soporta los siguientes comandos para crear claves en tablas existentes:

```
ALTER TABLE nombre_tabla ADD  (KEY | INDEX) nombre_índice (nombre_columna[,...]);
ALTER TABLE nombre_tabla ADD  UNIQUE nombre_índice (nombre_columna[,...]);
ALTER TABLE nombre_tabla ADD  PRIMARY KEY nombre_índice (nombre_columna[,...]);
```

Observe que en MySQL, clave e índice son sinónimos.

Éstos son los formatos preferidos para añadir claves a tablas existentes. Por compatibilidad con otras implementaciones de SQL, MySQL también soporta los siguientes:

```
CREATE INDEX nombre_índice ON nombre_tabla (nombre_columna[,...]);
CREATE UNIQUE INDEX [nombre_índice] ON nombre_tabla (nombre_columna[,...]);
CREATE PRIMARY KEY ON nombre_tabla (nombre_columna,...);
```

También puede definir claves cuando crea una tabla. El siguiente es un ejemplo de la definición de una clave:

```
CREATE TABLE nombre_tabla (nombre_columna tipo_campo [NULL | NOT NULL],
➥KEY col_índice (nombre_columna));
```

Para una clave primaria (con más opciones mostradas), podría utilizar la siguiente sintaxis:

```
CREATE TABLE nombre_tabla (nombre_columna tipo_campo [NULL | NOT NULL] [DEFAULT
➡valor_predeterminado] [AUTO_INCREMENT] [PRIMARY KEY]
➡[definición_de_referencia]. . . );
```

Vea la sintaxis de CREATE TABLE para conocer todo el rango de opciones sintácticas, ya que se concentrará en la sintaxis de ALTER TABLE para sus ejemplos.

Ahora echará un vistazo más de cerca al soporte que ofrece MySQL para los diversos tipos de claves.

Claves de una columna

La sintaxis básica para crear una clave de una sola columna es:

```
ALTER TABLE nombre_tabla ADD KEY nombre_índice (nombre_columna[,...]);
```

Para crear una clave de la columna del apellido paterno del cliente, como se muestra en la figura 11.3, la sintaxis sería como se muestra a continuación:

```
ALTER TABLE Clientes ADD KEY ind_apell (Apellido_Paterno);
```

o

```
ALTER TABLE Clientes ADD INDEX ind_apell (Apellido_Paterno);
```

Si ahora teclea:

ENTRADA DESC `Clientes`;

puede ver la descripción de la tabla:

SALIDA

```
mysql> DESC Clientes;
```

Field	Type	Null	Key	Default	Extra
ID_Cliente	int(11)		PRI	NULL	auto_increment
Nombre	varchar(20)				
Apellido_Paterno	varchar(20)		MUL		
Apellido_Materno	varchar(20)				
Direccion	varchar(50)	YES		NULL	
Ciudad	varchar(20)	YES		NULL	
Estado	char(2)	YES		NULL	
Codigo_Postal	varchar(20)	YES		NULL	
Correo_Electronico	varchar(20)	YES		NULL	
Edad	int(11)	YES		NULL	
Sexo	enum('Hombre', 'Mujer')	YES		Mujer	
Actividad_Favorita	enum('Programación', 'Cocina','Ciclismo', 'Correr','Ninguna')	YES		Ninguna	
Genero_Favorito	varchar(50)	YES		NULL	
Ocupacion	varchar(30)	YES		NULL	

```
14 rows in set (0.00 sec)
```

11

Puede ver que algo ha aparecido en la columna de la clave de `Apellido_Paterno`. ¡Ha creado un índice de una sola columna!

`MUL` en la columna `Key` le dice que es una clave no única. Si ahora quiere checar qué claves existen, teclee lo siguiente:

ENTRADA `SHOW KEYS FROM` *Clientes*`;`

o

SALIDA `SHOW INDEX FROM` *Clientes*`;`

Verá que tiene lo siguiente:

```
+----------+------------+-----------+--------------+--------------+-----------+-------------+----------+--------+---------+
| Table    | Non_unique | Key_name  | Seq_in_index | Column_name  | Collation | Cardinality | Sub_part | Packed | Comment |
+----------+------------+-----------+--------------+--------------+-----------+-------------+----------+--------+---------+
| Clientes |          0 | PRIMARY   |            1 | ID_Cliente   | A         |           0 | NULL     | NULL   |         |
| Clientes |          1 | ind_apell |            1 | Apellido_Paterno | A     |        NULL | NULL     | NULL   |         |
+----------+------------+-----------+--------------+--------------+-----------+-------------+----------+--------+---------+
2 rows in set (0.00 sec)
```

Para borrar el índice, teclee lo siguiente:

ENTRADA `ALTER TABLE` *Clientes* `DROP KEY` *ind_apell*`;`

que es lo mismo que

`ALTER TABLE` *Clientes* `DROP INDEX` *ind_apell*`;`

Claves de columnas múltiples

Puede crear claves de columnas múltiples, también conocidas como *índices compuestos*, en más de una columna de la misma tabla. Por ejemplo:

```
ALTER TABLE Clientes ADD INDEX ind_comp (Apellido_Paterno,
➡Apellido_Materno, Estado);
```

Cuando construye una clave, MySQL trabaja de izquierda a derecha en las columnas especificadas creando subconjuntos de la columna para incluirlos en la clave. Partiendo de esto, podríamos indexar los siguientes conjuntos:

- `(Apellido_Paterno, Apellido_Materno, Estado)`
- `(Apellido_Paterno, Apellido_Materno)`
- `(Apellido_Paterno)`

Puede indicarle a MySQL que despliegue el índice compuesto:

ENTRADA   `mysql> SHOW KEYS FROM Clientes;`

SALIDA

```
+----------+------------+----------+--------------+---------------+-----------+-------------+----------+--------+---------+
| Table    | Non_unique | Key_name | Seq_in_index | Column_name   | Collation | Cardinality | Sub_part | Packed | Comment |
+----------+------------+----------+--------------+---------------+-----------+-------------+----------+--------+---------+
| Clientes |          0 | PRIMARY  |            1 | ID_Cliente    | A         |           0 | NULL     | NULL   |         |
| Clientes |          1 | ind_comp |            1 | Apellido_Paterno | A      | NULL        | NULL     | NULL   |         |
| Clientes |          1 | ind_comp |            2 | Apellido_Materno | A      | NULL        | NULL     | NULL   |         |
| Clientes |          1 | ind_comp |            3 | Estado        | A         | NULL        | NULL     | NULL   |         |
+----------+------------+----------+--------------+---------------+-----------+-------------+----------+--------+---------+
4 rows in set (0.00 sec)
```

Cuando crea claves de columnas múltiples, es aconsejable poner la columna más restrictiva primero (en el ejemplo anterior, `Apellido_Paterno` es más restrictiva que `Apellido_Materno`, que a su vez es más restrictivo que `Estado`). Esto ayudará para el desempeño de la base de datos en operaciones de lectura.

La compilación de una cláusula `WHERE` utilizando los campos del lado izquierdo de la clave compuesta es más eficiente, pues asegura que MySQL usará esta clave en la búsqueda.

Para borrar una clave compuesta, el procedimiento es el mismo:

`ALTER TABLE Clientes DROP KEY ind_comp;`

Las claves de columnas múltiples representan una sobrecarga mayor para la base de datos que las claves de una sola columna. Tenga esto en mente cuando se encuentre en el dilema de utilizar una clave de una columna o de múltiples columnas.

Claves parciales

Cuando construye una clave en columnas tipo `CHAR` o `VARCHAR`, es posible indexar los primeros caracteres de la columna. Puede referenciar la primera parte, o *prefijo*, de una columna agregando la longitud de la columna.

Por ejemplo, puede crear una clave con los primeros 6 caracteres del apellido paterno del cliente:

`ALTER TABLE Clientes ADD KEY ind_apell (Apellido_Paterno(6));`

11

Si fuera a hacer esto al momento de crear la tabla, podría especificar (sólo se muestra la sintaxis para el apellido paterno):

```
CREATE TABLE Clientes (Apellido_Paterno VARCHAR(30)) NOT NULL, KEY ind_apell
(Apellido_Paterno(6)),...);
```

Si introduce lo siguiente:

ENTRADA `mysql> SHOW KEYS FROM Clientes;`

Obtendría lo siguiente:

SALIDA

```
+----------+------------+----------+--------------+----------------+-----------+-------------+----------+--------+---------+
| Table    | Non_unique | Key_name | Seq_in_index | Column_name    | Collation | Cardinality | Sub_part | Packed | Comment |
+----------+------------+----------+--------------+----------------+-----------+-------------+----------+--------+---------+
| Clientes |          0 | PRIMARY  |            1 | ID_Cliente     | A         |           0 | NULL     | NULL   |         |
| Clientes |          1 | ind_apell|            1 | Apellido_Paterno | A       |        NULL |        6 | NULL   |         |
+----------+------------+----------+--------------+----------------+-----------+-------------+----------+--------+---------+
2 rows in set (0.00 sec)
```

Nota Para columnas del tipo de datos de texto y BLOB, no tiene otra opción más que crear índices parciales.

Claves parciales compuestas

Puede crear claves parciales en columnas múltiples. Por ejemplo:

```
ALTER TABLE Clientes ADD KEY ind_comp (Apellido_Paterno(6), Nombre(3),
➥Ciudad(3));
```

Ahora suponga que los datos de su tabla incluyen lo siguiente:

ENTRADA `mysql> SELECT Apellido_Paterno, Nombre, Direccion, Estado, Ciudad FROM`
`➥Clientes;`

```
+-------------------+----------+---------------------------+--------+----------+
| Apellido_Paterno  | Nombre   | Direccion                 | Estado | Ciudad   |
+-------------------+----------+---------------------------+--------+----------+
| Anguiano          | Tomás    | Av. Jalisco #37,          | GR     | Taxco    |
| Chávez            | Federico | Sombrerete # 18           | DF     | México   |
| Lopéz             | Julio    | Río Grande #99, Monterrey | NL     | Monterrey|
| Suárez            | Cristina | Allende #5,               | OX     | Huatulco |
+-------------------+----------+---------------------------+--------+----------+
4 rows in set (0.00 sec)
```

Su clave haría que los datos se vieran como en la tabla 11.1.

TABLA 11.1   Claves parciales compuestas

Apellido_Paterno	Nombre	Ciudad	Ind_comp
Anguiano	Tomás	Taxco	AnguiaTomTax
Chávez	Federico	México	ChávezFedMéx
Lopéz	Julio	Monterrey	LópezJulMon
Súarez	Cristina	Huatulco	SúarezCriHua

Cuando diseñe consultas, debe recordar que una consulta de la siguiente forma:

`SELECT FROM Clientes WHERE Apellido_Paterno='López';`

utilizaría el índice cuando se estuviera ejecutando. Sin embargo, la siguiente consulta:

`SELECT * FROM Clientes WHERE Nombre='Juan';`

no utilizaría el índice. Esto es porque los índices de (Apellido_Paterno, Nombre, Ciudad), (Apellido_Paterno, Nombre) y (Ciudad) existen, pero la segunda consulta trata de usar sólo el de Nombre; MySQL debe encontrar un índice compuesto con el campo requerido que esté en el extremo izquierdo para usarlo.

Mucho de esto se aplica cuando se utilizan claves parciales. Si tiene la siguiente consulta:

`SELECT * FROM Clientes WHERE Apellido_Paterno LIKE 'Mel%';`

utilizaría la clave porque está buscando el Apellido_Paterno que concuerde con los caracteres que están más a la izquierda. Sin embargo, la siguiente consulta:

`SELECT * FROM Clientes WHERE Apellido_Paterno LIKE '%gar%';`

no lo haría, porque busca concordancias antes y después del texto dado.

La función inteligente que se ocupa de los índices parciales normalmente utilizará menos espacio en las claves (y, por lo tanto, en el disco) que teniendo una clave de todo el campo. Esto ahorra espacio y es muy efectivo; por ejemplo, la mayoría de los nombres son casi únicos después de seis caracteres.

11

Claves únicas

Por definición, un índice único sólo permite valores únicos en la columna. Cuando construye una cláusula WHERE, para acceder una fila específica, la clave única lo lleva a una y sólo una fila, que es la que concuerda.

Las claves únicas no sólo se usan para mejorar el desempeño, sino también para asegurar la integridad de los datos. MySQL no permitirá la creación de una segunda fila con una clave duplicada.

Si trata de insertar datos duplicados dentro de una tabla donde la columna es única, MySQL le devolverá un error. Lo mismo pasa si trata de actualizar una fila existente haciéndola, en una columna única, igual a otra fila existente.

Además, si trata de alterar una tabla y añade una clave única a una columna que es no única, se generará un error.

Lo siguiente sería posible, en caso de que utilizara Apellido_Paterno y Dirección de la tabla Clientes como clave única:

```
ALTER TABLE Clientes ADD UNIQUE ind_apell (Apellido_Paterno);
```

Sin embargo, sería impráctico.

Puede crear más de una clave única. Por ejemplo, añada un segundo índice único, de la siguiente manera:

```
ALTER TABLE Clientes ADD UNIQUE ind_direccion (Direccion);
```

Si ejecuta los comandos previos en ese orden, la tabla podría verse de la siguiente manera:

 `mysql> desc Clientes;`

```
+------------------+---------------------------------------------------------------+------+-----+---------+-------+
| Field            | Type                                                          | Null | Key | Default | Extra |
+------------------+---------------------------------------------------------------+------+-----+---------+-------+
| Nombre           | varchar(20)                                                   |      |     |         |       |
| Apellido_Paterno | varchar(20)                                                   |      | PRI |         |       |
| Apellido_Materno | varchar(20)                                                   |      |     |         |       |
| Direccion        | varchar(50)                                                   | YES  | UNI | NULL    |       |
| Ciudad           | varchar(20)                                                   | YES  |     | NULL    |       |
| Estado           | char(2)                                                       | YES  |     | NULL    |       |
| Codigo_Postal    | varchar(20)                                                   | YES  |     | NULL    |       |
| Correo_Electronico | varchar(20)                                                 | YES  |     | NULL    |       |
| Edad             | int(11)                                                       | YES  |     | NULL    |       |
| Sexo             | enum('Hombre','Mujer')                                        | YES  |     | Mujer   |       |
| Actividad_Favorita | enum('Programación','Cocina','Ciclismo','Correr','Ninguna') | YES  |     | Ninguna |       |
| Genero_Favorito  | varchar(50)                                                   | YES  |     | NULL    |       |
| Ocupacion        | varchar(30)                                                   | YES  |     | NULL    |       |
+------------------+---------------------------------------------------------------+------+-----+---------+-------+
13 rows in set (0.00 sec)
```

Observe cómo MySQL ha llamado PRI a Apellido_Paterno y UNI a Direccion. Automáticamente hizo a Apellido_Paterno la clave primaria, un tipo especial de clave única.

MySQL le recomienda crear una clave primaria, a tal grado que si usted borra `ind_apell`, MySQL hará que `Direccion` sea la clave primaria.

Las claves únicas son un concepto importante, en particular las claves primarias. Esto se cubre con más detalle un poco más adelante en este capítulo.

Claves externas

Actualmente, MySQL no soporta las claves externas. Se incluye algo de su sintaxis para completar y facilitar la portabilidad del código a otros sistemas de bases de datos. Sin embargo, los comandos no trabajarán en la implementación actual y la validez de todas las formas de sintaxis no se ha terminado.

Claves primarias

Una clave primaria es similar a una clave única; sus datos deben ser únicos, pero la clave primaria de una tabla tiene un estado más privilegiado. Sólo puede existir una clave primaria por cada tabla, y los valores de sus campos no pueden ser nulos.

Una clave primaria se usa generalmente como un vínculo estructural en la base de datos, que define relaciones entre diferentes tablas. Cuando quiera hacer una unión de una tabla con otra, necesitará hacerlo a través de la clave primaria. En contraste, las claves que son exclusivamente únicas, pueden agregarse sólo para mejorar el desempeño.

11

MySQL requiere que especifique `NOT NULL` cuando crea una tabla con columnas definidas como claves primarias, incluso si fuera permisible para una columna tener valores `NULL` (como en las implementaciones recientes).

La selección de una clave primaria es muy importante en el diseño de una base de datos; una clave primaria es la pieza fundamental de los datos que facilita la unión de tablas y el concepto total de una base de datos relacional. Por esto debe ser cuidadoso cuando base sus claves primarias en información que siempre será única.

En el último ejemplo vio que *Apellido_Paterno* puede no ser una alternativa inteligente para una clave primaria. Sin embargo, podría crear una clave primaria algo más elaborada combinando algunos campos para diseñar algo que será único.

Claves primarias de columnas múltiples

Es posible crear una clave primaria como una clave de columnas múltiples.

No puede hacer esto en su instrucción `CREATE TABLE`, sino que debe usar la sintaxis `ALTER TABLE`, como se muestra a continuación:

| ENTRADA | `ALTER TABLE `*`Clientes`*` ADD PRIMARY KEY (`*`Apellido_Paterno, Nombre`*`);` |

De manera similar, podría usar indexado parcial:

| ENTRADA | `ALTER TABLE `*`Clientes`*` ADD PRIMARY KEY (`*`Apellido_Paterno`*`(6), `*`Nombre`*`(6));` |

Para quitar una clave primaria, puede utilizar:

| ENTRADA | `ALTER TABLE `*`Clientes`*` DROP PRIMARY KEY;` |

Claves sintéticas

Usted tiene la opción de crear su clave a partir de algunas piezas únicas de datos reales o crearla como un identificador único separado, conocido como *clave sintética*.

Usted haría su clave a partir de los datos base sólo si estuviera totalmente seguro de que nunca sería nula y de que nunca se daría la duplicación. Por ejemplo, podría basar una clave en la hora precisa del nacimiento de alguien, o en su número del Seguro Social, asumiendo que no habría dos personas que pudieran tener un número idéntico.

Sin embargo, estas ideas no son perfectas. La gente rara vez sabe la hora exacta de su nacimiento con precisión, y aunque usted pudiera grabarla, no hay garantía de que pudiera surgir un duplicado en algún momento. No en todos los países existe el número del Seguro Social y en algunas áreas podría ser ilegal guardarlos sin una buena razón, sin mencionar que tal vez los clientes prefieran no decirle sus números.

No es difícil encontrar una clave única a partir de los datos de algunos escenarios. Por ejemplo, si fuera a crear una base de datos de una colección de fotografías muy grande, probablemente podría usar la hora como identificador único, siempre y cuando se registrara la hora en que fue tomada cada foto y nunca tomara fotos más rápidamente que la granularidad de la clave, quizá una por segundo.

Considere de nuevo la tabla `Clientes` con una clave compuesta única, que incluyera `Apellido_Paterno`, `Apellido_Materno`, `Nombre` y `Direccion`. Esto sería mejor, pero no ideal. Podría no funcionar, pues la gente se cambia de dirección, e incluso de nombre. Si un cliente lo hace, la siguiente vez que usted trate de acceder los datos de dicho cliente usando su clave única, podría tener problemas para encontrar al cliente. Se enfrenta aquí a las opciones de mantener el nombre o dirección anteriores como la clave de sus datos o actualizar la clave con los nuevos datos.

Si trata de modificar un campo clave, podría encontrarse con problemas aún peores. Si usa la clave para unir las tablas `Clientes` y `Pedidos`, también tendría que actualizar las referencias a clientes de la tabla `Pedidos`.

Correría el riesgo de perder la integridad referencial. Ésta es una situación seria en una base de datos relacional en donde los vínculos importantes entre las piezas de datos se llegan a perder.

En este ejemplo sería mejor crear un número único de identificación del cliente, lo cual es conocido como *clave sintética*. Una clave sintética es aquella que puede carecer totalmente de significado fuera del contexto de la base de datos, y la cual hemos "*sintetizado*", con el solo propósito de encontrar una manera única y conveniente de referirnos a cada entrada de la tabla. Una clave sintética para cada cliente nunca cambiará, independientemente de que sus datos personales cambien.

Para crear un campo sintético de número de cliente que sea la clave primaria para sus clientes, debe definirlo como se muestra a continuación:

```
CREATE TABLE Clientes (ID_Cliente INT(8)  PRIMARY KEY NOT NULL,
➡Apellido_Paterno VARCHAR(30), ...);
```

Esto le dice a MySQL que cree una clave primaria tipo entero con 8 dígitos (suficiente para 100,000,000 clientes).

Escoger claves no es algo trivial. Una vez que decide que necesita una clave primaria en una tabla, puede ser tentador crear claves sintéticas a diestra y siniestra. ¿Usted lo haría?

Antes de que decida crear una clave sintética asegúrese de que ha buscado suficientemente bien otro identificador único natural. De otra forma, se arriesga a hacer más complicado el diseño de la base de datos, así como a disminuir el desempeño, sin razón alguna.

11

Uso de claves

¿Cuándo debería usar una clave? ¿Qué clase de clave debe usar? Utilizar de manera apropiada claves en el diseño de su base de datos puede mejorar el diseño y desempeño. Pero una mala elección puede ser nefasta.

La siguiente sección provee una breve guía del uso y selección de claves.

Cuándo utilizar claves

Usar o no una clave en una columna dependerá de los tipos de consultas que pretenda llevar a cabo.

Cuándo usar claves:

- *Cláusulas* WHERE—Si utiliza frecuentemente una columna como criterio de selección, una clave para esta columna puede, generalmente, mejorar el desempeño. Mientras menor sea el número de filas devueltas por una instrucción SELECT ... WHERE, mayor será el beneficio de usar una clave. En particular, cuando se espera que una consulta devuelva solamente un resultado, se debe crear una clave en la columna o columnas usadas por la cláusula WHERE.

- *Cláusulas* ORDER BY y GROUP BY—Ordenar datos es un ejercicio costoso. Debido a que una clave automáticamente da resultados en orden alfabético, las columnas que quiera ordenar o agrupar, son buenos candidatos para ser claves.

- MIN() y MAX()—Las claves son muy eficientes para encontrar valores mínimos y máximos en una columna.

- *Uniones de tablas*—El uso de claves siempre ayudará en el desempeño donde las columnas indexadas sean usadas para unir las tablas. En general, la mayoría, sino es que todas las columnas que son en alguna etapa usadas en la unión de alguna tabla, deberían indexarse.

Cuándo no usar claves

Aunque las claves pueden traer grandes beneficios a las operaciones SELECT, esto puede tener un precio. Considere algunos casos en los cuales debería evitar usar claves:

- *Tablas usadas en operaciones frecuentes de escritura*—Siempre que lleve a cabo operaciones de escritura —como INSERT, UPDATE o DELETE— en una tabla, debe escribirse tanto en la tabla principal como en la clave. Por lo tanto, una clave presenta problemas de sobrecarga. En un sistema en donde se están llevando a cabo operaciones de escritura frecuentes debe considerar esta sobrecarga cuidadosamente y tratar de balancearla con respecto a los beneficios que obtendrá en operaciones de lectura.

- *Instancias cuando una instrucción* SELECT *devuelva una gran proporción de filas* —Usted no se molestaría en indexar las palabras él, ella o ello en el índice de un libro. De igual forma, no querría una clave con "saludos al cliente" porque la condición de selección del WHERE en Sr. o Sra. devolvería siempre una gran cantidad de filas.
  El desempeño se degradaría debido a que cada vez que ocurriera una concordancia, la base de datos tendría que leer el índice y la tabla de datos. Un rastreo en la tabla sería más rápido que llevar a cabo dos lecturas para tal cantidad de filas.

- *Tablas pequeñas*—Poco se gana al crear claves en tablas pequeñas, ya que un rastreo en ellas puede ser casi tan rápido.

- *MySQL no le permitirá crear una clave en campos con valores nulos* (NULL).

- *Una tabla en MySQL no puede contener más de 16 claves.*

Cuándo usar claves únicas y primarias

En general, cada tabla de la base de datos en la que usted quiere acceder sólo una fila, debería tener una clave primaria.

La opción `AUTO_INCREMENT`

Imagínese que va a utilizar el identificador de cliente, una clave sintética, únicamente para identificar a cada persona de su base de datos. Debería escribir una instrucción CRETE TABLE como se muestra a continuación:

```
CREATE TABLE Clientes (
ID_Cliente INT(8)  AUTO_INCREMENT PRIMARY KEY
NOT NULL, Apellido_Paterno VARCHAR(30), ...);
```

Observe que tiene especificada una opción de AUTO_INCREMENT para el número de cliente.

Ésta es una manera conveniente de numerar sus entradas de manera secuencial y asegurar que nunca va a haber dos entradas iguales.

AUTO_INCREMENT puede ser aplicado a cualquier columna de la tabla que sea INTEGER. Si pone un valor NULL o un 0 en un campo de este tipo durante un INSERT o un UPDATE, MySQL incrementará automáticamente en 1 el valor más alto de la columna.

Cuando es usado con una clave primaria o una clave única, MySQL le da la facilidad de asegurar la integridad de su clave.

Cómo borrar una clave

Si su base de datos emplea mucho tiempo manejando consultas con operaciones de lectura, y en ciertos momentos se hacen actualizaciones con un gran número de operaciones de escritura a la base de datos, puede tener caso borrar claves antes de hacer las actualizaciones, y reinstalarlas después.

Podría borrar la clave con la siguiente sintaxis:

```
ALTER TABLE Clientes DROP INDEX ind_apell;
...
(operaciones masivas de escritura)
...
CREATE INDEX ind_apell ON Clientes (Apellido_Paterno);
```

También puede borrar un índice para experimentar con el desempeño de la base de datos. Cuando se borra un índice, el desempeño puede empeorar o mejorar.

La eliminación de un índice no remueve datos. Sin embargo, debe utilizar el comando DROP con cuidado, pues emitir un DROP TABLE puede ser desastroso.

11

Resumen

Este capítulo lo introdujo al concepto de bloqueos. Vio que en un entorno de base de datos de múltiples subprocesos, los bloqueos pueden ser necesarios para permitir al subproceso que haga el proceso de una consulta de muchas líneas sin riesgo de que otro subproceso interfiera con los datos antes de que haya terminado. Vio cómo los bloqueos de lectura (READ) previenen que otros subprocesos escriban en las tablas bloqueadas, mientras que los bloqueos de escritura (WRITE) previenen que otros subprocesos tengan acceso.

Examinó el mecanismo por medio del cual MySQL pone en la cola de espera las solicitudes de bloqueo, priorizando la concesión de bloqueos de acuerdo con una política dada.

También vio cómo el desempeño puede verse afectado por el uso de bloqueos y cómo pueden ser usados para evitar la falta de control transaccional de MySQL.

La claves o índices son un concepto fundamental que juega un papel muy importante no sólo en MySQL, sino en todas las bases de datos relacionales de cualquier tipo. En su forma más simple, las claves le dan una manera de buscar datos de una manera muy eficiente. Ha visto que el concepto de clave primaria es la piedra angular del diseño de bases de datos relacionales.

Las claves pueden existir en una gran variedad de formas: únicas y no únicas, de una sola columna o de varias columnas. Vio cómo es posible indexar toda la columna o sólo una parte.

También observó cómo aplicar las claves y cuándo debe hacerlo. Puede usar una clave para realizar búsquedas más eficientes, para incrementar el desempeño cuando está seleccionando resultados únicos o cuando ordena o agrupa datos. Sin embargo, pudo observar que el uso innecesario de claves en tablas con actualizaciones frecuentes disminuye el desempeño.

Las claves únicas se usan no sólo para el desempeño, sino para preservar la integridad de los datos. Las claves únicas se pueden formar de los datos en sí mismos o creadas como claves sintéticas, independientes de los datos contenidos. MySQL le da la opción de AUTO_INCREMENT cuando se define una columna numérica, la cual puede ser convenientemente usada para crear claves sintéticas únicas.

Vio la manera en que las claves primarias son un tipo especial de clave única, esenciales para relacionar tablas relevantes. Deben ser únicas y nunca deben ser nulas, de manera que garanticen que ninguna fila de datos puede alguna vez no ser referenciada a través de su clave primaria.

Preguntas y respuestas

P **¿Cuándo debo estar interesado en los bloqueos?**

R Los bloqueos son importantes en un entorno de múltiples subprocesos, en el cual algunos subprocesos tienen la tarea de actualizar, insertar o borrar de la base de datos. Si hay otros subprocesos que tengan que ver con la lectura de la base de datos y que puedan estar leyéndola simultáneamente, debería considerar el uso de bloqueos.

Esencialmente, si un bloqueo necesita usar varias líneas de SQL para llevar a cabo una tarea, debe considerar usar un bloqueo para preservar la integridad de los datos. Sin embargo, puede haber razones de desempeño por las cuales usted quiera usar bloqueos.

P **¿Cuál es la razón de crear claves no únicas?**

R La claves no únicas pueden mejorar el desempeño de la base de datos durante las operaciones de lectura. Aunque las filas resultantes puedan no ser únicamente identificadas por una clave, el acceso a ellas y el ordenamiento y agrupamiento de los resultados serán mucho más rápidos.

P **¿Todas las claves únicas deben ser primarias?**

R No, MySQL sólo permite una clave primaria por tabla, pero puede haber muchas claves únicas. Tanto las claves primarias como las únicas pueden acelerar la selección de datos con la cláusula WHERE, pero debe escogerse una columna como clave primaria si es ésta la columna por medio de la cual quiere hacer una unión con otras tablas.

P **¿Todas las tablas deben tener una clave primaria?**

R No necesariamente. En general, las tablas deberían tener una clave primaria siempre que quiera hacer una unión con otra tabla. Sin embargo, podría no querer hacer esto con todas las tablas, y hay circunstancias en las que es preferible no usar claves.

P **Estoy confundido acerca de cuándo usar o no las claves. ¿Cómo puedo decidirlo?**

R Aunque la necesidad de una clave primaria es fácil de definir, el uso de otras claves puede no serlo. Hay factores a favor y en contra del uso de claves, en algunas circunstancias pueden ser contradictorios. En este caso, la base de datos debe ejecutarse con claves y medir el desempeño. Después se pueden borrar las claves para medir nuevamente el desempeño. A continuación, recrear las claves de manera diferente, y seguir experimentando hasta llegar a la optimización del desempeño. De ser necesario, se puede ejecutar la base de datos con la visión de borrar con regularidad ciertas claves y crearlas nuevamente, en las ocasiones en que se hagan operaciones de escritura.

11

Ejercicios

1. Imagine que tiene una tabla llamada `Pedidos` y que quiere actualizarla mientras ningún subproceso pueda leerla. También tiene una tabla llamada `Productos`, de la cual quiere leer, pero no hacer actualizaciones. Escriba la sintaxis para el bloqueo y desbloqueo apropiado de estas tablas.

2. Considere cada uno de los siguientes escenarios. ¿En cuál de ellos consideraría aplicar una clave a la tabla? ¿Usaría una clave única o no única?

    a. Una tabla contiene todas las fechas de nacimiento de gente que usted conoce. Su computadora la accede una vez al día para ver si alguien cumple años ese día, y si es así, le envía un mensaje de correo electrónico de felicitación.

    b. Una tabla de productos disponibles para ordenar de su tienda en línea. No están permitidos los duplicados.

    c. Una tabla que registra el impuesto aplicado a los productos vendidos. Se escribe cada vez que un producto es vendido, pero se lee sólo una vez por trimestre.

SEMANA 2

DÍA 12

Cómo obtener datos: interfaces de bases de datos

Hasta ahora se ha comunicado con su base de datos a través del monitor de MySQL. Aunque ésta es una manera conveniente y fácil de crear su base de datos y manipular sus datos, tal vez no siempre satisfaga sus necesidades y las de sus usuarios, quienes deben utilizar los datos todos los días. Sin embargo, no se preocupe, hay más de una forma de hacer las cosas.

MySQL le brinda un gran número de interfaces para programar. Estas interfaces o APIs le permiten construir aplicaciones que usen MySQL. Las aplicaciones que se construyen para interactuar con las bases de datos por lo general se conocen como aplicaciones de "front end". Éstas proveen la interfaz de usuario, mientras que el motor de la base de datos se conoce como "back end". MySQL está hecho para ser un muy buen "back end" de bases de datos.

Este día aprenderá acerca de las interfaces de MySQL. Aprenderá:

- Cómo funcionan las interfaces
- Los puntos básicos que comparten todas las interfaces

Conéctese

En estos días es difícil crear una aplicación de negocios que no interactúe con una base de datos en algún punto. Seguro, hay utilerías, pero si crea una aplicación en el mundo de los negocios, ésta le hablará a la base de datos. Para entender la manera en que las aplicaciones interactúan con las bases de datos, necesita saber cómo trabajan los servidores de bases de datos y un poco acerca de programación cliente/servidor.

Como ha aprendido, los servidores de bases de datos son programas que se ejecutan continuamente en segundo plano. Son conocidos como servicios o daemons, dependiendo de cuál sistema operativo utilice. Para aprovechar la base de datos, una aplicación primero debe establecer una conexión con el programa servidor. Esta conexión se establece usualmente a través de una interfaz de algún tipo.

Una *interfaz* es una capa entre su programa y la base de datos. Actúa como una especie de intermediario. Los comandos enviados desde su programa van a través de este intérprete y son traducidos para la base de datos. La interfaz es una simple colección de funciones disponibles para el programador. El programador puede usar estas funciones para realizar ciertas tareas de base de datos, como conectarse a la base de datos o enviar una consulta.

Generalmente hay dos partes en las interfaces actuales. Una parte es el código que usted usa en su aplicación. Esta parte contiene las llamadas a funciones y variables. Además, es universal, lo que significa que sin importar qué base de datos esté utilizando, las funciones y las variables que usa permanecen iguales. La segunda parte es el intérprete, o como es usualmente llamado, el controlador. Esta parte de la interfaz maneja el trabajo rutinario. Toma las llamadas a funciones de la primera parte, las traduce e interactúa con la base de datos para producir los resultados requeridos. Estos controladores son creados por el fabricante de la base de datos y son específicos para esa base de datos. Así que, si estuviera usando Sybase y cambiara a MySQL, necesitaría conseguir los controladores de MySQL para que su código trabajara (vea la figura 12.1).

Una de las ventajas de interactuar con una base de datos de esta forma es que usted sólo tiene que aprender un conjunto de llamadas a funciones. No importa cuál sea su back end, su código siempre permanecerá igual. Por ejemplo, digamos que desarrolló una aplicación que estaba utilizando Sybase como back end. Debido a que usted es muy inteligente y sabe cómo trabaja el mundo real, utilizó el DBI/DBD de Perl en su aplicación. Una vez que terminó todo, el código fue probado y la versión beta fue sacada, los clientes parecían bastante felices, y entonces la administración decidió cambiar productos de la base de datos. Habían escuchado sobre una base de datos absolutamente increíble, llamada MySQL, y optaron por usarla en vez de la otra. Ahora la cuestión es ¿qué tanto código va a tener que cambiar? La respuesta es nada. Podrían ser necesarios algunos pequeños cambios para acomodar algunas discrepancias entre los productos de la base de datos, pero eso es todo. Antes de que existieran las interfaces independientes de las bases de datos, los programadores tenían que codificar todas las funciones que se comunicaban con las bases de datos. Cambiar un producto de la base de datos significaba escribir una nueva interfaz de la nada. Algo no muy divertido, por cierto.

Figura 12.1

Flujo de proceso para interfaces y controladores.

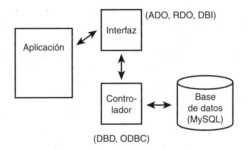

Hay muchas interfaces/controladores disponibles para MySQL, entre los que se encuentran Perl, PHP, C++, Python y ODBC. Desde luego, no necesita usarlos si no quiere. Algunas veces tiene más sentido hacerlo de la manera tradicional —crear una interfaz de la nada. Si éste es el caso, MySQL incluye archivos fuente C++. Puede crear sus propias interfaces o mejorar el código que está disponible para usted.

Las interfaces son una manera limpia y rápida para que el desarrollador pueda construir aplicaciones que se comuniquen con las bases de datos. Tal vez se pregunte, "¿cómo se comunica con la base de datos?" Puede pensar en una interfaz como un cliente y en el controlador como el operador del conmutador. Un operador de conmutador toma las llamadas y las canaliza a la persona adecuada. El controlador y la interfaz comparten la misma relación. Cuando un cliente hace una llamada al conmutador y pregunta por una persona específica, el operador conoce el número de la persona en cuestión y conecta al cliente con ese número. La interfaz y el controlador hacen la misma cosa. La aplicación le dice a la interfaz que se conecte a la base de datos. La aplicación provee alguna información, como dirección y el nombre de la base de datos con la que la aplicación quiere hablar. La interfaz toma esta información y llama al controlador. Éste recibe dicha información y hace la conexión. Sabe cuál es el puerto para comunicarse y sabe cómo hablarle a la base de datos. El puerto es muy parecido al número telefónico de una persona.

12

Es una línea de comunicaciones. Ahora los datos pueden fluir entre las aplicaciones y la base de datos.

Requerimiento de conexión

Ahora que tiene un entendimiento básico de cómo trabajan las interfaces y los controladores, se moverá hacia las conexiones. Ya leyó acerca de los eventos que conducen a una conexión, pero no ha aprendido acerca de los requerimientos para hacer conexiones.

El primer requerimiento para conectarse a un servidor de bases de datos, además de las conexiones físicas, es el controlador. Se debe instalar el controlador adecuado. Si el controlador no está presente, no hay forma de que su aplicación se comunique con la base de datos. Asegúrese de que está usando el controlador más actualizado. Muchos fabricantes actualizan sus controladores de manera periódica, especialmente cuando una nueva versión para la base de datos se ha liberado.

El siguiente requerimiento para hacer una conexión es el nombre o la dirección del servidor en donde está localizada la base de datos. Cómo puede hacer una llamada telefónica si no conoce el número, o visitar a un amigo si no conoce su dirección. Una conexión a una base de datos es lo mismo. ¿Cómo puede un controlador conectarse a una base de datos si no sabe a dónde conectarse? Antes de que pueda conectarse a una base de datos, necesita conseguir la dirección IP del servidor de bases de datos o el nombre del servidor si usted está utilizando direccionamiento dinámico. Ésta es información vital para su conexión.

Otro requerimiento para hacer una conexión es el nombre de la base de datos. Ésta es otra pieza importante de información que necesitará el controlador para acceder a la base de datos. Como en el ejemplo previo, si no sabe adónde conectarse, ¿cómo puede conectarse? Si no especifica una base de datos, el controlador no sabrá de dónde sacar los datos.

El requerimiento final que toda conexión de base de datos necesita es el nombre de usuario y la contraseña para la conexión. Todo esto por seguridad. El servidor de bases de datos no permitirá que nadie se conecte a él. Busca en sus tablas de permisos de acceso para ver a quién le es permitido acceder y a cuál o cuáles bases de datos. Si el nombre de usuario o la contraseña no concuerdan, no se establecerá la conexión.

Nota

El día 17, "Seguridad de bases de datos en MySQL", aprenderá más sobre la seguridad.

Estos cuatro requerimientos son lo mismo para casi todas las interfaces/controladores de bases de datos. Si usted es un desarrollador alistándose a crear su primera aplicación, necesita conocer todos estos requerimientos antes de ir más adelante.

Cómo acceder los datos

Cada interfaz comparte el mismo concepto para acceder los datos. Hay una serie de pasos que son los mismos para acceder sus datos, sin importar qué interface/controlador esté utilizando. Todos usan básicamente la misma información. El siguiente es el ciclo general:

1. Conectarse a la base de datos.
2. Enviar una consulta o comando.
3. Si se envía una consulta, el siguiente paso es recibir un conjunto de registros.
4. Manipular el conjunto de registros.
5. Cerrar la conexión. (Vea la figura 12.2.)

Figura 12.2

Ciclo común de una interfaz

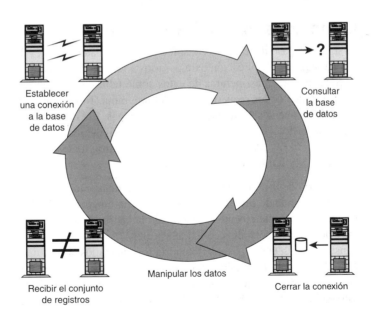

Establecer una conexión a la base de datos

Consultar la base de datos

Recibir el conjunto de registros

Manipular los datos

Cerrar la conexión

12

Este ciclo puede encontrarse en cualquier interfaz, sin importar el lenguaje de programación o la plataforma en la que se esté operando. Usted difícilmente se podrá desviar de este ciclo natural y lógico. La siguiente sección explica con más detalle lo que pasa en cada paso.

Establecimiento de la conexión

El primer paso del proceso es establecer una conexión a la base de datos. Esta conexión es la que establece el enlace entre su aplicación y la base de datos. Este enlace se utiliza para transferir todos sus comandos de SQL de su aplicación a la base de datos y devolverle los conjuntos de registros de la base de datos a su aplicación.

La conexión requiere los parámetros que fueron señalados anteriormente: la base de datos, el controlador a utilizar, la localización de la base de datos (dirección IP o nombre del servidor), el nombre de usuario y la contraseña. Una conexión no puede establecerse si estos parámetros no están presentes. Durante los siguientes tres días verá esto en acción. Verá cómo cada interfaz utiliza los mismos parámetros para establecer la conexión y crear un enlace entre su programa y la base de datos.

Este paso sólo es necesario una vez durante una sesión. Después de que ha establecido una conexión, puede seguir usando la misma conexión para todas sus consultas. No tiene que cerrar la sesión y después reabrirla para volver a consultar la base de datos. Una vez que su aplicación ha creado el enlace, éste permanece hasta que su aplicación lo cierre o hasta que el enlace se cierre porque no se está utilizando.

Cómo consultar la base de datos

El siguiente paso del ciclo es consultar la base de datos. Aquí es donde incluirá los comandos de SQL de su aplicación para pasarlos a la base de datos. Éstos pueden ser comandos de SQL que creen estructuras de datos como tablas, o pueden ser instrucciones SELECT. Todo depende de los requerimientos del programa. Todo lo que puede teclear en el monitor de MySQL puede ser incluido en sus programas. Esto incluye instrucciones OPTIMIZE, así como instrucciones para revocar (FLUSH) privilegios. Puede incluso usar la instrucción LOAD DATA INFILE. Esto permite crear aplicaciones muy flexibles y poderosas que utilicen a MySQL en toda su extensión.

La mayoría de las interfaces hacen una diferencia entre crear un conjunto de registros y enviar un comando que no devuelva datos. La mayoría de las bases de datos tendrán una función simple que ejecute simplemente la instrucción SQL que ha insertado. Esto es muy bueno para consultas con INSERT, UPDATE y DELETE, pero no es bueno para una consulta con SELECT. ¿Cómo obtendría los resultados si sólo ejecutara la instrucción SELECT? No habría ningún lugar a dónde fueran los registros. Por eso las interfaces han proporcionado un objeto o una matriz a donde pueden ir los registros. Aprenderá más de esto en los próximos días. Verá cómo pasar variables desde su aplicación a la base de datos para obtener los resultados necesarios.

Recepción del conjunto de registros y manipulación de los datos

El siguiente paso en el ciclo es recibir el conjunto de registros. Un *conjunto de resultados* o *conjunto de registros* es el resultado de una consulta con SELECT. Un conjunto de registros es la misma información que se despliega en la pantalla cuando se teclea una instrucción SELECT en el monitor de MySQL pero en lugar de que los resultados sean desplegados en la pantalla, se colocan en una variable de algún tipo para ser usados en su aplicación. Estas variables son generalmente algún tipo de arreglo. El conjunto de registros es recuperado como una serie de filas. Cada fila contiene las columnas que fueron usadas en la instrucción SELECT. Esto crea una estructura tipo reticular muy parecida a como se despliega en el monitor de MySQL. Para recuperar todos los registros del conjunto de registros, tiene que sacar los datos de la fila, moverse a la siguiente fila y obtener el registro, moverse a la siguiente fila, y así sucesivamente. Es como caminar, va tomando registros uno a la vez.

Los resultados son almacenados basándose en un par nombre/valor. Por ejemplo, hay una columna llamada Nombre en la base de datos Clientes. En su conjunto de registros, dependiendo de la interfaz que fuera a usar, tendría que referirse a las columnas por sus nombres. Si fuera a usar Perl, referirse al campo Nombre en un conjunto de registros podría verse como lo siguiente:

```
$ref->{'Nombre'}
```

Esto devolvería el valor que tuviera la columna Nombre para esa fila. También puede referirse a las columnas por los nombres de sus índices. Si la columna Nombre fuera la primera listada en la instrucción SELECT, podría referirse a ella usando un objeto RecordSet de ADO, como se muestra a continuación:

```
Rst.Clientes.Fields(0)
```

No hay un límite en el número de conjuntos de registros que puede tener. Puede crear nuevos conjuntos de registros para cada consulta que haga. La decisión es suya, sólo recuerde que estos tipos de variables toman algo de memoria. Puede necesitar tomar en cuenta el desempeño antes de crear cientos de conjuntos de registros.

Ahora que tiene el conjunto de registros es libre de hacer lo que quiera con los datos. Puede desplegarlos al usuario, usarlos en gráficos o incluso crear informes. El número de cosas que puede hacer es casi indefinido.

Cierre de la conexión

Como mi madre siempre decía "tienes que recoger todos tus juguetes antes de salir a jugar". Este mismo consejo aplica muy bien para el mundo de la programación. Cuando cree objetos y ya no vaya a utilizarlos, deshágase de ellos. Lo mismo se aplica con las conexiones. Si ya no está utilizando una conexión, deshágase de ella. Libérela para que alguien más la pueda usar. Cada conexión consume recursos en el cliente y en el servidor. Limpiarla usted mismo ahorra recursos y previene errores.

12

Resumen

Este día se le ha dado una vista previa de los temas que vienen. Se introdujo a los conceptos de interfaz y controlador. Aprendió que esas dos capas trabajan en conjunto con otra para proveer acceso a su base de datos. Vio que la interfaz le brinda las mismas funciones y variables sin importar la base de datos que esté usando. Lo único que necesita cambiar es el controlador. También aprendió las ventajas de hacer las cosas de esta forma.

Este día también aprendió sobre los parámetros requeridos para cada conexión de base de datos. Esta información necesita ser especificada antes de que cada conexión pueda tomar lugar.

También aprendió sobre los pasos comunes que todas las interfaces comparten cuando trabajan con una base de datos. Aprendió que este ciclo es lógico y provee una gran flexibilidad y poderío al programador. Vio cómo puede insertar comandos de SQL en su aplicación para llevar a cabo cualquier tarea desde la administración de la base de datos hasta instrucciones SELECT.

Interactuar con su base de datos es la parte más importante de su negocio. Si no puede acceder y manipular sus datos, una base de datos no tiene utilidad. Las interfaces proveen a los programadores, desarrolladores de sitios Web y administradores de bases de datos una forma de manipular sus bases de datos de manera programática.

Preguntas y respuestas

P ¿Cómo se ejecutan mis consultas?

R Las instrucciones SQL que inserta en sus programas son pasadas al controlador. Éste contiene todas las funciones específicas de base de datos. El controlador llama a las funciones que ejecutan su consulta a la base de datos. El resultado de esta función es el conjunto de resultados.

P ¿Puedo crear bases de datos usando una interfaz?

R Lo puede hacer igualmente bien que como lo hace en el monitor de MySQL. Si tiene los permisos correctos, puede usar CREATE, DROP, ORGANIZE, INSERT, DELETE y UPDATE en registros y bases de datos. Tiene el poder de automatizar las tareas administrativas o manipular los datos a través de un programa creado por usted.

P ¿Qué interfaces están disponibles para MySQL?

R MySQL tiene muchas interfaces y controladores. Algunos fueron creados por TcX y otros por terceros. Hay interfaces para Perl (DBD/DBI), ODBC (MyODBC), Java (JDBC), C/C++, Phyton y PHP. Debido a que MySQL está en conformidad con ODBC, puede usar herramientas como VBScript, Visual Basic, Access, Crystal Reports o alguna otra herramienta que pueda usar ODBC como origen de datos.

Ejercicios

1. Liste las ventajas y desventajas de usar una interfaz en lugar del monitor de MySQL.

2. ¿Cuáles son los requerimientos básicos para una conexión de base de datos?

12

SEMANA 2

DÍA 13

Cómo utilizar MyODBC

La interfaz MyODBC es sólo una de las maneras en las que puede interactuar con su base de datos de MySQL en la plataforma Windows. Microsoft ha creado y abrazado esta tecnología y la ha hecho una parte integral de muchas de sus aplicaciones.

ODBC (Conectividad Abierta de Bases de Datos) de Microsoft es un estándar que permite al usuario acceder cualquier base de datos usando la misma serie de comandos. Provee una capa de abstracción entre el programa y la base de datos. Cada base de datos tiene su propio controlador que se adhiere al estándar de ODBC de Microsoft. Este controlador actúa como la capa de abstracción. Puede pensar en el controlador de ODBC como un traductor. En sus programas, enviará un comando que será interpretado por el controlador, que a su vez enviará el comando interpretado a la base de datos. Ésta enviará el conjunto de resultados o el mensaje de regreso al controlador, el cual a su vez enviará dicho mensaje de regreso a la aplicación.

Esta arquitectura permite a los programadores usar el mismo código para interactuar con una base de datos, independientemente de la base de datos de que se trate. Esto funciona mientras el programador se adhiera al estándar ANSI SQL cuando envíe sus comandos. Si los programadores usan comandos específicos de una base de datos, la capacidad de reutilizarlos es nulificada.

Si crea programas para la plataforma Windows (esto incluye ASP [Páginas Active Server]), con mayor razón usará ODBC para hablar con su base de datos. ODBC es fácil de usar y sigue los mismos pasos que aprendió ayer.

En los ejemplos y la lección de este día usará ODBC para comunicarse con una base de datos de MySQL. Para hacer esto, creará una página ASP usando VBScript. Hoy aprenderá:

- Cómo obtener e instalar el controlador de `MyODBC`
- Cómo configurar el DSN
- Cómo conectarse a MySQL usando ADO
- Cómo crear una página ASP para acceder a una base de datos de MySQL

¿Dónde consigo el controlador?

Para comenzar a utilizar ODBC en sus aplicaciones, primero debe tener el controlador específico para su base de datos. Microsoft instala automáticamente algunos de estos controladores. Algunas bases de datos incluyen el controlador ODBC al hacer la instalación. Si lleva a cabo los siguientes pasos, puede ver qué controladores están instalados en su computadora en este momento:

1. Haga clic en Inicio, Configuración, Panel de control.
2. Haga doble clic en el icono Fuentes de datos ODBC (32 bits).
3. Se desplegará el Administrador de orígenes de datos ODBC. Aquí es donde puede ajustar o añadir nuevos controladores ODBC y crear DSNs (Nombres de Orígenes de Datos), esto se verá un poco más adelante.
4. Haga clic en la ficha Controladores. Se desplegará una lista de los controladores instalados. Si no se ha adelantado, no verá ningún controlador para MySQL ahí todavía. La mayoría de los controladores desplegados en la lista son de Microsoft.

Ahora que ha visto cuáles controladores están instalados actualmente en su sistema, es tiempo de instalar uno más.

En el CD-ROM incluido con este libro hay una carpeta llamada myodbc. Busque en ella un archivo comprimido llamado myodbc-2.50-36-win95.zip. Asegúrese de que tiene WinZip instalado (también está en el CD-ROM). Haga doble clic en el archivo y el programa de descompresión deberá comenzar. A continuación haga clic en el botón I Agree. Lleve a cabo los siguientes pasos para instalar el controlador de MyODBC en su máquina.

1. Haga clic en el botón Install de WinZip y se iniciará el proceso de instalación. Haga clic en OK. Se iniciará el programa de instalación como se muestra en la figura 13.1.

FIGURA 13.1

Programa de instalación de MyODBC.

2. Haga clic en el botón Continue para desplegar el cuadro de diálogo Install Drivers (vea la figura 13.2). A continuación, seleccione el único controlador que aparece, MySQL, y haga clic en OK. Esto iniciará el proceso de instalación.

3. Los archivos del controlador serán copiados a su disco duro. Esto tomará algunos segundos. Después deberá ver el cuadro de diálogo que se muestra en la figura 13.3.

4. Estando aquí, haga clic en Close y después en OK. Haga clic en el botón OK del cuadro de diálogo Install y cierre el WinZip. Agregará el DSN más tarde.

Felicitaciones, ha instalado exitosamente el controlador de MyODBC.

13

FIGURA 13.2

El cuadro de diálogo del controlador MySQL.

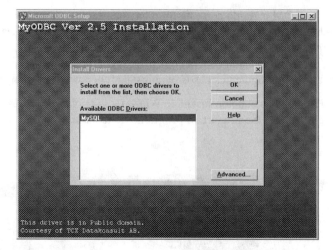

FIGURA 13.3

El cuadro de diálogo Data Sources.

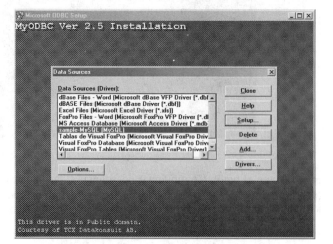

Configuración del DSN

Ahora que el controlador de MyODBC está instalado, puede crear un DSN para que sus aplicaciones lo utilicen. Un DSN es un archivo que contiene toda la información específica pertinente a su base de datos. Por ejemplo, un DSN contiene toda la información de las conexiones, los nombres de las bases de datos y los nombres de usuario para cada base de datos específica. De esta forma, una aplicación sólo debe usar el DSN para ayudarlo a configurar el controlador de ODBC. Más tarde aprenderá cómo evitar el uso del

DSN para conectarse a su base de datos. Lleve a cabo los siguientes pasos para añadir un DSN para la base de datos `Mi_Tienda`.

1. Haga clic en Inicio, Configuración, Panel de control y se desplegará el cuadro de diálogo que se muestra en la figura 13.4.

2. Haga doble clic en el icono Fuentes de datos ODBC (32 bit). Se abrirá el Administrador de orígenes de datos ODBC (vea la figura 13.5).

FIGURA 13.4

El Panel de control.

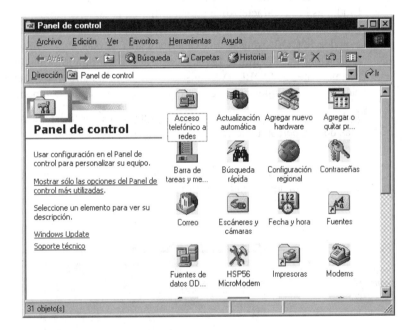

FIGURA 13.5

El Administrador de orígenes de datos ODBC.

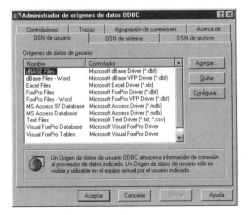

13

El Administrador de orígenes de datos tiene siete fichas. La primera, Usuarios DSN, configura los DSNs específicos para un usuario en la máquina actual. Podría configurar un DSN de usuario para una persona específica. La siguiente ficha, DSN de sistema, crea un origen de datos para todo el que pueda usar la máquina actual. La ficha DSN de archivo crea un DSN que está visible para todos y puede ser utilizado por cualquiera que tenga los controladores adecuados instalados. La ficha Controladores lista todos los controladores que están actualmente instalados en su máquina. La quinta ficha, Trazas, activa los registros de su controlador ODBC; registrará todas las conexiones. Microsoft Visual Studio usa esta característica para auxiliar en la depuración de los programas. En la siguiente ficha, Agrupación de conexiones, encontrará opciones que le permiten a su controlador de ODBC reusar conexiones abiertas, lo cual ahorra tiempo y recursos en sus aplicaciones. En la última ficha, Acerca de, encontrará información de los principales componentes de ODBC: Administrador de controladores, biblioteca de cursores, bibliotecas DLL y cualquier otro archivo que forme parte de los componentes de ODBC.

Debido a que va a crear una aplicación que puede ser utilizada de manera simultánea por más de una persona que acceda su máquina, creará un DSN de sistema para la base de datos Mi_Tienda:

1. Haga clic en la ficha DSN de sistema. Si ya cuenta con algunos DSNs de sistema, los verá aquí (vea la figura 13.6). Haga clic en el botón Agregar para crear un nuevo DSN.

FIGURA 13.6

La ficha DSN de sistema.

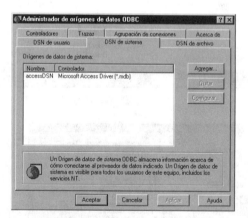

2. Aparecerá el cuadro de diálogo Crear nuevo origen de datos, como se muestra en la figura 13.7, en el que se despliega una lista de controladores disponibles. Seleccione el controlador MySQL. Una vez que lo haya seleccionado, haga clic en Finalizar.

3. La siguiente ventana que aparecerá es TDX mysql Driver default configuration, la cual contiene toda la información que necesita MyODBC para conectarse apropiadamente a la base de datos designada. Introduzca la siguiente información:

Windows DSN name: **Mi_Tienda**

MySQL host (name or IP): el nombre o IP de su servidor MySQL

User: **root**

Password: la contraseña de root

Port: dejar en blanco

SQL command on connect: dejar en blanco

La ventana terminada debe verse como en la figura 13.8.

FIGURA 13.7

Creación de un origen de datos.

FIGURA 13.8

Pantalla de configuración.

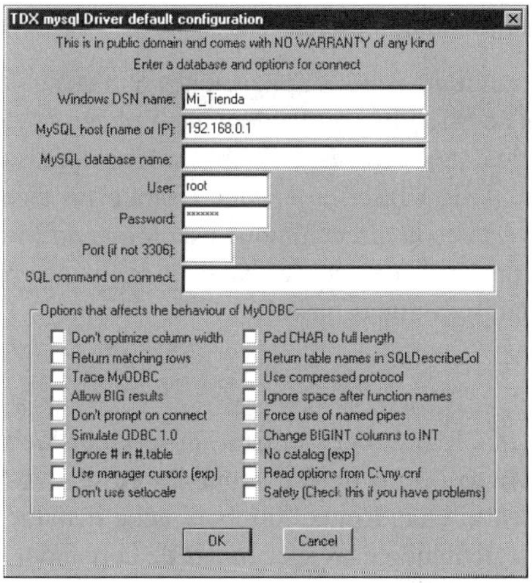

13

4. Haga clic en OK para completar la configuración del DSN. Será regresado al Administrador de orígenes de datos. Deberá ver su nuevo DSN en la lista desplegable. Haga clic en Aceptar para cerrar el Administrador. Ha creado exitosamente su primer DSN de sistema de MySQL.

Recuerde, un DSN es simplemente un archivo que contiene los datos que los controladores necesitan para conectarse a una base de datos. Actúa un poco como un archivo de configuración.

ASP y VBScript

Microsoft, en su esfuerzo por crear un entorno de datos heterogéneo, ha incluido la conectividad de ODBC en la mayoría de sus programas más populares. Por ejemplo, cada aplicación en la suite Office puede conectarse a un origen de datos ODBC. Debido a su facilidad de uso y a que tiene mucho sentido, otras compañías se han subido al tren de ODBC y actualmente ofrecen diversas formas de conectarse a bases de datos a través de ODBC.

Los beneficios que ODBC puede brindar no han excluido tampoco a la comunidad de desarrolladores. Los desarrolladores de software se han dado cuenta de lo que un entorno de datos heterogéneo significaría, y Microsoft respondió. Microsoft ha liberado muchas herramientas para ayudar a los desarrolladores que usan ODBC a conectarse a una base de datos. Incluyen ODBCDirect, RDO (objetos de datos remotos), DAO (objetos de acceso a datos) y el más reciente ADO (objetos de datos ActiveX). Todos están basados en un enfoque de datos basado en objetos.

Puede utilizar estas herramientas en las aplicaciones que desarrolle. Debido a que la mayoría de los lectores de este libro probablemente utilicen MySQL, para tener algún tipo de acceso a bases de datos a través de Web, las tecnologías de Microsoft que usará para los ejemplos serán: ASP, VBScript y ADO. Usará estas tecnologías porque son simples y fáciles de usar y ésta es la dirección que está tomando Microsoft. ADO está acercándose a ser la forma preferida de acceder datos en la plataforma Windows. Para hacer esto, primero necesita cubrir algunas bases.

ASP

Para aprovechar estas tecnologías, debe utilizar un servidor Web con las extensiones de FrontPage instaladas. Microsoft las tiene disponibles en su sitio Web. Se ejecutan en todas las plataformas, entre ellas Linux. También debe instalar el controlador MyODBC en el servidor que esté ejecutando esas secuencias de comandos. Opcionalmente, debe crear en el servidor Web un DSN de sistema para la base de datos. Esto le permitirá crear conexiones DSN.

Una página ASP es una página Web que contiene código VBScript (también puede ser Perl o JavaScript) y etiquetas estándar HTML. El código está ejecutándose en el espacio entre la solicitud que hace el cliente (en este caso el navegador) para una página ASP y el cumplimiento de ésta por parte del servidor. Toma el lugar de los programas CGI (Interfaz Común de Puerta de Enlace). Éstos son programas que ejecutan y mandan etiquetas HTML al servidor Web. Las páginas ASP son más parecidas a una página Web, sólo que tienen código que se ejecuta antes de que se desplieguen. Por ejemplo, suponga que va a firmar un libro de visitas en Web que utiliza páginas ASP. Usted llena el formulario y hace clic en el botón Enviar. Este botón llama a una página ASP que tiene código mediante el cual toma la información del formulario y la almacena en la base de datos. También contiene código que despliega un mensaje de agradecimiento. Eche un vistazo a los siguientes ejemplos para entender mejor el proceso de una página ASP.

La primera etapa del proceso es el despliegue de la página Web. En el ejemplo se muestra un formulario común para un libro de visitas (vea la figura 13.9). Usted simplemente escribe su comentario y hace clic en Enviar comentario. Cuando hace clic en ese botón, su navegador pasa la información contenida en el formulario del libro de visitas como una variable a la página ASP. Ésta toma esa variable y la inserta en una base de datos. Posteriormente, manda un mensaje "Gracias por su mensaje".

Figura 13.9

El formulario del libro de invitados.

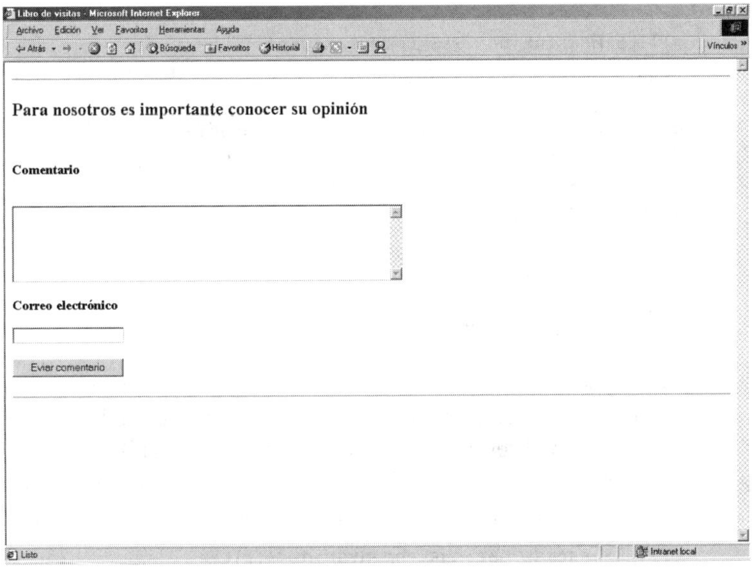

Eche un vistazo al código del listado 13.1 correspondiente al archivo `libro_visitas.asp`.

LISTADO 13.1   Código para `libro_visitas.asp`

```
<%Language=VBScript%>
<%
    Dim Conn
    Dim Cmd

    Set Conn = Server.CreateObject("ADODB.Connection")
    Set Cmd  = Server.CreateObject("ADODB.Command")

    Conn.CommandTimeout = 40
    Conn.ConnectionString = "server=192.168.0.1;db=Prueba;" &_
          "uid=root;pwd=zazeo;driver=MySQL"
    Conn.Open

    Cmd.ActiveConnection = Conn
    Cmd.CommandType = 1
    Cmd.CommandText = "INSERT INTO visitas (comentario)" &_
        " VALUES(""" & Request("comentario") & """)"
    Cmd.Execute

    Conn.Close
%>
<TITLE>Gracias por sus comentarios</TITLE>
<BODY>

<P align=center><FONT size=5><STRONG>Gracias por firmar
nuestro libro de visitas. </STRONG></FONT></P>
<P align=center><FONT size=5><STRONG>¡Regrese pronto!
</STRONG></FONT></P>

</BODY>
</HTML>
```

Como puede ver, la anatomía de una página ASP no es muy diferente a una página Web
común. La única diferencia es el código que está entre las etiquetas <% %>. Este código
se ejecuta en el servidor y no en el cliente. Esto significa que este código ocurre antes de
que la página sea enviada al navegador. La salida se ve como se muestra en la figura
13.10. Si viera el código fuente de la salida de la última página, vería lo siguiente:

```
<TITLE>gracias por sus comentarios</TITLE>

<BODY>

<P align=center><FONT size=5><STRONG>Gracias por firmar nuestro libro de
visitas. </STRONG></FONT></P>
```

```
<P align=center><FONT size=5><STRONG>¡Regrese pronto!
</STRONG></FONT></P>

</BODY>
</HTML>
```

Observe que el código que está entre las etiquetas <% %> ha desaparecido. Esto no es un error, el código se ejecutó en el servidor y nunca se envió al cliente. Puede hacer muchas cosas aquí. Puede generar de manera dinámica una página a partir del contenido de la base de datos con páginas Active Server. Esto será cubierto un poco más adelante en esta lección.

FIGURA 13.10

Salida del `libro_visitas.asp`.

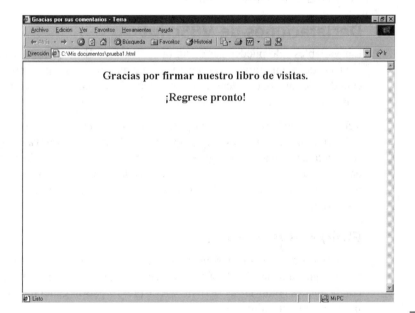

Cómo trabajar con VBScript

13

Ahora que tiene una idea general de lo que es una página ASP y cómo se usa, mire más de cerca el código que aparece entre las etiquetas <% %>. El código usado en ASP es VBScript, el cual es un subconjunto del lenguaje de programación Visual Basic. VBScript es muy fácil de usar porque usa la misma sintaxis que Visual Basic. También tiene la misma flexibilidad de Visual Basic. La edición para secuencias de comandos del lenguaje de programación Visual Basic, retiene lo mejor de Visual Basic, como control de errores y formateo de cadenas. Al igual que Visual Basic, VBScript es fácil de usar.

Nota VBScript no es el único lenguaje de secuencias de comandos usado en ASP. Existen otros como JScript, LotusScript y PerlScript.

Hay muchos libros dedicados a VBScript y ASP, debería leer uno de ellos si quiere aprender más. Este libro sólo cubrirá las bases —lo suficiente como para introducirlo a los conceptos y a la sintaxis, así como a la manera en que puede usarlo para conectarse a una base de datos de MySQL. Para información más detallada, lea *Aprendiendo ASP 3.0 en 21 Días* de esta misma editorial.

Declaraciones de VBScript

Las variables sólo pueden ser de un tipo —variant. Éstas pueden tener cualquier valor —una cadena, un número, un objeto, lo que quiera. VBScript también provee una gran cantidad de funciones integradas que heredó de Visual Basic, como `MsgBox()`, `CreateObject()` e `IsNumeric()`, por nombrar algunas.

Verá cómo puede usar VBScript para manipular una base de datos vía una página ASP. VBScript no está limitado a las páginas ASP. Microsoft ha llevado este lenguaje de secuencia de comandos al siguiente nivel. VBScript ahora puede ser usado desde la línea de comandos, así como para manejar tareas de administración no interactivas. Echemos un vistazo a algunas de las tareas básicas de programación que puede hacer con VBScript.

Flujo del programa

VBScript provee las mismas instrucciones condicionales, de control de flujo y procesamiento que su padre, Visual Basic, posee. Por ejemplo, VBScript soporta instrucciones condicionales como `If ... Then ... Else`. El patrón general de la sintaxis es como se indica a continuación:

```
If expresión Then
    Si expresión es verdadera, haz esto
Else
    Si expresión es falsa, haz esto
End If
```

Observe que en VBScript (al igual que en Visual Basic) debe incluir la palabra `Then`. Además, para terminar una instrucción `If ... Then`, debe usar `End If`. Vea el siguiente ejemplo:

```
Dim vCount
Dim vNombre
```

```
If vCount > 1 Then
    Response.Write("El nombre es " & vNombre)
Else
    Response.Write("<p></p>")
End If
```

En las dos primeras líneas del ejemplo se declaran las variables. El siguiente bloque de código es el segmento If...Then. Aquí, si la expresión vCount>1 es una instrucción verdadera, escribirá la instrucción en la página Web. Si es falsa, no se escribirá nada en la página Web. Éste es un simple ejemplo. Sus instrucciones condicionales pueden ser más complejas, pero seguirán la misma estructura.

Control de ciclos

VBScript también soporta Do While, Do Until, While y For...Next como instrucciones generales de control de flujo. Para ir a través de un conjunto de registros o completar una tarea un gran número de veces antes de continuar, debe utilizar un ciclo. En VBScript, un ciclo típico puede ser como se muestra a continuación:

```
Do Until rstClientes.EOF
    Response.Write("<P>" & rstClientes("Nombre") & "</P>")
    RstClientes.MoveNext
Loop
```

En este ejemplo, el conjunto de instrucciones entre las palabras clave Do y Loop continuará hasta que la expresión rstClientes.EOF sea verdadera. Este tipo de instrucciones es muy útil para recorrer los conjuntos de registros.

VBScript también puede llevar a cabo cálculos, como sumas y restas. También soporta operadores de comparación. No es recomendable que haga cálculos complejos en una página ASP. Recuerde que el código de una página ASP se lleva a cabo en el servidor antes de bajarse al cliente. Si se realizan cálculos complejos, podría retardarse la respuesta a la solicitud del cliente.

Comentarios en su código

También puede usar comentarios en sus páginas del servidor. Un comentario se denota mediante un apóstrofe ('). En VBScript no hay comentarios en bloque. Si su comentario abarca varias líneas, debe incluir un apóstrofe al inicio de cada línea.

13

```
'Éste es un comentario de una sola línea.

'Éste
'es
'un
'comentario
'de
'varias
'líneas
```

Otra característica de VBScript que usted puede aprovechar son sus funciones integradas. VBScript soporta muchas de las funciones de Visual Basic.

Creación de una página Web con VBScript

Ahora verá un ejemplo de VBScript que muestra mucho de lo que ha aprendido. El segmento de código del listado 13.2 muestra la manera en que VBScript, cuando es usado en una página ASP, puede generar una página Web que toma valores de la base de datos de MySQL y los despliega en la página Web. En la figura 13.11 se muestra dicha página. Note que los números de línea aparecen sólo como una referencia, éstos no deberían aparecer en su código.

LISTADO 13.2   Creación de una página Web

```
10   <%@ Language=VBScript %>
20   <HTML>
30   <HEAD>
40   <META HTTP-EQUIV="Expires" CONTENT="0">
50   </HEAD>
60   <%
70      ' Declaración de variables
80      Dim rstClientes 'Recordset ADO
90      Dim mConn        'Conexión ADO
100     Dim mCmd         'Comando ADO

110     Dim vRecordCount 'Contador
120     Dim vbgcolor      'Color del fondo

130     'Crea los objetos ADO
140     Set mConn = Server.CreateObject("ADODB.Connection")
150     Set mCmd = Server.CreateObject("ADODB.Command")
160     Set rstClientes = Server.CreateObject("ADODB.Recordset")

170     'Especifica los parámetros de la conexión
180     mConn.CommandTimeout = 40
190     mConn.CursorLocation = 1 'Del lado del cliente
200     mConn.ConnectionString = "server=localhost;driver=MySQL;db=Mi_Tienda;
➥uid=root;pwd=zazeo"
210     mConn.Open

220     mCmd.ActiveConnection = mConn
230     mCmd.CommandType = 1 'Texto
240     mCmd.CommandText = "SELECT * FROM Clientes"

250     'Abre los registros basados en la consulta de mCmd
260     rstClientes.Open mCmd,,1,1

270  %>
```

LISTADO 13.2   continuación

```
280<BODY>

290 <P align=center><STRONG>Ésta es una lista de nuestros
300 clientes</STRONG>          </P>
310 <P align=center>
320 <TABLE align=center border=1 cellPadding=1 cellSpacing=1 width="80%">

330  <TR>
340    <TD align=middle bgColor=silver><STRONG>
350    Nombre</STRONG></TD>
360    <TD align=middle bgColor=silver><STRONG>
370    Apellidos</STRONG></TD>
380    <TD align=middle bgColor=silver><STRONG>Estado</STRONG></TD>
390  </TR>

400  <%
410      ' Establece a 0 el contador
420      vRecordCount = 0

430      ' Recorre el Recordset
440      Do Until rstClientes.EOF

450          ' Esto alternará el color de las filas para facilitar la lectura
460          If vRecordCount Mod 2 > 0 Then
470              vbgcolor = " #C0C0C0"
480          Else
490              vbgcolor = " #FFFFFF"
500          End If

510          'Muestra los resultados de una tabla en una página Web
520          Response.Write "<TR>"
530          Response.Write "<TD align=left bgcolor =" & vbgcolor & ">" &
➥rstClientes.Fields("Nombre") & "</TD>"
540          Response.Write "<TD align=left bgcolor =" & vbgcolor & ">" &
➥rstClientes.Fields("Apellido_Paterno") & " " &
➥rstClientes.Fields("Apellido_Materno")  &"</TD>"
550          Response.Write "<TD align=left bgcolor =" & vbgcolor & ">" &
➥rstClientes.Fields("Estado") & "</TD>"
560                  Response.Write "</TR>"

570          'Lee el siguiente registro
580          rstClientes.MoveNext

590          'Incrementa el contador en uno
600          vRecordCount = vRecordCount + 1
610      Loop

620      rstClientes.Close
630      mConn.Close
```

13

continúa

LISTADO 13.2 continuación

```
640  %>
650  </TABLE></P>
660  </BODY>
670  </HTML>
```

FIGURA 13.11

Una página Web generada usando VBScript con ASP.

La primera línea de texto le dice al servidor que es una página ASP que utiliza VBScript. Es todo lo que hace. Las siguientes dos líneas son etiquetas HTML. La primera declara que es una página HTML y la segunda inicia el encabezado de página. La siguiente línea es una etiqueta META. Ésta le dice al navegador que no utilice el caché del navegador para este archivo. Esta línea es importante, especialmente cuando se despliegan los resultados. Si el navegador utilizara su caché, podría traer datos viejos. Y como todos sabemos, los datos viejos no siempre son correctos. Para asegurar a los usuarios que están obteniendo los datos más recientes, utilice esta etiqueta. La siguiente línea cierra su encabezado.

El siguiente bloque de código se ejecuta en el servidor antes de que llegue al navegador. Esto es designado por el <%. Algo que hay que hacer notar es que el encabezado está cargado en el cliente. El código que está creando se ubica entre el encabezado y el cuerpo. Esto significa que el cliente tendrá toda la información de los encabezados antes de que el código sea ejecutado. Este espacio, entre los encabezados y el cuerpo, es donde se hace la mayoría de la programación ASP. Esto permite que alguna información llegue al cliente mientras el resto está siendo procesada. Esto es una cortesía a los usuarios para que sepan que algo está pasando y no sientan que están perdidos en el ciberespacio. Las variables se declaran en las líneas 80 a 120.

De manera predeterminada, todas las variables declaradas en VBScript son de tipo variant. Éstas se ajustarán al tipo que sea necesario cuando obtengan un valor. Las primeras tres variables almacenarán objetos eventualmente, mientras que `vRecordCount` tendrá un número, y `vgbcolor`, una cadena.

Creación de objetos ADO

Las líneas 130 a 160 son un poco más interesantes.

Aquí es donde usted crea los objetos ADO en el servidor. Esto se discute con más detalle un poco más adelante, este mismo día. Por ahora, examine los eventos tan interesantes que están ocurriendo aquí. Las variables se establecen a los resultados del método `CreateObject` del objeto `Server`. Tal vez se pregunte "¿De dónde salió este objeto `Server`?" Es un objeto integrado provisto por los servicios del IIS (Internet Information Server). Esto es lo que hace a una ASP una ASP y no una página Web. De hecho, hay siete objetos integrados: `Server`, `Application`, `Request`, `Response`, `Session`, `ObjectContext` y `ASPErr`. Cada uno tiene una buena cantidad de métodos y propiedades útiles. Este libro cubre sólo aquellos que tienen que ver con las presentes metas.

El objeto `Server`

El objeto `Server`, como ha visto, tiene un método muy importante, `CreateObject`. Este método crea una instancia del objeto llamado en el servidor. Algo importante para recordar es que el objeto que está llamando debe estar instalado y registrado adecuadamente en el servidor. De lo contrario, no podrá crear este objeto. El objeto `Server` contiene algunos otros métodos usados de manera ocasional, así como una propiedad. Éstos no son relevantes para lo que estamos haciendo, así que no los trataremos.

El objeto `Request`

El objeto `Request` es otro objeto integrado provisto por IIS. Este objeto tiene algunos métodos y propiedades usados a menudo. El objeto `Request` recupera los valores pasados desde el navegador al servidor en una solicitud. En el ejemplo del libro de visitas, un usuario envía sus comentarios. Estos comentarios se pasan junto con una solicitud al servidor Web. Podría usar el objeto `Request` para obtener dichos comentarios, los cuales pueden accederse por medio de las propiedades `QueryString` o `Form`. Los valores se almacenan en una matriz asociativa o colección, lo que significa que están almacenados en un par nombre=valor. Para acceder el valor de una `Form` o `QueryString`, utilice el nombre que se utilizó en la página Web para recuperar el valor. En el ejemplo del libro de visitas pasó los comentarios al servidor por medio de un formulario. Los comentarios se almacenaron en un área de texto llamada `Comentarios`. Para recuperar este valor de la página ASP, podría utilizar la propiedad `QueryString` como se indica:

```
Request.QueryString("Comentarios")
```

13

El valor devuelto sería el contenido del área de texto llamada `Comentarios`. La propiedad `QueryString` contiene todas las solicitudes pasadas entre las páginas Web, independientemente de sus tipos. Esto significa que la información que se pasa por medio de formularios HTML o parámetros de un URL (`?Apellido_Paterno=Ruiz&Apellido_Materno=López`) se almacenará en la propiedad `QuerySrting`. Ésta es la razón por la cual es la propiedad predeterminada. La mayoría de las veces verá un objeto `Request` como el siguiente:

```
Request("Comentarios")
```

En lugar de:

```
Request.QueryString("Comentarios")
```

El objeto `Response`

El objeto `Response` es la contraparte del objeto `Request`. El objeto `Response` envía datos al cliente. El método más utilizado de este objeto es `Write`. Este método envía las salidas directamente al navegador. Por esto es importante recordar que esas salidas deben estar en un lenguaje que el navegador pueda entender, en este caso HTML. Por lo tanto, todas sus salidas deben estar formateadas de manera adecuada con etiquetas HTML. De lo contrario, nadie verá sus salidas.

La siguiente parte del listado 13.2 establece las propiedades de los objetos ADO que creó anteriormente. Se introducirá más profundamente al ADO un poco más adelante el día de hoy. Por ahora eche un vistazo a las líneas 280 a 670 del listado 13.2.

Lo primero que debe notar es que puede poner VBScript en cualquier parte de la página ASP. Aquí se ha incluido algo dentro del cuerpo de la página Web. Esto le permite mezclar código del cliente y del servidor. Las cosas que siempre permanecerán estáticas pueden ser código normal de HTML, mientras que las cosas que son más dinámicas pueden crearse con VBSCript.

La línea 420 restablece la variable a `0`. Después utiliza un bloque `Do While...Loop` para recorrer el conjunto de registros. Lo que pasa aquí es que el intérprete checa si está al final del conjunto de registros, si no lo está, procesa la siguiente línea de código, si está, termina el ciclo.

Dentro del ciclo (líneas 460 a 500) está un bloque de código `If...Else`. Aquí está alternando los colores de las filas en la tabla de resultados. Éste es un pequeño truco que hace que los resultados se vean con mayor claridad y los usuarios estén más contentos. Divide su contador entre 2. Mediante la función `Mod` checa si hay un residuo. Si hay un residuo, significa que la fila es impar, cuyo color es plateado. Si no hay residuo, significa que la fila es par, y su color es blanco.

El siguiente bloque de código, líneas 530 a 550, envía los valores del conjunto de registros al navegador, manteniendo el formato de la tabla que inició previamente en el código estático. Es necesario hacerlo de esta forma porque usted no sabe mucho acerca de los datos que tiene. Los datos están en constante flujo, así es que no hay manera de saber cuántas filas de datos tiene todo el tiempo. Piense en el mantenimiento. Si tiene una página Web estática que despliega todos sus clientes, tendría que insertar una nueva fila manualmente cada vez que agregara un cliente, y borrar una fila cada vez que quitara un cliente. ¡Qué pesadilla! Ésta es una de las razones por la que mezclar páginas Web con bases de datos es tan popular.

Enseguida se mueve al siguiente registro (línea 580) e incrementa la variable de contador (línea 600). Si no se mueve al siguiente registro, el código se atascará en un ciclo infinito. El mismo contenido se desplegará una y otra vez. Esto es muy frustrante para el usuario final, así que sea cuidadoso cuando use ciclos en Web.

La parte final del código, después del ciclo, lleva a cabo tareas de limpieza. Cierra el conjunto de registros y después cierra la conexión. Después termina la porción del lado del servidor de la página Web y reanuda el HTML estático nuevamente.

Espero que con estos ejemplos entienda el concepto de ASP y sus beneficios. De nuevo, esto es solamente un vistazo superficial de la tecnología de VBScript y ASP. Si va a hacer desarrollos serios, tal vez necesite leer algo más acerca del tema.

ADO

ADO , como se explicó previamente, es un grupo de objetos que se usan para comunicarse con la base de datos. Existe una jerarquía entre los objetos, pero no es obligatoria. Esto significa que pueden ser creados independientemente unos de otros. Esto permite una gran flexibilidad y facilidad de uso. Esta sección explicará algunos de los métodos y las propiedades que pueden utilizarse para aprovechar la API ODBC de MySQL.

ADO consiste en tres objetos principales: `Connection`, `Recordset` y `Command`. Estos tres objetos engloban todo lo que puede hacer en una base de datos. Con estos tres objetos puede conectarse, consultar y ver los resultados desde cualquier base de datos.

Propiedades y métodos del objeto `Connection`

El primer paso en cualquier API es establecer una conexión. ADO no es diferente. ADO usa el objeto `Connection` para conectarse a una base de datos. Este objeto tiene muchas propiedades y métodos. Éstos se muestran en la tabla 13.1:

13

TABLA 13.1   Propiedades y métodos del objeto `Connection`

Método o propiedad	Descripción
`Attributes`	Indica una o más propiedades del objeto `Connection`.
`CommandTimeout`	Indica cuánto se debe esperar para que un comando se ejecute antes de terminar. El valor predeterminado es 30 segundos.
`ConnectionString`	Es la propiedad más importante del objeto `Connection`. Proporciona toda la información necesaria para conectarse a una base de datos.
`ConnectionTimeout`	Indica la cantidad de tiempo que se debe esperar mientras se trata de hacer una conexión antes de terminar en un error.
`CursorLocation`	Indica dónde usar el cursor. Es mejor usar el cursor en el cliente por varias razones, una de las cuales es asegurar que las operaciones que está tratando de llevar a cabo, sean soportadas.
`DefaultDatabase`	Si no se proporciona un nombre en la conexión, aquí es donde se busca el nombre de la base de datos a la cual conectarse.
`Open()`	Abre una conexión a una base de datos usando los parámetros provistos en la cadena de conexión.
`Provider`	Indica el nombre del proveedor usado en la conexión. Con MySQL, será el proveedor OLE DB de ODBC.
`State`	Indica el estado actual de la conexión.
`Version`	Indica la versión del objeto usado.

Cómo establecer una conexión ADO

Para conectarse a la base de datos de MySQL usando VBScript y ADO, necesita llevar a cabo varios pasos:

1. El primer paso es declarar una variable que se convertirá en el objeto `Connection`:
   ```
   Dim mConn
   ```

2. El siguiente paso es crear el objeto y establecer la variable igual a éste:
   ```
   Set mConn = Server.CreateObject("ADODB.Connection")
   ```

3. Establecer las propiedades del objeto `Connection`:
   ```
   mConn.CommandTimeout = 40
   mConn.ConnectionTimeout = 40
   mConn.CursorLocation = 3
   ```

   Una pequeña nota al margen. Hay un error en IIS 4. El intérprete no traducirá las constantes de VBScript, por lo que debe utilizarse el número que es representado por la constante. Normalmente, usaría la constante `AdUseClient` en lugar del número 3. Esto le mostrará otra vez cuando vea el comando `Open` del objeto `Recordset`.

Nota En IIS 5, o posterior, para que el intérprete reconozca las variables de VBScript es suficiente con definirlas en un archivo, `adoc.inc`, por ejemplo, e incluirlo en las páginas que lo requieran.

4. Crear la cadena de conexión:

```
mConn.ConnectionString="server=192.168.0.1;db=Mi_Tienda;"&_
driver=MySQL;uid=root;pwd=zazeo"
```

La cadena de conexión consta de la siguiente información:

Server—Puede ser un nombre o una dirección IP

db—El nombre de la base de datos

driver—El nombre del controlador ODBC que va a usar

uid—El nombre de usuario de alguien que tiene permiso para conectarse a la base de datos

pwd—La contraseña para el `uid`

Los componentes de la cadena de conexión pueden aparecer en cualquier orden, mientras todos estén presentes. Si va a usar un DSN para la conexión, lo único que necesita en su cadena de conexión es el nombre del DSN.

Así que si tiene un DSN llamado `Mi_Tienda`, podría usar la siguiente cadena de conexión, siempre y cuando su DSN esté bien configurado:

```
mConn.ConnectionString = "DSN=Mi_Tienda"
```

5. El siguiente paso es abrir la conexión. Éste toma la cadena de conexión, se la aplica al controlador y se conecta a la base de datos. Para hacer esto, utilice la siguiente sintaxis:

```
mConn.Open
```

Esto es todo lo que hay. Si sigue los cinco pasos, puede conectarse a cualquier base de datos de MySQL, o a cualquier otra base de datos que considere. Eso es lo bello de esta tecnología. El mismo código que usó aquí puede aplicarlo a cualquier base de datos, siempre y cuando proporcione la información correcta.

Es recomendable que use una conexión sin DSN. Por medio de este método, evita cualquier trabajo extra o la necesidad de que alguien más lo haga. Con la conexión DSN alguien debe crear un DSN de sistema en el servidor. Esto no es difícil de hacer si está justo ahí. Sin embargo, cuando trate de hacerlo de manera remota, puede tener algunos problemas. Además de que se estará apoyando en una pieza de información que está más allá de su control. ¿Qué pasaría si el servidor se detiene totalmente y NT tiene que cargarse nuevamente? ¿Qué pasaría con todos sus programas que se apoyan en el DSN? ¿Qué tal si olvidó rehacer su DSN? Usted estaría en graves problemas. El mejor escenario es crear conexiones sin DSN. De esa manera, todo está bajo su control.

13

Propiedades y métodos del objeto Command

El siguiente objeto en importancia en la lista de objetos ADO es Command. Este objeto tiene muchos usos. Puede ejecutar instrucciones SQL que no regresan un conjunto de resultados, puede utilizarlo para manipular la estructura de su base de datos, así como para enviar instrucciones específicas a una base de datos, como MySQL. El objeto Command, así como Connection, tiene muchos métodos y propiedades. Éstos se listan con una breve descripción en la tabla 13.2.

Tabla 13.2 Propiedades y métodos del objeto Command

Método o propiedad	Descripción
ActiveConnection	Establece la conexión a usar para todos los comandos. Puede establecerse a un objeto Connection.
CommandText	Una cadena que actúa como un comando. Puede ser un comando SQL o, en algunos casos, sólo el nombre de la tabla. Cualquier cosa que pueda teclear en el monitor de MySQL puede utilizarse aquí.
CommandTimeout	Indica cuánto tiempo tiene que esperar para que un comando se ejecute antes de que expire el tiempo.
CommandType	Indica qué tipo de comando enviará. Los valores pueden ser un comando de tipo cadena (1) o una tabla (2). Los otros tipos de comandos no se aplican a MySQL porque tienen que ver con características que MySQL no tiene (procedimientos almacenados, por ejemplo).
Execute()	Este método hará que se ejecuten los comandos en el texto de comando.
Prepared	Un valor booleano (verdadero o falso) que indica si el proveedor guardará en la memoria una copia del texto del comando. Esto puede mejorar el desempeño de una consulta. MySQL soporta esta opción.
State	Indica si la conexión del objeto Command está abierta o cerrada.

Cómo trabajar con el objeto Command

Como se explicó anteriormente, el objeto Command tiene muchos usos diferentes. Para usar el objeto Command, lleve a cabo los siguientes pasos:

1. Primero debe declarar una variable para el objeto Command:

   ```
   Dim mCmd
   ```

2. Enseguida, utilizando el método CreateObject del objeto Server, crear el objeto Command:

   ```
   Set mCmd = Server.CreateObject("ADODB.Command")
   ```

3. Decirle al objeto Command cuál conexión usar:

```
mCmd.ActiveConnection = mConn
```

4. Establecer algunas de las propiedades del nuevo objeto Command. Ahí es donde indica qué tipo de comando quiere enviar, así como el tiempo restante:

```
mCmd.CommandType = 1
mCmd.CommandTimeout = 40
mCmd.CommandText = "SELECT * FROM Clientes"
```

5. Dependiendo del comando, puede usar el método Execute para llevar a cabo sus tareas. Por ejemplo, si fuera a borrar un registro de la tabla Clientes, podría usar la siguiente secuencia de eventos (se asume que ya abrió una conexión a la base de datos utilizando el objeto mConn):

```
Dim mCmd
Set mCmd = Server.CreateObject("ADODB.Command")
mCmd.ActiveConnection = mConn
mCmd.CommandType = 1
mCmd.CommandText = "DELETE FROM Clientes WHERE ID_Cliente= 1345"
mCmd.Execute
```

Como puede ver, el objeto Command es la forma en que usted envía sus instrucciones a la base de datos. Ahora, ¿qué tal si quisiera ver los resultados de una consulta? ¿Cómo le haría para conseguirlos por medio de un comando? La respuesta es que usaría el objeto Recordset.

Propiedades y métodos del objeto Recordset

El objeto Recordset, como los otros objetos ADO, tiene muchas propiedades y métodos. Los métodos y propiedades del objeto Recordset tienen que ver con los datos devueltos por la base de datos. La tabla 13.3 es un listado de algunas de las propiedades y métodos del objeto Recordset.

TABLA 13.3 Propiedades y métodos del objeto Recordset

Método o propiedad	Descripción
AddNew()	Añade un nuevo registro a un conjunto de registros actualizable.
BOF, EOF	Devuelve un valor verdadero o falso, dependiendo de si está al inicio o al final del conjunto de registros.
Clone()	Crea un duplicado del conjunto de registros actual.
Close()	Cierra el conjunto de registros actual.
CursorType	Indica el tipo de cursor utilizado en el conjunto de registros. Los tipos de cursores y lo que pueden hacer, se explican más adelante, este mismo día.

13

TABLA 13.3 continuación

Método o propiedad	Descripción
Fields	Contiene información acerca de cada registro en el conjunto de registros.
Find(Criteria, Skip, Dir, Start)	Busca en el conjunto de registros bajo un criterio especial.
LockType	Especifica qué tipo de bloqueo se usa con este conjunto de registros. Esto será cubierto con más detalle este mismo día.
Move()	Se mueve al registro especificado.
MoveNext()	Se mueve al siguiente registro en el conjunto de registros.
MoveFirst()	Se mueve al inicio del conjunto de registros.
MoveLast()	Se mueve al final del conjunto de registros.
MovePrevious()	Se mueve al registro previo en el conjunto de registros.
MaxRecords	Indica el máximo número de registros que puede contener el conjunto de registros. Proporciona la misma función que utilizando la palabra clave LIMIT en su instrucción SQL.
Open(Source, ActiveConnection, CursorType, LockType)	Abre el conjunto de registros basado en un criterio provisto.
RecordCount	Indica cuántos registros tiene el conjunto de registros.
Sort	Le dice al conjunto de registros qué campos ordenar y en qué orden, descendente o ascendente. Es lo mismo que usar la cláusula Order By en su consulta.
Source	Indica el origen del cual vendrán los datos. Éste puede ser un objeto Command, una instrucción SQL o un nombre de tabla.
Format()	Guarda el conjunto de registros en el destino provisto en el formato indicado. Puede ser XML.
State	Indica si el conjunto de registros está abierto o cerrado.
Status	Devuelve un número indicando el estado de registro actual en operación.
Update	La contraparte del método AddNew. Después de que se ha dado el comando Update, todos los registros que se dieron en el comando AddNew serán agregados a la base de datos.

Cómo trabajar con el objeto `Recordset`

La mejor forma de usar un objeto `Recordset` es en conjunto con los objetos `Command` y `Connection`. Lleve a cabo los siguientes pasos para abrir un conjunto de registros:

1. Declare la variable que contendrá el objeto `Recordset`:
   ```
   Dim rstClientes
   ```

2. Establezca la variable igual a los resultados del método `CreateObject` del objeto `Server`:
   ```
   Set rstClientes = Server.CreateObject("ADODB.Connection")
   ```

3. Abra el objeto `Recordset`. Hay muchas maneras de abrir un `Recordset`. Todas requieren que usted provea un origen. Este origen puede ser un objeto `Command`, una consulta SQL o un nombre de tabla. La mejor manera es usar un objeto `Command` que ya tenga una conexión activa:
   ```
   RstClientes.Open mCmd,,1,1
   ```

   Esta instrucción abrirá un `Recordset` basado en el objeto `Command`. Una conexión activa no necesita ser señalada en el segundo argumento de este método, porque está usando un objeto `Command` que ya tiene una conexión activa. Los siguientes dos argumentos son el tipo de cursor y el tipo de bloqueo a usar. Se usa un número en lugar de la constante de Microsoft porque hay un problema en IIS que causa un error si usa dicha constante (aunque en la versión 5.0 de IIS ya se corrigió).

Si todo fue dado correctamente y la cadena de SQL en su objeto `Command` es válida, se abrirá un `Recordset` que contenga los datos que usted quiere. Lo que haga después de esto, depende de usted. Puede manipular, desplegar, editar o añadir registros al conjunto de registros.

Hay cuatro parámetros que pueden utilizarse cuando se abre un `Recordset`: `Source`, `ActiveConnection`, `CursorType` y `LockType`. Hay un quinto parámetro, pero nunca se utiliza. De hecho, Microsoft dice que no se use este parámetro porque puede producir errores.

El primer parámetro es `Source`. Como se explicó anteriormente, existen tres tipos de orígenes. El primero, que es la forma recomendada, es usar un objeto `Command` como su origen. Con esto se proporciona la manera más flexible de abrir un `Recordset`. La segunda manera es usar una instrucción SQL como origen. La última forma es usar un nombre de tabla como origen para sus datos en el conjunto de registros. Lo que use, depende de usted. La forma recomendada es definitivamente la mejor manera de hacerlo, pero si usa los otros métodos, no se olvide de activar la conexión con `ActiveConnection`.

`ActiveConnection`, el segundo parámetro opcional del método `Open` del `Recordset`, es un objeto `Connection`. Si está usando un objeto `Command` cuya conexión activa ya existe, puede dejar esta opción en blanco. Sin embargo, si no usa un objeto `Command` como origen, debe usar un objeto `Connection`.

13

El siguiente parámetro es `CursorType`. Éste define qué acciones son llevadas a cabo en el `Recordset` y cómo se despliegan los datos en el `Recordset`. Las siguientes son las alternativas para estos parámetros:

- *Keyset*—No se verán los datos que hayan sido agregados desde que se abrió este cursor. Este tipo de `Recordset` le permitirá moverse hacia delante y hacia atrás a través del conjunto de registros. Los datos también pueden ser añadidos o borrados.

- *Dynamic*—Éste es el cursor disponible más flexible. Puede moverse libremente hacia atrás y hacia delante a través del `Recordset`. Cualquier registro que haya sido borrado o añadido desde que este tipo de `Recordset` se abrió, cambiará el `Recordset`. Es un espejo de los datos en la base de datos.

- *Static*—Este tipo de `Recordset` no puede ser actualizado, tampoco se podrán ver los cambios que se hayan hecho después de que este Recordset haya sido creado. Este tipo de `Recordset` se utiliza generalmente en informes o despliegues estáticos. El valor predeterminado del `Recordset` es `0` —hacia delante solamente. Es lo mismo que un cursor `Dynamic`, excepto que usted sólo puede moverse hacia delante a través de los registros. Este tipo de `Recordset` es bueno para una pasada rápida a través de sus datos.

- *Lock*—MySQL le permite el control de sus bloqueos vía instrucciones SQL; algunas bases de datos, no lo hacen. Para hacer un entorno heterogéneo, Microsoft agregó esta opción. Puede especificar qué tipo de bloqueo usar. El controlador de ODBC tendrá cuidado de mandar los comandos por usted. Las siguientes son las alternativas para sus bloqueos:

  - *Read only*—Le permite leer datos, pero no alterarlos.

  - *Pessimistic locking*—El controlador ODBC manda cualquier comando necesario para asegurar la edición apropiada de los registros. Bloqueará la tabla antes de que se haya hecho alguna edición, y luego liberará la tabla cuando se hayan actualizado los datos.

  - *Optimistic locking*—El proveedor sólo podrá bloquear la tabla cuando sea llamado el método `Update`. La mejor alternativa es usar `Pessimistic locking`. Éste bloqueará las tablas cuando las use. Si siente que necesita añadir más bloqueo, envíe los comandos en un objeto `Command`.

Uso en Web de la base de datos `Mi_Tienda`

Ahora que ha incursionado en los objetos ADO y ha visto lo que pueden hacer, eche un vistazo a cómo puede usarlos en una situación típica de la vida real. Va a crear una serie de páginas ASP que le permitan a alguien enviar una solicitud de distribución por medio de su página Web. Los datos de esa Web se utilizarán para poblar una tabla de la base de datos de MySQL.

Cómo configurar la página Web

El primer paso es diseñar la página Web. Utilizará la misma que usó en su ejemplo de diseño de bases de datos el día 3, "Diseño de su primera base de datos". La siguiente es una lista parcial de algunas de las etiquetas HTML que se utilizaron para producir esta página:

```
<form method="POST" action="Solicitud.asp">
<p> Desea ser distribuidor, responda por favor las siguientes preguntas.  
<BR> No proporcionaremos su nombre o dirección de correo electrónico a
nadie sin su consentimiento.   
<BR>Los campos con
(<font color="#FF0000">*</font><font color="#000000">)</font>
son campos requeridos.</p>
<P>Por favor, proporcione la siguiente información de contacto:
 <font color="#FF0000" size="4" face="Arial">*</font></P>
<BLOCKQUOTE>
<TABLE>
<TR>
<TD ALIGN="right">
<EM>Nombre</EM>(<font color="#FF0000">*</font><font color="#000000">)</font></TD>
<TD>
<INPUT NAME="Nombre_Contacto" SIZE=25>
</TD>
</TR>
<TD ALIGN="right">
<EM>Apellido paterno</EM>(<font color="#FF0000">*</font><font
➥color="#000000">)</font></TD>
<TD>
<INPUT NAME="Apellido_Paterno_Contacto" SIZE=25>
</TD>
</TR>
<TD ALIGN="right">
<EM>Apellido materno</EM></TD>
<TD>
<INPUT NAME="Apellido_Materno_Contacto" SIZE=25>
</TD>
</TR>
<TD ALIGN="right">
<EM>Ciudad</EM></TD>
<TD>
<INPUT NAME="Ciudad_Contacto" SIZE=25>
</TD>
</TR>
<TD ALIGN="right">
<EM>Estado</EM></TD>
<TD>
<INPUT NAME="Estado_Contacto" SIZE=25>
</TD>
</TR>
<TD ALIGN="right">
<EM>Código postal</EM></TD>
<TD>
<INPUT NAME="Codigo_Postal_Contacto" SIZE=25>
```

13

```
</TD>
</TR>
<TR>
<TD ALIGN="right">
<EM>Dirección</EM></TD>
<TD>
<TEXTAREA NAME="Direccion_Contacto" ROWS=6 COLS=64>
</TEXTAREA>
</TD>
</TR>
<TR>
<TD ALIGN="right">
<EM>Teléfono(<font color="#FF0000">*</font><font color="#000000">)</font><br>
</EM><font size="2" face="Arial">(sin guiones ni espacios,  <br>
incluya el código postal)</font></TD>
<TD>
<INPUT NAME="Telefono_casa_Contacto" SIZE=25 MAXLENGTH=10>
</TD>
</TR>
<TR>
<TD ALIGN="right">
<EM>Correo electrónico</EM>(<font color="#FF0000">*</font><font
➥color="#000000">)</font></TD>
<TD>
<INPUT NAME="Correo_Electronico_Contacto" SIZE=25>
</TD>
</TR>
</TABLE>
</BLOCKQUOTE>
<BLOCKQUOTE>
<TABLE>
<TR>
<TD ALIGN="right">
<EM>Edad</EM></TD>
<TD>
<INPUT NAME="Edad_Contacto" SIZE=3 MAXLENGTH=2>
</TD>
</TR>
<TR>
<TD ALIGN="right">
<EM>Sexo</EM></TD>
<TD>
<SELECT NAME="Sexo_Contacto">
<OPTION VALUE=Hombre> Hombre
<OPTION VALUE=Mujer SELECTED> Mujer
</SELECT>
</TD>
</TR>
</TABLE>
<BR><INPUT TYPE=SUBMIT VALUE="Enviar datos">
</FORM>
```

Ésta es una página HTML común. Contiene un formulario y una serie de elementos dentro del formulario. La primera línea del código es la etiqueta del formulario. Ésta tiene un método `Get` y uno `Post`. El método `Post` se utiliza para pegar todos los elementos de este formulario en los pares nombre=valor con su solicitud para la siguiente página, lo cual se ve en la sección de `ACTION` de la etiqueta. Está solicitando la página `Solicitud.asp`.

El resto del segmento del código muestra un elemento del formulario. Cada elemento tiene su nombre y está diseñado en la etiqueta `<INPUT>`. El nombre será asociado con el valor que provea el usuario en el elemento. Por ejemplo, el usuario introduce su nombre en el primer recuadro del formulario. En el código HTML ve que el primer elemento se llama `Nombre_Contacto`. Este nombre será asociado con el de cualquier usuario que llene el campo. Así que si el usuario tecleara Juan en el recuadro, el par nombre=valor que se pasa al servidor sería `Nombre_Contacto=Juan`.

Registre la solicitud

Lo más interesante del código pasa en la siguiente página. Primero eche una mirada al código en el listado 13.3 para la página `Solicitud.asp`. Después irá línea por línea y examinará lo que está sucediendo.

LISTADO 13.3   Registre la solicitud de distribución

```
10   <%@ Language=VBScript %>
20   <HTML>
30   <HEAD>
40   </HEAD>
50   <%
60      ' Declaración de las variables
70      Dim mCmd
80      Dim mConn
90      Dim strSQL

100      ' Crea los objetos ADO
110      Set mCmd = Server.CreateObject("ADODB.Command")
120      Set mConn = Server.CreateObject("ADODB.Connection")

130      'Configura la conexión
140      mConn.CommandTimeout = 40
150      mConn.ConnectionTimeout = 40

160      mConn.ConnectionString = "server=localhost;driver=MySQL;" &_
➥"db=Mi_Tienda;uid=root;pwd=zazeo"

170      mConn.Open


180      ' Construcción de la cadena de consulta SQL
190      strSQL = "INSERT INTO Distribuidores"
200      strSQL = strSQL & "(Nombres, Apellido_Paterno, Apellido_Materno,
➥Direccion,"
```

13

LISTADO 13.3   continuación

```
210      strSQL = strSQL & " Direccion, Ciudad, Estado, "
220      strSQL = strSQL & " Codigo_Postal, Correo_Electrónico, "
230      strSQL = strSQL & " Edad, Sexo)"
240      strSQL = strSQL & " VALUES ( "
250      strSQL = strSQL & "'" & Request("Nombre_Contacto") & "', "
260      strSQL = strSQL & "'" & Request("Apellido_Paterno_Contacto") & "', "
270      strSQL = strSQL & "'" & Request("Apellido_Materno_Contacto") & "', "
280      strSQL = strSQL & "'" & Request("Direccion_Contacto") & "', "
290      strSQL = strSQL & "'" & Request("Ciudad_Contacto") & "', "
300      strSQL = strSQL & "'" & Request("Estado_Contacto") & "', "
310      strSQL = strSQL & "'" & Request("Codigo_Postal_Contacto") & "', "
320      strSQL = strSQL & "'" & Request("Correo_Electronico_Contacto") & "', "
330      strSQL = strSQL & Request("Edad_Contacto")   ","


340      ' Verifica el sexo
350      If Request("Sexo_Contacto") = "Hombre" Then
360          strSQL = strSQL & ",'H') "
370      Else
380          strSQL = strSQL & ",'M') "
390      End If


400      ' Configura el objeto Command
410      mCmd.ActiveConnection = mConn
420      mCmd.CommandTimeout = 40
430      mCmd.CommandType =1

440      ' Agrega la cadena al objeto Command
450      mCmd.CommandText = strSQL

460      'Ejecución del comando
470      mCmd.Execute

480  %>

490  <BODY>

500  <P>Gracias,<%Response.Write Request("Nombre_Contacto")%> </P>

510  </BODY>
520  </HTML>
```

La primera línea como la mayoría de las páginas ASP, le dice al servidor que use
VBScript como lenguaje. Las líneas 10 a 40 le dicen al navegador que éste es un docu-
mento HTML y enseguida están las etiquetas de los encabezados.

La siguiente parte del código inicia la parte activa de la página ASP (línea 50). Las líneas 70 a 90 declaran las variables. Se acostumbra llamar a las variables de esta forma. La letra m indica que es una clase de variable. El resto son abreviaturas de los tipos de objetos.

La tercera variable contendrá los comandos de SQL. Será muy grande, así que es mejor hacerla dentro de una variable y después usar esa variable como comando de texto.

En las líneas 110 y 120 los objetos son creados e igualados a sus variables.

El siguiente segmento de código define las propiedades del objeto Connection. Las líneas 140 y 150 establecen a 40 los tiempos para los comandos y las conexiones. Esto puede ser más alto o más bajo dependiendo de la velocidad de su red. Para uso de Internet debe ser un poco más alto que para intranets. La cadena de conexión se crea en la línea 160. Observe que no está utilizando un DSN. Porque ésta es una página de Internet, no quiere depender de su ISP para proveer y mantener un DSN que afecte a su negocio. Ésta es la razón por la cual usted escogió usar una conexión sin DSN. Como puede ver, ya ha dado el nombre del controlador, la base de datos, la identificación de usuario y la contraseña. Observe cómo está escrito el controlador. Ésta es una de esas raras ocasiones en que Microsoft es sensible a mayúsculas y minúsculas. El nombre del controlador debe concordar (en mayúsculas y minúsculas, y puntuación) con el nombre del controlador que fue instalado. Esto es fácil —el controlador de Access es Microsoft Access Driver {*.mdb}. Hace a MySQL verse fácil. El paso final es abrir la conexión (línea 170).

Si fuera a tratar de abrir una conexión sin proveer todas las variables con anticipación, ocurriría un error. Estas variables deben ser definidas antes de abrir la conexión. El orden no importa.

El siguiente segmento de código, líneas 190 a 390, crean las cadenas de comandos SQL. Es un comando normal INSERT. Se empieza a poner interesante es cuando solicita los valores para las columnas (líneas 250 a 390). Para hacer esto, use el objeto integrado Request. Recuerde que la acción POST en su formulario manda todos los pares nombre=valor junto con la solicitud de la página. Todo lo que tiene que hacer es recuperarlos. En las líneas 350 a 390 provee una verificación en el código, para el sexo. Hace esto porque es una columna enumerativa y aceptan sólo dos valores. Necesita manipular los datos para que encajen en la base de datos.

En la línea 410 comienza la construcción del objeto Command. En la línea 420 define la propiedad TimeOut y en la 430 la propiedad Type. También define la conexión para el objeto Command (línea 410). Una vez que todo está hecho, establece el texto del objeto Command igual que sus comandos SQL (línea 450) y después ejecuta el comando (línea 470). Si no hay errores, el registro será añadido a la base de datos.

13

El último fragmento de código, líneas 490 a 520, demuestran que puede poner el código del lado del servidor en cualquier parte de la página Web. No es recomendable que intercambie la secuencia de comandos del servidor al cliente muy a menudo. Puede hacer que la página se cargue con más lentitud en el cliente. Pero para páginas pequeñas que no tienen mucho material que presentar, está bien. Usted personaliza su página aquí un poco dando las gracias a la persona que envió la solicitud usando su nombre.

Esta página y el código demostraron cómo puede añadir datos a una base de datos de MySQL usando ADO, VBScript y Páginas Active Server. Pero ¿qué tal si quisiera desplegar algo de información? Se usa un método diferente para desplegar datos. Necesitará utilizar un objeto `Recordset` además de los objetos `Command` y `Connection`.

Cómo desplegar los datos en la página Web

Ahora creará una página Web que despliegue todos sus clientes. Esta página podría llamarse mediante un hipervínculo de otra página, o una persona podría ir directamente a ella. Como en el ejemplo anterior, se muestra el código completo, y después se estudia por bloques. El código del listado 13.4 se usó anteriormente en este capítulo. Regresaremos a él, ahora que usted tiene un mejor entendimiento del ADO.

LISTADO 13.4   Despliegue de los datos de los clientes en la página Web

```
10   <%@ Language=VBScript %>
20   <HTML>
30   <HEAD>
40   <META HTTP-EQUIV="Expires" CONTENT="0">
50   </HEAD>
60   <%
70       ' Declara las variables
80     Dim rstClientes ' Recordset ADO
90     Dim mConn        ' Conexión ADO
100    Dim mCmd          'Comandos ADO

110      Dim vRecordCount ' Contador
120      Dim vbgcolor      ' Color del fondo

130      ' Crea los objetos ADO
140      Set mConn = Server.CreateObject("ADODB.Connection")
150      Set mCmd = Server.CreateObject("ADODB.Command")
160      Set rstClientes = Server.CreateObject("ADODB.Recordset")

170      ' Especifica los parámetros de la conexión
180      mConn.CommandTimeout = 1440
190      mConn.CursorLocation = 1 'En el cliente
200      mConn.ConnectionString =
210      "server=localhost;driver=MySQL;db=Mi_Tienda;uid=root;pwd=zazeo"
220      mConn.Open

230      mCmd.ActiveConnection = mConn
```

LISTADO 13.4   continuación

```
240      mCmd.CommandType = 1 'Texto
250      mCmd.CommandText = "SELECT * concat(Apellido_Paterno,""
➥"",Apellido_Materno) AS Apellidos,Estado,Nombres FROM Clientes ORDER  BY
➥Apellidos "

260      ' Abre el Recordset basado en la consulta mCmd
270      rstClientes.Open mCmd,,1,1

280  %>

290  <BODY>
300
310  <P align=center><STRONG>Ésta es una lista de nuestros clientes</STRONG></P>
320  <P align=center>
330  <TABLE align=center border=1 cellPadding=1 cellSpacing=1 width="80%">

340   <TR>
350    <TD align=middle bgColor=silver><STRONG>
360     Nombre</STRONG></TD>
370    <TD align=middle bgColor=silver><STRONG>
380    Apellidos</STRONG></TD>
390    <TD align=middle bgColor=silver><STRONG>Estado</STRONG></TD>
400   </TR>

410  <%
420      ' Establece a cero el contador
430      vRecordCount = 0

440      ' Recorre el Recordset
450      Do Until rstClientes.EOF

460          ' Esto alternará el color de las filas para facilitar la lectura
470          If vRecordCount Mod 2 > 0 Then
480              vbgcolor = "#C0C0C0"
490          Else
500              vbgcolor = "#FFFFFF"
510          End If

520          ' Muestra los resultados de una página Web en una tabla
530          Response.Write "<TR>"
540          Response.Write "<TD align=left bgcolor =" & vbgcolor & ">" &
➥rstClientes.Fields("Nombres") & "</TD>"
550          Response.Write "<TD align=left bgcolor =" & vbgcolor & ">" &
➥rstClientes.Fields("Apellidos") & "</TD>"
560          Response.Write "<TD align=left bgcolor =" & vbgcolor & ">" &
➥rstClientes.Fields("Estado") & "</TD>"
570          Response.Write "</TR>"

580          ' Avanza al siguiente registro
590          rstClientes.MoveNext
```

13

LISTADO 13.4   continuación

```
600         ' Incrementa el contador
610         vRecordCount = vRecordCount + 1
620     Loop

630     rstClientes.Close
640     mConn.Close
650  %>
660  </TABLE></P>
670  </BODY>
680  </HTML>
```

Lo que hace el encabezado y las etiquetas META en las líneas 10 a 50, ha sido discutido anteriormente. Saltaremos al código que tiene que ver con los objetos ADO.

Como es usual, se declaran las variables y se crean los objetos (líneas 80 a 160).

Observe que está creando un objeto Recordset. En programación es una buena práctica nombrar a su Recordset según los datos que vaya a contener. Esto hace más fácil de recordar el propósito del Recordset y ayuda a identificarlo cuando está usando más de uno a la vez.

Las líneas 180 a 220 establecen las variables del objeto Connection. Como ya ha visto anteriormente, muévase al objeto Command. Esta vez enviará una instrucción SQL que devolverá un Recordset con nuestro objeto Command. Las líneas 230 a 270 del segmento de código, hacen justamente eso. Recuerde que puede enviar cualquier comando que pudiera emitir en el monitor de MySQL. Aquí está mandando una instrucción SELECT para recibir las columnas Estado, Nombres Apellido_Paterno y Apellido_Materno concatenadas y todas las filas de la tabla Clientes ordenadas por los apellidos.

Otra forma de llevar a cabo esta tarea es usar el tipo table en lugar del tipo text como el tipo usado en la propiedad CommandType del objeto Command. Podría usar 3 en lugar de 1 para indicar que una tabla va a ser usada. Entonces en el texto del comando, todo lo que tendría que hacer es usar el nombre de la tabla. Por ejemplo, para usar un comando con tipo table, debería hacer lo siguiente:

1. Establecer a 3 el tipo de comando (CommandType = 3)

2. Cambiar el texto del comando (CommandText = "Clientes").

Esto devolvería exactamente los mismos resultados que la instrucción SELECT. Esto nos muestra la flexibilidad que ofrece ADO. Puede hacer las cosas de diversas formas. Es sólo cuestión de preferencias.

La siguiente parte del código abre el `Recordset` (línea 270). El primer parámetro del método `Open` es el origen. Usted escoge usar el objeto `Command` como su origen. El siguiente parámetro es la conexión activa. Debido a que va a usar un objeto `Command` que ya tiene una conexión activa, no necesita declarar una aquí. El siguiente parámetro es el tipo de cursor que el `Recordset` usará. Debido a que va a desplegar datos y no a modificarlos, opta por usar el valor predeterminado, que es `ForwardOnly`. El siguiente parámetro es el tipo de bloqueo. Puesto que está usando un `Recordset` estático, usará un bloqueo `ReadOnly`. Esto liberará la tabla para que otras personas la usen.

Las líneas 450 a 620 tienen que ver con recorrer el `Recordset`. Este código es realmente directo. Recorrer el `Recordset`, que significa moverse de registro en registro, usa un ciclo `Do...Until`. Éste primero prueba la condición. Si la condición es falsa, sigue con el ciclo. De lo contrario, se sale del ciclo. El ciclo contiene el código que va a desplegar los datos del `Recordset` en la página Web. Usa la propiedad `Fields` del `Recordset` para hacer esto. La propiedad `Fields` es una colección de pares nombre=valor. Puede referirse a un valor en una columna usando el nombre de la columna, como lo hace en el código. Aquí usted despliega el valor actual de los apellidos, nombre y estado del cliente.

El último fragmento de código (líneas 630 y 640) cierra el `Recordset` y después cierra la conexión.

Como puede ver, es posible utilizar la tecnología de Microsoft con MySQL en una gran variedad de formas. Depende de usted y de su imaginación. Esto, une dos tecnologías muy diferentes y competentes. Puede tener un servidor MySQL ejecutándose en una plataforma Linux y conectarse a él usando tecnología ADO. Esto le permite aprovechar lo mejor de dos mundos. Puede tener un motor de base de datos estable, confiable y rápido, así como una aplicación que pueda ejecutarse en el sistema operativo de escritorio más popular del mundo. Todo tiene su lugar, lo que hace que todo funcione mejor.

Resumen

Este día aprendió acerca de ODBC, que es la respuesta de Microsoft a un entorno de datos heterogéneos, donde el acceso a los datos es lo mismo sin importar de dónde o de cuál base de datos provienen los datos. Aprendió que para aprovechar ODBC, necesita utilizar algunas otras herramientas. Las herramientas que usó en los ejemplos fueron ADO, VBScript y ASP.

Aprendió que en ADO hay tres objetos primarios: `Connection`, `Command` y `Recordset`. Además, aprendió cómo interactúan entre ellos, así como sus métodos y propiedades.

13

También conoció la tecnología ASP. Vio cómo una página ASP puede procesar datos y crear páginas de manera dinámica.

Aprendió que VBScript es un lenguaje fácil de usar y que es un subconjunto de Visual Basic.

Vio cómo usar VBScript para manipular y acceder objetos ADO.

Finalmente, vio cómo todo se ensambla, cómo al usar VBScript en una página ASP puede manipular una base de datos por medio de ADO.

Preguntas y respuestas

P ¿Puedo agregar un usuario con esta tecnología?

R Con ADO usted puede hacer cualquier cosa que pueda hacer en la línea de comandos del monitor de MySQL. Puede añadir usuarios, quitar privilegios e incluso optimizar sus tablas de manera programática.

P Parece que está añadiendo muchas capas de interfaces. ¿Cómo afecta esto al desempeño?

R Incluso con las capas añadidas, ADO es extremadamente rápido. Es posible utilizar una base de datos de MySQL y aplicaciones de VBScript sobre una conexión de acceso telefónico y los usuarios ni siquiera se darían cuenta que están accediendo su base de datos de manera remota. Así de rápido es.

P ¿Sólo puedo usar ADO en las páginas ASP?

R No, las páginas ASP no son el único lugar en donde puede usar ADO. Visual Basic, Java y Visual C++ pueden usar ADO. El único requerimiento es que tenga el controlador de myodbc instalado. No puede acceder ninguna base de datos de MySQL sin él.

P ¿Por qué debería molestarme con un DSN?

R Un DSN le da una forma rápida y fácil de acceder su base de datos. Es excelente para un equipo de escritorio. Además, otras aplicaciones necesitan un DSN para acceder orígenes de datos ODBC. Por ejemplo, para importar o exportar algo fuera de Microsoft Access necesita un DSN. Además, puede cambiar la base de datos sin tener que reconstruir su aplicación.

Ejercicios

1. Usando ADO, conéctese a la base de datos MySQL y optimice sus tablas.
2. Cree una página ASP que permita al usuario editar datos de la tabla Clientes.

SEMANA 2

DÍA 14

La Interfaz de Bases de Datos de Perl

El lenguaje Perl fue desarrollado en 1987 por Larry Wall. Desde entonces, Perl se ha convertido en uno de los lenguajes de programación más populares y utilizados en la industria de las computadoras. Se ejecuta en casi cualquier plataforma (incluyendo Windows) y se puede transportar muy fácilmente, algunas veces sin cambiar una sola línea de código. Es un lenguaje muy robusto con capacidades muy fuertes en el manejo de cadenas. Esto hace de Perl una excelente alternativa para programación CGI, así como para otras muchas aplicaciones de negocios.

Debido a la popularidad de Perl, era sólo cuestión de tiempo para que la gente empezara a utilizar Perl para interactuar con las bases de datos. La primera versión de estos módulos era un poco engorrosa comparada con la que se encuentra disponible actualmente. En ese entonces, cada base de datos tenía su propio módulo, que era específico para esa base de datos. Los nombres de esos módulos se formaban por la base de datos que los producía y Perl; por ejemplo,

Sybperl y Oriperl. Éstos eran buenos en ese tiempo, pero no encajaban con el modelo heterogéneo de datos que se estaba convirtiendo en el estándar de la industria. La DBI (Interfaz de Bases de Datos) de Perl proporcionaba a los programadores un conjunto de funciones y variables para acceder cualquier base de datos, de la misma forma que ODBC proporciona acceso a bases de datos en la plataforma Windows. Esta interfaz hablaba con un controlador específico para la base de datos. Esta parte de la arquitectura se llama DBD (o controlador de bases de datos). En conjunto, estas dos partes proporcionan una arquitectura que es fácil de aprender y utilizar. Por fortuna, MySQL tiene un DBD. Esto le permite utilizar Perl para interactuar con su base de datos de MySQL.

Este día aprenderá:

- Cómo instalar el controlador DBI/DBD de MySQL
- Cómo usar la DBI/DBD de MySQL
- Cómo crear un programa CGI que interactúe con una base de datos de MySQL

Cómo instalar la DBI de Perl y el DBD de MySQL

Para aprovechar la DBI de Perl necesita instalar los módulos necesarios. Este proceso es fácil, pero puede ser algo intimidatorio para el principiante. El primer paso es tener la versión más reciente de la DBI de Perl. Puede encontrarla en varios lugares. La CPAN (Comprehensive Perl Archive Network) tiene la versión más nueva disponible de la interfaz, así como varios controladores de bases de datos. Otro lugar donde puede encontrar los controladores y la interfaz es en el sitio Web de MySQL. Tal vez no esté la última versión, pero de cualquier forma trabajará. También puede encontrar la DBI de Perl y el DBD de MySQL en el CD-ROM que se incluye con este libro. Esto le ahorrará la lata de bajarlo de Internet.

Perl está hecho de una serie de módulos. Cada módulo aumenta las capacidades de MySQL. Hay una tonelada de módulos disponibles para Perl. Hay módulos para CGI, Tk, diversas funciones matemáticas e incluso módulos que aumentan la capacidad de otros programas como el servidor de Web Apache.

La instalación de módulos es realmente fácil con Perl. La puede hacer de dos formas. La primera es bajarlos e instalarlos como lo haría con cualquier otro programa, siguiendo las instrucciones del archivo README. La otra forma es dejar que Perl se encargue del proceso.

Desafortunadamente, la forma de hacerlo es diferente, dependiendo de la plataforma que use, aunque trabajan de manera similar. La siguiente sección cubre la instalación de Perl para la plataforma Windows.

Cómo bajar e instalar Perl

Deberá instalar la versión de Perl para Windows. La puede bajar e instalar desde el sitio Web ActiveState en `www.activestate.com`. Puede encontrar muy útiles las FAQs (Preguntas frecuentes) en el sitio `www.perl.com`. Una vez que haya instalado Perl vaya al directorio `Perl`. En él encontrará un subdirectorio llamado `bin`. En este subdirectorio verá las diversas utilerías que vienen con Perl. Localice el archivo llamado `PPM`. Esta utilería es el Perl Package Manager. Esta pequeña utilería encontrará un módulo Perl en Internet, bájelo e instálelo automáticamente. No puede pedir un mejor servicio.

Para iniciar la instalación de la DBI, haga doble clic en el archivo `PPM`. Una ventana de DOS de Windows se abrirá. Trabajará con esta ventana y la línea de comandos. Es muy básico, pero así es Perl, un programa que desempeña su trabajo bien. Para ver la lista de comandos disponibles, teclee **help**. Se desplegará una lista de comandos, dándole varias opciones. Si quiere una explicación más completa de cada comando, teclee la palabra **help** seguida del comando. Por ejemplo, si quiere aprender más acerca del comando `set`, teclee lo siguiente:

ENTRADA   `PPM> help set`

Este comando desplegará una lista de opciones de la cual usted puede escoger. Va a usar el comando `install`. Éste le dirá al `PPM` que instale el paquete especificado. Recuerde que esta utilería es sensible a mayúsculas y minúsculas, así que teclee correctamente todos sus comandos y paquetes, o no funcionarán de la manera esperada. Si quiere instalar la DBI desde Internet, asegúrese de que su conexión a Internet esté activa, y teclee el siguiente comando:

SALIDA   `PPM> install DBI`

El `PPM` pregunta si desea instalar el módulo DBI, teclee 'y' en este momento y `PPM` buscará el módulo más reciente de la DBI y comenzará a bajarla. Desafortunadamente, el `PPM` no posee indicadores del proceso de bajado, así que sea paciente. Puede parecer que el `PPM` no está haciendo nada, pero no se apure, sí está trabajando.

Una vez que el `PPM` ha bajado el módulo exitosamente, empezará a instalarlo. Pasarán muchos datos por la pantalla, que indicarán que el `PPM` está trabajando muy duro. Después de que ha completado el proceso le dirá si fue exitoso o no. Lo más probable es que haya tenido una instalación exitosa; de lo contrario, tendrá que repetir el proceso o tratar de instalar manualmente el módulo.

Como puede ver, `PPM` es una muy buena herramienta para añadir módulos a Perl para Windows. Todas las demás plataformas pueden usar una utilería similar disponible también como una opción del comando `Perl`. Puede obtener los mismos resultados que `PPM` tecleando lo siguiente desde la línea de comandos (asumiendo que ya tiene instalado Perl y que es parte de su ruta de acceso).

14

ENTRADA   `%> perl -MCPAN -e shell`

Después de teclear este comando, entrará en una sesión interactiva igual que PPM. Se le harán algunas preguntas, principalmente acerca de dónde encontrar los archivos clave y algunas otras cosas. Los valores predeterminados son generalmente correctos. Una vez que ha contestado todas las preguntas, teclee lo siguiente desde la línea de comandos:

SALIDA   `%> install DBI`

Esto instalará la DBI en el lugar correcto.

Nota   Dada la facilidad para la instalación de módulos es recomendable el uso de PPM.

Instalación para Linux desde el CD-ROM

Si prefiere utilizar el software incluido en el CD-ROM, tendrá que hacer una instalación manual. Para esto, lleve a cabo los siguientes pasos:

1. Primero, necesitará montar el CD-ROM. Refiérase a su manual del sistema operativo para hacer esto.

2. Una vez que tiene el CD-ROM montado, necesitará copiar el archivo al directorio en su sistema. Desde la línea de comandos teclee lo siguiente:

ENTRADA   `%> cp DBI -1.14.tar.gz /home/luis/DBI-1.1.tar.gz`

Utilice un directorio al cual tenga acceso. Generalmente, el directorio de raíz es una buena elección.

3. Una vez que haya copiado el archivo, cámbiese al directorio en donde copió el archivo, si todavía no se encuentra ahí.

ENTRADA   `%> cd /home/luis`

4. El siguiente paso es descomprimir el archivo. Para hacerlo, teclee lo siguiente desde la línea de comandos:

ENTRADA   `%> gunzip DBI-1.14-tar.gz`
                   `%> tar -xvf DBI-1.14.tar`

5. Una vez que los archivos hayan sido extraídos apropiadamente, estará listo para compilarlos. Para hacer esto, cámbiese al nuevo directorio creado, DBI-1.14, tecleando lo siguiente:

ENTRADA   `%> cd DBI-1.14`

6. El siguiente paso es crear el archivo Make. Teclee lo siguiente:

ENTRADA   `%> perl Makefile.PL`

Pasarán muchos datos por la pantalla con notas del progreso. Una vez que haya terminado, le será notificado si el archivo fue creado satisfactoriamente. Si lo fue, podrá continuar con la instalación.

7. El siguiente paso es añadir el módulo al directorio correcto. Para hacerlo, teclee lo siguiente:

ENTRADA   `%> make`

De nuevo, pasarán muchos datos por la pantalla. Cuando haya terminado, teclee lo siguiente:

ENTRADA   `%> make test`

Nuevamente, pasarán muchos datos por la pantalla. Una vez que termine, teclee lo siguiente:

ENTRADA   `%> make install`

Una vez que haya terminado esto satisfactoriamente, tendrá instalada la DBI de Perl.

Nota

> También es necesario instalar el módulo ShowTable. Para hacerlo, teclee lo siguiente desde la línea de comandos:
>
> ```
> %> cp Data-ShowTable-3.3.tar.gz /home/luis/ShowTable-3.3.tar.gz
> %> gunzip ShowTable-3.3.tar.gz
> %> tar -xvf ShowTable-3.3.tar.gz
> %> perl Makefile.PL
> %> make
> %> make test
> %> make install
> ```

14

Instale el DBD de MySQL

El siguiente paso es instalar el DBD de MySQL. Este controlador puede ser encontrado en la CPAN o en el sitio Web de MySQL. Para su conveniencia, también ha sido añadido al CD-ROM. Para instalar el DBD, haga lo siguiente:

1. Monte el CD-ROM si todavía no lo ha hecho. Siga las instrucciones de la guía del sistema operativo para hacerlo.

2. Copie el controlador de MySQL a un subdirectorio al cual tenga acceso. El nombre del controlador es `msql-mysql-modules-1.2215.tar.gz` y se encuentra bajo le directorio `perldb/source`.

3. Una vez que haya copiado el archivo, desempáquelo como lo hizo con la DBI, usando los mismos comandos, sólo cambie el nombre.

4. Después de que haya descomprimido el archivo, cámbiese al directorio `Msql-Mysql-modules-1.2215` y teclee lo siguiente desde la línea de comandos:

ENTRADA `%> perl Makefile.PL`

Se le mostrarán las siguientes alternativas:

SALIDA
```
1. MySQL only
2. mSQL only (either of mSQL 1 or mSQL 2)
3. MySQL and mSQL (either of mSQL 1 o mSQL 2)
4. mSQL 1 and mSQL 2
5. MySQL, mSQL 1 and mSQL 2
```

La selección predeterminada es la 3, que probablemente es la alternativa más fácil. mSQL es un predecesor de MySQL. No dañará nada si agrega este controlador a su sistema.

Una vez que haya hecho su selección, el programa de instalación le hará algunas otras preguntas. La primera es si quiere conservar algún módulo anterior. Si ha instalado otros módulos en su sistema y los está usando todavía, seleccione Sí; de lo contrario, seleccione No. A continuación se le preguntará acerca del directorio donde instaló MySQL. Si lo instaló en el directorio predeterminado (`/usr/local/mysql`), oprima Entrar. Las siguientes preguntas tienen que ver con la base de datos con la que se va a probar el controlador. Si todavía tiene la base de datos de prueba de su instalación de MySQL, puede oprimir Entrar para estas preguntas, con lo que tomará el valor predeterminado. Si no, debe teclear la base de datos con la que se va a probar el controlador. Tendrá que dar también el nombre de usuario y la contraseña, así como el nombre del host.

Una vez que se haya completado este paso, y no se hayan generado errores, el controlador quedará instalado satisfactoriamente y usted estará listo para escribir secuencias de comandos de Perl para acceder su base de datos.

Ya instaló las herramientas que necesita para aprovechar esta tecnología tan poderosa. Una advertencia, muchos libros no mencionan cómo instalar los diferentes controladores en una máquina porque tienen miedo que al hacerlo quede encerrado en esa versión. Esto es en parte verdad. La mayoría de las técnicas de instalación no cambian a menudo. Si lo hacen, generalmente es para facilitar el proceso. El mejor consejo aquí es que vea el archivo README antes de instalar cualquier cosa para asegurarse de que está utilizando las instrucciones más recientes.

También puede utilizar el PPM para instalar el controlador: arranque el PPM haciendo doble clic en él y cuando se abra la ventana, teclee lo siguiente desde la línea de comandos:

ENTRADA   `PPM> install DBD-MySQL`

Si no puede encontrar el controlador con este nombre, puede hacer una búsqueda. Para hacerlo, teclee lo siguiente desde la línea de comandos:

ENTRADA   `PPM> search mysql`

Esto devolverá el controlador más actual. Desde ahí, usted sólo tiene que teclear `install nombrecontrolador` y dejar que el PPM haga el resto por usted.

Cree su primera secuencia de comandos DBI/DBD de Perl

Este capítulo asume que usted tiene un conocimiento básico de Perl. Si no es así, le conviene leer algunos libros que le ilustren con más detalle sobre el lenguaje. Sin embargo, aunque no sepa Perl, de todas formas puede seguir leyendo para que vea lo útil y poderoso que es este lenguaje.

Como se discutió en capítulos anteriores, hay un subproceso común en todas las interfaces. La DBI de Perl no es diferente. Se tiene que hacer una conexión, las consultas deben pasarse a la base de datos, los resultados se regresan y, después, la conexión se cierra —éstos son los pasos generales que toda interfaz de bases de datos comparte.

El objeto DBI de Perl

La DBI de Perl está hecha de un objeto —el objeto DBI. A partir de este objeto usted puede encontrar qué controladores están disponibles en el método `data_sources()`, o puede crear un canal para la base de datos mediante el método `connect()`. Éste devuelve un canal para la base de datos a través del cual usted puede introducir instrucciones. Puede pensar en un canal para una base de datos como un tipo especial de conexión. Por ejemplo, cuando hace una llamada telefónica, marca el número del teléfono al cual quiere llamar. Alguien en el otro extremo contesta, y usted puede iniciar una conversación. La conexión que tiene con la otra persona es similar a la conexión de la base de datos, y la compañía de teléfonos es como la DBI. Usted realiza su conexión a través de la compañía telefónica de igual forma que hace una conexión a través de la DBI. Si todos sus datos son correctos, usted tiene una buena conexión. Puede tener una conversación y después colgar. Estas mismas cosas ocurren con la DBI. La DBI puede generar muchos canales a diferentes bases de datos, así como la compañía telefónica puede conectarlo a una gran cantidad de personas con su teléfono.

14

La DBI es una interfaz muy poderosa porque puede generar tantos canales como se requieran, y no necesariamente deben pertenecer a la misma base de datos. Por ejemplo, si necesita intercambiar datos entre dos bases de datos, podría fácilmente generar dos canales mediante la DBI —uno apuntando hacia una base de datos y otro apuntando hacia la otra. Esto permite hacer programas muy poderosos para la transferencia de datos. Este tipo de aplicación sería muy útil en un almacén de datos.

Cómo conectarse a la DBI

Se necesitan muchas piezas de información para hacer una conexión a la DBI. Necesita el nombre del controlador, la base de datos que va a usar, y el nombre de usuario y la contraseña de la persona que se va a conectar a esa base de datos. No hay nada nuevo aquí; ya ha visto estos requerimientos anteriormente. La sintaxis para la instrucción de conexión es como se muestra a continuación:

```
$dbh = DBI->connect("DBI:nombre del controlador: database=nombre de la base
de datos", "nombre de usuario", "contraseña");
```

El primer elemento es la variable que contendrá el canal a la base de datos. Se estila llamarlo `$dbh` o canal de base de datos, aunque puede ser cualquier nombre que usted quiera. Es sólo una variable cualquiera de Perl. El elemento después del signo de igual es el objeto `DBI`. Utilizando la flecha a continuación del objeto `DBI` para indicar que está llamando a un método de este objeto, llama al método `connect` con los siguientes parámetros:

1. `DBI:nombre del controlador: database=nombre de la base de datos` La primera mitad de esta instrucción es el controlador que usará para conectarse. Para MySQL, es `mysql`. La segunda parte, separada por dos puntos, es el nombre de la base de datos que estará usando. Un argumento apropiado para la base de datos que hemos estado utilizando sería:

   ```
   DBI:mysql:database=Mi_Tienda
   ```

2. El siguiente argumento es el nombre de usuario. Éste tiene que ser un nombre válido que pueda ser usado para conectarse al servidor de MySQL.

3. El tercer argumento es la contraseña para el usuario mencionado en el segundo argumento. Si el usuario no tiene una contraseña (un riesgo muy alto de seguridad), este argumento podría estar vacío. Podría utilizar comillas vacías (`""`).

Para conectarse a la base de datos `Mi_Tienda`, podría emitir la siguiente instrucción de conexión:

ENTRADA `$dbh = DBI->connect("DBI:mysql:database=Mi_Tienda", "root", "zazeo");`

El canal de la base de datos, comúnmente referida como `$dbh`, tiene muchos métodos asociados con él. Aunque no los cubriremos en este libro, los más comunes se muestran en una lista. Si quiere aprender más acerca del resto de los métodos de los canales de bases de datos, consulte las páginas del manual tecleando **man DBI** en la línea de comandos. Los siguientes son algunos de los métodos de canales de bases de datos:

1. `$dbh->do("`*`instrucción SQL`*`")` Esta instrucción ejecuta la instrucción SQL contenida entre el paréntesis. Se usa si quiere enviar comandos que no devuelven un conjunto de resultados, como las instrucciones INSERT o UPDATE. También puede usar instrucciones DCL, como los comandos CREATE y DROP.

2. `$dbh->prepare("`*`instrucción SQL`*`")` Esta instrucción generará un canal de instrucciones. Un canal de instrucciones es un objeto Recordset. Tiene los métodos y propiedades que pueden ser utilizados para manipular o describir los datos que contiene. El conjunto de resultados que devuelve, es el resultado de la consulta contenida en el paréntesis.

3. `$dbh->disconnect` Esta instrucción destruye el canal de la base de datos y cierra la conexión a la base de datos.

El canal de base de datos contiene muchos métodos, como los métodos `table_info` y `ping`. Puesto que este libro es sobre MySQL y no sobre la DBI de Perl, no trataremos estos métodos. Si desea información, vea las páginas del manual mencionado anteriormente.

Escriba una secuencia de comandos Perl

Ahora puede crear su primera secuencia de comandos Perl. La siguiente es una secuencia de comandos sencilla que lo conectará a la base de datos `Mi_Tienda` e insertará tres filas de datos.

```perl
#!/usr/bin/perl -w

use DBI;

$database = "Mi_Tienda";
$driver = "DBI:mysql";
my $dbh = DBI->connect("$driver:database=$database", "root", "zazeo")
    or die "No se realizó la conexión";

# Inserta los valores
$dbh->do("INSERT INTO Clientes (Nombre, Apellido_Paterno)
 VALUES ('Beatriz', 'Peña')");
$dbh->do("INSERT INTO Clientes (Nombre, Apellido_Paterno)
 VALUES ('Elizabeth', 'Peña')");
$dbh->do("INSERT INTO Clientes (Nombre, Apellido_Paterno)
 VALUES ('Carlos', 'Peña')");
```

14

```
# Disconnect from the database
$dbh->disconnect;

exit;
```

Eche un vistazo, línea por línea, a la anatomía de esta secuencia de comandos. La primera línea le dice dónde se encuentra el intérprete de Perl. Esto le permite ejecutar el programa sin llamar explícitamente a dicho intérprete. La siguiente línea le dice al intérprete que use el módulo DBI. Si olvida esta línea, el resto del código no trabajará. La estructura de la cadena de conexión se inicia en las siguientes dos líneas. Verá que esta técnica es muy usada. Le permite cambiar las cosas rápidamente en el futuro o lo deja estructurar su cadena de conexión basándose en argumentos de la línea de comandos. La siguiente línea es donde realmente se conecta a la base de datos. La instrucción or die es lo menos que puede proveer para chequeo de errores. Hay más cosas que puede usar, las cuales puede consultar en el manual. Las siguientes líneas añaden los registros a la tabla Clientes de su base de datos. La siguiente línea lo desconecta de la base de datos y destruye su canal de conexión. La línea final le dice al intérprete que ha alcanzado el final de la secuencia de comandos.

Como puede ver, el proceso es muy simple y directo. En el código de ejemplo anterior vio cómo dos de las tres funciones del objeto canal de la base de datos fueron utilizadas. Ahora eche un vistazo a la tercera función.

El método prepare() del objeto canal es diferente de los otros dos métodos del canal de la base de datos. Este método devuelve un canal de instrucciones. Éste tiene su propio conjunto de métodos y propiedades. Los siguientes son algunos de los métodos:

- execute()   Este método lleva a cabo la instrucción SQL que se envió en el método prepare() del objeto canal de base de datos.
- fetchrow_hashref()   Este método devuelve una matriz asociativa que contiene los valores del conjunto de resultados en una relación de pares nombre=valor.
- finish()   Este método destruye el canal de instrucciones y libera recursos.
- rows()   Este método devuelve el número de filas que contiene la instrucción.

El listado 14.1 es un ejemplo de cómo se usa el método prepare() para generar un canal de instrucciones.

LISTADO 14.1   El método prepare() y el canal de instrucciones

```
10 #!/usr/bin/perl -w

20 use DBI;

30 $DSN = "DBI:mysql:database=Mi_Tienda";
40 my $dbh = DBI->connect($DSN, "root", "zazeo")
50 or die "No se realizó la conexión";

60 my $sth = $dbh->prepare("SELECT * FROM Clientes WHERE Estado = 'JL'");
70 $sth->execute();

80 while(my $ref = $sth->fetchrow_hashref()){
90    print "$ref->{'Nombre'} $ref->{'Apellido_Paterno'} $ref->
{'Apellido_Materno'}";
}

100 $sth->finish();
110 $dbh->disconnect;
120 exit;
```

Ahora examine el código línea por línea. Ha visto las líneas 10 a 50 antes. Éstas simplemente permiten que la secuencia de comandos ejecute el módulo DBI, que se configure la cadena de conexión y, después, que se establezca la conexión a la base de datos. La línea 60 es donde comienza lo interesante. Aquí define una variable $sth igual a los resultados del método prepare() del canal de la base de datos. El método prepare() analiza la instrucción SQL y se asegura de que esté correcta. Después se crea un canal de instrucciones. La instrucción SQL se queda en espera hasta que se llama al método execute(). Esto se hace en la línea 70 del código.

Cuando se llama al método execute(), la consulta se pasa a la base de datos y se devuelve el conjunto de resultados. Toda la información concerniente a este conjunto de resultados —como el número de filas que contiene y la información acerca de los datos mismos— está contenida en el canal de instrucciones.

Después del método execute(), usted emplea uno de los métodos del canal de instrucciones, para trabajar con los datos. Mediante el ciclo while de la línea 80, recorre cada fila de datos, imprimiendo los datos contenidos en las columnas señaladas en la instrucción print (línea 90). Los datos son recuperados de la misma manera en que se almacenan en la base de datos.

En la línea 100 se destruye el objeto canal de instrucciones, y de esta manera se liberan recursos. La siguiente línea destruye el canal de base de datos y cierra la conexión. La secuencia de comandos termina con la instrucción exit().

14

En este ejemplo vio cómo se puede conectar a una base de datos, enviar una consulta y manipular los resultados devueltos por la base de datos. Recuerde que cada vez que tenga una interfaz con una base de datos deberá seguir siempre los mismos pasos:

1. Crear una cadena de conexión y usarla para conectarse a la base de datos. Con Perl esto se hace mediante el objeto DBI.

```
$dbh = DBI->connect("DBI:mysql:database=Mi_Tienda", "root", "zazeo");
```

2. Una vez que haya establecido la conexión, use el canal de base de datos ($dbh) para enviar consultas. Para consultas que no devuelven un conjunto de resultados, use el método do(). Para consultas que devuelven un conjunto de resultados, use el método prepare().

```
$dbh = do("DELETE FROM Clientes WHERE Estado='JL'");
```

3. Si necesita un conjunto de resultados, use el método prepare().

```
$sth = $dbh ->prepare("SELECT * FROM Clientes");
```

4. Antes de que pueda usar el conjunto de resultados de la consulta, necesita ejecutar la consulta en la base de datos. Para hacer esto, use el método ($sth) execute() del canal de instrucciones.

```
$sth->execute();
```

5. Una vez que haya ejecutado la consulta, puede manipular el conjunto de resultados usando el método fetchrow_hashref() para devolver una fila llena de datos. Necesitará usar algún tipo de instrucción de ciclos para recuperar todos los datos del conjunto de resultados.

```
While ($ref = $sth->fetchrow_hashref()){
    # Código que manipula sus datos de alguna manera
    print "ref->{'Apellido_Paterno'}";
}
```

6. Una vez que haya terminado con su conjunto de resultados, deshágase de él para que pueda liberar recursos del sistema. Haga esto usando el método finish().

```
$sth->finish();
```

7. Puede continuar enviando consultas con su canal actual. Puede incluso generar canales de instrucciones múltiples con un solo canal de base de datos. Cuando haya terminado de usar completamente la base de datos contenida en el canal, cierre su conexión. Haga esto llamando al método disconnect().

```
$dbh->disconnect();
```

Eso es todo lo que hay que hacer. Si se lleva a cabo paso a paso, es un proceso fácil. Ahora que ha dominado esto, vea cómo puede usar este conocimiento en el mundo real.

CGI, Perl, DBI y MySQL: cómo se ensamblan todos juntos

Debido a su gran capacidad para manipular cadenas, Perl encontró su hogar natural en Internet y con la programación con la CGI (Interfaz Común de Puerta de Enlace). CGI es el ambiente desde donde los programas envían, reciben y traducen datos desde Internet a su servidor. Estos programas tienden a ser una interfaz para aplicaciones mucho más grandes y bases de datos que requieren datos de un sitio Web para llevar a cabo sus tareas. Ejemplos de aplicaciones de CGI son tiendas en línea, catálogos y cualquier otro sitio Web que necesite generar dinámicamente páginas Web basándose en los criterios presentados por un usuario.

Tal vez se esté preguntando, ¿cómo se enlaza todo esto? Bueno, Perl es probablemente el mejor lenguaje para usar en programación tipo CGI. Es extremadamente rápido y tiene características muy poderosas para manipulación de cadenas, dos puntos muy fuertes cuando se trata con Internet y HTML. La DBI es la interfaz de base de datos de Perl. Es fácil de usar y muy poderosa. Con esa gran combinación, no hay nada que usted no pueda hacer.

La mejor manera de mostrarle cómo trabaja todo esto es iniciar con una muestra y explicarle conforme vaya avanzando.

Cómo manejar datos de una página Web

Va a crear una página Web que tome datos de un formulario de una página Web y los agregue a la tabla Vendedores de la base de datos Mi_Tienda. Para iniciar, examine la figura 14.1 para ver cómo es el formulario HTML que estará usando. Éste tiene todos los campos que necesita colectar para la base de datos. En un programa tipo CGI, los campos del formulario serán pasados al servidor Web, junto con la solicitud para la siguiente página. La etiqueta <FORM> de HTML tiene dos propiedades que necesitan ser configuradas. La primera es action que le dice al servidor qué programa ejecutar. La otra es method, que le dice al navegador cómo mandar la información en el formulario. Hay dos opciones, GET y POST. En todos los ejemplos usará el método POST, que es el más utilizado para enviar información.

Nota | La tabla Vendedores no ha sido creada, para hacerlo tome como referencia los campos que se capturan en la página. No olvide agregar el identificador (ID_Vendedor).

14

El listado 14.2 muestra el código para la página Vendedor.html.

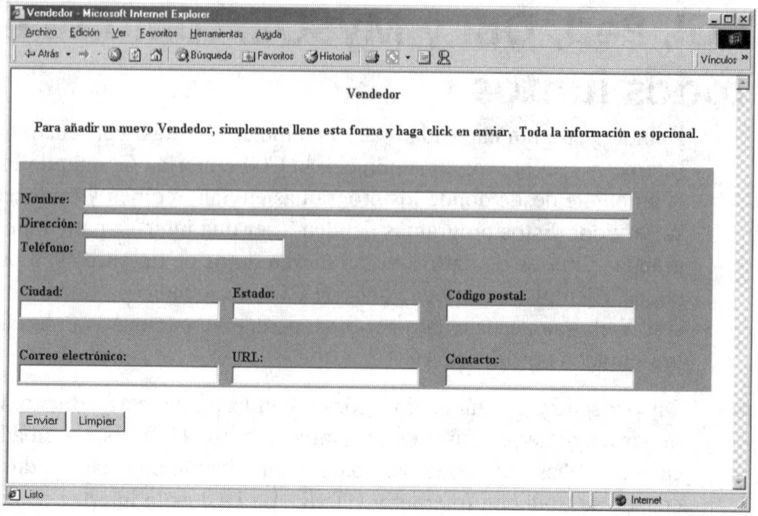

FIGURA **14.1**

Manejo de datos usando un formulario Web.

LISTADO **14.2**   Captura de los datos del vendedor con un formulario Web

```
<html>

<head>

<title>Vendedor</title>
</head>

<body>
<form method=post action= "/cgi-bin/AgregarVendedor.pl">
<div align="left">
  <table border="0" width="824" height="27" cellspacing="0"
cellpadding="2">
    <tr>
        <p align="center"><b>Vendedor</b></td>
    </tr>
    <tr>
      <td width="824" height="27" colspan="3">
        <p align="center"><b>Para añadir un nuevo vendedor,
simplemente llene este formulario y
        haga clic en Enviar.  Toda la información es opcional.</b></td>
    </tr>
    <tr>
      <td width="824" height="27" colspan="3"><b>
<font color="#FFFFFF"></font></b></td>
    </tr>
```

LISTADO 14.2 continuación

```
    <tr>
      <td width="824" height="27" colspan="3"
bgcolor="#9C9C4E"> </td>
    </tr>
    <tr>
      <td width="824" height="27" colspan="3"
bgcolor="#9C9C4E"><b>Nombre:   </b>
<input type="text" name="Nombre_Vendedor" size="91"></td>
    </tr>
    <tr>
      <td width="824" height="27" colspan="3" bgcolor="#9C9C4E"><b>
Dirección:
      </b><input type="text" name="Direccion" size="91"></td>
    </tr>
    <tr>
      <td width="824" height="27" colspan="3" bgcolor="#9C9C4E">
<b>Teléfono:  </b>
      <input type="text" name="Telefono" size="32"></td>
    </tr>
    <tr>
      <td width="824" height="27" colspan="3" bgcolor="#9C9C4E"> </td>
    </tr>
    <tr>
      <td width="245" height="27" bgcolor="#9C9C4E">
<b>Ciudad:    </b>
<input type="text" name="Ciudad" size="32"></td>
      <td width="247" height="27" bgcolor="#9C9C4E"><b>Estado:</b>
<input type="text" name="Estado" size="30"></td>
      <td width="309" height="27" bgcolor="#9C9C4E">
<b>Código postal:      
       
    
      </b><input type="text" name="Codigo_Postal" size="30"></td>
    </tr>
    <tr>
      <td width="245" height="27" bgcolor="#9C9C4E"> </td>
      <td width="247" height="27" bgcolor="#9C9C4E"> </td>
      <td width="309" height="27" bgcolor="#9C9C4E"> </td>
    </tr>
    <tr>
      <td width="245" height="27" bgcolor="#9C9C4E"><b>Correo electrónico:</b>
```

14

LISTADO 14.2   continuación

```
<input type="text" name="Correo_Electronico" size="32"></td>
      <td width="247" height="27" bgcolor="#9C9C4E"><b>URL: </b>
<input type="text" name="URL" size="30"></td>
      <td width="309" height="27" bgcolor="#9C9C4E">
<b>Contacto:    
    
      </b><input type="text" name="Contacto" size="30"></td>
    </tr>
    <tr>
      <td width="801" height="27" colspan="3"></td>
    </tr>
    <tr>
      <td width="801" height="27" colspan="3">
<input type="submit" value="Enviar" name="B1">
<input type="reset" value="Limpiar" name="B2"></td>
    </tr>
  </table>
</form>
</div>

</body>

</html>
```

Hay algunos cuadros de texto dentro del formulario. Éstos pueden tomar la entrada del usuario y pasarla a su programa CGI. Observe que a cada cuadro se le ha dado un nombre. Este nombre será pasado al servidor en un par nombre=valor que usted puede analizar y usar.

Cómo modificar la base de datos con una secuencia de comandos de Perl

Ahora eche un vistazo a la secuencia de comandos de Perl que tomará los datos de la página Web y los añadirá a su base de datos. El listado 14.3 añade datos de vendedores a la base de datos.

LISTADO 14.3   Secuencia de comandos Perl para añadir datos de vendedores

```
#!/usr/bin/perl -w

use DBI;

############ Conexión a la base de datos Mi_Tienda  ###################

$database = "Mi_Tienda";
$driver ="mysql";
```

Listado 14.3 continuación

```perl
$dsn = "DBI:$driver:database=$database";
$dbh = DBI->connect($dsn,"root","zazeo") or die "Error de conexión
➥a la base de datos";

%postInputs = readPostInput();

$Nombre = $postInputs{'Nombre_Vendedor'};
$Direccion = $postInputs{'Direccion'};
$Estado = $postInputs{'Estado'};
$Ciudad = $postInputs{'Ciudad'};
$Codigo_Postal = $postInputs{'Codigo_Postal'};
$Telefono = $postInputs{'Telefono'};
$Correo_Electronico = $postInputs{'Correo_Electronico'};
$URL = $postInputs{'URL'};
$Contacto = $postInputs{'Contacto'};

$dbh->do("INSERT INTO Vendedores VALUES(NULL, '$Nombre',
 '$Direccion','$Ciudad','$Estado', '$Codigo_Postal','$Telefono',
 '$Correo_Electronico','$URL', '$Contacto')");

print<<Codigo_HTML;
Content-type: text/html

 <html><head><title>Registro agregado</title></head>
 <body>El vendedor $Nombre ha sido registrado</body>
 </html>
Codigo_HTML

$dbh->disconect;
exit;

################################################
# Subrutina que toma los valores del formulario#
# y los almacena en una matriz asociativa      #
################################################

sub readPostInput{
    my (%searchField, $buf, $pair, @pairs);

    if ($ENV{'REQUEST_METHOD'} eq 'POST'){
        read(STDIN, $buf, $ENV{'CONTENT_LENGTH'});
        @pairs = split(/&/, $buf);

        foreach $pair(@pairs){
            ($name, $val) = split(/=/,$pair);
            $val =~ tr/+/ /;
```

14

Listado 14.3   continuación

```
            $val =~ s/%([a-fA-f0-9][a-fA-F0-9])/pack("C", hex($1))/eg;
            $name =~ tr/+/ /;
            $name =~ s/%([a-fA-f0-9][a-fA-F0-9])/pack("C", hex($1))/eg;
            $searchField{$name} = $val;
        }
    }
   return (%searchField);
```

La primera línea de este listado le dice dónde encontrar el intérprete de Perl. La siguiente línea le dice al intérprete que use el módulo DBI. También hay un módulo CGI que hace muchas cosas. Puede encontrarlo en el CPAN.

```
$database = "Mi_Tienda";
$driver ="mysql";

$dsn = "DBI:$driver:database=$database";
$dbh = DBI->connect($dsn,"root","zazeo") or die
        "Error de conexión a la base de datos";
```

Esta pieza de código crea la cadena de conexión. Observe que se utiliza una tercera variable ($DSN) para almacenar la información del controlador y de la base de datos. Se hizo de esta manera para facilitar la lectura del código.

```
%postInputs = readPostInput();
```

Esta línea de código llama a la función `readPostInput()`. Esta función analiza el par nombre/valor y crea una matriz asociativa que contiene esos valores.

Nota   Una matriz asociativa almacena elementos en pares nombre/valor.

```
$Nombre = $postInputs{'Nombre_Vendedor'};
$Direccion = $postInputs{'Direccion'};
$Estado = $postInputs{'Estado'};
$Ciudad = $postInputs{'Ciudad'};
$Codigo_Postal = $postInputs{'Codigo_Postal'};
$Telefono = $postInputs{'Telefono'};
$Correo_Electronico = $postInputs{'Correo_Electronico'};
$URL = $postInputs{'URL'};
$Contacto = $postInputs{'Contacto'}
```

Este segmento de código toma la matriz asociativa que fue devuelta por
`ReadPostInput()` y asigna los valores a las variables. Esto se hizo para hacer que el
código sea más fácil de leer y entender. Hubiera podido saltarse fácilmente este paso y
utilizar el arreglo. El único problema es que sus instrucciones SQL habrían sido
increíblemente largas y difíciles de leer. Este paso le ahorra mucho cansancio visual posterior. Observe que los nombres en el arreglo son los nombres que se utilizaron en la
página Web. Es importante recordar esto porque Perl es sensible a mayúsculas y minúsculas. Un error de escritura aquí podría significar horas de rastreo posterior. Así que
tómese su tiempo y sea cuidadoso.

```
$dbh->do("INSERT INTO Vendedores VALUES(NULL, '$Nombre',
'$Direccion','$Ciudad','$Estado', '$Codigo_Postal','$Telefono',
'$Correo_Electronico','$URL', '$Contacto')");
```

Este segmento de código crea una instrucción SQL y la ejecuta en la base de datos. Los
valores que estaban en los cuadros de texto del formulario han sido agregados ahora a la
base de datos. Parece demasiado fácil, ¿no es así?

```
print<<Codigo_HTML;
Content-type: text/html

 <html><head><title>Registro agregado</title></head>
 <body>El vendedor $Nombre ha sido registrado</body>
 </html>
Codigo_HTML
```

Este segmento del código envía una respuesta al navegador. En ella le dice al usuario que
el vendedor ha sido agregado. Puede ser muy creativo aquí. Lo que está haciendo en este
paso es enviar de regreso una página Web al navegador. Vea la figura 14.2 para ver el
resultado. Cualquier cosa que haga en la página Web, la puede hacer aquí. JavaScript,
DHTML y Flash animations son algunos ejemplos. Usted no está limitado porque está
insertando el HTML en una secuencia de comandos Perl. Puede ser tan creativo como
quiera serlo. Hay un punto que es necesario mencionar, las primeras dos líneas del segmento de código son obligatorias. Su página no será desplegada si no la incluye exactamente como aparece. La línea en blanco es requerida para el contenido que se despliega
en el navegador.

```
$dbh->disconnect;
```

Debido a que ya hizo todo lo que necesitaba hacer con el canal de base de datos, debe
deshacerse de él. Desconéctese de la base de datos para liberar recursos del sistema.

```
sub readPostInput{
    my (%searchField, $buf, $pair, @pairs);

    if ($ENV{'REQUEST_METHOD'} eq 'POST'){
        read(STDIN, $buf, $ENV{'CONTENT_LENGTH'});
        @pairs = split(/&/, $buf);
```

14

```
        foreach $pair(@pairs){
            ($name, $val) = split(/=/, $pair);
            $val =~ tr/+/ /;
            $val =~ s/%([a-fA-f0-9][a-fA-F0-9])/pack("C", hex($1))/eg;
            $name =~ tr/+/ /;
            $name =~ s/%([a-fA-f0-9][a-fA-F0-9])/pack("C", hex($1))/eg;
            $searchField{$name} = $val;
        }
    }


    return (%searchField);
}
```

Ésta es la función que lleva a cabo la rutina de análisis que separa sus pares nombre/valor, creando una asociativa. Ésta es una función muy útil, siéntase con la libertad de usarla con cualquier aplicación CGI que cree. Este trabajo ya está hecho para usted en el módulo CGI disponible desde el CPAN.

Eso es todo lo que necesita hacer para incluir acceso a bases de datos con su página Web.

FIGURA 14.2

Envío de confirmación al navegador.

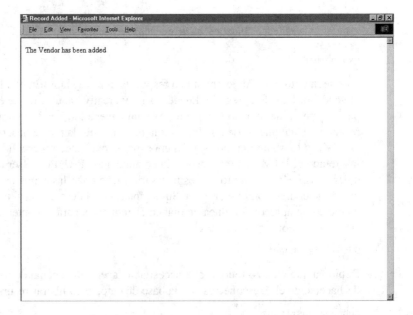

Eche un vistazo al proceso CGI una vez más. Un usuario llena un formulario o hace clic en un vínculo que pasa los valores junto con una solicitud a la secuencia de comandos Perl. Esta secuencia procesa los valores que fueron pasados. También lleva a cabo algunas interacciones con la base de datos y después envía una respuesta al navegador en formato HTML.

Resumen

Este día aprendió las bases de la DBI de Perl como se aplica a MySQL. Ha tocado la punta del iceberg. Hay mucho que puede hacer con Perl y MySQL. Puede usar Perl para ayudar a automatizar tareas administrativas de MySQL, así como para ayudar a desempeñar tareas necesarias como desarrollo de informes y mantenimiento de sus datos. El cielo es el límite.

También aprendió acerca de los tres objetos que le da Perl para ayudarlo a llevar a cabo la interfaz de su base de datos. Éstos son el objeto DBI, el canal de base de datos y el canal de instrucciones. Aprendió cómo interactúan estos objetos para brindarle una interfaz poderosa y flexible para su base de datos.

Otra cosa que aprendió hoy fue cómo crear programas CGI simples en Perl para llevar a cabo la integración de Web con bases de datos. Vio cómo podía usar el objeto DBI para llevar a cabo estas tareas. Hay todo un mundo por descubrir cuando se entra a la programación Perl/CGI/Base de datos. Sólo se tocaron las bases el día de hoy. Si quisiera ahondar aún más en este tipo de programación, Sams Publishing ofrece una gran selección de libros para apoyarlo en ese proceso, tales como *Sams Teach Yourself Perl in 21 days*, por Laura Lemay o Sams *Teach Yourself CGI in 24 hours*, por Rafe Colburn.

Preguntas y respuestas

P **¿Por qué es tan poderosa la DBI de Perl?**

R Una de las principales razones por las que es considerada tan poderosa es por su simple aunque elegante diseño. Por ejemplo, podría crear un canal de base de datos para Oracle en una sola línea de código. Podría crear un canal de base de datos para MySQL en la siguiente línea de código. Desde ahí, podría crear dos instrucciones más que intercambiaran datos entre dos bases de datos. Podría hacer todo eso con algo así como seis líneas de código. ¿Hay algo más fácil que eso?

14

P ¿Estoy limitado a instrucciones simples de SQL con la DBI de Perl?

R No, puede emitir cualquier comando con la DBI de Perl que pudiera enviar desde el monitor de MySQL. Instrucciones como OPTIMIZE y LOAD DATA INFILE, son pan comido. De hecho, el canal base de datos tiene un método func() que permite que pase instrucciones como CREATE DATABASE en una línea. La sintaxis sería como la siguiente:

```
$retVal = $dbh->func('createdb', 'nombre_base_de_datos', 'admin')
```

Otras instrucciones incluidas son las funciones dropdb, shutdown y reload. Todas éstas siguen casi la misma sintaxis. Las funciones shutdown y reload no tienen el argumento nombre de la base de datos, que tienen las funciones createdb y dropdb. Necesitan teclearse exactamente como se mostró en el código anterior.

Ejercicios

1. Cree una secuencia de comandos Perl que tome una solicitud del usuario y despliegue valores de la base de datos basándose en un valor dado. Por ejemplo, con la base de datos Mi_Tienda cree una página Web que permita a una persona ver una lista de clientes basada en el Estado en el que viven los clientes. Pase este valor a una secuencia de comandos Perl que utilice ese parámetro en una consulta SELECT de SQL.

2. Cree una secuencia de comandos Perl que añada un usuario a la base de datos. (Tip: utilice la instrucción GRANT.)

SEMANA 2

Repaso

Ya terminó su segunda semana de aprendizaje sobre MySQL. Aprendió cómo poblar su base de datos y sobre el uso de funciones intrínsecas de MySQL. Asimismo, aprendió sobre la programación de interfaces y lo que éstas pueden hacer por usted.

Semana 3

De un vistazo

Ya terminó su segunda semana de aprendizaje sobre MySQL; por lo tanto, debe saber cómo trabajar con datos almacenados en una base de datos de MySQL. Ahora que sabe cómo manipular los datos, aprenderá cómo dar mantenimiento a su base de datos.

Hacia dónde va

En la tercera semana completará su estudio sobre MySQL. Conocerá las tareas que debe realizar un administrador de una base de datos de MySQL. Esta semana se basa en el conocimiento actual que usted tiene, llevándolo por el camino para que se convierta en un verdadero administrador de bases de datos de MySQL.

Después de que complete el entrenamiento de esta semana, deberá tener un entendimiento completo de MySQL. El día 15, "MySQL y PHP", comienza la semana tratando la última de las interfaces. El día 16 conocerá la forma en que MySQL maneja el tiempo. El día 17, "Seguridad de bases de datos en MySQL", cubre todos los aspectos sobre cómo proteger su base de datos. El día 18 aprenderá en qué se compara MySQL con otras bases de datos relacionales del mercado. El día 19 cubre las tareas de administración en MySQL. El día 20, "Cómo optimizar MySQL", sabrá lo que debe hacer para sacarle el mayor provecho a su servidor de bases de datos. Finalmente, el día 21 "Cómo agruparlo todo", aprenderá el proceso de desarrollo completo de un sitio Web que utiliza MySQL para crear páginas de manera dinámica y almacenar información del usuario.

DÍA **15**

MySQL y PHP

En este capítulo conocerá los fundamentos de PHP. Aprenderá que PHP es un lenguaje de secuencias de comandos en el servidor, las cuales pueden incrustarse en archivos HTML.

Este día aprenderá lo siguiente:

- Los principios de operación de PHP
- Cómo incrustar PHP en archivos HTML de un servidor Web
- Cómo utilizar PHP como interfaz para una base de datos de MySQL

Qué es PHP

PHP significa Preprocesador de Hipertexto y es un lenguaje desarrollado a partir del movimiento Open Source. Por su gran popularidad, PHP compite con Perl, ASP, JSP y muchos otros programas de secuencias de comandos en el servidor.

Secuencias de comandos en el servidor

Un servidor Web que no contenga más que archivos HTML y gráficos podría albergar un sitio Web con buena apariencia. El sitio podría contener archivos con secuencias de comandos en el cliente —como JavaScript, DHTML y Java— que lo hicieran más dinámico. Sin embargo, todavía carecería de un componente interactivo importante.

Sin importar cuánto se esfuerce en diseñar sus páginas HTML y escribir su código en el cliente, nunca conseguirá algunos aspectos de interactividad. La comunicación con el usuario todavía será básicamente en un sentido: del servidor al cliente.

Puede vencer esta limitante mediante un sitio Web realmente dinámico; puede permitir que los usuarios interactúen con una gran base de datos, que exploren tiendas en línea, reserven en línea un boleto de avión, etcétera. Para tales situaciones, necesita un código que se ejecute en el servidor.

Ahí es donde interviene las *CGIs* (Interfaces Comunes de Puerta de Enlace). Éstas son programas ejecutables en el servidor cuyo código se ejecuta en el servidor en vez de en la computadora del cliente.

Esto tiene algunas ventajas. Las CGIs permiten la interacción en línea con bases de datos grandes. Permiten la transferencia bidireccional de información entre el cliente y el servidor.

Otra ventaja es que el código por lo general es independiente del cliente. Mientras que el código en el cliente necesita modificarse frecuentemente —e incluso escribirse dos veces— para contrarrestar las diferencias entre Internet Explorer y Netscape y las diferentes versiones de estos navegadores, las CGIs se ejecutan en una sola máquina —el servidor. Al ser independiente de la plataforma del cliente, usted minimiza los costos de desarrollo y se asegura de que la mayoría de los clientes puedan utilizar su sitio.

Introducción a PHP

Las CGIs pueden escribirse en diversos lenguajes. En los sistemas típicos basados en UNIX, éstas se escriben en Perl, aunque pueden utilizarse otros lenguajes como C, C++, entre otros. Los lenguajes más recientes incluyen ASP de Microsoft, JSP de Sun y NetObjects, que es una herramienta de cuarta generación para la programación en el servidor. PHP proviene del campo del dominio público.

Las secuencias de comandos de PHP se incrustan en los archivos HTML. Cuando un servidor Web habilitado para PHP recibe una solicitud de un archivo HTML que contiene PHP, no simplemente lo envía al usuario: primero ejecuta las secuencias de comandos de PHP contenidas en el archivo.

La secuencia de comandos puede dar como resultado código HTML que se genere al vuelo. Pero a un nivel más complejo, puede incluir instrucciones para actualizar archivos e información almacenada en el servidor e incluso enviar correo electrónico y generar gráficos al vuelo.

15

El resultado es totalmente transparente para los usuarios ya que no necesitan saber que la página ha sido generada especialmente para ellos. Los usuarios nunca ven la secuencia de comandos de PHP y nunca se darán cuenta de que existe.

A diferencia de otras CGIs tradicionales como Perl, PHP tiene la ventaja de estar contenido en las páginas HTML; no tiene que almacenarse en un directorio cgi-bin. También tiene una biblioteca de funciones bastante desarrollada y APIs que le permiten establecer una interfaz con todos los modos de funcionamiento del servidor.

Al momento de escribir este libro, está en uso la versión 3 de PHP, y la versión 4 está en versión beta y será liberada pronto. Este capítulo introductorio evita de manera intencional examinar a fondo el lenguaje, de forma que las diferencias entre PHP3 y PHP4 no tengan efecto para el aprendizaje de los principios básicos.

Instalación y ejecución de PHP

Buenas noticias: hay versiones de PHP que pueden ejecutarse en las diferentes versiones de Microsoft Windows, UNIX y Linux y para los servidores Web más comunes, entre ellos Apache e IIS. También es gratuito, mientras se utilice para fines personales, educativos o comerciales.

El espacio de este libro no permite incluir una guía completa de instalación y configuración de PHP. Sin embargo, puede descargarlo gratuitamente desde el sitio Web oficial de PHP (http://www.php.net/) donde encontrará una guía completa para la instalación en su plataforma específica.

Otro sitio útil es http://www.phpbuilder.com/, que contiene muchos recursos y archivos explicativos para los desarrolladores de PHP.

Fundamentos de PHP

Considere un ejemplo sencillo de una página Web que contiene el siguiente código PHP:

```
<HTML>
<HEAD>
<TITLE>Mi primera página de PHP</TITLE>
</HEAD>
<BODY>
<?php
echo "La hora es".time();
?>
</BODY>
  </HTML>
```

Podría guardar este archivo en su servidor Web como muestrahora.php3. (Observe que he utilizado una extensión .php3. Dependiendo de la configuración de PHP en el archivo de configuración del servidor Web de su sistema, podrá utilizar .php o .html.)

Cuando visite la página con un navegador Web, obtendría una salida como la siguiente:

 La hora es 984596062

> **Nota**
>
> Si en este punto su navegador despliega el código HTML y PHP, usted puede tener un problema de configuración en el servidor. Puede ser tan sencillo como tener que cambiar la extensión del nombre del archivo. Intente cambiar la extensión a `.php`. Esta configuración, la cual define cuándo puede invocarse PHP, se encuentra en el archivo de configuración de su servidor Web (`srm.conf` en Apache). Si esto no resuelve el problema, necesitará estudiar el manual de PHP.

¿Qué sucedió aquí? Ésta es una página HTML plana, excepto por dos cosas importantes: una es la extensión del nombre del archivo (`.php3`)y la otra son las líneas entre las etiquetas `<?php` y `?>`. Éstas son etiquetas especiales que definen una sección de secuencias de comandos de PHP. En breve aprenderá un poco más sobre la invocación de PHP.

El comando *echo* es la forma de indicarle a PHP que imprima en la pantalla. En el ejemplo, éste despliega el texto entre comillas junto con la hora del sistema en segundos desde 1970. Esto puede parecer sencillo, pero acaba de construir su primera página Web dinámica que contiene PHP.

Cómo funciona PHP

Cuando llega una solicitud del navegador de un cliente a un servidor Web habilitado para PHP, dicho servidor realiza algunas acciones:

- Recibe y lee la solicitud del navegador del cliente.
- Localiza la página solicitada en el servidor.
- Ejecuta las instrucciones indicadas por el código PHP incrustado, a diferencia de una página HTML normal.
- Envía la página resultante al cliente.

Ahora que sabe los principios básicos de PHP, aprenderá el lenguaje con más detalle. Posteriormente, aprenderá cómo puede ayudarle PHP a hacer que los usuarios de su sitio Web interactúen con una base de datos de MySQL.

Guía de inicio rápido de PHP

A continuación presentamos una guía del lenguaje PHP, diseñada para que usted lo comprenda rápidamente. Para aligerarla, asumimos que usted comprende los principios básicos de codificación y escritura de páginas HTML sencillas. Incluimos un listado de sintaxis de PHP útil aunque no exhaustivo. Dicha guía está diseñada para estimular su inquietud más que como un manual de consulta; sin embargo, después de comprenderla será capaz de compilar páginas Web dinámicas bastante refinadas.

Sintaxis básica

PHP necesita códigos de escape para indicar dónde su archivo HTML cambia al modo PHP. Puede utilizar cualquiera de las siguientes etiquetas en su código (como ejemplo presentamos una instrucción echo):

```
<?php
echo "Ahora modo PHP";
?>
```

o

```
<? echo "Ahora modo PHP con etiquetas cortas"; ?>
```

o

```
<script language="php"> echo "Ahora modo PHP"; </script>
```

Puede utilizar formatos multilínea o de línea sencilla sin importar el estilo de etiqueta que elija.

La segunda opción es la más sencilla (empleando solamente <? y ?>, es la más corta!) pero requiere que usted habilite las "etiquetas cortas" (pueden estar habilitadas dependiendo de su instalación). La tercera puede facilitar el uso con algunos editores WYSI-WYG de HTML que no permiten etiquetas inusuales.

Es importante señalar que después de cada instrucción PHP se escribe un punto y coma (;). Éste es el carácter de fin de instrucción. Esto es fundamental. Sin embargo, en PHP no importa si coloca varias instrucciones en una sola línea o reparte una instrucción a través de varias.

Tipos

PHP puede trabajar con enteros, números de punto flotante, cadenas, matrices y objetos. Cuando PHP accede a una variable, decide como qué tipo utilizarla de acuerdo con el contexto en el que se utiliza. También puede utilizar la misma variable como diferentes tipos —esto se conoce como *manipulación de tipo*. Por lo general, el programador no establece los tipos de variable (frecuentemente no es necesario, aunque puede hacerlo).

A continuación presentamos algunas asignaciones sencillas:

```
$numero = 20;  # entero
$precio = 14.95;  # flotante
$tamanio = 'grande';  # cadena
$mimatriz[0] = "rojo";  # primer elemento[0] de una matriz escalar
$mimatriz["qty"] = 6;  # Elementos "qty" de una matriz asociativa
```

Observe que puede utilizar tanto apóstrofes (') como comillas (") para valores de cadena, aunque conducen a resultados diferentes. Con las comillas, se evalúa cualquier variable contenida entre ellas. Con el apóstrofe no. Por lo tanto,

```
$var = "rojo $precio";
echo $var;
```

genera la siguiente salida:

SALIDA   rojo 14.95

Sin embargo,

```
        $var = 'verde $precio';
        echo $var;
```

genera una salida más literal:

SALIDA   verde $precio

Si desea utilizar objetos, utilice la instrucción new para crear una instancia de un objeto y vincularla a una variable como se indica a continuación:

```
class miobjeto {
    function crear_miobjeto ($p) {
        echo "miobjeto se creó con el parámetro $p.";
    }
}
$var = new miobjeto;
$var->crear_miobjeto(5);
```

Esto genera la salida:

SALIDA   miobjeto se creó con el parámetro 5.

Si aún no está familiarizado con las técnicas orientadas a objetos, le recomiendo que estudie algún libro que esté más enfocado a ellas.

Las variables PHP también pueden igualarse a tipos booleanos (TRUE y FALSE). Si una variable no está definida, es nula o cero, se iguala a FALSE y si contiene algún valor, se iguala a TRUE. Como verá más adelante este día, en las secciones "Estructuras de control", la comparación de una variable con TRUE o FALSE es útil en expresiones condicionales y ciclos.

Variables

Todos los tipos de variables están precedidos de un signo de pesos ($) y son sensibles a mayúsculas y minúsculas.

En forma predeterminada, las variables están disponibles para la secuencia de comandos en la que se utilizan y para cualquier secuencia de comandos que esté incluida en ella (pronto aprenderá cómo incorporar una secuencia de comandos dentro de otra empleando la instrucción INCLUDE). En este sentido, son globales.

Sin embargo, cuando utiliza funciones definidas por el usuario, en forma predeterminada las variables son locales para dicha función y no están disponibles fuera de ella.

Ya ha visto algunos ejemplos de manipulación de variables definidas por el usuario, pero también existen muchas variables definidas previamente.

La forma más fácil para ver la variable predefinida para su sistema es ejecutar phpinfo:

```
phpinfo();
```

Esta línea de código generará una salida considerable. En la salida encontrará algunas variables relacionadas con su servidor Web. Puede aislar algunas de estas variables, por ejemplo:

```
echo "$HTTP_USER_AGENT\n";
```

generará algo como:

SALIDA Lynx/2.8.4dev.7 libwww-FM/2.14

Esta información puede ser útil para saber qué tipo de cliente tiene, de dónde viene (HTTP_REFERER), qué secuencia de comandos está ejecutando (SCRIPT_FILENAME), qué método de solicitud utilizó (REQUEST_METHOD), qué cadena de consulta envió (QUERY_STRING), si existe, etcétera. Estas variables pueden resultar muy útiles en especial en el procesamiento de formularios HTML.

Variables de formularios HTML.

PHP facilita bastante las cosas cuando usted solicita datos del usuario en un formulario HTML. Los formularios utilizan la estructura común nombre=valor y en HTML cualquier cosa declarada utilizando la propiedad name= crea una variable en PHP con el mismo nombre y valor correspondiente.

Por ejemplo, observe el siguiente formulario HTML:

```
<form action="formulario_ejemplo.php3"method="post">
Escriba su nombre: <input type="texto" name="Nombre_Usuario">
¿Qué tamaño desea ordenar? <select name="Tamanio">
<option value="p">pequeño
<option value="m">mediano
<option value="g">grande
</select>
<input type="submit" name="enviar" value="Enviar">
</form>
```

Cuando `ejemplo_formato.php3` llama a la secuencia de comandos de PHP, ésta ya tiene asignadas las variables $Nombre_Usuario y $Tamanio, de acuerdo con los datos que el usuario introdujo. Por ejemplo, puede utilizar estos valores para crear una salida generada dinámicamente como se muestra a continuación:

```
<?php
echo "Introdujo su nombre como $Nombre_Usuario y el tamaño como $Tamanio.";
?>
```

También puede recibir una matriz de datos completa desde un formulario. Para hacerlo, utilice la etiqueta SELECT de HTML, la cual declarará como SELECT MULTIPLE y agregue corchetes ([]) después del nombre de la variable:

```
¿Qué colores desea? <select multiple name="color[]">
<option value="R">rojo
<option value="V">verde
<option value="A">azul
<option value="AM">amarillo
</select>
```

Aquí generó la matriz `color[]` por la forma en la que la declaró en el formulario HTML y ahora puede utilizar la matriz $color en PHP.

Expresiones

En PHP una igualdad se establece utilizando un solo signo de igualdad (=):

```
$Tamanio = 10;
```

establece la variable $Tamanio al número entero 10.

Puede realizar asignaciones múltiples como

```
$Color_Izquierdo = $Color_Derecho = 'café';
```

que establece ambas variables a la misma cadena.

Además de asignar valores, también puede comparar utilizando

- == para verificar una igualdad
- != para no igual a
- < para menor que
- <= para menor o igual a
- > para mayor que
- >= para mayor o igual a

Nota

No confunda = con ==. Si escribe algo como lo siguiente:

```
if ($Nombre = 'Juan') { echo "Hola Juan"; }
```

siempre obtendrá la salida "Hola Juan". ¿Por qué? Porque = realiza una asignación, no una comparación. Una vez asignada, $Nombre se avalúa como TRUE (porque no está vacía) y la instrucción if ejecuta la instrucción echo.

Probablemente lo que deseaba era

```
if ($Nombre == 'Juan') { echo "Hola Juan"; }
```

que comparará $Nombre con la cadena "Juan" y después decidirá qué hacer. Si la comparación se avalúa como TRUE, se ejecuta la instrucción echo.

PHP tiene algunos atajos para asignar variables en una forma corta. Aquí presentamos algunos ejemplos:

- *$n*++ y ++*$n* incrementan *$n* en 1
- *$n*-- y --*$n* disminuyen *$n* en 1
- *$n* += 6 incrementa *$n* en 6
- *$n* -= 2.5 disminuye *$n* en 2.5
- *$n* /= 10 divide *$n* entre 10
- *$texto* .= "atentamente" agrega el texto al final de una cadena llamada *$texto*

Nota

> $n++ es ligeramente diferente a ++$n. Cuando se coloca ++ (o --) antes de la variable, el incremento (o decremento) se realiza antes que cualquier otra cosa, como devolver el valor de una expresión. Si ++ se coloca después de la variable, se realiza el incremento después de devolver el valor.
>
> Así
>
> $n = 5; echo $n++;
>
> devuelve '5' y después establece $n a 6, mientras que
>
> $n = 5; echo ++$n;
>
> establece $n a 6 y después devuelve '6'.

Operadores

PHP tiene los siguientes operadores aritméticos comunes:

- + para suma (*$x + $y*)
- - para resta (*$Subtotal-$Descuento*)
- * para multiplicación (*$Anual = $Mensual * 12*)
- / para división (*$x / 10*)
- % para módulo aritmético (*$x % $y* genera el residuo de *$x / $y*)

Estructuras de control: `if`

PHP ofrece varias formas para el control de flujo de su secuencia de comandos. Veamos primero el control condicional con `if` que toma la siguiente forma:

```
if (expresión) {
        # ejecuta esto
} elseif (expresión) {
        # ejecuta otra cosa
} else {
        # haz otra cosa

}
```

Las verificaciones y acciones `elseif` y las acciones `else` son opcionales. En su forma más sencilla, solamente necesita `if` y el paréntesis que rodea a la primera expresión:

```
if ($Precio > 100) echo "Esto es caro";
```

es una expresión con sintaxis adecuada e imprimirá el mensaje solamente si $Precio es mayor que 100.

Cuando es necesario ejecutar más de una instrucción, debe encerrarlas con llaves:

```
if ($precio > 100) {
echo "Esto es caro";
echo "Otra vez";
}
```

Puede hacer una construcción con `if () { } else { }`, de forma que si la primera condición no se cumple (se evalúa como `FALSE`), se ejecutarán las instrucciones entre las llaves de la cláusula `else { }`. (Observe que las llaves pueden omitirse si solamente debe ejecutar una instrucción.)

El formato más complejo de `if` es `if () { } elseif () { } else { }`. Puede existir cualquier cantidad de condiciones `elseif ()`. Si la primera condición `if ()` no se cumple, intentará hacer coincidir `elseif ()`, y si ésta no coincide, continuará con la siguiente `elseif()`, y así sucesivamente hasta llegar a la última `elseif ()`.

Cuando se cumpla una de las condiciones (se evalúe como `TRUE`), ésta ejecutará las instrucciones dadas y después terminará. Si no se cumple ninguna de las condiciones, ejecutará las instrucciones `else`. Si no existen instrucciones `else`, terminará sin hacer nada.

Estructuras de control: `while`

PHP ofrece una estructura sencilla de ciclo en forma de `while`. Un ciclo `while` asume la siguiente forma básica:

```
while (expresión) {
        # ejecuta algunas instrucciones;
}
```

Al iniciar el ciclo, se evalúa la expresión y si es `TRUE`, la ejecución continúa con las instrucciones dentro del ciclo. Las llaves que encierran las instrucciones son necesarias solamente cuando hay más de una instrucción.

`while` en realidad es muy parecida a `if` sin las opciones `elseif` y `else`. Al igual que `if`, `while` solamente ejecuta las instrucciones si la expresión se evalúa como `TRUE`, pero, una vez que se hayan ejecutado las instrucciones, `while` regresará al principio, evaluará nuevamente la expresión y continuará haciéndolo hasta que ésta sea `FALSE`, y después terminará el ciclo para continuar con el resto del código.

Considere un ejemplo sencillo de HTML y PHP para contar desde 3 hasta 0:

```
Cuenta regresiva con while<br>
<?php
$n = 4;
```

```
while (—$n)
        echo "$n...";
?>
```

que generará:

```
Cuenta regresiva con while
3...2...1...
```

¿Qué sucede aquí? Cada vez que la ejecución entra en el ciclo while, la variable $n disminuye en uno y después se evalúa como TRUE o FALSE. La primera vez que entra al ciclo, se evalúa como 3, que es TRUE en lo que concierne al while lógico, de forma que se ejecuta la instrucción echo.

La cuarta vez que entra al ciclo, $n es 1 y al disminuirlo nuevamente toma el valor de cero. Esto significa FALSE y por lo tanto, la ejecución salta la instrucción echo y termina.

Una segunda forma del ciclo while es do...while. Ésta toma la siguiente forma:

```
do {
        # algunas instrucciones
} while (expresión)
```

A diferencia de la primera forma de while, esta forma garantiza que las instrucciones entre las llaves se ejecutarán por lo menos una vez. La expresión no se evaluará sino hasta el final del ciclo; si en ese punto es TRUE, se repetirá el ciclo. Esto continuará hasta que la expresión se evalúe como FALSE.

Estructuras de control: for

Una forma más compleja de realizar ciclos es utilizando el ciclo for. Éste toma la siguiente forma:

```
for (expresión1; expresión2; expresión3) {
        # algunas instrucciones del ciclo
}
```

Es importante la selección de las expresiones, ya que trabajan como se muestra a continuación:

- *expresión1* se evalúa sólo una vez, incondicionalmente, cuando la ejecución inicia en el for por primera vez.

- *expresión2* se evalúa cada vez que la ejecución inicia en el for. Si es TRUE, se ejecutan las instrucciones del ciclo; si es FALSE, sale del ciclo.

- *expresión3* se evalúa cada vez que la ejecución termina las instrucciones del ciclo. Si es TRUE, ejecuta nuevamente las instrucciones del ciclo; si resulta FALSE, sale del ciclo.

Por ejemplo, imagine cómo podría rescribir su ciclo de cuenta regresiva con for:

```
Cuentaregresiva con for<br>
<?php
for ($n=4; —$n; $n)
        echo "$n...";
?>
```

Éste realiza prácticamente lo mismo que el anterior. Usted inicia el ciclo al establecer $n a 4; la segunda expresión disminuye $n en 1 a 3, lo que se evalúa como TRUE, así que inicia la ejecución de las instrucciones del ciclo.

(Como antes, cuando solamente hay una instrucción en el ciclo, es posible omitir las llaves.)

Al final del ciclo, utiliza la tercera expresión simplemente para verificar si $n todavía es TRUE (diferente de cero). Al entrar por cuarta vez, $n será cero (FALSE), momento en el que termina el ciclo.

Además, podría haber escrito de igual manera el ciclo for como:

```
for ($n=3; $n; $n—)
```

Esto establece a 3 la variable $n la primera vez, y después verifica si es diferente de cero cada vez que entra al ciclo. Cada vez que llega al final del ciclo, la disminuye. Cuando intenta iniciar la ciclo por cuarta vez, $n ya ha sido establecida a cero y sale del ciclo porque la segunda expresión es FALSE.

Comandos opcionales para ciclos: break y continue

Puede utilizar un break en cualquier lugar de un ciclo for o while para salir de él de inmediato:

```
do {
        # instrucciones que se repiten
        if (expresión) {
                # algunas instrucciones adicionales
                break;
        }
} while (expresión)
# continuar la ejecución aquí
```

break es una forma de abandonar un ciclo de una forma "poco elegante" (vea la figura 15.1). Esta instrucción le permite detener la ejecución en cualquier punto durante el ciclo y lo obliga a brincar el código hasta el final del ciclo.

El comando continue es parecido pero menos drástico; éste *permite que haya cortes en las instrucciones del ciclo*, pero no en el ciclo mismo. La ejecución salta al final del ciclo pero no necesariamente fuera de él. Mientras las condiciones se cumplan, intentará mantener en forma normal la ejecución del ciclo.

FIGURA 15.1

Salida de un ciclo utilizando break y continue.

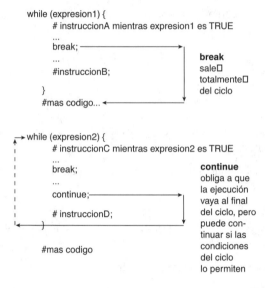

Estructuras de control: `include()` y `require()`

PHP ofrece las instrucciones `include()` y `require()`, que le permiten incluir un segundo archivo dentro del primero. Por ejemplo, en su primer PHP, podría tener

```
include ("archivo2.php3");
```

o

```
require ("archivo2.php3");
```

Los dos comandos realizan básicamente la misma función pero trabajan un poco diferente. El comando `require` ocasiona que el contenido del archivo solicitado sustituya completamente a la instrucción `require`. Sin embargo, `require` no puede utilizarse en forma condicional. En otras palabras, si desea ejecutar la instrucción más de una vez y cargar en cada una un archivo diferente, no lo hará. Aquí es donde necesita la instrucción `include`. Ésta es más flexible y la necesitará si desea ser más específico con lo que está incluyendo.

`include` y `require` pueden ser extremadamente útiles al construir un sitio Web, utilice o no otro PHP. Por ejemplo, si quisiera colocar un encabezado común, barra de navegación y pie de página en cada página de su sitio, cada página Web debería incluir algo como lo siguiente:

```
<HTML>
<HEAD>
<TITLE>Mi sitio web, página uno</TITLE>
<?php
include ("algun_javascript.html");
include ("mi_etiqueta.html");
```

```
include ("mi_encabezado.html");
include ("barra_navegacion_estandar.php3");
?>
<P>Algún contenido HTML aquí</P>
<?php
include ("pie_pagina_estandar.html");
?>
```

¡Ésta es su página! Cada página tendría personalizados los bits "centrales". Solamente necesita crear un solo archivo para cada uno de los bits incluidos —y lo más importante es que estos componentes son reutilizables a través de todo su sitio Web.

Funciones

PHP le brinda la posibilidad de crear funciones definidas por el usuario. Éstas son bloques de código que pueden definirse una vez e invocarse desde muchas secciones de su código —incluso desde otro archivo PHP.

Además de las funciones definidas por el usuario, PHP tiene una gran biblioteca de funciones incluidas. Éstas cubren un amplio intervalo de aplicaciones y el conjunto limitado que se explica posteriormente en este capítulo le proporcionará una explicación de aquellas que se relacionan con la API para MySQL.

Cuando define una de las funciones definidas por el usuario, especifica cómo debería ejecutarse y qué valores (si los hay) debería devolver. En forma opcional, puede proporcionarle parámetros y decirle qué hacer con ellos.

La forma para definir una función en PHP es:

```
function nombre_función (parámetros) {
        # instrucciones de la función
        return variables  # opcional
}
```

Después puede invocar la función de la siguiente manera:

```
nombre_función (parámetros);
```

Por ejemplo, suponga que desea que una función sume un porcentaje a un número (como al sumar impuestos). Deberá proporcionarle dos valores: el precio neto y el porcentaje:

ENTRADA
```
function suma_porcentaje ($precio, $porcentaje) {
        $nuevoprecio = $precio * (1 + ($porcentaje/100));
        return $nuevoprecio;
}
```

Después la invocará de la siguiente forma:

ENTRADA
```
echo "El nuevo precio es ".suma_porcentaje (150,  25);
```

Esto imprimirá:

SALIDA `El nuevo precio es 187.5`

Matrices

Para aprender cómo acceder a las bases de datos de MySQL es fundamental comprender cómo funcionan las matrices en PHP.

En PHP, las matrices indexadas de manera secuencial contienen elementos que inician desde el "ceroécimo" elemento (*$mimatriz[0]*). Las matrices también pueden estar indexadas por cadenas, como verá a continuación. Puede obtener el número de elementos en una matriz utilizando la función count() (count(*$mimatriz*)).

Una matriz indexada de manera secuencial puede llenarse de diferentes formas. Por ejemplo, puede escribir lo siguiente:

```
$mimatriz[] = 'rojo';
$mimatriz[] = 'verde';
$mimatriz[] = 'azul';
```

que es lo mismo que escribir

```
$mimatriz[0] = 'rojo';
$mimatriz[1] = 'verde';
$mimatriz[2] = 'azul';
```

Después podrá observar el contenido de toda la matriz realizando ciclos a través de ella con un ciclo for:

ENTRADA
```
for ($i=0; $i<count($mimatriz); $i++) {
        echo "El elemento $i es ".$mimatriz[$i]."<br>\n";
}
```

Esto generará la siguiente salida:

SALIDA
```
El elemento 0 es rojo
El elemento 1 es verde
El elemento 2 es azul
```

También puede indexar matrices utilizando cadenas:

ENTRADA
```
$mimatriz["R"] = 'rojo';
$mimatriz["V"] = 'verde';
$mimatriz["A"] = 'azul';
```

Ahora, para ver su contenido, debe hacer algo como lo siguiente:

SALIDA
```
while (list ($abbrev, $color) = each ($mimatriz)) {
    echo "El elemento $abbrev es $color<br>\n";
}
```

Aquí hay un par de conceptos nuevos: `list`, que es una construcción del lenguaje que asigna elementos de una matriz a través de una lista de variables (en este caso la matriz consta de un par de claves y valores, no la matriz completa del ejemplo); y también `each`, que es una función para tomar uno por uno los valores de una matriz.

> **Nota**
>
> En PHP, las matrices tienen un apuntador interno. Puede utilizar este apuntador para tener una idea del lugar de la matriz en donde está ubicado.
>
> Esto es útil porque significa que usted no está obligado a utilizar una variable separada en casos sencillos.
>
> Existen funciones de correspondencia —`each()`, `next()`, `prev()` y `array_walk()`— que le ofrecen formas para tomar uno a uno los elementos de la matriz, moviendo de forma invisible el apuntador interno cada vez.

`each` toma como argumento el nombre de una matriz, devuelve la clave y el valor del elemento actual (de acuerdo con el apuntador interno) y después mueve el apuntador uno por uno. `list($clave, $valor)`, o algo parecido a lo que utilizó anteriormente, es una forma sencilla para alcanzar el resultado del par `clave=valor`.

En esta guía sólo hemos explicado las matrices de una sola dimensión. Sin embargo, vale la pena resaltar que PHP tiene la capacidad de manejar matrices multidimensionales. También tiene una gran variedad de funciones para procesamiento de matrices, tales como para ordenamiento. Es recomendable explorar otros recursos de PHP para obtener más detalles sobre las posibilidades disponibles.

PHP y su relación con MySQL

PHP tiene una variedad de funciones refinadas para establecer una interfaz con MySQL. Veamos lo que sucede cuando un cliente realiza una solicitud a un servidor Web habilitado para PHP donde tendrá lugar alguna interacción con una base de datos de MySQL:

- El servidor recibe y lee la solicitud del navegador del cliente.
- El servidor localiza la página solicitada en el servidor Web.
- El servidor ejecuta las instrucciones que indica el código PHP incrustado.
- PHP consulta al servidor de la base de datos de MySQL a través de una API y compila el resultado.
- El servidor de Web envía la página resultante al cliente.

PHP incluye una amplia gama de funciones para interactuar con servidores de bases de datos de MySQL. Usted puede crear aplicaciones poderosas utilizando solamente un pequeño subconjunto de ellas (como podrá ver a continuación). Como referencia, presentamos un resumen de la lista completa de funciones.

TABLA 15.1 Funciones de MySQL

Nombre de la función	Acción
Conexión y desconexión	
mysql_connect	Abre una conexión a un servidor MySQL
mysql_pconnect	Abre una conexión persistente a un servidor MySQL
mysql_select_db	Selecciona una base de datos de MySQL
mysql_close	Cierra una conexión de MySQL
mysql_change_user	Cambia la identidad del usuario registrado con una conexión activa
Creación y eliminación de bases de datos	
mysql_create_db	Crea una base de datos de MySQL
mysql_drop_db	Elimina una base de datos de MySQL
Realización de consultas	
mysql_db_query	Envía una consulta de MySQL a un servidor MySQL
mysqlcd_query	Envía una consulta de SQL al servidor MySQL seleccionado
Manejo y resultados de las consultas	
mysql_fetch_array	Extrae una fila de resultados como una matriz asociativa
mysql_result	Devuelve los datos resultantes de una consulta
mysql_fetch_row	Devuelve una fila de resultados como una matriz numerada
mysql_affected_rows	Devuelve el número de filas afectadas en la operación anterior INSERT/UPDATE/DELETE de MySQL
mysql_num_rows	Devuelve el número de filas en el resultado
mysql_fetch_field	Devuelve, en forma de objeto, información de la columna de un resultado
mysql_fetch_lengths	Devuelve la longitud de cada salida en un resultado
mysql_fetch_object	Devuelve una fila de resultado como un objeto
mysql_field_name	Obtiene el nombre del campo especificado en un resultado
mysql_list_fields	Devuelve una lista de campos de resultado de MySQL
mysql_num_fields	Devuelve el número de campos en el resultado
mysql_field_seek	Establece el apuntador de resultado a un desplazamiento de campo especificado
mysql_field_type	Devuelve el tipo del campo especificado en un resultado

Tabla 15.1   continuación

Nombre de la función	Acción
mysql_field_flags	Devuelve los indicadores asociados con el campo especificado en un resultado
mysql_insert_id	Devuelve el ID generado en la operación INSERT anterior
mysql_data_seek	Mueve el apuntador de resultado interno
mysql_free_result	Libera la memoria de resultado
Manejo de errores	
mysql_errno	Devuelve el número de mensaje de error de la operación anterior de MySQL
mysql_error	Devuelve el texto de mensaje de error de la operación anterior de MySQL
Otra información acerca de la base de datos	
mysql_list_dbs	Devuelve una lista de las bases de datos disponibles en el servidor MySQL
mysql_list_tables	Devuelve una lista de tablas en una base de datos de MySQL
mysql_field_len	Devuelve la longitud del campo especificado
mysql_field_table	Obtiene el nombre de la tabla que contiene el campo especificado
mysql_tablename	Devuelve el nombre de la tabla del campo

Conexión al servidor de base de datos de MySQL

Puede utilizar mysql_connect para conectarse con el servidor de bases de datos especificado. A continuación presentamos la sintaxis completa para mysql_connect:

```
mysql_connect ([nombredelhost[:puerto][:/ruta/al/socket]],
nombreusuario, ➡contraseña);
```

Cuando tiene éxito, esta función devuelve un entero positivo que denota al identificador de conexión, o cero en caso de error. Para conectarse a una base de datos de MySQL, debe hacer lo siguiente:

```
$ID_Conexion = mysql_connect ("localhost",$Usuario_BD, $Contrasenia_Usuario);
echo "El identificador de conexión es ".$ID_Conexion;
```

Si sus variables están establecidas correctamente, esta instrucción generará:

SALIDA   `El identificador de conexión es 1`

¡Felicidades! El identificador de conexión devuelto como 1 indica que usted se ha conectado a su servidor de base de datos en el servidor Web (localhost) utilizando el nombre del usuario proporcionado por $Usuario_BD y la contraseña proporcionada por $Contrasenia_Usuario.

Creación de una base de datos

Puede crear una base de datos utilizando la siguiente instrucción:

```
mysql_create_db(nombre_base_de_datos[, identificador_de_conexion]);
```

El *identificador_de_conexión e*s opcional; si se omite, se usará la última conexión abierta. Esta función devuelve un entero positivo (TRUE) si tiene éxito. En el ejemplo, podría escribir:

ENTRADA
```
$ ID_Crea = mysql_create_db("mibasedatos");
echo "El ID de creación es ".$ID_Crea."<br>\n";
```

Cuando ejecute estas secuencias de comandos, deberá obtener:

SALIDA   `El ID de creación es 1`

Ahora ha creado con éxito una base de datos, llamada `mibasedatos`, en su servidor.

Principios de consultas de bases de datos de PHP

Ahora, suponga que desea crear una tabla en la base de datos. Usted cuenta con `mysql_db_query` y `mysql_query` para enviar casi cualquier consulta a MySQL. Estos comandos funcionan de la siguiente forma:

```
mysql_db_query(base_de_datos, consulta[, identificador_de_conexion]);
mysql_query(consulta[, identificador_de_conexion]);
```

Cuando utiliza estas funciones, devuelven un número entero que es un identificador de resultado que le indica el resultado de la consulta. Cuando ocurre un error, devuelven 0 o FALSE.

El *identificador_de_conexión* es opcional; si lo omite, se utilizará la última conexión abierta.

`mysql_db_query` le permite especificar una base de datos para consulta mientras que `mysql_query` ejecuta la consulta en la base de datos seleccionada actualmente. Puede seleccionar una base datos utilizando la siguiente sintaxis:

```
mysql_select_db(nombre_base_de_datos[, identificador_de_conexion] );
```

Vea el siguiente ejemplo de selección de una base de datos y ejecución de una consulta `create table`.

ENTRADA
```
$select = mysql_select_db ("mibasedatos");
$sql = "CREATE TABLE fotos (
    num INTEGER NOT NULL PRIMARY KEY,
    fecha DATE,
    descripcion VARCHAR(200))";
$Resultado = mysql_query ("$sql");
echo "El resultado de la creación de la tabla es $Resultado<br>\n";
```

Si todo resulta conforme a lo planeado, debería obtener la siguiente salida:

SALIDA   `El resultado de la creación de la tabla es 1`

Manejo de errores de consulta

¿Cómo sabría si hubo un error en la consulta? Para reportar un error y manejarlo adecuadamente, puede mejorar las dos últimas líneas de su código de la siguiente forma:

ENTRADA
```
if ($Resultado = mysql_query ("$sql")) {
    echo "El resultado de la creación de la tabla es $Resultado<br>\n";
} else {
    echo "Error: ".mysql_errno()."; descripción del error:
➥".mysql_error();
}
```

Si ahora ejecuta esta secuencia (una vez que haya creado la tabla *fotos*), obtendrá la siguiente salida, como la devuelve `mysql_errno()` y `mysql_error()`:

SALIDA   `Error: 1050; descripción del error: Table 'fotos' already exists`

Tal vez desee que su manejo de errores sea más ingenioso; por ejemplo, creando una pequeña función al principio de su código:

```
function informe_error () {
    echo "Error: ".mysql_errno()."; descripción del error:
".mysql_error()."<br>\n";
}
```

Entonces, siempre que desee manejar un error, simplemente llame a

```
informe_error ();
```

Consultas para insertar datos

Ahora, veamos cómo introducir algunos datos dentro de una tabla. Puede utilizar la misma función `mysql_query` que utilizó anteriormente:

```
$sql = "INSERT INTO fotos VALUES
 (10000, '99-07-15', 'En la playa, Tobago')";
if ($resultado = mysql_query ("$sql")) {
    echo "Datos agregados\n";
} else informe_error ();
```

Con una consulta INSERT, UPDATE o DELETE, el resultado entero de la función `mysql_query` será un número entero-positivo si tiene éxito, FALSE si existe un error.

Ejecución de consultas SELECT y manejo del resultado

Suponga que ha agregado algunas filas más a su tabla `fotos` (¡puede hacerlo ahora mismo!). Ahora es el momento de empezar a cuestionar a su tabla para obtener algunos datos de ella.

Imagine que desea ejecutar una consulta que busque todas las fotos que en su descripción incluyan la palabra "playa". Podría escribir una consulta como la siguiente:

ENTRADA
```
$sql = "SELECT num, Fecha, descripcion FROM
fotos WHERE descripcion LIKE '%playa%'";
    if ($Resultado = mysql_query ("$sql")) {
        while ($row = mysql_fetch_array ($Resultado)) {
            echo "Fecha: ".$row[Fecha]." ".$row[descripcion]."<br>\n";
        }
    } else informe_error ();
```

Si todo es correcto, la salida debería ser:

SALIDA
```
Fecha: 1999-07-15 En la playa, Tobago
Fecha: 2000-02-01 La playa en Mauricio
```

¡Ahora empiezan las complicaciones! Examinemos lo que sucedió aquí.

Primero, estableció la variable *$sql* para que contenga su consulta SELECT. Después llamó `mysql_query` con *$sql* como parámetro. Esto ejecutó la consulta y capturó el resultado en *$Resultado*. Este resultado es un número entero y es un apuntador al conjunto de resultados.

Si el servidor MySQL devuelve un error, *$Resultado* será FALSE, de forma que usted maneja el error. (Observe que si la consulta no devuelve filas, esto no es un error.)

Suponiendo que no hay un error, la instrucción if será TRUE y continuará con la llamada a `mysql_fetch_array`.

Esto lo lleva a otra función, cuya sintaxis es:

```
mysql_fetch_array (resultado[, tipo_resultado]);
```

Esta función devuelve una matriz que contiene los datos de la fila que fue "extraída", o FALSE si no devuelve filas. Almacena dos lotes de los datos devueltos en la matriz: un lote que puede ser consultado numéricamente (*$row[2]*) y otro lote que puede consultarse utilizando los nombres de los campos como claves de cadena (*$row["descripcion"]*).

El argumento opcional *tipo_resultado* puede tomar los valores MYSQL_ASSOC, MYSQL_NUM o MYSQL_BOTH. (Probablemente no los necesitará en secuencias de comandos sencillas como la de este ejemplo.)

Recuerde que en PHP cada matriz tiene un apuntador interno. Ahora éste se vuelve realmente útil. Cada vez que usted invoca `mysql_fetch_array`, el apuntador se mueve una fila, iniciando con la fila cero.

De esta forma, puede incrustar el apuntador en su ciclo `while` sin hacer referencia explícita a él. Cada vez que invoque `mysql_fetch_array` y haga que la matriz `$row` sea igual a su resultado, el apuntador se moverá una fila hacia delante a través de la matriz resultante de la consulta. Esto sucede hasta que el apuntador llega al final del conjunto de resultados, después de lo cual no puede avanzar más y obtiene un resultado `FALSE`. Entonces `$row` se evalúa como `FALSE`, usted sale del ciclo `while` y termina.

La funcionalidad básica es bastante directa pero debería ser suficiente para realizar casi cualquier consulta en una base de datos de MySQL. Para crear una experiencia realmente dinámica para los visitantes de su sitio Web controlado por bases de datos pueden ser suficientes sólo algunas de las instrucciones de PHP.

Resumen

Este día hizo una corta visita al mundo de PHP. Aprendió cómo pueden incrustarse las secuencias de comandos de PHP en las páginas Web HTML y entendió cómo escribir un código básico de PHP.

Aprendió cómo utilizar algunas de las estructuras de control de PHP, como `include`, ciclos `if`, `while` y `for`. Aunque no exploró el vocabulario de PHP a fondo, aprendió los fundamentos con los que puede escribir secuencias de comandos poderosas.

Después examinó la API de MySQL, con su conjunto de funciones para acceder un servidor MySQL. Aprendió cómo conectarse a un servidor MySQL, crear bases de datos y tablas, insertar datos y manejar errores.

Por último, aprendió a ejecutar comandos `SELECT` de MySQL a través de PHP. Los resultados son devueltos en forma de matriz y aprendió algunos comandos para manejarlos y procesarlos de forma que puedan recuperarse y presentarse al cliente en un formato útil.

Preguntas y respuestas

P **¿Cómo puedo aprender más acerca de PHP?**

R Podría visitar `http://www.php.net/` y leer otras obras sobre el tema. También necesita un servidor Web en el que pueda instalar PHP, aunque puede encontrarlo gratuito y configurarlo en forma sencilla.

P **¿Por qué debería utilizar PHP en vez de otro lenguaje?**

R En el mercado hay una buena variedad de lenguajes y herramientas en el servidor. PHP tiene la ventaja de ser gratuito, rápido y puede instalarse en las plataformas más comunes.

PHP también es fácil de escribir; simplemente tiene que insertar un poco de código de PHP dentro de una página Web para crear una secuencia de comandos de PHP.

Ejercicios

1. Escriba la sintaxis de PHP para ejecutar una instrucción SELECT en una tabla llamada Productos. La tabla deberá incluir los campos Nombre y Precio. Su consulta deberá recuperar todos los productos cuyo precio sea menor que $50. Además, deberá permitir una condición de error y, de ser necesario, llamar a la función definida por el usuario informe_error.

2. Escriba la función de PHP para conectarse a una base de datos de MySQL en localhost y devolver el identificador de conexión al programa invocador.

SEMANA 3

DÍA 16

MySQL y el tiempo

Este día conocerá la forma en que MySQL maneja el tiempo. Comprenderá los formatos que utiliza MySQL para representar la hora y las fechas, y aprenderá a utilizar las funciones especiales que contiene MySQL para ayudarle a manejar los formatos y aritmética de fecha y hora.

Cómo se manejan las fechas en MySQL

MySQL tiene algunos tipos de datos para el manejo de la información de fecha y hora. En general, MySQL aceptará varios formatos cuando se proporcionen datos para colocar en un campo. Sin embargo, la salida de fecha y hora siempre estará estandarizada y aparecerá en un formato predecible.

Todos los tipos de datos de fecha y hora tienen un intervalo de valores válidos y un valor "cero", con el que será establecido un campo si usted intenta colocar un valor ilegal en él.

Los formatos de hora tienen un orden intuitivo al que usted está acostumbrado en la vida diaria: las horas a la izquierda del campo, minutos y después segundos.

Las fechas, por otro lado, siempre son generadas con el año a la izquierda, el mes y después el día (nunca día/mes/año).

Al dar salida a la fecha y hora, normalmente usted tiene la opción de pedir a MySQL que le proporcione los datos ya sea como datos de cadena o numéricos, aun cuando se trate de la misma información. El formato empleado dependerá del contexto en el que sea usado en su SQL.

MySQL es bastante flexible al aceptar datos de fecha y hora: por ejemplo, para MySQL la fecha 2001-05-12 significa lo mismo que 2001/05/12, 1+5+12 o incluso 20010512. Usted puede o no utilizar una gran variedad de separadores entre los componentes del campo y puede omitir el cero que precede a los números menores que 10.

MySQL realiza una verificación parcial a la información de fecha y hora. Por ejemplo, espera que los días se encuentren entre 1 y 31 y los meses entre 1 y 12. Sin embargo, no verifica estrictamente si una fecha específica puede existir realmente. Por ejemplo, no rechazará el 30 de febrero. Esto lo hace más eficiente en cuanto a la introducción de datos, y deja a su aplicación la responsabilidad de asegurar que se introduzcan fechas válidas.

Tipos de datos relacionados con fechas

MySQL tiene una variedad de tipos de datos relacionados con la fecha para facilitarle el manejo de información de fecha y hora. Le ofrece los tipos DATETIME, DATE, TIME, YEAR y TIMESTAMP. Dé un vistazo a los formatos de campo que muestra la tabla 16.1.

TABLA 16.1   Tipos de datos de fecha y hora

Tipo de datos	Formato estándar	Valor de cero
DATETIME	AAAA-MM-DD HH:MM:SS	0000-00-00 00:00:00
DATE	AAAA-MM-DD	0000-00-00
TIME	HH:MM:SS	00:00:00
YEAR	AAAA	0000
TIMESTAMP	variable (vea la sección "TIMESTAMP" más adelante en este capítulo)	00000000000000 (en su mayor longitud)

DATETIME

El formato DATETIME mantiene la hora y fecha completas de un evento, hasta los segundos.

Los valores de DATETIME pueden estar entre 1000-01-01 00:00:00 y 9999-12-31 23:59:59.

DATE

DATE registra la fecha de un evento tomando hasta los días sin almacenar la información de la hora. MySQL soporta el año 2000 (Y2K) al almacenar datos de fecha.

Los valores de DATE pueden estar entre 1000-01-01 y 9999-12-31.

TIME

El tipo de datos TIME almacena la hora de un evento independiente de una fecha específica.

Los valores de TIME no solamente pueden estar entre 00:00:00 y 23:59:59, sino, en realidad, entre -838:59:59 hasta 838:59:59. Esto le permite representar no solamente la hora del día, sino el tiempo transcurrido o la diferencia entre dos eventos.

Al igual que con DATE y otros tipos de fecha y hora, MySQL tiene una gran flexibilidad para aceptar datos y puede utilizar cualquier signo de puntuación como delimitador para separar las horas, los minutos y segundos. Así, 08:32:20 es igual a 08-32-20, o puede expresarse también como 8.32.20.

Puede especificar la hora sin delimitadores, como 083220 o 83220. Sin embargo, tenga cuidado al minimizar demasiado: MySQL lee las horas desde la derecha, esperando que los segundos estén declarados, ¡pero no necesariamente las horas! Por lo tanto, 8:32 o 0832 se entenderá como 00:08:32 (las doce a.m. con ocho minutos y 32 segundos) en lugar de 8:32 a.m.

Precaución

> Los valores de tiempo válidos fuera del intervalo permisible serán recortados en los límites de -838:59:59 y 838:59:59, pero no serán establecidos como 00:00:00. Sin embargo, las horas no válidas, tales como cuando los minutos o segundos son mayores que 59 se establecerán como 00:00:00. Esto significa que si usted ve una hora de 00:00:00, que es una hora válida, no tendrá forma de saber si los datos son incorrectos o si ha habido un intento de almacenar una hora no válida.

YEAR

YEAR registra el año de un evento y ocupa solamente 1 byte de datos.

Los valores de YEAR pueden estar entre 1901 y 2155. Usted puede especificar un año ya sea en notación de cadena o numérica.

Los valores de YEAR pueden especificarse en formato de dos o cuatro dígitos, pero los años de dos dígitos se convierten a cuatro. Así, los años pueden proporcionarse con números (en el intervalo de 1 a 99) o con cadenas (en el intervalo de '0' o '00' a '99').

Los años de dos dígitos especificados en el intervalo de 1 a 69 (o '0' a '69') se tomarán con un significado de los años entre el 2001 al 2069 (o 2000 a 2069). Los años en el intervalo del 70 al 99 serán interpretados como los años en el intervalo de 1970 a 1999.

TIMESTAMP

TIMESTAMP es un útil formato de campo por lo que dicha columna se establecerá con la fecha y hora actuales siempre que la fila sea actualizada o insertada en la tabla. Convenientemente le proporciona una marca de "última actualización" sin tener que establecerla cada vez que cambie algún dato en esa fila.

TIMESTAMP sólo puede manejar fechas en el intervalo de 1970 a 2037, manteniendo los datos con una resolución máxima de un segundo.

Aun cuando un campo TIMESTAMP siempre se mantiene internamente en la misma forma, puede tener varios formatos externos. Éstos pueden construirse con cualquier número par de dígitos desde 2 hasta 14. La tabla 16.2 muestra una lista de los formatos que ofrece TIMESTAMP.

Tabla 16.2 Formatos de despliegue de TIMESTAMP

Tipo de datos	Formato desplegado
TIMESTAMP(14)	AAAAMMDDHHMMSS
TIMESTAMP(12)	AAMMDDHHMMSS
TIMESTAMP(10)	AAMMDDHHMM
TIMESTAMP(8)	AAAAMMDD
TIMESTAMP(6)	AAMMDD
TIMESTAMP(4)	AAMM
TIMESTAMP(2)	AA

Examine brevemente el significado de esta tabla. Si se hace una actualización a las 9:30 del 12 de mayo del 2000, un TIMESTAMP(14) se establecería como 20000512093000, mientras que un TIMESTAMP(8) se establecería como 20000512 porque no contiene información de la hora.

> **Nota**
>
> Los campos TIMESTAMP se establecen a la hora actual si usted *no* escribe nada en ellos. En otras palabras, que no especifique el nombre de columna en una instrucción INSERT o UPDATE, o escriba NULL en ella. Cualquiera de éstas establecerá el campo TIMESTAMP a la hora actual. Lo mismo podrá lograrse si escribe NOW() en el campo, que es una función para recuperar la hora y fecha actuales que estudiará posteriormente.

Puede escribir nuevos datos en un campo TIMESTAMP con sólo especificarlos de manera explícita. Puede establecerlo con cualquier fecha y hora que desee dentro de su intervalo válido. (¡Debería considerar que esto es falsear su propósito real!) Los valores no válidos serán desechados y reemplazados con el valor de "cero" para dicho tipo de campo.

Al igual que en los tipos de datos DATETIME, DATE y TIME, MySQL es flexible en cuanto a los formatos que acepta para TIMESTAMP. Por ejemplo, aceptará 2000-05-12, 2000+05+12, etcétera, permitiendo utilizar cualquier separador que desee u omitirlo como en 20000512.

> **Nota**
>
> Al establecer un campo TIMESTAMP, los valores especificados como números, en lugar de cadenas, deben tener una longitud de 14, 12, 8, o 6 dígitos.
>
> Al especificar una fecha como cadena, siempre deberá utilizar al menos seis caracteres. Esto es porque las fechas como 98-12 o 98, que usted puede suponer significan diciembre del 98 o simplemente el año 1998, serán interpretadas como si tuvieran valores de cero para el día y para el mes y día, respectivamente. Esto hará que su fecha sea tratada como no válida y se le asigne un valor de cero. Por lo tanto, recuerde especificar siempre el año, mes y día aunque solamente está interesado en el año o el año y el mes.

Todos los campos TIMESTAMP ocupan la misma cantidad de almacenamiento —4 bytes. Usted puede alterar un campo TIMESTAMP empleando ALTER TABLE sin perder datos. Al ensanchar un campo, encontrará que aparecen nuevos datos en las partes de éste que anteriormente estaban ocultas. De la misma forma, si reduce un campo, en realidad no perderá datos; simplemente su campo desplegará menos información la próxima vez que lo utilice.

Precaución

MySQL siempre establecerá una columna a la hora actual si se escribe en ella NULL (o NOW()). Sin embargo, si el campo se omite de la lista de campos al hacer una inserción o actualización, solamente actualizará el primer campo TIMESTAMP de la tabla. Los siguientes campos TIMESTAMP contendrán el valor de cero (que es un valor de hora válido) si no se especifican explícitamente.

Transferencia de datos entre tipos de datos

MySQL le permite transferir datos de un tipo a otro. Por ejemplo, puede tener un campo DATETIME que ha registrado la hora exacta en la que un cliente realizó una transacción. Después de un tiempo, tal vez usted desee transferir los datos a otra tabla pero solamente está interesado en la fecha de la compra.

Si tiene datos de una columna DATETIME o TIMESTAMP y desea asignarlos a una columna DATE, la información de la hora simplemente se perderá porque el tipo DATE no tiene capacidad para almacenar información de la hora.

Por el contrario, si tiene un valor de DATE y desea transferirlo a una columna DATETIME o TIMESTAMP, MySQL insertará 00:00:00 en la parte de la hora porque estos datos no existían anteriormente.

Precaución

Recuerde que los diversos tipos de campos tienen diferentes intervalos de valores válidos y que la columna que los recibirá debe ser capaz de representar los datos proporcionados o simplemente se perderán. Por ejemplo, si intenta colocar información de DATE, donde el año no esté entre 1970 y 2037 dentro de un campo TIMESTAMP, ocasionará que los datos se establezcan a "cero".

Funciones internas de fechas de MySQL

MySQL le proporciona un amplio rango de funciones de fecha y hora que puede utilizar en las cláusulas SELECT y WHERE.

Por ejemplo, hay una función MONTHNAME() que devuelve el nombre del mes en un campo de fecha. Puede utilizarla en una cláusula SELECT; por ejemplo, SELECT monthname(20000105) devuelve January. De la misma forma, usted puede hacer algo como lo siguiente:

ENTRADA `mysql> SELECT Fecha FROM Pedidos WHERE MONTHNAME(Fecha)='January';`

lo que resulta en:

SALIDA
```
+----------+
| mod_date |
+----------+
| 20000104 |
| 20000117 |
| 20000117 |
+----------+
3 rows in set (0.06 sec)
```

16

Vale la pena recordar que cuando MySQL espera que usted proporcione un valor de DATE a una función, ésta debería estar en el formato AAAAMMDD (cuando se proporciona como un número) o en el formato AAAA-MM-DD (idealmente utilizando "-" como delimitadores o utilizando cualquier otro signo de puntuación) cuando se transfiere como una cadena.

Veamos hora con más detalle cada una de las funciones disponibles.

Obtención de información del día

Existen cuatro funciones para convertir una fecha en un número de día:

- DAYOFYEAR(*fecha*)
- DAYOFMONTH(*fecha*)
- DAYOFWEEK(*fecha*)
- WEEKDAY(*fecha*)

DAYOFYEAR(*fecha*) devuelve el día del año en una fecha dada (en formato numérico); en otras palabras, los días desde el 1 de enero de ese año.

Por ejemplo, el 1 de febrero del 2000:

ENTRADA `mysql> SELECT DAYOFYEAR(20000201);`

Genera:

SALIDA
```
+---------------------+
| DAYOFYEAR(20000201) |
+---------------------+
|                  32 |
+---------------------+
```

De igual manera, puede pasar a DAYOFYEAR una fecha como un parámetro de cadena:

ENTRADA   `mysql> SELECT DAYOFYEAR('2000/02/01');`

SALIDA
```
+------------------------+
| DAYOFYEAR('2000/02/01') |
+------------------------+
|                     32 |
+------------------------+
```

DAYOFMONTH(*fecha*) devuelve el día del mes para una fecha dada.

Sin sorpresa alguna, el primero de febrero del 2000 genera:

ENTRADA   `mysql> SELECT DAYOFMONTH(20000201);`

SALIDA
```
+---------------------+
| DAYOFMONTH(20000201) |
+---------------------+
|                   1 |
+---------------------+
```

O, de otra forma:

ENTRADA   `mysql> SELECT DAYOFMONTH('00-02-01');`

devuelve lo siguiente:

SALIDA
```
+----------------------+
| DAYOFMONTH('00-02-01') |
+----------------------+
|                    1 |
+----------------------+
```

DAYOFWEEK(*fecha*) devuelve el día de la semana para una fecha dada, iniciando con 1=domingo, 2=lunes, 3=martes, etcétera.

Por ejemplo, al examinar la misma fecha:

ENTRADA   `mysql> SELECT DAYOFWEEK('0-2-1');`

da como resultado lo siguiente:

SALIDA
```
+-------------------+
| DAYOFWEEK('0-2-1') |
+-------------------+
|                 3 |
+-------------------+
```

WEEKDAY(*fecha*) es un poco diferente y devuelve el índice del día de la semana para una fecha dada (0=lunes, 1=martes, 2=miércoles, etcétera).

ENTRADA `mysql> SELECT WEEKDAY('0-2-1');`

SALIDA
```
+------------------+
| WEEKDAY('0-2-1') |
+------------------+
|                1 |
+------------------+
```

16

Obtención de nombres para meses y días

Existen dos funciones que pueden utilizarse para buscar nombres de mes y día para una fecha determinada:

- MONTHNAME(*fecha*)
- DAYNAME(*fecha*)

MONTHNAME(*fecha*) puede utilizarse para obtener el nombre del mes en el cual ocurre la fecha como una cadena (en inglés):

ENTRADA `mysql> SELECT MONTHNAME('0-2-1');`

genera lo siguiente:

SALIDA
```
+--------------------+
| MONTHNAME('0-2-1') |
+--------------------+
| February           |
+--------------------+
```

DAYNAME(*fecha*) es muy parecida:

ENTRADA `mysql> SELECT DAYNAME('2000-01-01');`

genera:

SALIDA
```
+-----------------------+
| DAYNAME('2000-01-01') |
+-----------------------+
| Saturday              |
+-----------------------+
```

Pero recuerde que *fecha* debe ser un valor válido de fecha o de otra manera la función generará un error. De esta forma, una fecha no válida devuelve un resultado NULL:

ENTRADA   mysql> SELECT MONTHNAME('9');

produce la salida:

SALIDA
```
+----------------+
| MONTHNAME('9') |
+----------------+
| NULL           |
+----------------+
```

Obtención de años, trimestres, meses y semanas

MySQL tiene algunas funciones para obtener datos numéricos de una fecha:

- YEAR(*fecha*)
- QUARTER(*fecha*)
- MONTH(*fecha*)
- WEEK(*fecha*[,*primerdía*])
- YEARWEEK(*fecha*[,*primerdía*])

YEAR(*fecha*) devuelve el número de año en 4 dígitos de una fecha determinada:

ENTRADA   mysql> SELECT YEAR('01/12/25 11:00:00');

da como resultado:

SALIDA
```
+---------------------------+
| YEAR('2001/12/25 11:00:00') |
+---------------------------+
|                      2001 |
+---------------------------+
```

QUARTER(*fecha*) genera el número de trimestre en el intervalo de 1 a 4:

ENTRADA   mysql> SELECT QUARTER('01/12/25 11:00:00');

genera:

SALIDA
```
+------------------------------+
| QUARTER('01/12/25 11:00:00') |
+------------------------------+
|                            4 |
+------------------------------+
```

MONTH(*fecha*) devuelve el mes en el intervalo de 1 a 12:

ENTRADA `mysql> SELECT MONTH('01/12/25 11:00:00');`

da como resultado:

SALIDA
```
+---------------------------+
| MONTH('01/12/25 11:00:00') |
+---------------------------+
|                        12 |
+---------------------------+
```

16

WEEK(*date*), al utilizarla con un solo parámetro, devuelve la semana del año en el intervalo de 0 a 53:

ENTRADA `mysql> SELECT WEEK('2001-12-26');`

produce la salida:

SALIDA
```
+--------------------+
| WEEK('2001-12-26') |
+--------------------+
|                 52 |
+--------------------+
```

Sin un segundo parámetro, WEEK(*fecha*) supone que el domingo es el primer día de la semana y al principio del año, los días anteriores al 'primer día' aparecen en la semana 0. Por ejemplo, WEEK('2000-01-01') devuelve 0 porque fue un sábado.

Puede omitir el comportamiento predeterminado agregando el parámetro *primerdía*. En lugar de que el 0 represente al domingo, el 1 a lunes, etcétera, puede establecer un día diferente para que sea el primer día de la semana.

Sin el segundo argumento, usted tiene que WEEK('2000-01-09'), un domingo, le devuelve un 2 (semana 2 del año).

Pero con *primerdía* igual a 1, WEEK('2000-01-09',1) devuelve 1 porque usted le indicó a MySQL que iniciara el conteo desde el lunes.

YEARWEEK(*date*[,*primerdía*]) funciona de manera muy similar, pero une la semana con el año. En el ejemplo anterior, YEARWEEK('2000-01-09',1) devuelve 200001.

Esto puede parecer un poco académico, pero internacionalmente, no todos los diarios utilizan los mismos acuerdos.

Fecha y hora actuales

Existen varios métodos para obtener la fecha y hora actuales:

- `NOW()`/`SYSDATE()`/`CURRENT_TIMESTAMP`
- `CURDATE()`/`CURRENT_DATE`
- `CURTIME()`/`CURRENT_TIME`

Para obtener la fecha y hora completas en uno de los formatos estándar de DATETIME, es mucho más fácil utilizar `NOW()`.

La respuesta puede devolverse como una cadena:

ENTRADA   `mysql> SELECT NOW();`

genera:

SALIDA
```
+---------------------+
| NOW()               |
+---------------------+
| 2000-02-05 18:05:11 |
+---------------------+
```

o como número:

ENTRADA   `mysql> SELECT NOW()+0;`

genera:

SALIDA
```
+----------------+
| NOW()+0        |
+----------------+
| 20000205181027 |
+----------------+
```

`SYSDATE()` y `CURRENT_TIMESTAMP` devuelven exactamente lo mismo que `NOW()`.

Si solamente desea la fracción de la fecha, puede utilizar `CURDATE()` o `CURRENT_DATE`, que son idénticas. Éstas devolverían `2000-02-05` (o `20000205` si se utilizan en un contexto numérico).

Si le interesa la hora actual y no la fecha, puede utilizar `CURTIME()` o `CURRENT_TIME`. Éstas también son equivalentes y devuelven una hora con la apariencia `18:14:57` (o `181457` si se utilizan en un contexto numérico).

Asignación de formato de fechas y horas

- DATE_FORMAT(*fecha*,*formato*)
- TIME_FORMAT(*hora*,*formato*)

El par de funciones DATE_FORMAT y TIME_FORMAT son útiles porque le permiten desplegar una fecha u hora prácticamente en cualquier formato que elija. De la misma forma que al transferir un parámetro *fecha* u *hora*, usted proporciona un parámetro de *formato* construido con los especificadores proporcionados en la tabla 16.3.

16

TABLA 16.3   Formatos de salida de DATE_FORMAT y TIME_FORMAT

Parámetro de *formato*	Formato de salida
%r	Tiempo en 12-horas (hh:mm:ss (AM|PM))
%T	Tiempo en 24-horas (hh:mm:ss)
%Y	Año numérico, 4 dígitos
%y	Año numérico, 2 dígitos
%m	Mes con 0 inicial (01, 02...12)
%c	Mes sin 0 inicial (1, 2...12)
%M	Nombre del mes (January, February, etcétera)
%b	Nombre del mes, abreviado (Jan, Feb, etcétera)
%D	Día del mes con sufijo ordinal en inglés (1st, 2nd, etcétera)
%d	Día del mes con 0 inicial (00, 01, 02...31)
%e	Día del mes sin 0 inicial (0, 1, 2...31)
%W	Nombre del día (Sunday, Monday, etcétera)
%a	Nombre del día, abreviado (Sun, Mon, etcétera)
%H	Hora (00, 01...23)
%k	Hora (0, 1...23)
%h	Hora (01, 02...12)
%I	Hora (01, 02...12)
%l	Hora (1, 2...12)
%i	Minutos (00, 01...59)
%S	Segundos (00, 01...59)
%s	Segundos (00, 01...59)
%P	AM o PM

%U	Número de semana del año, en la que el domingo es el primer día de la semana
$u	Número de semana del año, en la que el lunes es el primer día de la semana
%X & %V	Número de año y semana, respectivamente, en la que el domingo es el primer día de la semana
%x & %v	Número de año y semana, respectivamente, en la que el lunes es el primer día de la semana
%j	Día del año con 0's iniciales (001, 002...366)
%w	Número de día de la semana (0=domingo, 1=lunes, etcétera)
%%	Literal %

A continuación presentamos algunos ejemplos:

- SELECT DATE_FORMAT('1999-12-31 23:00:00', '%r del %W') generaría: 11:00:00 PM on Friday.
- SELECT DATE_FORMAT('2001-11-05', '%D %M') generaría 5th November.
- SELECT TIME_FORMAT(NOW(), '%H:%i:%s') podría producir 19:17:38.

 Nota DATE_FORMAT() es la más flexible de las dos funciones y se le puede transferir información tanto de fecha, hora o fecha y hora juntas. TIME_FORMAT() sólo puede aceptar información de la hora, de lo contrario devolverá un resultado NULL.

Obtención de horas, minutos y segundos

- HOUR(*hora*)
- MINUTE(*hora*)
- SECOND(*hora*)

Estas funciones pueden utilizarse para obtener de forma sencilla la hora, los minutos y segundos de una hora dada.

HOUR devuelve un número en el intervalo de 0 a 23. Por ejemplo, HOUR(18:10:27) devuelve 18. También puede hacer lo siguiente:

ENTRADA `mysql> SELECT HOUR(NOW());`

genera:

SALIDA
```
+------------+
| HOUR(NOW()) |
+------------+
|         18 |
+------------+
```

`MINUTE` y `SECOND` funcionan de la misma forma y ambas devuelven un número en el intervalo de 0 a 59.

Días desde 1 A.D.

- `TO_DAYS(fecha)`
- `FROM_DAYS(número)`

`TO_DAYS(fecha)` toma una fecha como parámetro y devuelve el número de días desde el primer día del año 1 A.D. (no hubo año 0). Así, `TO_DAYS('2000-01-01')` devuelve el número 730485.

Se obtiene el efecto contrario al utilizar `FROM_DAYS(number)`. `SELECT FROM_DAYS(1000000)` devuelve `2737-11-28` como el millonésimo día después aquella fecha original.

Estas funciones sirven sólo para utilizarse en fechas posteriores a 1582, cuando se introdujo el Calendario Gregoriano.

Segundos desde el principio del día

- `TIME_TO_SEC(hora)`
- `SEC_TO_TIME(segundos)`

`TIME_TO_SEC(hora)` devuelve la hora en segundos (el número de segundos desde el inicio del día).

Por ejemplo, `TIME_TO_SEC('01:00:00')` devuelve 3600 y también puede hacer lo siguiente:

ENTRADA `mysql> SELECT TIME_TO_SEC(110);`

que genera:

SALIDA
```
+----------------+
| TIME_TO_SEC(110) |
+----------------+
|             70 |
+----------------+
```

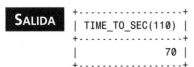

porque 110 (numérico) se interpreta en MySQL como 1 minuto, 10 segundos.

SEC_TO_TIME(*segundos*) hace lo contrario, al convertir el número de segundos desde el inicio del día al formato HH:MM:SS o HHMMSS. Usted puede hacer lo siguiente:

ENTRADA `mysql> SELECT SEC_TO_TIME(70);`

que resulta en:

SALIDA
```
+-----------------+
| SEC_TO_TIME(70) |
+-----------------+
| 00:01:10        |
+-----------------+
```

o, cuando se utiliza en un contexto numérico:

ENTRADA `mysql> SELECT SEC_TO_TIME(1000)+0;`

que genera:

SALIDA
```
+-------------------+
| SEC_TO_TIME(1000)+0 |
+-------------------+
|              1640 |
+-------------------+
```

Manejo de la hora Unix

- UNIX_TIMESTAMP([*fecha*])
- FROM_UNIXTIME(*UNIX_timestamp*[,*formato*])

UNIX-timestamp es el número de segundos desde el 1 de enero de 1970. UNIX_TIME-STAMP(), sin el parámetro opcional *fecha*, devuelve la hora UNIX hasta el momento (UNIX_TIMESTAMP() devolverá algo como 98490707).

Al especificar la fecha en el formato DATE, DATETIME, TIMESTAMP o un número en el formato AAMMDD o AAAAMMDD, devuelve la hora UNIX de dicha fecha:

ENTRADA `mysql> SELECT UNIX_TIMESTAMP('2020-10-04 22:23:00');`

resultaría en:

SALIDA
```
+---------------------------------------+
| UNIX_TIMESTAMP('2020-10-04 22:23:00') |
+---------------------------------------+
|                            1601868180 |
+---------------------------------------+
```

FROM_UNIXTIME() tiene la función contraria. Al utilizarla con *UNIX_timestamp* como único parámetro, devuelve la fecha y hora en el formato AAAA-MM-DD HH:MM:SS o AAAAMMDDHHMMSS, dependiendo de si es utilizada en un contexto de cadena o numérico. Por ejemplo:

ENTRADA `mysql> SELECT FROM_UNIXTIME(949872354)*1;`

generaría información de fecha y hora en formato numérico:

SALIDA
```
+----------------------------+
| FROM_UNIXTIME(949872354)*1 |
+----------------------------+
|             20000206152554 |
+----------------------------+
```

De forma opcional, puede proporcionarle a esta función un parámetro de formato, que dará un formato a la salida de acuerdo con lo establecido en la función FORMAT_DATE(). Por ejemplo, usted puede obtener el día en el que ocurrirá el segundo número mil millones:

```
mysql> SELECT FROM_UNIXTIME(1000000000, '%W, %M');
+-----------------------------------+
| FROM_UNIXTIME(1000000000, '%W, %M') |
+-----------------------------------+
| Saturday, September               |
+-----------------------------------+
```

Suma y resta de horas

MySQL ofrece varios métodos para sumar y restar horas. Están disponibles las siguientes funciones:

- DATE_ADD(*fecha*,INTERVALO *tipo de expresión*) al igual que:
- ADDDATE(*fecha*,INTERVALO *tipo de expresión*)
- DATE_SUB(*fecha*,INTERVALO *tipo de expresión*) al igual que:
- SUBDATE(*fecha*,INTERVALO *tipo de expresión*)
- PERIOD_ADD(*periodo*,*meses*)
- PERIOD_DIFF(*periodo1*,*periodo2*)

DATE_ADD toma una *fecha*, suma un INTERVALO de tiempo indicado por *expresión*, el cual devuelve la fecha y hora resultantes en un formato que especifica el *tipo*.

Nota
Estas funciones son nuevas en MySQL 3.22. MySQL 3.23 agrega la capacidad de utilizar los signos + y – en lugar de DATE_ADD() y DATE_SUB(), respectivamente. También agrega la función EXTRACT (*tipo* FROM *fecha*). Ésta puede utilizarse para obtener información de fecha y hora y utiliza los mismos parámetros para tipo como se muestra en la tabla 16.4.

La tabla 16.4 muestra los tipos permitidos.

TABLA 16.4   Valores para expresiones y tipos cuando se suma y resta el tiempo

Valor de tipo	Formato esperado para expresion
SECOND	SEGUNDOS
MINUTE	MINUTOS
HOUR	HORAS
DAY	DIAS
MONTH	MESES
YEAR	AÑOS
MINUTE_SECOND	"MINUTOS:SEGUNDOS"
HOUR_MINUTE	"HORAS:MINUTOS"
DAY_HOUR	"DIAS HORAS"
YEAR_MONTH	"AÑOS-MESES"
HOUR_SECOND	"HORAS:MINUTOS:SEGUNDOS"
DAY_MINUTE	"DIAS HORAS:MINUTOS"
DAY_SECOND	"DIAS HORAS:MINUTOS:SEGUNDOS"

Veamos Algunos ejemplos. Primero, tome el 5 de septiembre de 1980 y sume 18 años:

ENTRADA   `mysql> SELECT DATE_ADD('1980-09-05',INTERVAL 18 YEAR);`

dará como resultado:

SALIDA
```
+-------------------------------------------+
| DATE_ADD('1980-09-05',INTERVAL 15 YEAR)   |
+-------------------------------------------+
| 1998-09-05                                |
+-------------------------------------------+
```

Después, sume 6 meses desde la última Navidad:

ENTRADA `mysql> SELECT DATE_ADD('2000-12-25',INTERVAL 6 MONTH);`

lo que resulta en:

SALIDA
```
+----------------------------------------+
| DATE_ADD('1999-12-25',INTERVAL 6 MONTH) |
+----------------------------------------+
| 2001-06-25                             |
+----------------------------------------+
```

16

Experimente un poco con la manipulación de la hora, digamos agregando 72 horas a las 9 a.m. del lunes:

ENTRADA `mysql> SELECT DATE_ADD('2001-02-07 09:00:00',INTERVAL 36 HOUR);`

que genera:

SALIDA
```
+-------------------------------------------------+
| DATE_ADD('00-02-07 09:00:00',INTERVAL 36 HOUR) |
+-------------------------------------------------+
| 2001-02-08 21:00:00                            |
+-------------------------------------------------+
```

¿Qué le parecería averiguar qué hora era hace dos días? Para esto utilizará a DATE_SUB():

ENTRADA `mysql> SELECT DATE_SUB(NOW(),INTERVAL 2 DAY);`

dará como resultado:

SALIDA
```
+-------------------------------+
| DATE_SUB(NOW(),INTERVAL 2 DAY) |
+-------------------------------+
| 2000-02-05 18:02:06           |
+-------------------------------+
```

También puede intentar con intervalos compuestos; por ejemplo, reste 10 años y 4 meses al próximo 1 de diciembre:

ENTRADA `mysql> SELECT DATE_SUB(20011201,INTERVAL "10 4"YEAR_MONTH);`

produce:

SALIDA

```
+--------------------------------------------------+
| DATE_SUB(20011201,INTERVAL "10 4" YEAR_MONTH) |
+--------------------------------------------------+
| 1991-08-01                                       |
+--------------------------------------------------+
```

Nota

Si se equivoca al especificar la longitud total del campo necesaria para un intervalo, MySQL supone que omitió la parte del extremo izquierdo del campo. Así, DATE_SUB(20001201,INTERVAL "10" YEAR_MONTH) devolvería 2000-02-01, restando 10 meses y ningún año.

PERIOD_ADD(*periodo,meses*) tomará un *periodo* en el formato AAMM o AAAAMM y le sumará un determinado número de *meses*. (Se asumirá que un periodo en el formato AAMM contiene un año de 4 dígitos abreviado y convertido.) Por ejemplo, puede sumar 12 meses a junio: del 2008:

ENTRADA `mysql> SELECT PERIOD_ADD(0806,12);`

genera:

SALIDA

```
+--------------------+
| PERIOD_ADD(0806,12) |
+--------------------+
|             200906 |
+--------------------+
```

Usted puede utilizar la misma función para restar; reste 2 meses a abril del 2000:

ENTRADA `mysql> SELECT PERIOD_ADD(200004,-2);`

resultará en:

SALIDA

```
+--------------------+
| PERIOD_ADD(200004,-2) |
+--------------------+
|             200002 |
+--------------------+
```

> PERIOD_ADD() maneja años y meses pero no acepta un parámetro de fecha. Si intenta transferirle una fecha con el formato de DATE, o NOW(), obtendrá un resultado inválido.

Para encontrar la diferencia entre dos periodos, puede utilizar PERIOD_DIFF(*periodo1,periodo2*). Calcule ahora cuántos meses hay entre septiembre de 1980 y diciembre de 1998:

16

 **ENTRADA** `mysql> SELECT PERIOD_DIFF(199812,198009);`

da como resultado:

SALIDA
```
+---------------------------+
| PERIOD_DIFF(199812,198009) |
+---------------------------+
|                       219 |
+---------------------------+
```

Al igual que con PERIOD_ADD(), PERIOD_DIFF() espera la fecha como AAAAMM o AAMM y no en el formato normal de fecha.

Resumen

En este capítulo conoció la manera en que MySQL asigna formato a fechas y horas. Es flexible al aceptar información de fecha y hora en cuanto a la puntuación y la longitud de los campos, e interpreta lo que le proporciona de acuerdo con un conjunto de reglas. Sin embargo, genera los mismos datos en formatos más predecibles y acomoda el formato de cadena y el numérico de acuerdo con el uso que usted le dé a su resultado.

Conoció diversos formatos:

- DATETIME   Para información combinada de fecha y hora
- DATE   Para información de fecha solamente
- TIME   Para información de hora solamente
- YEAR   Para información de año solamente
- TIMESTAMP   Registra fecha y hora y, de manera predeterminada, se establecerá automáticamente para mostrar la creación o la fecha de la última modificación de una fila.

También aprendió algunas funciones para obtener información numérica y textual sobre horas y fechas. Practicó cómo hacer operaciones aritméticas utilizando las herramientas de MySQL para sumar y restar intervalos de tiempo al igual que para encontrar la diferencia entre dos meses dados.

Preguntas y respuestas

P ¿Cuál es la mejor forma para obtener la hora actual del sistema e insertarla en mis datos?

R La hora actual del sistema puede obtenerse fácilmente con la función NOW(), que devolverá la fecha y hora. Puede insertarla en cualquiera de los campos de fecha y hora de su tabla. Sin embargo, también puede declarar que una columna sea del tipo TIMESTAMP, lo que ocasionará que esta columna se actualice cada vez que escriba datos en ella, siempre que no escriba algo explícitamente en dicho campo, ya que esto colocará los datos específicos en el campo.

P ¿Cómo puedo desplegar horas y fechas en un formato agradable para el usuario?

R Utilice las funciones DATE_FORMAT() y TIME_FORMAT(). Éstas ofrecen una gran flexibilidad para dar formato a la información de fecha y hora de acuerdo con las necesidades del usuario.

P ¿Cuál es el mejor formato para especificar fechas y horas en MySQL?

R MySQL es muy flexible en cuanto a que puede aceptar datos de fecha y hora en una amplia variedad de estilos, delimitados con signos de puntuación o sin delimitadores. Con el fin de mejorar la comprensión, lo mejor es introducir sus datos en el mismo formato en el que MySQL les da salida (AAAA-MM-DD para las fechas y HH:MM:SS para las horas) si los datos están disponibles en estos formatos.

Ejercicios

1. Escriba una instrucción SELECT para dar salida a la hora actual en el formato "hora:minuto am/pm día de la semana mes año".

2. Escriba una instrucción SELECT para encontrar qué día de la semana será el 4 de julio del 2010.

3. Escriba una instrucción SELECT para sumar 1,000 días al 1 de abril del 2000 y devolver la fecha. ¿Qué día de la semana será el día siguiente a esa fecha?

DÍA **17**

Seguridad de bases de datos en MySQL

La seguridad de bases de datos es un componente indispensable en cualquier sistema de bases de datos. La seguridad es la que protege sus datos, resguardándola de posibles intrusos. La seguridad también protege sus datos de los usuarios. Algunas veces éstos, por ignorancia, borrarán registros que no desean borrar. Para protegerse contra este tipo de accidentes, usted puede elevar el nivel de seguridad para evitar que los usuarios borren, actualicen o agreguen registros a su base de datos.

La seguridad juega un papel importante en cualquier aplicación que pueda ser accedida por muchos usuarios a la vez. MySQL maneja muy bien la seguridad y actualmente es una de las bases de datos más seguras. Este día aprenderá:

- Cómo se implementa la seguridad en MySQL
- Las etapas y puntos de control
- Cómo agregar y editar usuarios así como sus privilegios

Cómo se implementa la seguridad en MySQL

El sistema de seguridad de MySQL es muy flexible. Con él puede asignar diferentes niveles de acceso a los usuarios potenciales que van desde la posibilidad de registrarse desde una máquina específica como un usuario específico hasta acceso completo de administrador desde cualquier lugar. Usted decide qué tan estricta debe ser su seguridad. Afortunadamente, este capítulo le proporcionará algunas reglas e ideas para administrar la seguridad de su base de datos.

MySQL mantiene todos los permisos y privilegios en la base de datos mysql. Ésta es una de las dos bases de datos que se crean automáticamente cuando instala MySQL. (La otra es test.) Las únicas personas que deberían tener acceso a ella son los administradores de la base de datos. mysql es igual que cualquier otra base de datos de MySQL. Los archivos de datos se almacenan en el directorio data del directorio padre mysql, donde se almacenan todos los demás archivos de datos. Las tablas de esta base de datos son:

- user
- db
- host
- func
- columns_priv
- tables_priv

Puede ejecutar consultas en estas tablas, de la misma forma que en cualquier otra tabla. Este conjunto de tablas se conoce como tablas de *permisos de acceso*. Cada columna de estas tablas muestra los permisos que tiene una persona ya sea con una Y (que significa que pueden realizar la operación) o una N (que significa lo contrario). Por ejemplo, una persona que tiene privilegios DELETE en la tabla user tendría una Y en la columna Delete_priv.

La tabla user

La tabla user contiene los datos de los permisos de todos los usuarios que tienen acceso a MySQL. Aquí puede establecer todos los permisos para los usuarios. Esta tabla consta de las siguientes columnas:

- Host   Éste es el nombre de la computadora del usuario. Con MySQL, usted puede limitar el acceso de una persona basándose en la ubicación desde la cual se está conectando.

- User   Éste es el nombre del usuario que utilizará para acceder a MySQL.

- Password   La contraseña del usuario.

- Select_priv   Permite que el usuario realice consultas SELECT de SQL.

- Insert_priv   Permite que el usuario agregue datos a las bases de datos por medio de la instrucción INSERT de SQL.

- Update_priv   Permite al usuario editar datos de la tabla con la instrucción UPDATE.

- Delete_priv   Permite que el usuario elimine datos de la base de datos empleando la instrucción DELETE.

- Create_priv   Permite que el usuario agregue tablas y bases de datos al servidor MySQL.

- Drop_priv   Permite que el usuario borre tablas y bases de datos del servidor MySQL. Esta capacidad puede ser muy peligrosa en las manos del usuario, así que tenga cuidado al conceder este privilegio.

- Reload_priv   Permite que el usuario actualice las tablas de permisos de acceso empleando la instrucción FLUSH.

- Shutdown_priv   Permite que el usuario apague el servidor.

- Process_priv   Permite que el usuario consulte los procesos de MySQL empleando el comando mysqladmin processlist o la instrucción SHOW PROCESSLIST. También le permite cancelar estos procesos.

- File_priv   Permite que el usuario lea y escriba archivos residentes en el servidor MySQL. Debe tener especial cuidado al conceder este permiso. Si éste no se utiliza adecuadamente, alguna persona con malas intenciones podría sobrescribir archivos del sistema en la máquina del servidor. Éste es uno de los motivos por los que MySQL nunca debería ejecutarse bajo el usuario de raíz (root) del sistema.

- Grant_priv   Permite que el usuario conceda privilegios a otros usuarios. Este privilegio debe estar restringido a los administradores de la base de datos por motivos obvios.

- References_priv   Esta columna no tiene un uso actualmente.

- Index_priv   Permite que el usuario cree índices en las tablas. También le permite eliminar índices. Create_priv y Drop_priv no afectan en modo alguno este privilegio. Si un usuario cuenta con los privilegios DROP y CREATE, debe tener Index_priv para crear y eliminar índices.

17

- `Alter_priv`   Permite que el usuario cambie la estructura de una tabla. Con este privilegio, el usuario no puede agregar índices a las tablas. El usuario también debe tener los permisos para cambiar la tabla.

Al otorgar permisos al usuario a este nivel, usted le está proporcionando acceso global a la base de datos. Esto significa que un usuario que tiene privilegios `DELETE` en la tabla `user` puede eliminar registros de cualquier base de datos del servidor MySQL. Hay ocasiones en las que usted no desearía hacer esto. Por ejemplo, suponga que usted es el administrador de un servidor MySQL que contiene dos bases de datos: una para contabilidad y otra para Recursos humanos. La base de datos de contabilidad contiene todas las tablas y datos que son rastreados por la compañía, como son CC (cuentas por cobrar), CP (cuentas por pagar) y Nómina. La base de datos de Recursos humanos contiene toda la información de los empleados. En un caso como éste, usted desearía conceder a los usuarios de contabilidad la capacidad de borrar sus propios registros, pero no de borrar registros de la base de datos de Recursos humanos. Sin embargo, sí desearía que los usuarios de contabilidad pudieran visualizar los registros de la base de datos de Recursos humanos. Si proporcionara los privilegios `DELETE` a los usuarios de contabilidad de la tabla `user`, ellos tendrían la capacidad de eliminar registros de la base de datos de Recursos humanos. ¿Cómo prevee esto? Lea a continuación.

La tabla `db`

La tabla `db` contiene los permisos para todas las bases de datos que contiene su servidor MySQL. Los permisos otorgados aquí son proporcionados solamente para la base de datos mencionada. Así, en el ejemplo anterior, usted podría proporcionar permisos `DELETE` a los usuarios en el nivel de la base de datos en lugar de en el nivel `user`.

La tabla `db` tiene prácticamente las mismas columnas que la tabla `user`, con algunas excepciones. Debido a que esta tabla rige los permisos en el nivel de la base de datos, no hay privilegios del nivel de administrador, tales como `Reload_priv`, `Shutdown_priv`, `Process_priv` y `File_priv`. Estos permisos no se relacionan con las operaciones que pueden realizarse en las bases de datos, así que dicho permisos sólo se encuentran en la tabla `user`. La única columna nueva en la tabla `db` es `Db`. Ésta es la base de datos para la cual son aplicables estos privilegios.

La tabla `host`

Esta tabla, junto con la tabla `db`, controla el acceso al limitar los hosts que pueden conectarse a la base de datos. Esta tabla contiene las mismas columnas que la tabla `db`.

Las tablas `columns_priv` y `tables_priv`

Estas tablas rigen los permisos para las tablas y columnas de una base de datos. Con MySQL, usted puede limitar lo que el usuario puede hacerle a cada columna de una tabla. `columns_priv` y `tables_priv` comparten las siguientes columnas:

- `Host` El host desde el cual se conecta el usuario.

- `Db` La base de datos que contiene las tablas a la cual usted está aplicando privilegios.

- `User` El nombre de usuario de la persona a quien usted está concediendo permisos.

- `Table_name` El nombre de la tabla de la base de datos en la que está estableciendo permisos. Esta columna es sensible a mayúsculas y minúsculas.

- `Column_priv` Esta columna controla el acceso que tiene un usuario a cualquier tabla. Puede contener los siguientes valores: SELECT, INSERT, UPDATE y REFERENCES. Los campos deben estar separados por una coma si se concede más de un privilegio.

- `Timestamp` Esta columna contiene el registro de la hora que indica cuándo se hicieron cambios.

Las columnas `Grantor` y `Table_priv` son las únicas de la tabla `tables_priv` que no aparecen en la tabla `columns_priv`. La columna `Grantor` contiene el nombre de la persona que concede los permisos. La columna `Table_priv` mantiene los permisos para la tabla. Los valores que puede contener son: SELECT, INSERT, UPDATE, DELETE, CREATE, DROP, GRANT, REFERENCES, INDEX y ALTER.

La tabla `columns_priv` contiene una columna que no aparece en ambas tablas; `Column_name`. Esta columna contiene el nombre de la columna afectada por los permisos concedidos en la columna `Column_priv`.

Tal vez se esté preguntando ¿cómo funciona esto? Funciona de una forma muy parecida a las tablas `user` y `db`. Si desea conceder a un usuario privilegios SELECT para todas las columnas de una tabla, puede hacerlo en la tabla `tables_priv`. Sin embargo, si no desea que un usuario tenga ciertos derechos, debe limitar sus privilegios en el nivel de la columna.

Aplicación de controles de seguridad

Para facilitar la comprensión, visualicemos todo de forma global. Esta sección profundizará un poco más en el ejemplo anterior sobre Contabilidad y Recursos humanos. El contexto: usted es el administrador de todas las base de datos de su compañía. En cada división de ésta, tiene personal asignado, que le auxilia con sus tareas de administración diarias. Y, por supuesto, cada división tiene su propio conjunto de trabajadores, quienes tienen necesidades de acceso variables a sus propias bases de datos. Para mantener todo tan seguro como sea posible, usted le concede a las personas solamente los privilegios que necesitan para realizar su trabajo.

Gilberto es la persona asignada en contabilidad y Julieta es la persona asignada en Recursos humanos. Para cumplir con las políticas de la compañía, necesita proporcionar derechos de administrador a Gilberto y Julieta solamente para sus bases de datos, de esta forma estas dos personas tendrían elementos en la tabla user que reflejarían su estado. Debido a que va a limitarles el acceso a sus respectivas bases de datos, no les concedería ningún privilegio en esta tabla. Ellos tendrían solamente su nombre, contraseña y nombre de host. En donde les concedería todos los privilegios es en la tabla db. Al hacerlo de esta forma, limita su acceso. Por otro lado, usted es el administrador de bases de datos y debería tener acceso global. Usted sería la única persona con todos los privilegios en la tabla user. Al limitar lo que puede hacer cada quien, usted proporciona un ambiente más seguro.

Puesto que ha limitado sus accesos, usted es la única persona que puede agregar nuevos usuarios y darles permisos. Julieta tiene un ayudante en Recursos humanos. Ella desea que esta persona pueda actualizar solamente algunas columnas en la tabla Beneficios_Empleados, pero que también vea todos los registros de la base de datos. Para hacerlo, usted proporciona a esta persona, que se llama Hilda, un elemento en la tabla user. Esto es para que ella pueda al menos conectarse a la base de datos. El siguiente paso es conceder privilegios SELECT en todas las tablas de la base de datos de Recursos humanos. Para limitar la capacidad de actualización de Hilda, usted debe introducir sus privilegios en las tablas tables_priv y columns_priv.

Etapas de control

Un poco más adelante aprenderá cómo agregar usuarios y sus permisos. Por ahora, simplemente comprenda que existe una jerarquía de seguridad en el sistema de bases de datos de MySQL. Cuando un usuario se conecta a la base de datos, MySQL primero busca en la tabla user para verificar si puede encontrar una coincidencia para el nombre de host, nombre de usuario y contraseña. Si la encuentra, se le proporciona al usuario acceso al sistema. Cuando éste envía una consulta a la base de datos, MySQL primero consulta la tabla user para ver qué privilegios tiene. Si el usuario no tiene privilegios en dicha tabla, consulta la tabla db. Nuevamente, verifica una coincidencia en la tabla con el nombre de host, nombre de usuario y base de datos. Si la encuentra, consultará los privilegios que tiene la persona. Si no tiene los privilegios necesarios para la consulta, MySQL explorará la tabla tables_priv y después la tabla columns_priv en busca de los permisos necesarios para ejecutar la consulta. Si no puede encontrar algún permiso, generará un error. Todo esto sucede cada vez que se realiza una consulta en MySQL.

Como puede observar, hay dos puntos de control. Uno es la verificación de la conexión y el segundo punto de control es la verificación de la solicitud. Estos puntos de control proporcionan un entorno más seguro para su base de datos. Una persona que pueda conectarse a la base de datos no podría hacer nada una vez dentro de ella. Esto ofrece una barrera muy segura contra los posibles intrusos que puedan colarse a su negocio y protege la base de datos contra los usuarios que pudieran causar algún daño sin intención.

Verificación de la conexión

La verificación de la conexión ocurre en el momento que usted intenta conectarse a MySQL. Cualquier conexión a MySQL requiere de un nombre de usuario, una contraseña y un nombre de host. El nombre de usuario es el nombre de la persona que está tratando de conectarse. La contraseña es una herramienta de verificación adicional para asegurar que la persona que se está conectando es realmente quien dice ser. El nombre de host es el nombre de la computadora desde la cual se está conectando el usuario. MySQL no solamente puede limitar la conexión de una persona, también puede restringir la conexión de una máquina. Si usted desea, puede permitir o negar conexiones hasta a dominios completos. Esto ofrece un lugar muy seguro para sus datos.

El proceso de verificación de conexión es bastante sencillo. MySQL verifica la solicitud contra la información de la tabla de permisos de acceso user en busca de una coincidencia con el nombre de usuario, la contraseña y el nombre de host. Si MySQL no encuentra una coincidencia dentro de la tabla user, niega el acceso (vea la figura 17.1).

FIGURA 17.1

La etapa de
verificación
de conexión.

MySQL verifica la tabla de permisos de acceso del usuario en busca del usuario, el host y la contraseña

Si MySQL encuentra una coincidencia, se permite la conexión del usuario. En caso contrario, se niega el permiso

Un usuario intenta conectarse
a MySQL

17

Verificación de solicitud

La verificación de solicitud ocurre cada vez que un usuario envía una consulta a la base de datos. Cada comando enviado después de realizar una conexión pasa a través del mismo proceso. Esto asegura que los usuarios trabajarán bajo las restricciones que les han sido impuestas. También ofrece una barrera de seguridad adicional previniendo que las personas con malas intenciones hagan algún daño a sus datos aun si logran entrar a la base de datos.

Nuevamente el proceso es bastante sencillo. Siempre que se envía una solicitud, MySQL primero verifica los permisos que tiene el usuario en el nivel user. Si la persona tiene permisos aquí, se le permite hacer lo que desee a cualquier base de datos contenida en el RDBMS MySQL, por lo que los permisos a este nivel deberían ser proporcionados en contadas ocasiones. Si MySQL no encuentra los privilegios necesarios para llevar a cabo el comando, consulta la tabla db.

La tabla db es la siguiente línea de seguridad. Los permisos concedidos aquí son aplicables solamente a la base de datos especificada. Un privilegio SELECT otorgado en este nivel permite que la persona visualice todos los datos de todas las tablas de la base de datos especificada. Normalmente esto está bien, pero si usted desea restringir aún más el acceso, puede restringir aquí los permisos y otorgarlos en la tabla tables_priv.

tables_priv es la tabla que MySQL consulta a continuación para verificar si un usuario tiene privilegios para llevar a cabo el comando que está solicitando. Si los privilegios necesarios se encuentran aquí, MySQL ejecuta la consulta. En caso contrario, MySQL busca en un lugar más —la tabla columns_priv.

La tabla columns_priv es el último lugar donde busca MySQL para verificar si una persona tiene el derecho de llevar a cabo el comando. Si el usuario no tiene el permiso aquí, MySQL devuelve un error, indicando que la solicitud es denegada. Todo esto sucede muy rápidamente —tan rápido que el rendimiento no se ve afectado, así que le corresponde a usted mantener un nivel de seguridad elevado dentro de su base de datos. La figura 17.2 contiene un diagrama del proceso de verificación de solicitud.

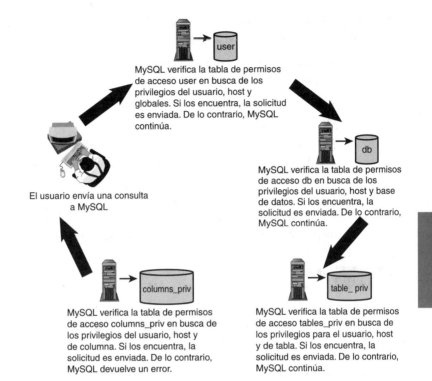

FIGURA 17.2

El proceso de verificación de solicitud.

MySQL verifica la tabla de permisos de acceso user en busca de los privilegios del usuario, host y globales. Si los encuentra, la solicitud es enviada. De lo contrario, MySQL continúa.

MySQL verifica la tabla de permisos de acceso db en busca de los privilegios del usuario, host y base de datos. Si los encuentra, la solicitud es enviada. De lo contrario, MySQL continúa.

El usuario envía una consulta a MySQL

MySQL verifica la tabla de permisos de acceso columns_priv en busca de los privilegios del usuario, host y de columna. Si los encuentra, la solicitud es enviada. De lo contrario, MySQL devuelve un error.

MySQL verifica la tabla de permisos de acceso tables_priv en busca de los privilegios para el usuario, host y de tabla. Si los encuentra, la solicitud es enviada. De lo contrario, MySQL continúa.

17

Modificación de los privilegios del usuario

Tal vez se pregunte si tiene que preocuparse por la forma como MySQL implementa la seguridad. La respuesta es no. MySQL tiene herramientas que se encargan de esto por usted. Pero en realidad usted no sería un buen DBA (administrador de bases de datos) si no conociera este detalle. Además, le ayudará a encontrar fallas de seguridad si llega a tener alguna.

Como con la mayoría de las cosas, existe más de una forma de proteger su base de datos. MySQL le ofrece muchas herramientas para ayudarle a controlar la seguridad. Las siguientes secciones iniciarán la explicación con la forma más difícil y posteriormente las más sencillas.

Modificación de las tablas de permisos de acceso

La forma más difícil, relativamente, es modificar usted mismo las tablas de permisos de acceso. Al comprender cómo están organizadas estas tablas, entenderá mejor los otros métodos empleados posteriormente en este capítulo. En ocasiones también puede ser necesario alterar de manera directa las tablas de permisos de acceso. Esta sección le mostrará cómo. Debido a que éstas son tablas comunes de MySQL, las consultas INSERT, DELETE, UPDATE y SELECT funcionarán de la misma forma con la que usted ya está familiarizado. Comencemos por agregar un usuario.

Para agregar un usuario, primero debe entrar a la base de datos de MySQL como `root` y utilizar la base de datos `mysql`. Para hacerlo, dé los siguientes pasos:

1. Vaya al directorio de instalación de `mysql`.
   ```
   cd /usr/local/mysql
   ```

2. Asegúrese de que `mysqld` se esté ejecutando.
   ```
   bin/mysqladmin -u root -p ping
   ```

3. Se le pedirá su contraseña de `root`. Después de introducirla correctamente, puede acceder a la base de datos de `mysql` escribiendo lo siguiente:
   ```
   use mysql;
   ```

Ahora la base de datos `mysql` debe ser la base de datos activa. El siguiente paso es insertar una fila dentro de la tabla `user`. Recuerde que ésta es la tabla que verifica MySQL para comprobar si una persona tiene privilegios de acceso. Para insertar una persona sin ningún permiso, escriba lo siguiente:

ENTRADA
```
INSERT INTO user (Host, User, Password)
VALUES("localhost", "juan", PASSWORD("dinosaurio"));
```

Esta instrucción agrega un registro a la tabla `user`. Agrega a juan, quien solamente puede conectarse desde el servidor de la base de datos. A juan no le será permitido conectarse a distancia. También le asigna a esta persona la contraseña "dinosaurio". Las contraseñas en MySQL son sensibles a mayúsculas y minúsculas. La función `PASSWORD` codifica la contraseña y la almacena en la tabla con su forma codificada. Esto evita que cualquier otra persona observe las contraseñas de todos los demás. Ahora juan puede conectarse al servidor MySQL. Una vez conectado, juan no podrá hacer nada porque aún no se le han proporcionado privilegios globales o de base de datos.

Cómo proporcionar acceso remoto

Si deseara permitir que juan se conectara desde una máquina a distancia, tendría que cambiar el nombre de host en la tabla. Los nombres de host pueden ser direcciones IP o nombres de dominio. Por ejemplo, un nombre de host podría ser 10.1.1.50 o `staff.jsmc.org`. Esto le permitiría a juan conectarse a distancia si estuviera utilizando la máquina con la dirección IP especificada o una computadora en el dominio `staff.jsmc.org`. si no desea limitar las computadoras desde las cuales juan puede conectarse, puede permitirle conectarse desde cualquier lugar utilizando el carácter comodín (%). También podría dejar en blanco la columna del nombre de host, que en la práctica es lo mismo que el carácter comodín. Otra opción que tiene aquí es permitir que juan se conecte desde cualquier lugar dentro del dominio `jsmc.org`. Para hacerlo podría utilizar el carácter comodín de la siguiente forma:

ENTRADA
```
INSERT INTO user (Host, User, Password)
VALUES("%.jsmc.org", "juan",
PASSWORD("dinosaurio"));
```

Esto permite que juan se conecte desde cualquier lugar dentro del dominio jsmc.org. Algo importante que hay que recordar es que aunque el símbolo % significa desde cualquier host, en realidad significa desde cualquier host externo. Para que un usuario ingrese a la máquina local, que es la máquina en la que el servidor MySQL se está ejecutando, el usuario debe tener un elemento localhost. Si el usuario no lo tiene, no puede ingresar localmente a la máquina.

Cómo agregar privilegios

Ahora que ha agregado un usuario, es momento de otorgarle algunos privilegios. Para permitir que juan acceda a cualquiera de las bases de datos disponibles en el RDBMS MySQL, debe asignarle una entrada en la tabla db. Recuerde que esta tabla contiene todos los permisos importantes para cada base de datos individual. Si desea que juan tenga acceso SELECT a la base de datos Mi_Tienda, haga lo siguiente:

ENTRADA
```
INSERT INTO db (Host, User, Db, Select_priv)
VALUES
("localhost","juan","Mi_Tienda","Y");
```

Esta instrucción le da a juan privilegios SELECT para la base de datos Mi_Tienda solamente si se conecta a ella desde la máquina local. El usuario juan no podrá acceder a esta base de datos si se conecta desde otra computadora o dominio. Éste es un ejemplo de la seguridad que ofrece MySQL que ninguna otra base de datos en el mercado puede ofrecer. En este caso son aplicables las mismas reglas de caracteres comodines.

Si juan tuviera necesidad de acceder a más de una base de datos en su RDBMS, necesitaría tener más de una entrada en la tabla db, proporcionándole permisos explícitos para cada base de datos.

Eliminación de privilegios

Si desea retirarle privilegios a un usuario, puede utilizar la instrucción UPDATE para hacerlo. Por ejemplo, si desea retirarle a juan los privilegios SELECT y en su lugar proporcionarle privilegios UPDATE, utilice el siguiente comando:

ENTRADA
```
UPDATE db
 SET Select_priv = "N", Update_priv="Y"
WHERE User = "juan"
AND Host="localhost"
AND Db ="Mi_Tienda";
```

Esto elimina los privilegios SELECT de juan y le otorga privilegios UPDATE. Ahora que le ha otorgado a juan permisos para la base de datos, ya ha terminado —¿cierto? No precisamente. Cuando MySQL inicia, carga en memoria las tablas de permisos de acceso para acelerar el proceso. El único problema es que cuando usted realiza cambios a estas tablas, no se actualizan las tablas almacenadas en memoria. Así que si acaba de introducir un usuario, éste no podrá conectarse a la base de datos hasta que las tablas en memoria se actualicen. Para actualizar dichas tablas, necesita vaciarlas. Esto se hace con la instrucción de vaciado de privilegios FLUSH. Por supuesto, usted debe tener privilegios FLUSH o RELOAD para enviar este comando. La otra forma para vaciar las tablas de permisos de acceso es por medio de la opción RELOAD con el comando mysqladmin. Esta operación toma aproximadamente un segundo y después todos los cambios realizados son actualizados.

Uso del comando GRANT

Si no le agrada actualizar directamente las tablas de permisos de acceso, existe otra forma para administrar los privilegios de los usuarios: mediante el comando GRANT. Este comando tiene la siguiente sintaxis:

```
GRANT [privilegios] (nombres de columnas)
ON nombrebasededatos.nombredetabla
TO nombreusuario@nombredehost
IDENTIFIED BY "contraseña"
[WITH GRANT OPTIONS]
```

Al principio, esto puede parecer muy complicado, sin embargo, es bastante sencillo. Después de la palabra clave GRANT, debe listar todos los privilegios que desea conceder al nuevo usuario. Los siguientes son los privilegios que puede conceder:

- ALL Proporciona al usuario todos los privilegios disponibles.
- ALTER Permite que el usuario modifique tablas, columnas e índices.
- CREATE Permite que el usuario cree tablas o bases de datos.
- DELETE Permite que el usuario borre registros de las tablas.
- DROP Permite que el usuario borre tablas o bases de datos.
- FILE Permite que el usuario lea y escriba archivos en el servidor.
- INDEX Permite que el usuario agregue o elimine índices.
- INSERT Permite que el usuario agregue registros a la base de datos.
- PROCESS Permite que el usuario visualice y cancele procesos del sistema de MySQL.
- REFERENCES Sin uso actualmente en MySQL.

- RELOAD   Permite que el usuario utilice la instrucción FLUSH.
- SELECT   Permite que el usuario efectúe consultas SELECT.
- SHUTDOWN   Permite que el usuario apague el servidor MySQL.
- UPDATE   Permite que el usuario edite registros existentes en la base de datos.
- USAGE   Permite que el usuario se conecte al servidor. Este tipo de usuario no cuenta con privilegio alguno.

La siguiente parte del comando es opcional. Le permite especificar las columnas de una tabla a las cuales necesita aplicar los privilegios. Los nombres de las columnas son sensibles a mayúsculas y minúsculas, así que sea cuidadoso al escribirlos.

Después de la palabra clave ON, debe listar la base de datos y la tabla o tablas a las cuales desea aplicar estos privilegios. Para especificar todas las tablas en la base de datos, puede utilizar un asterisco:

ENTRADA `Mi_Tienda.*`

Si quisiera aplicar estos permisos globalmente, tendría que utilizar dos asteriscos:

ENTRADA `*.*`

La siguiente parte del comando GRANT es la cláusula TO. Ésta es donde usted establece el usuario y su nombre de host. Nuevamente, aquí pueden utilizarse caracteres comodín. Si quisiera otorgarle privilegios a juan, podría usar lo siguiente:

ENTRADA `"juan@localhost"`

`"juan@%jsmc.org"`

`"juan@%"`

La siguiente parte de la instrucción es la contraseña. No necesita utilizar la función PASSWORD en la instrucción GRANT. MySQL lo hace automáticamente.

La última parte del comando es completamente opcional. Le ofrece al usuario especificado la capacidad de utilizar también la instrucción GRANT.

Ahora veamos algunos ejemplos. Utilizaremos a juan nuevamente. Para empezar, otórguele la capacidad de conectarse al servidor MySQL absolutamente sin permisos. Para hacerlo, utilice el siguiente comando:

ENTRADA `GRANT USAGE ON *.* TO "juan@%" IDENTIFIED BY "dinosaurio";`

Esta instrucción le permite a juan conectarse desde cualquier lugar utilizando la contraseña "dinosaurio". Si usted consulta las tablas de permisos de acceso, observará que juan solamente tiene un elemento en la tabla user. También verá que la contraseña está codificada. Bastante sencillo.

Ahora otorgue a juan privilegios SELECT en todas las tablas de la base de datos Mi_Tienda. Para hacerlo, envíe la siguiente instrucción:

ENTRADA
```
GRANT SELECT ON Mi_Tienda.* TO "juan@%" IDENTIFIED BY "dinosaurio";
```

Esto permite que juan se conecte desde cualquier computadora y que envíe instrucciones SELECT a cualquiera de las tablas de la base de datos Mi_Tienda. A continuación, será un poco más estricto con juan. Otórguele privilegios SELECT solamente en la tabla Clientes de la base de datos Mi_Tienda. Para hacerlo utilice el siguiente comando:

ENTRADA
```
GRANT SELECT ON Mi_Tienda.Clientes
TO "juan@%" IDENTIFIED BY "dinosaurio";
```

Observe cómo se utiliza la notación con punto (.). La primera parte es el nombre de la base de datos y la segunda es el nombre de la tabla. Ésta es bastante común en todos los sistemas de bases de datos.

Ahora otórguele a juan privilegios UPDATE solamente en las columnas Nombre y Apellido_Paterno de la tabla Clientes. Para hacerlo, envíe el siguiente comando:

ENTRADA
```
GRANT UPDATE (Nombre, Apellido_Paterno) ON Mi_Tienda.Clientes
 TO juan@localhost IDENTIFIED BY "dinosaurio";
```

Este comando limita a juan a actualizar las columnas Nombre y Apellido_Paterno de la tabla Clientes de la base de datos Mi_Tienda. Como puede observar, con este comando es muy fácil administrar las cuentas de sus usuarios.

En MySQL existe otra forma para conceder permisos a los usuarios. Este comando lo saca del monitor de MySQL y lo lleva al directorio mysql. En el subdirectorio bin (donde se almacenan todas las utilerías de MySQL) encontrará la utilería mysql_setpermission. Ésta es una secuencia de comandos escrita el Perl que lo auxiliará para establecer permisos para su base de datos.

Para empezar a usar esta utilería, debe estar en el directorio de instalación de mysql y debe estar ejecutándose el daemon mysqld. El primer paso es iniciar la utilería. Para hacerlo, escriba lo siguiente en la línea de comandos:

ENTRADA
```
[root@zazeo.mx mysql]# bin/mysql_setpermission -u root
```

Debe observar la siguiente salida:

SALIDA
```
Password for user to connect to MySQL:
```

Después de introducir exitosamente su contraseña de root, debe observar una pantalla de bienvenida seguida de las opciones de menú que se muestran a continuación:

```
#####################################################
## Welcome to the permission setter 1.2 for MySQL. ##
## made by Luuk de Boer                            ##
#####################################################
What would you like to do:
     1.     Set password for a user.
     2.     Add a database + user privilege for that database.
user can do all except all admin functions
     3.     Add user privilege for an existing database.
- user can do all except all admin functions
     4.     Add user privilege for an existing database.
- user can do all except all admin functions + no create/drop
     5.     Add user privilege for an existing database.
- user can do only selects (no update/delete/insert etc.)
0. exit this program

Make your choice [1,2,3,4,5,0]:
```

17

Como puede observar, esta utilería es bastante limitada en cuanto a lo que puede hacer por usted. Pero si necesita algo rápido y fácil, puede utilizarla. Utilizando nuevamente a juan, agréguelo a una base de datos existente seleccionando la opción 3.

Cuando elija dicha opción, aparecerá una lista de bases de datos para seleccionar. Seleccione la base de datos `Mi_Tienda`. A continuación el programa le solicitará un nombre de usuario. Escriba **juan**. Después el programa le preguntará si desea crear una contraseña para juan. Escriba **Y**. No es recomendable que usted tenga usuarios sin contraseñas. Esto podría representar un peligro para su base de datos. Después de escribir **Y**, le solicitará la contraseña. Escriba la palabra **dinosaurio** o la que usted desee. Después de introducir la contraseña, le solicitará que la escriba nuevamente. Al terminar este paso, le solicitará un nombre de host. Puede escribir un nombre de host, un carácter comodín o cualquier combinación. Escriba **%**. La utilería le preguntará si desea introducir otro nombre de host para este nombre de usuario. Por el momento, responda **N**. El programa revisará lo que ha seleccionado y se lo mostrará antes de hacer cualquier cambio. Si todo parece correcto, acepte sus cambios tecleando **Y**. Ha creado un usuario llamado juan, con todos los privilegios —excepto los administrativos— para la base de datos `Mi_Tienda`, que puede conectarse desde cualquier lugar. Esta utilería puede ahorrarle mucho tiempo y trabajo cuando necesita agregar rápidamente a alguien.

Ahora que sabe cómo agregar un usuario, ¿qué sucede si desea eliminarlo?

Eliminación de usuarios y revocación de privilegios

Hasta el momento ha leído bastante sobre cómo agregar usuarios y privilegios. Ahora es el momento de aprender cómo eliminar usuarios y revocar privilegios. MySQL le ofrece dos formas para eliminar a un usuario: la primera es la edición manual de las tablas de permisos de acceso. Usted envía una instrucción DELETE para cada una de las tablas en la base de datos de MySQL. Para hacerlo de una manera correcta y segura, debe especificar el usuario y nombre de host en la cláusula WHERE. Por ejemplo, utilizaría los siguientes comandos para eliminar a juan de las tablas de permisos de acceso:

ENTRADA
```
DELETE FROM user WHERE User = "juan" AND Host = "%";
DELETE FROM db WHERE User = "juan" AND Host = "%";
```

Estos comandos eliminarán los registros de juan de las tablas user y db donde el nombre de host es el carácter comodín. Es posible que todavía existan los otros registros de juan, así que tendrá que realizar una depuración manual. Para comprobar si juan tiene otros registros, puede utilizar las siguientes instrucciones:

ENTRADA
```
SELECT * FROM user WHERE User = "juan" AND Host = "%";
SELECT * FROM db WHERE User = "juan" AND Host = "%";
```

Puede revocar los privilegios de un usuario de dos formas. La primera es editar las tablas de permisos de acceso con instrucciones SQL. La otra es mediante la instrucción REVOKE, que es la forma más recomendable para eliminar los privilegios de alguna persona porque existe una menor posibilidad de error.

La sintaxis de la instrucción REVOKE es muy parecida a la de la instrucción GRANT. La sintaxis es la siguiente:

```
REVOKE [privilegios](columnas)
ON nombrebasededatos.nombredetabla FROM nombreusuario@nombredehost
```

Los privilegios que pueden revocarse son el mismo conjunto de privilegios explicados en la instrucción GRANT. Con la instrucción REVOKE puede revocar algunos o todos los privilegios con los que cuente un usuario. Cualquier otro dato en la instrucción REVOKE debe coincidir exactamente con la instrucción GRANT correspondiente. Al observar las partes de la instrucción REVOKE, todo debería parecer muy conocido.

Después de la palabra clave REVOKE, debe listar los privilegios que está retirando al usuario. Después de la lista de privilegios están los nombres de las columnas opcionales que tienen privilegios. Después de los nombres de las columnas se encuentra la palabra clave ON. Y a continuación están la base de datos y tabla de donde se están eliminando los privilegios. También puede especificar todas las bases de datos y tablas con la sintaxis *.*. A continuación del nombre de la base de datos y de la tabla está la palabra clave FROM, seguida por el usuario y su nombre de host. A continuación presentamos algunos ejemplos.

Para eliminar completamente los privilegios de juan, puede utilizar la siguiente instrucción:

ENTRADA
```
REVOKE ALL ON *.* FROM "juan@%";
```

Nota   Cuando utilice el carácter comodín %, asegúrese de encerrar entre comillas la expresión que lo contiene.

Ésta elimina todos los privilegios que juan tenía en todas las bases de datos que contenían el carácter comodín como el nombre de host. Si juan hubiera tenido permiso para ingresar desde el servidor local, usted tendría que enviar la siguiente instrucción REVOKE para eliminar dichos privilegios:

SALIDA   `REVOKE ALL ON *.* FROM juan@localhost;`

Para eliminar privilegios específicos, usted podría utilizar la instrucción `REVOKE` en una forma muy similar a la que hubiera usado con la instrucción `GRANT`. Por ejemplo, revoque los privilegios `UPDATE` de juan en las columnas `Nombre` y `Apellido_Paterno` de la tabla `Clientes`. Para hacerlo, emplee el siguiente comando:

ENTRADA
```
REVOKE UPDATE (Nombre, Apellido_Paterno)
ON Mi_Tienda.Clientes
FROM "juan@%";
```

Como puede ver, la sintaxis y uso de la instrucción `REVOKE` es parecida a la de la instrucción `GRANT`. La diferencia principal es que en una usted concede privilegios y en la otra los está retirando.

Cómo tomar medidas de seguridad adecuadas

Como el administrador de la base de datos de MySQL, la seguridad e integridad de los datos son su responsabilidad. Esto significa que usted debe mantener una base de datos precisa. La información contenida en ella es únicamente responsabilidad suya. Por lo tanto, cuando los datos se corrompan porque algún empleado disgustado irrumpió y borró filas y filas de datos, todos lo responsabilizarán a usted. Probablemente los datos a su cargo son altamente clasificados o confidenciales. Usted debe asegurarse de que permanezcan en ese estado. Es mucha responsabilidad, pero si está utilizando MySQL, descanse tranquilo de que usted está haciendo lo correcto para tener un entorno muy seguro.

Existen algunos otros pasos que puede seguir para mejorar la seguridad del entorno. Uno de los primeros pasos es nunca ejecutar `mysqld` como `root` del sistema operativo. El motivo principal es porque cualquiera que tenga privilegios `FILE` en MySQL puede acceder a cualquier archivo si el servidor está corriendo como `root`. En lugar de ejecutar MySQL como `root`, ejecútelo como otro usuario, tal como `mysqladmin` o `mysqlgroup`. De esta forma, se asegura de que los usuarios con malas intenciones que tengan acceso `root` no sobrescribirán archivos del sistema.

El siguiente paso es asegurar el subdirectorio de datos del directorio `mysql`. Todos los archivos en este directorio deberían ser propiedad del usuario que ejecuta la utilería `mysqld`. Además, éstos deberían ser leídos y escritos solamente por este usuario. Esto garantiza que ningún otro usuario pueda acceder a estos archivos.

Otra medida que puede tomar es limitar el `%` al definir nombres de host. Especifique siempre que sea posible una dirección IP. Esto ayuda a tener una seguridad más estricta.

Al trabajar con la seguridad, siempre es mejor iniciar tan estrictamente como sea posible y después un poco menos a medida que pasa el tiempo. Al otorgar permisos, proporcione los menos posibles a los usuarios nuevos —sólo los suficientes para permitirles realizar su trabajo. Unas políticas de seguridad estrictas le ayudarán a resguardar su base de datos contra ataques mal intencionados.

17

Resumen

Este día aprendió mucho acerca de la seguridad. Conoció la forma en que MySQL implementa la seguridad en una jerarquía y que existen varias etapas de control y dos puntos de verificación —la verificación de acceso y la de solicitud. Aprendió cómo este ataque doble puede prevenir los huecos de seguridad.

También aprendió cómo agregar usuarios a una base de datos de MySQL. Aprendió que MySQL ofrece varias formas para hacerlo. Puede agregar usuarios editando directamente las tablas de permisos de acceso con instrucciones SQL o utilizando el comando GRANT desde el monitor de MySQL. También comprendió algo sobre la utilería `mysql_setpermission` que ofrece una forma sencilla y rápida para agregar usuarios y concederles privilegios.

Otro tema explicado este día fue el proceso por medio del cual se eliminan los usuarios de una base de datos. Aprendió que la única forma para eliminarlos por completo de la base de datos es borrándolos directamente de las tablas de permisos de acceso empleando una instrucción DELETE de SQL. También aprendió que puede eliminar alguno o todos los privilegios de un usuario con la instrucción REVOKE.

Por último, aprendió algunas medidas adicionales para resguardar su base de datos contra ataques mal intencionados. Fundamentalmente, la responsabilidad de los datos recae en usted como DBA. Usted está a cargo de la base de datos, así como los datos que contiene. Le corresponde a usted y su negocio implementar políticas de seguridad muy estrictas independientemente de los datos que esté manteniendo.

Preguntas y respuestas

P **¿Existen otras precauciones que pueda tomar para asegurar la seguridad de mi base de datos?**

R Existen miles de cosas que puede hacer para asegurar su base de datos. Este capítulo explicó lo que puede hacer internamente con MySQL. Lo que no se explicó es lo que puede hacer para que su servidor sea más seguro. La adición de firewalls y servidores proxy son dos formas de evitar a los intrusos. El cierre de servicios y la instalación de módulos de seguridad disponibles en el mercado es otra forma para mantener la seguridad de su máquina. Desafortunadamente, esto está fuera del alcance de este libro. Sería recomendable que buscara algún buen libro sobre seguridad para el sistema operativo que está utilizando.

P **Eliminé completamente a un usuario de mi base de datos, pero éste aún puede ingresar. ¿Cómo es posible?**

R Pueden existir varias explicaciones para esto. La más probable es que usted tenga un usuario anónimo en su base de datos de usuarios. Un usuario anónimo es aquel que no tiene un elemento introducido en la columna `User` de la tabla `user`. Esto permite que cualquiera pueda conectarse a su base de datos. Para verificar si éste es su problema, ejecute la siguiente consulta:

ENTRADA `SELECT * FROM user WHERE User = "";`

Esto podría ocasionar un enorme hueco de seguridad sin que usted lo supiera.

P Escribí una aplicación de Internet que interactúa con la base de datos de MySQL. Deseo que el usuario ingrese a mi sistema, pero no deseo crear cuentas para miles de usuarios. ¿Qué puedo hacer?

R Crear otra tabla `user` dentro de su propia base de datos es una práctica común. Puede agregar usuarios a esta base de datos en lugar de hacerlo directamente en MySQL. Podría verificar su capacidad para utilizar la base de datos realizando una consulta en esta tabla, de una forma muy parecida a la que lo hace MySQL.

17

Ejercicios

1. Agregue varios usuarios a la base de datos `Mi_Tienda` mediante las técnicas explicadas en este capítulo. Agregue uno utilizando la instrucción `GRANT`, otro con la utilería `mysql_setpermission` y otro manipulando las tablas de permisos de acceso.

2. Revoque los privilegios que otorgó a los usuarios del ejercicio 1 utilizando la instrucción `REVOKE`.

3. Elimine a los usuarios de su base de datos.

DÍA **18**

Cómo se compara MySQL con otras BDDs

El software Open Source ha sido un tema de discusión por mucho tiempo. Muchas personas no valoran un producto porque éste se distribuye gratuitamente. No creen que un producto Open Source pueda satisfacer las necesidades de las compañías establecidas. La mayoría de las personas prefieren las marcas conocidas, aunque la compañía produzca software deficiente. Linux ha comenzado a cambiar esta actitud. Ha legitimizado el software Open Source abriendo sus puertas a productos como MySQL. En este capítulo MySQL será comparado con otras bases de datos del mismo tipo. Aquí se explicarán las ventajas y desventajas de MySQL.

Este día aprenderá:

- El factor velocidad
- MySQL y los procedimientos almacenados y sus alternativas

- MySQL y bases de datos basadas en transacciones
- MySQL y las restricciones

La necesidad de velocidad

A medida que creció la necesidad de almacenar y acceder a cantidades de datos mayores, también creció la necesidad de que las herramientas de bases de datos recuperaran y procesaran las solicitudes rápida y eficientemente. Inició la carrera para crear la herramienta de bases de datos más rápida. Al mismo tiempo, creció la necesidad de una mayor funcionalidad. Los administradores de bases de datos necesitaban más herramientas y métodos eficientes para administrar las grandes cantidades de datos que almacenaban. El problema era que a mayor funcionalidad o propiedades agregadas a una base de datos, menor velocidad de ésta. MySQL ha considerado medidas para asegurar que ofrezca el mayor número de propiedades sin sacrificar la velocidad.

¿Qué tan rápido es MySQL? TcX ha establecido un sitio Web (www.tcx.com) que muestra las diferencias entre MySQL y otras bases de datos de su tipo. Ese sitio utiliza los resultados de un programa llamado crashme, el cual lista y compara la funcionalidad de todos los sistemas principales de bases de datos relacionales. TcX también tiene un vínculo que despliega los resultados de velocidad de MySQL y otras bases de datos sobre diferentes plataformas que emplean una interfaz común.

Prácticamente en todas las categorías, MySQL es la más rápida. En una comparación de MySQL con DB2, Informix, Sybase Enterprise 11.5 y Microsoft SQL Server, todos ejecutándose en Windows NT y utilizando como interfaz común ODBC, MySQL los supera prácticamente en todas las pruebas. Por ejemplo, con una prueba que empleaba 20,000 instrucciones SELECT de complejidad variada, MySQL realizó estas tareas en la mitad del tiempo que Microsoft SQL Server y casi cinco veces más rápido que Informix. De acuerdo con las estadísticas, MySQL supera a todas las herramientas de bases de datos de su tipo en un 40% promedio.

Como usted sabe, las estadísticas pueden manipularse de muchas formas para mostrar un punto. La mejor forma para evaluar MySQL es utilizándolo. Si alguna vez ha utilizado alguna de las bases de datos renombradas, se asombrará de lo que puede hacer MySQL. Si no ha tenido la oportunidad, se asombrará por la velocidad de MySQL.

Éste es el motivo por el que MySQL es el preferido en Internet. MySQL supera los requerimientos de velocidad para Web. Las consultas se ejecutan más rápido y los resultados se devuelven con mayor agilidad. Debido a que funciona muy bien en Internet, tiene mucho sentido incluir MySQL también en aplicaciones empresariales. Imagine la flexibilidad que MySQL podría ofrecer con su gran tamaño de tabla e increíble velocidad.

Como explicamos anteriormente, con el incremento de la velocidad se disminuye la funcionalidad. Los desarrolladores de MySQL han realizado un trabajo excelente al mantener la relación propiedades-velocidad relativamente alta. Por supuesto, no pudieron incluir todas las propiedades disponibles en otras herramientas de bases de datos de su tipo. Por lo tanto, mantuvieron selectivamente las características fundamentales y dejaron a un lado las opcionales. En un futuro cercano, MySQL incluirá muchas de las propiedades que tienen otras bases de datos manteniendo aun la mayor parte de su velocidad. Los desarrolladores permitirán que los administradores de bases de datos decidan si desean utilizar un conjunto de propiedades más avanzado y sacrificar la velocidad. Dejar esta decisión en las manos del administrador en vez de en las del fabricante es un gran beneficio. De esta forma, quienes realmente saben lo que necesitan pueden decidir, en lugar de las personas que creen saber lo que sus usuarios necesitan.

Bases de datos basadas en transacciones

Algunas bases de datos utilizan una forma de SQL llamada Transact-SQL o T-SQL (Microsoft SQL Server y Sybase Adaptive Server). Esta forma de SQL mejora al SQL tradicional agregando la capacidad de crear programas. Éstos no son programas en el sentido de que sean compilados o puedan ser independientes, pero contienen los mismos conjuntos de controles que la mayoría de los lenguajes de programación, tales como ciclos e instrucciones IF. Por ejemplo, un conjunto de comandos de T-SQL tendría más o menos la siguiente apariencia:

```
BEGIN TRAN actualizar_pedidos
UPDATE Pedidos
SET Pedido_Enviado = 'Y'
WHERE  ID_Pedido = 1454
IF @@ERROR = 0
BEGIN
    COMMIT TRAN actualizar_pedidos
END
ELSE
BEGIN
    ROLLBACK TRAN actualizar_pedidos
    PRINT "Error. Transacción no realizada"
END
```

Como puede observar, estas instrucciones son un poco más complejas que los comandos de SQL que ha visto hasta ahora. La capacidad para realizar rutinas complejas e incluir la lógica en el servidor de bases de datos abre las puertas para muchas oportunidades.

Estas oportunidades se han agregado como un conjunto de propiedades para estas bases de datos. Incluyen procedimientos almacenados, cursores y la capacidad para deshacer transacciones. Estas propiedades no aparecen en la versión actual de MySQL. Los motivos por los que no están incluidas, así como sus alternativas, serán explicados a continuación.

18

BEGIN TRAN y ROLLBACK TRAN

Estas bases de datos están basadas en transacciones. Una *transacción* es cualquier acción que puede realizarse en una base de datos. Por ejemplo, cada INSERT, UPDATE o DELETE se considera una transacción, así como cualquier instrucción CREATE o DROP.

El sistema de bases de datos procesa cada comando de T-SQL antes de que dicho comando se ejecute. Esto permite a la herramienta leer todos los comandos y desarrollar un buen plan de consulta. Después ejecutará los comandos basándose en este plan. Debido a que la herramienta examina todos los comandos antes de ejecutarlos realmente, hace posible un par de propiedades muy útiles —BEGIN TRAN y ROLLBACK TRAN.

ROLLBACK TRAN es como un "Se repite". ¿Recuerda cuando era pequeño y jugaba al fútbol o béisbol y alguien hacía algo con lo que alguien más no estaba de acuerdo? Después alguien gritaba, "¡¡Se repite!!" y usted repetía la última serie de eventos como si nada hubiera pasado. Las bases de datos transaccionales permiten realizar un "Se repite". Puede establecer una serie de comandos y si algo no funciona como se esperaba, puede repetir todo y la transacción no se efectuará. Observe el siguiente ejemplo:

```
BEGIN TRAN
DELETE FROM Clientes
WHERE ID_Cliente = 13
ROLLBACK TRAN
```

La herramienta de bases de datos crearía un plan de consulta para esta serie de comandos, pero debido a que se envió un ROLLBACK en lugar de un COMMIT, la instrucción DELETE nunca se ejecutará. El servidor le indicará cuántas filas hubieran sido afectadas si hubiera efectuado esta transacción, pero es todo lo que haría. Como puede observar, ésta es una propiedad bastante útil. Usted puede ejecutar sus comandos SQL en forma segura y sin temor a cualquier repercusión. Podría saber cuánto tiempo tomaría una consulta grande sin afectar los datos de su base de datos. Esto es realmente bueno, pero hay un precio, la velocidad. Debido a que el servidor debe procesar cada comando que es enviado, invierte tiempo buscando y verificando la solicitud en lugar de procesarla realmente y, por lo tanto, esto deteriora el rendimiento.

MySQL no es un sistema de bases de datos transaccional. No utiliza T-SQL. Usted no puede enviar una instrucción como la del ejemplo anterior y esperar que funcione. Esto podría parecer como una desventaja. Se preguntará por qué MySQL no tiene esta propiedad. Bien, aquí está la respuesta. MySQL tiene como objetivo la velocidad y facilidad de uso. Al servidor de bases de datos transaccional le toma tiempo procesar cada comando. Este tiempo podría invertirlo ejecutando sus comandos. Éste es un motivo por el que MySQL no utiliza algo como T-SQL.

Otro motivo por el que MySQL no tiene la propiedad COMMIT/ROLLBACK TRAN es porque perdería los aspectos de facilidad de uso y poco mantenimiento. En un sistema transaccional, cada transacción se escribe en un registro especial llamado *registro de transacción*. Debido a esto puede repetir una transacción si es necesario. El administrador es quien determina el tamaño de este registro. Si establece un tamaño muy pequeño para el número de transacciones ocurridas, éste se llenará y no se efectuarán más transacciones. Esto significa que nadie podrá insertar, actualizar o borrar ningún registro en una base de datos de producción —todo un desastre. Ésta es una gran preocupación para la mayoría de los administradores de bases de datos con respecto a las bases de datos transaccionales. Ellos se preocupan mucho por este registro —con buenas razones— así que lo vigilan cuidadosamente. MySQL tiene una propiedad de registro, pero no ocasionará el tipo de problemas que generará el registro de transacción en una base de datos transaccional.

Afortunadamente, usted puede observar por qué las personas de TcX decidieron no incluir esta propiedad. Ésta disminuiría la velocidad de MySQL, además de que aumentaría la cantidad de administración necesaria para realizarla. Esta propiedad probablemente no aparecerá en versiones posteriores de MySQL.

Procedimientos almacenados

Los procedimientos almacenados son otra característica que aprovecha a T-SQL. Un procedimiento almacenado es una serie de comandos de T-SQL que han sido compilados y almacenados dentro de la base de datos. El plan de consulta para las series de comandos está guardado, de forma que las siguientes llamadas serán ejecutadas rápidamente porque no necesita crearse un plan. Éste se maneja internamente de la misma forma como se trata a una tabla o cualquier otro objeto de base de datos.

18

Los procedimientos almacenados tienen muchas ventajas. Una es que estos procedimientos se ajustan al modelo de programación modular en el sentido de que son creados con un fin específico. También son reutilizables. Otro beneficio que ofrecen es que pueden tomar y transferir parámetros. Esto permite que los programadores vinculen varios procedimientos almacenados, creando una especie de programa por lotes. Otro beneficio es la seguridad desplazada. Un usuario, quien puede carecer de permisos explícitos para una tabla, puede ser capaz de utilizar dicha tabla a través de un procedimiento almacenado. Esto es útil si usted desea limitar el acceso del usuario pero desea proporcionarle una forma para manipular los datos de manera segura a través del ambiente controlado que usted le proporciona.

Los procedimientos almacenados pueden volverse muy complicados. T-SQL ofrece la mayoría de las herramientas que pueden ofrecer los lenguajes de programación. En un procedimiento almacenado, un programador puede declarar variables, crear ciclos y ejecutar instrucciones condicionales —sin mencionar las funciones intrínsecas que puede ofrecer el servidor de la base de datos. Esto puede permitir que el programador realice mucha lógica de programación en el servidor de bases de datos.

Uno de los beneficios principales de los procedimientos almacenados es que éstos se ejecutan con mayor rapidez que las instrucciones normales. Esto es porque el procedimiento almacenado guarda el plan de consulta. Ya tiene prevista la mejor forma para hacer algo. Esto es como tener planificado todo su día; simplemente tiene que seguir el plan. Esto es mucho más rápido que planificar en el momento. Además, para el código de la aplicación resulta más limpio llamar a un procedimiento almacenado que tener una serie de instrucciones SQL.

En realidad no hay desventajas con los procedimientos almacenados. De hecho, son el medio preferido para la ejecución de T-SQL en un sistema de bases de datos basado en transacciones. El único inconveniente es que usted los necesita con anticipación. Si una base de datos fuera extremadamente rápida —tan rápida que una serie de instrucciones ejecutadas desde un sistema remoto devolviera resultados más rápido que un procedimiento almacenado— ¿para qué los necesitaría? Entendiblemente, es bueno ejecutar el código en el servidor y tan sólo devolver los resultados. ¿Pero es esto suficiente como para sacrificar la gran velocidad de MySQL?

La siguiente versión de MySQL puede contener una opción de procedimiento almacenado. Recuerde que a mayor cantidad de propiedades agregadas, menor velocidad. MySQL es lo suficientemente rápido sin procedimientos almacenados, pero algunas veces éstos son muy útiles. Sin embargo, existe una alternativa.

Alternativa a los procedimientos almacenados

La única alternativa disponible por el momento a los procedimientos almacenados es el uso de UDFs (funciones definidas por el usuario). Las UDFs son funciones escritas en C o C++. Son bastante parecidas a las funciones intrínsecas de MySQL, y son llamadas del mismo modo dentro de éste.

La creación de una UDF es un procedimiento bastante complicado. Cada UDF debe aparecer en su programa C++ como una función. Cada UDF puede tener una función opcional init y deinit. Éstas funcionan como constructores y destructores. Usted puede verificar sus argumentos en la función init y realizar una limpieza con la función deinit.

El listado 18.1 es un ejemplo de UDF que duplica un número que se pasa como argumento. Su UDF probablemente será un poco más compleja. Este ejemplo se ha simplificado para que pueda observar el formato de una UDF.

LISTADO 18.1   Funciones definidas por el usuario en C

```
#ifdef STANDARD
#include <stdio.h>
#include <string.h>
#else
#include <global.h>
#include <my_sys.h>
#endif
```

LISTADO 18.1   continuación

```
#include <mysql.h>
#include <m_ctype.h>
#include <m_string.h>


extern "C" {
my_bool Double_Proc_init(UDF_INIT *initid,
UDF_ARGS *args, char *mensaje);
void Double_Proc_deinit(UDF_INIT *initid);
long long Double_Proc(UDF_INIT *initid, UDF_ARGS *args,
            char *is_null, char *error);

}

my_bool Double_Proc_init(UDF_INIT *initid, UDF_ARGS *args, char *mensaje)
{
  if (args->arg_count != 1 || args->arg_type[0] != INT_RESULT)
  {
    strcpy(mensaje,"Argumentos erróneos para Double_Proc");
    return 1;
  }
  return 0;
}

void Double_Proc_deinit(UDF_INIT *initid)
{
}

long long Double_Proc(UDF_INIT *initid, UDF_ARGS *args,
            char *is_null, char *error)
{
 int ResultSet;
 ResultSet = args * 2;

 Return ResultSet;
}
```

Todas las UDFs deben incluir las bibliotecas mostradas en el ejemplo. Después de las instrucciones include, observará los prototipos de función. Solamente puede haber tres tipos de argumentos devueltos para su función. Éstos son STRING, INTEGER y REAL. Estos tipos son equivalentes a los char*, long y double de C++, respectivamente. Si necesita que se devuelva una cadena de SQL (STRING), debe declarar su prototipo como char *. Si necesita un entero de SQL (INTEGER), debe declararlo como long y si necesita un número real de SQL (REAL), debe declararlo como double.

Es importante recordar que su UDF debe cumplir con el formato mostrado en el listado 18.1. `init` y `deinit`, también deben nombrarse como se muestra. Si su formato de asignación de nombres no coincide con el mostrado en el listado, la UDF no funcionará. Por ejemplo, en el listado 18.1, la función llamada en MySQL es `Double_Proc`. La función `init` debe llamarse `Double_Proc_init`. Si tuviera otro nombre, podría sustituir la parte `Double_Proc` con su nombre pero siempre manteniendo el `_init`. EL mismo formato de asignación de nombres se aplica para la función `deinit`.

Las declaraciones para los argumentos de las funciones deben coincidir con las del listado 18.1. Los tipos de argumento y número deben coincidir. Examine cuidadosamente el código anterior.

La mejor técnica es descargar el código fuente de MySQL del sitio Web de MySQL. Después de descargarlo, desempaquételo y descomprímalo. Explore los directorios hasta que encuentre el directorio `sql`. En este directorio hay un ejemplo de una UDF llamada `udf_example.cc`. Puede editar este archivo para crear sus propias UDFs. De esta forma estará seguro del formato y las declaraciones.

También cabe mencionar que usted puede tener más de una UDF en un archivo; podría crear tantas UDFs en un mismo archivo como deseara. La muestra que se proporciona en el código fuente de MySQL es un ejemplo.

Después de crear su UDF, debe compilarla como un objeto que puede compartirse. (Esto significa que debe ser soportada por la plataforma que esté utilizando.) Para compilar su ejemplo, introduzca el siguiente comando:

ENTRADA   `gcc -shared -o Double_Proc.o Double_Proc.cc`

Al compilar exitosamente su procedimiento, necesita mover el objeto al directorio donde el sistema busca los archivos compartidos. En Red Hat, éste debería ser el directorio `/usr/lib`. Después debe detener y reiniciar el daemon del servidor MySQL.

Después de hacerlo, debe indicarle a MySQL acerca de las nuevas funciones. Puede hacerlo con el comando `CREATE FUNCTION`. Éste emplea la siguiente sintaxis:

```
CREATE FUNCTION nombre de la función
RETURNS tipo devuelto
SONAME nombre del objeto compartido
```

Después de la palabra clave `CREATE FUNCTION`, utilice el nombre de la función que ha asignado a su UDF. En este ejemplo, éste sería `Double_Proc`. Después del nombre de la función está el tipo devuelto de la función. Éste podría ser `REAL`, `INTEGER` o `STRING`, que debe coincidir con el tipo devuelto de su UDF. El último parámetro del comando es el nombre del objeto compartido compilado. Éste es el objeto que movió al directorio `/usr/lib`. Usando la función de ejemplo, usted podría crear un elemento en la tabla `func` de la base de datos de `mysql` como se muestra a continuación:

ENTRADA
```
CREATE FUNCTION Double_Proc
RETURNS INTEGER
SONAME Double_Proc.so
```

Si necesita borrar una función, debe utilizar el comando `DROP FUNCTION`. Este comando tiene la siguiente sintaxis:

`DROP FUNCTION` *nombre de la función*

El nombre de la función que desea borrar está precedido por las palabras clave. Empleando el ejemplo anterior, podría borrar la función `Double_Proc` utilizando la siguiente instrucción:

ENTRADA `DROP FUNCTION Double_Proc`

Las funciones `CREATE` y `DROP` agregan y eliminan elementos de las tablas de permisos de acceso de la base de datos `mysql`, en este caso de la tabla `func`. Siempre que se inicia MySQL, cargará las funciones desde esta tabla.

Estas funciones también están disponibles en cualquiera de las bases de datos. No son específicas para una sola base de datos. Pueden ser utilizadas por cualquier persona que tenga privilegios `SELECT` para la base de datos.

Como puede observar, las UDFs son semejantes a un procedimiento almacenado pero no ofrecen toda la funcionalidad de éstos. Lo bueno de las UDF es que no afectan la velocidad de MySQL. Un problema grave es que en realidad no puede incrustar ningún comando de SQL como en un procedimiento almacenado. Pero si necesita verificar datos, realizar cálculos complejos o realizar alguna manipulación muy específica, puede lograrlo con una función definida por el usuario de MySQL.

Las versiones posteriores de MySQL contendrán una instrucción `PROCEDURE` que realizará prácticamente las mismas tareas que un procedimiento almacenado. Permitirá la manipulación de datos antes de liberar los resultados al cliente.

18

Debido a que MySQL es muy rápido, la necesidad de procedimientos almacenados no es muy grande. Utilizando las diversas APIs, podría crear funciones con aquellas APIs que generaran el mismo resultado que un procedimiento almacenado. Por ejemplo, mediante Visual Basic y la interfaz ODBC, podría crear una función que realizara una actualización en toda una tabla. Observe el siguiente código:

```
Option Explicit
Dim mConn As New ADODB.Connection
Dim mCmd as New ADODB.Command

Public Sub Actulizarclientes(Fecha_Pedido)
With mConn
        .ConnectionString = "Driver=MySQL;Server=192.168.0.1;" & _
         db=Mi_Tienda;uid=bety;pwd=zaz"
        .Open
End With

With mCmd
        .ActiveConnection = mConn
        .CommandType = adCmdText
        .CommandText = "UPDATE Clientes SET Activo = 'N' " &_
                           WHERE Ultimo_Pedido < ''& Fecha_Pedido
        .Execute
End With
End Sub
```

Este código actualizará la tabla Clientes, estableciendo el indicador activo como N si el último pedido fue introducido antes de la fecha que se pasó en el argumento Fecha_Pedido. Este código podría utilizarse nuevamente. La persona que ejecutara este código desde una aplicación no necesitaría derechos UPDATE porque usted podría utilizar otro usuario, que tuviera derechos UPDATE, en la cadena de conexión. Además, debido a que éste es un lenguaje de programación, podría utilizar en el lenguaje la lógica y las funciones disponibles. Usted podría crear un objeto COM que contuviera este código y ejecutarlo en el servidor. Tendría todos los beneficios que ofrece un procedimiento almacenado sin sacrificar la velocidad.

Cursores

Los cursores le permiten manipular una fila de datos desde un conjunto de resultados de registro en registro. Es muy parecido a la forma en que recorre un conjunto de registros empleando una API. Un cursor permite al programador o al DBA realizar un procesamiento complejo en el servidor dentro de la base de datos. Ésta es una propiedad útil, pero los cursores son un poco enredados. Normalmente hay varios pasos, entre los más comunes encontramos la declaración, la apertura, la extracción de una fila y el cierre del cursor.

El siguiente es un ejemplo de la apariencia común de un cursor y de cómo debería utilizarse:

```
DECLARE @ID_Cliente VARCHAR(20)
DECLARE clientes_c CURSOR
FOR SELECT ID_Cliente FROM Clientes WHERE Estado= "Querétaro"
OPEN clientes_c
FETCH clientes_c INTO @ID_Cliente
WHILE @@FETCH_STATUS=0
BEGIN
    UPDATE Pedidos SET Impuesto_Venta = .06 WHERE ID_Cliente = @ID_Cliente
    FETCH clientes_c INTO @ID_Cliente
END
CLOSE clientes_c
DEALLOCATE clientes_c
```

Éste no es el mejor uso de un cursor, pero muestra lo que son y para qué deberían utilizarse. La primera línea declara una variable llamada @ID_Cliente que contendrá el valor de una fila de datos del cursor. La siguiente línea declara el cursor. La tercera línea es la consulta desde la cual se creará el cursor. Éste contendrá el conjunto de resultados de esta consulta. La siguiente línea abre el cursor —fundamentalmente realiza la consulta. La línea siguiente coloca la primera fila de datos del conjunto de resultados contenida en el cursor dentro de la variable @ID_Cliente. Las siguientes instrucciones forman un ciclo que recorre el conjunto de resultados contenido en el cursor, actualizando la tabla Pedidos con base en el valor contenido en el cursor. Realiza esto hasta completar el conjunto de resultados. Después, el cursor se cierra y se libera la memoria asignada para éste.

La desventaja principal del uso de un cursor es el efecto en el rendimiento. Los cursores requieren de muchos recursos para realizar sus tareas. Generalmente se utilizan como un último recurso.

MySQL no contiene cursores por la sencilla razón de que son lentos. La única forma de realizar tareas tipo cursor es creando un algoritmo en una API. Éste es más rápido y fácil de leer y comprender. Los desarrolladores de MySQL hicieron un buen trabajo al eliminar las propiedades innecesarias y que deteriorarían la propiedad principal de MySQL —su rapidez.

Disparadores

Un disparador es un procedimiento almacenado que se ejecuta al efectuar una acción específica en una tabla, normalmente con una instrucción UPDATE, INSERT o DELETE. Por ejemplo, cada vez que un usuario borra un registro de la tabla Clientes, usted quiere que dicho registro se archive en la tabla Archivo_Clientes. En lugar de agregar a la aplicación código que elimine el registro, o llamar manualmente un procedimiento almacenado desde la aplicación, usted podría utilizar un activador que lo haga. Éste se activaría e insertaría un registro en la tabla Archivo_Clentes siempre que un registro fuera borrado de la tabla Clientes.

18

Los disparadores tienen muchas ventajas. Pueden ayudar a asegurar la integridad de la base de datos al mantener relaciones entre las tablas. Debido a que se activan con una acción específica, pueden realizar una limpieza automática —lo que ayuda al DBA a mantener el orden. Por ejemplo, en una relación uno a uno, si un registro fuera borrado de una tabla, podría configurarse un disparador para que se borrara el registro correspondiente en la tabla relacionada. En una relación uno a muchos, podría establecerse un disparador para que se activara cuando se eliminara un registro de la tabla madre y que también se eliminaran todos los registros hijos (los relacionados con el registro que se está eliminando) de la tabla correspondiente. Esto ahorraría mucho trabajo y código.

Otra característica interesante de los disparadores es su efecto en cascada. Esto ocurre cuando un disparador que se activa en una tabla ocasiona que se active otro disparador en otra tabla, etcétera. Esto puede ser muy útil y muy peligroso. Suponga que deseaba borrar todo el contenido de la base de datos Mi_Tienda relacionado con un cliente que dio por terminada su membresía. En lugar de escribir una gran cantidad de código para realizar la limpieza, podría utilizar disparadores. Podría crear un disparador que borre todos los pedidos del cliente de la tabla Pedidos cuando el cliente sea eliminado de la tabla Clientes. También puede tener un disparador en la tabla Pedidos para eliminar cualquier transacción con ese número de pedido cuando se elimina un pedido. Ahora, cuando elimina un cliente, se activan dos disparadores. Uno elimina todos los pedidos correspondientes de la tabla Pedidos, el cual a su vez activa al segundo disparador que elimina todos los pedidos de la tabla Transaccion. Esto ahorra tiempo y realiza algunas funciones valiosas.

La desventaja del uso de disparadores es que hacen más lento al sistema. Cada vez que se ejecuta una acción, la base de datos debe determinar primero si hay un disparador para dicha acción y después debe realizar la acción. Esto puede afectar el tiempo de proceso de otras acciones. Éste es el motivo principal por el que MySQL no tiene disparadores; éstos agregan bastante carga al sistema de la base de datos. Al mantener la carga en un nivel bajo, MySQL puede superar a cualquier base de datos de su tipo.

Realmente no existen funciones para utilizar con los disparadores en MySQL. Si el código de su aplicación y el diseño de su base de datos son buenos, la necesidad de disparadores es mínima. Un buen consejo —maneje la integridad en su código. Mantenga el orden y todo irá bien.

Restricciones

TÉRMINO NUEVO Muchas bases de datos utilizan restricciones para asegurar la integridad de los datos. Una *restricción* es una forma de reforzar las relaciones y limitar o asegurar que los datos están en el formato esperado. Existen varios tipos de restricciones —CHECK, FOREIGN KEY y UNIQUE, por mencionar algunas. Todas comparten un mismo fin, asegurar la integridad de los datos.

El uso de restricciones representa muchos beneficios. Uno es que no hay forma de que usted pueda romper las reglas de una relación entre tablas. Si se elimina un registro en una relación uno a uno, el registro correspondiente también debe eliminarse. Si se agrega un registro a una tabla, también debe agregarse un nuevo registro en la otra tabla. Éste es un buen método para mantener el código en el servidor —ya está integrado.

Otro beneficio es asegurar la integridad de los datos. Si una columna alfanumérica debe contener solamente caracteres alfabéticos, podría utilizar una restricción de verificación para asegurarse de que en esa columna nunca se introduzcan números. Nuevamente, esto le permite retirar el código de la aplicación cliente y colocarlo en el servidor.

El mayor problema del uso de restricciones es que agregan mucha carga, especialmente al insertar y actualizar registros. El sistema tiene que disminuir la velocidad, verificar las instrucciones y después realizarlas.

El siguiente gran problema es el lío y frustración que pueden ocasionar las restricciones. El uso de restricciones, especialmente al eliminar registros, se vuelve un dolor de cabeza. Este dolor se multiplica diez veces cuando la base de datos tiene un diseño deficiente.

MySQL no soporta restricciones. Éstas solamente agregan carga y tienden a hacer más lento el procesamiento, lo que va en contra del motivo fundamental para utilizar MySQL. El poder está en las manos del desarrollador y del DBA. Es su responsabilidad asegurar la integridad de los datos y que las relaciones entre las tablas sean respetadas. Si usted escribe bien su base de datos y su esquema es claro y fácil de entender (un buen diseño), la necesidad de restricciones, disparadores y otras propiedades adicionales es mínima.

18

Resumen

Hay muchas propiedades útiles disponibles para bases de datos. Los procedimientos almacenados, disparadores y cursores ofrecen más opciones para los DBAs y desarrolladores. Sin embargo, estas opciones tienen su precio: la velocidad y complejidad. MySQL puede realizar cualquiera de las funciones que pueden realizarse con estas opciones, probablemente no de la misma forma, pero puede obtener los mismos resultados debido a la flexibilidad y velocidad que ofrece MySQL.

Al elegir opciones para su base de datos, piense en el motivo por el que estas propiedades existen. Los procedimientos almacenados se utilizan debido a la velocidad que ofrecen en comparación con las instrucciones incrustadas de SQL. Si usted ya tiene la velocidad, ¿para qué necesitaría un procedimiento almacenado?

Otra cosa que hay que recordar es que en ocasiones las propiedades tienden a hacer que las personas sean más flojas y desordenadas. Hablando en general, la mayoría de los programadores son personas flojas (o como ellos dicen, tienen pensamientos eficientes), siempre tratando de facilitar las cosas. Estas propiedades le dan al programador una excusa para producir códigos desordenados e invertir tiempo en la fase de diseño de la base de datos. Esto no significa que los programadores que utilizan restricciones y procedimientos almacenados sean desordenados y flojos, sólo significa que ahora tienen una excusa para introducir una restricción o crear un disparador que haga el trabajo que un buen diseño o una buena técnica de codificación podría hacer.

MySQL pone el poder en las manos del desarrollador. Desarrolle un buen diseño y codifique bien su aplicación y no tendrá necesidad de utilizar procedimientos almacenados o ninguna otra de las propiedades explicadas el día de hoy, porque MySQL le proporciona la velocidad que ocasionó que las otras bases de datos inventaran dichas propiedades.

Preguntas y respuestas

P **¿Por qué necesitaría crear una función definida por el usuario?**

R Cómo explicamos este día, las UDFs pueden sustituir la necesidad de procedimientos almacenados. Usted puede realizar rutinas predefinidas en una UDF. Ésta también puede realizar funciones matemáticas complejas y de manipulación de cadenas —usted tiene acceso a todas las bibliotecas de C++— antes de que los resultados sean devueltos al usuario. Las UDFs son muy rápidas; son programas compilados, no interpretados o analizados como SQL o Perl.

P **¿Si MySQL carece de todas estas propiedades, por qué querría usarlo?**

R Usted se está enfocando en las negativas. MySQL puede carecer de algunas de las propiedades que tienen otras bases de datos, pero observe lo que tiene MySQL y que otras bases de datos no:

- MySQL puede utilizarse desde la línea de comandos. Esto significa que usted puede controlar, acceder y manipular una base de datos de MySQL desde cualquier lugar —sin necesidad de otras herramientas, como PC Anywhere o VNC.

- MySQL es extremadamente rápida —casi el doble que todos sus competidores. ¿Quién necesita propiedades adicionales cuando su base de datos es tan rápida como MySQL?

- MySQL contiene el código fuente. ¿Qué otra base de datos puede decir lo mismo?

Ejercicios

1. Entre al sitio Web crashme y compare MySQL con su base de datos favorita.
2. Cree una función definida por el usuario parecida a la de este día.

DÍA 19

Administración de MySQL

En este capítulo aprenderá cómo administrar MySQL. Se tratan diversas situaciones, que incluyen el respaldo y restauración de datos y la recuperación de una base de datos dañada.

Aprenderá a utilizar la utilería `mysqladmin` para la administración general de MySQL y también entenderá las funciones internas de MySQL para acceder a datos administrativos desde instrucciones SQL.

Cómo respaldar sus datos

El respaldo es aparte fundamental de la administración de cualquier sistema de bases de datos. Los motivos para utilizar un respaldo van desde un incendio o el robo hasta el daño accidental por parte de un usuario, pero cualquiera que sea el motivo, el respaldo atenúa un riesgo del negocio. Tan importante como el respaldo de archivos es la manera de restaurar los datos, en caso de un desastre, en el sentido de que sea rápida y segura y devuelva el funcionamiento normal al negocio con un mínimo de retrasos.

MySQL incluye dos utilerías de gran beneficio para el respaldo y la restauración de las bases de datos: `mysqldump` y `mysqlimport`.

Con estas dos utilerías, usted puede guardar una parte o toda la base de datos y restaurarla en la misma ubicación o en una diferente.

Cómo guardar archivos

`mysqldump` es una utilería para guardar una base de datos de MySQL. Puede utilizarla para respaldar y guardar una base de datos de forma que pueda ser reubicada. Puede ejecutar a `mysqldump` mediante la línea de comandos o puede invocarlo por medio de un programa de calendarización como `cron`, en UNIX o Linux, o el comando `At` en Windows NT/2000.

La sintaxis para `mysqldump` es la siguiente:

```
mysqldump [opciones] base_de_datos [tablas]
```

Si ejecuta a `mysqldump` sin especificar opciones o tablas, vaciará (guardará) toda la base de datos especificada.

Cuando ejecuta `mysqldump`, en realidad crea un archivo lleno de instrucciones `CREATE` e `INSERT` que pueden utilizarse como instrucciones para crear las especificaciones de la tabla y los datos.

Después de guardar el archivo de vaciado, puede mantenerlo para fines de respaldo o enviarlo al lugar donde desea mover la base de datos. Más adelante aprenderá cómo utilizar `mysqlimport` para explorar este archivo e importar la base de datos. Pero antes, veamos algunas de las opciones más útiles de `mysqldump`:

- `--add-locks` Agrega comandos `LOCK TABLES` antes y comandos `UNLOCK TABLES` después del vaciado de tablas. Esto ocasiona el bloqueo de la tabla en el destino de `mysqlimport`, lo que acelera el proceso de restauración.

- `--add-drop-table` Agrega un comando `DROP TABLE` antes de cada instrucción `CREATE`. Si en el destino ya existe una copia de la base de datos, esto asegurará que no haya duplicaciones y que la especificación de la tabla reemplace cualquier cosa que haya existido antes.

- `-e, --extended-insert` Ocasiona que `mysqldump` utilice la sintaxis `INSERT` multilínea, que resultará en instrucciones `INSERT` más reducidas y rápidas

- `-q, --quick` Vacía el resultado directamente a `stdout` en lugar de al búfer. Es necesaria si no hay mucha memoria del sistema.

- `--opt` Igual que `--add-locks`, `--add-drop-table`, `--eextended-insert` y `--quick` y representa una forma sencilla para realizar el vaciado y la importación más rápidos posibles.

- `-F, --flush-logs` Vacía el archivo de registro del servidor MySQL antes de iniciar el guardado de datos.

- `-h nombredehost, --host=nombredehost` Ocasiona que los datos sea vaciados en *nombredehost* en lugar de en el localhost, que es el predeterminado.

- `-l, --lock-tables` Ocasiona el bloqueo de las tablas antes de que inicie el vaciado de datos. Si está realizando actualizaciones complejas en su sistema, esto asegurará que obtenga un conjunto de datos completo que no esté actualizado parcialmente.

- `-t, --no-create-info` Omite las instrucciones `CREATE TABLE` (guarda solamente los datos).

- `-d, --no-data` Omite los datos y sólo guarda las definiciones de la tabla; es útil si usted desea guardar solamente su diseño sin el contenido.

- `--tab=ruta, -T =ruta` Envía los datos vaciados a los archivos ubicados en el destino de su sistema de archivos que indica la *ruta*. Para cada tabla, `mysqldump` crea un archivo llamado *nombre_tabla*.sql, que contiene las instrucciones `CREATE TABLE`, y uno *nombre_tabla*.txt, que contiene los datos. Éstos serán guardados en un formato separado por etiquetas (si se especifica `--tab`); de otra forma, los datos se guardan como especifique la opción `--fields-terminated-by`. (Observe que esto funcionará solamente cuando `mysqldump` se ejecute en la misma máquina que el daemon `mysqld`.)

- `--fields-terminated-by='delimitador'` Especifica el *delimitador* que debe utilizarse como separador después de cada campo. Si no se especifica, el predeterminado es `'\t'` (tabulador); usado con `-T`.

- `--fields-enclosed-by='delimitador'` Especifica el *delimitador* que debe utilizarse para separar cada campo; utilizado con `-T`.

- `--fields-optionally-enclosed-by='delimitador'` Especifica el *delimitador* para separar cada tipo de campo `CHAR` o `VARCHAR`; utilizado con `-T`.

- `--fields-escaped-by='carácter_de_escape'` Especifica el *carácter_de_escape* que se va a colocar antes de cualquier carácter especial, el predeterminado es `'\\'` (que equivale a una diagonal); utilizado con `-T`.

19

- `--lines-terminated-by='`*`delimitador`*`'` Especifica el *delimitador* de línea; el predeterminado es `'\n'` (avance de línea). Consulte también `LOAD DATA INFILE` en el día 8, "Cómo poblar su base de datos", cuya especificación de delimitadores corresponde con estas opciones.

- `-F, --flush-logs` Ocasiona que MySQL vacíe el archivo de registros (vea la sección "Registro de transacciones", que se trata más adelante este día, para más información sobre los registros) antes de iniciar el vaciado de datos. Esta opción puede ayudar a sincronizar los respaldos completos y por incrementos.

- `-u` *`nombre_usuario`*`, --user=`*`nombre_usuario`* Le permite especificar un nombre de usuario de MySQL al conectarse al servidor. De manera predeterminada se utilizará su nombre de usuario de UNIX.

- `-p[`*`su_contraseña`*`], --password[`*`su_contraseña`*`]` Envía su contraseña al conectarse al servidor. Recuerde no incluir un espacio entre `-p` y *su_contraseña*. Si solamente escribe `-p` o `--password`, MySQL le solicita su contraseña desde la terminal (evitando así que aparezca en la pantalla).

- `-w='`*`condición`*`', --where='`*`condición`*`'` Vacía solamente los registros seleccionados por la condición `where`.

- `-?, --help` Despliega la lista completa de opciones de `mysqldump` y a continuación sale.

> **Nota**
>
> `mysqldump` tiene algunas otras opciones, que incluyen algunas para depuración y compresión. Aquí hemos listado solamente las más útiles. Ejecute `mysqldump --help` para observar la lista completa de posibilidades de su versión específica.

> **Nota**
>
> Si tiene problemas de permisos al intentar ejecutar `mysqldump` con un Errcode: 13 o Errcode: 2, probablemente se debe a una configuración incorrecta de UMASK cuando `mysqld` inicia.
>
> El valor predeterminado de UMASK normalmente es 0660 (octal). Sin embargo, puede corregir esto reiniciando `mysqld` con el UMASK correcto:
>
> ```
> shellprompt> mysqladmin shutdown
> shellprompt> UMASK=384  # que es 0600 octal
> shellprompt> export UMASK
> shellprompt> safe_mysqld &
> ```
>
> Con esto debe poder ejecutar normalmente `mysqldump`.

A continuación presentamos un ejemplo de ejecución de `mysqldump`. Suponga que desea hacer un respaldo completo de la base de datos `Mi_Tienda`. Debería escribir:

ENTRADA   `mysqldump --opt Mi_Tienda > /ruta/a/Mi_Tienda.sql -p`

Esto generaría un archivo que contendría algo como lo siguiente (recordando su tabla
Clientes del día 11):

SALIDA
```
# MySQL dump 8.12
#
# Host: localhost    Database: Mi_Tienda
#--------------------------------------------------------
# Server version        3.23.32

#
# Table structure for table 'Clientes'
#

DROP TABLE IF EXISTS Clientes;
CREATE TABLE Clientes (
  ID_Cliente int(11) NOT NULL auto_increment,
  Nombre varchar(20) NOT NULL default '',
  Apellido_Paterno varchar(2ø) NOT NULL default '',
  Apellido_Materno varchar(20) NOT NULL default '',
  Direccion varchar(50) default NULL,
  Ciudad varchar(20) default NULL,
  Estado char(2) default NULL,
  Codigo_Postal varchar(20) default NULL,
  Correo_Electronico varchar(20) default NULL,
  Edad int(11) default NULL,
  Sexo enum('Hombre','Mujer') default 'Mujer',
  Actividad_Favorita enum('Programación','Cocina','Ciclismo',
➥'Correr','Ninguna') default 'Ninguna',
  Genero_Favorito varchar(50) default NULL,
  Ocupacion varchar(30) default NULL,
  PRIMARY KEY (ID_Cliente)
) TYPE=MyISAM;


#
# Dumping data for table 'Clientes'
#

LOCK TABLES Clientes WRITE;
INSERT INTO Clientes VALUES (1,'José Alberto','Montalvo','González','Osa
mayor #128','El Rosario','DF','8546','jose@montalvo.org',24,'M',
➥'Programación','Ficción','Diseñador Gráfico'),(2,'Marisol','Padilla',
➥'Ramírez','Osa mayor #256','El Rosario','DF','8546','marisol@padilla.org',
➥24,'F','Cocina','Acción','Abogada'),(3,'Luis Enrique','Serrano',
➥'Gutiérrez','Osa mayor #512','El Rosario','DF','8546','luis@serrano.org',
➥24,'M','','Drama','Actuario'),(4,'Raymundo','Alonso','Ortiz',
➥'Química ·1024','El Rosario','DF','8546','raymundo@alonso.org',
➥24,'M','Ninguna','','Contador');
UNLOCK TABLES;
```

Observe las instrucciones DROP TABLE, LOCK TABLES y UNLOCK TABLES y el hecho de que
INSERT es una línea extendida; éstos son los efectos de utilizar la opción --opt con
mysqldump.

19

De manera alterna, tal vez quiera guardar su base de datos como archivos separados para instrucciones SQL y archivos de datos delimitados por tabuladores. Podría escribir lo siguiente:

ENTRADA `mysqldump --tab=/root Mi_Tienda -p`

Esto genera dos archivos por cada tabla, uno con las instrucciones CREATE de SQL (Clientes.sql):

SALIDA
```
# MySQL dump 8.12
#
# Host: localhost    Database: Mi_Tienda
#--------------------------------------------------
# Server version   3.23.32

#
# Table structure for table 'Clientes'
#

CREATE TABLE Clientes (
  ID_Cliente int(11) NOT NULL auto_increment,
  Nombre varchar(20) NOT NULL default '',
  Apellido_Paterno varchar(20) NOT NULL default '',
  Apellido_Materno varchar(20) NOT NULL default '',
  Direccion varchar(50) default NULL,
  Ciudad varchar(20) default NULL,
  Estado char(2) default NULL,
  Codigo_Postal varchar(20) default NULL,
  Correo_Electronico varchar(20) default NULL,
  Edad int(11) default NULL,
  Sexo enum('M','F') default 'F',
  Actividad_Favorita enum('Programación','Cocina','Ciclismo','Correr','Ninguna')
➡default 'Ninguna',
  Genero_Favorito varchar(50) default NULL,
  Ocupacion varchar(30) default NULL,
  PRIMARY KEY (ID_Cliente)
) TYPE=MyISAM➡;
```

y otro con los datos, delimitados por tabuladores, en clientes.txt:

SALIDA
```
1   José Alberto    MontalvoGonzálezOsa mayor #128  El Rosario      DF
8546        jose@montalvo.org       24      M       Programación
Ficción     Diseñador Gráfico
2   Marisol Padilla Ramírez Osa mayor #256  El Rosario      DF      8546
marisol@padilla.org 24      F       Cocina  Acción  Abogada
3   Luis Enrique    Serrano Gutiérrez       Osa mayor #512  El Rosario
DF  8546    luis@serrano.org24      M               Drama   Actuario
4   RaymundoAlonso  Ortiz   Química ·1024   El Rosario      DF      8546
raymundo@alonso.org 24      M       Ninguna         Contador
```

Cuáles archivos son importantes

El diseño general de su base de datos y su aplicación al negocio indicarán cuáles partes de la base de datos son las más importantes y cómo realizar el respaldo o guardado de información.

Por ejemplo, en un sistema que es principalmente de sólo-lectura podría ser suficiente realizar un respaldo una vez en el transcurso de algunas semanas. Probablemente usted ejecutaría una `mysqldump --opt`, la cual guarda toda la información (tablas y datos) para una restauración total si alguna vez lo necesita.

Por otro lado, podría tener una base de datos "maestro-esclavo" dividida en dos ubicaciones. La ubicación "maestro" podría estar en el lugar donde se introducen todos los datos, mientras que el "esclavo" (probablemente en un servidor Web) podría ser el sistema que los usuarios pueden consultar (por ejemplo, para examinar un catálogo de productos). Aquí, no solamente existe una necesidad de respaldar datos, sino también de copiar el sistema frecuentemente de una ubicación a la otra.

En este segundo caso, tendría que ejecutar `mysqldump` con mayor frecuencia, probablemente utilizando la siguiente instrucción, la cual llenaría otro servidor MySQL:

```
mysqldump --opt nombre_base_de_datos --hostname=otro_host nuevo_nombre_base_de_datos
```

Este ejemplo contiene los respaldos completos de tablas y de datos. Aun cuando un respaldo es suficiente para restaurar su base de datos a un estado de trabajo normal, estos procedimientos para el manejo de los respaldos tal vez no sean los más prácticos.

Los respaldos completos frecuentemente se almacenan en cinta, CD-ROMs u otro medio que pueda transportarse. El almacenamiento de una cantidad tan grande de datos puede ocupar un espacio de almacenamiento necesario y la recuperación a causa de un accidente pequeño podría ser innecesariamente complicada. Aquí es donde puede ser de utilidad un respaldo por incrementos.

Un respaldo por incrementos almacena todos los cambios realizados a la base de datos desde el último respaldo completo. Si es adecuado realizar un respaldo completo una vez por semana, pueden hacerse respaldos por incrementos diariamente, almacenando cada respaldo por incremento en forma local en el disco duro.

19

En breve, aprenderá con más detalle cómo crear respaldos por incrementos registrando actualizaciones de transacciones en la base de datos.

Cómo importar y restaurar datos

La utilería `mysqlimport` lee algunos formatos de datos, entre ellos a los delimitados por tabuladores, y los inserta en la base de datos indicada. La sintaxis es la siguiente:

```
mysqlimport [opciones] base_de_datos archivo1 archivo2 ...
```

Ésta puede utilizarse para restaurar un vaciado de datos utilizando `mysqldump --tab`.

Al igual que `mysqladmin`, se invoca desde la línea de comandos. En realidad es igual que la instrucción `LOAD DATA INFILE` de SQL.

Los nombres de los archivos especificados (cualquier cantidad) deben corresponder con las tablas que serán creadas con dichos archivos. La utilería `mysqlimport` elimina cualquier extensión de cada nombre de archivo y actualiza la tabla con dicho nombre.

Puede ejecutar `mysqlimport` con las siguientes *opciones*:

- `-d, --delete`   Vacía la tabla antes de realizar instrucciones `INSERT` como se especifica en el archivo de texto.

- `-h nombre_de_host, --host nombre_de_host`   Importa datos en el host especificado en lugar de en el `localhost` predeterminado.

- `-l, --lock-tables`   Bloquea todas las tablas antes de importar los archivos de texto.

- `-u nombre_usuario, --user=nombre_usuario`   Transfiere el nombre de usuario de MySQL que va a utilizarse cuando se conecte al servidor.

- `-p[su_contraseña], --password [=su_contraseña]`   Normalmente utilizado junto con u; transfiere la contraseña que va a utilizarse al conectarse al servidor. Observe que no debe haber un espacio entre `-p` y *su_contraseña*. Si omite la contraseña, le será solicitada.

- `-r, --replace` e `-i, --ignore`   Le permite controlar la importación de filas que pudieran tener valores clave únicos. `-r` o `--replace` ocasionará que las filas importadas sobrescriban las filas existentes si tienen el mismo valor clave único. `-i` o `--ignore` ocasionará que dichas filas sean brincadas. Si no especifica ninguna opción, y se encuentra un duplicado de este tipo, ocurre un error y el resto del archivo es omitido. (Observe que es poco probable que surja esta situación si borra la tabla antes de importar los datos.)

- `-s, --silent`   Omite los comentarios de `mysqlimport`, y escribirá mensajes a la pantalla solamente en caso de error.

- `--fields-terminated-by='delimitador'`   Especifica el *delimitador* empleado como separador después de cada campo, usando como predeterminado `'\t'` (tabulador).

- `--fields-enclosed-by='delimitador'`   Especifica el *delimitador* utilizado para cada campo.

- `--fields-optionally-enclosed-by='delimitador'`   Especifica el *delimitador* para cada tipo de campo `CHAR` o `VARCHAR`.

- `--fields-escaped-by='carácter_de_escape'`   Especifica el *carácter_de_escape* colocado antes de cualquier carácter especial, el predeterminado es `'\\'` (que equivale a una diagonal).

- `--lines-terminated-by='delimitador'`   Especifica el *delimitador* de línea, el predeterminado es `'\n'` (avance de línea).

- `-?, --help` Muestra la lista completa de opciones para `mysqlimport` y a continuación sale.

Nota

Observe que ésta no es una lista completa de las opciones de `mysqlimport`. Escriba `mysqlimport --help` para ver una lista completa de opciones.

Por ejemplo, suponga que está importando los datos desde la tabla Clientes de la base de datos Mi_Tienda:

ENTRADA `mysqlimport -p root --p Mi_Tienda Clientes.txt`

Esto importaría los datos desde el archivo de la tabla y generaría una pequeña salida para confirmar lo que se ha hecho:

SALIDA `Mi_Tienda.Clientes: Records: 1046  Deleted: 0  Skipped: 0  Warnings: 0`

Registro de transacciones

MySQL ofrece algunas formas útiles para registrar transacciones en su base de datos. Examine por qué y cómo desearía hacerlo.

Uso del registro de actualización para auxiliar a una estrategia de respaldo

Como se explicó anteriormente, tal vez necesite tener una estrategia de respaldo con una combinación de respaldos completos y por incrementos.

Cada uno de los respaldos por incrementos (diarios) podría guardarse en el disco duro del servidor y solamente los respaldos completos (semanales) serían transferidos a otro medio. Usted guardaría el respaldo por incrementos del día (en lugar de sobrescribir el del día anterior). De esta manera, si fuera necesaria una restauración completa de la base de datos, el administrador restauraría primero desde el respaldo completo más reciente y después aplicaría las actualizaciones desde el respaldo por incrementos más reciente.

Esta estrategia significa que los respaldos por incrementos nunca tienen una antigüedad mayor de un día y mantiene los requerimientos de almacenaje al mínimo, además de proporcionarle un respaldo completo independiente del sistema una vez por semana.

Aunque usted emplearía `mysqldump` para crear su respaldo completo, utilizaría otra herramienta para crear los respaldos por incrementos. Puede indicar a MySQL que mantenga un registro de cada cambio a la base de datos iniciando el daemon `mysqld` con la opción `--log-update`. Esto crea un registro de actualización en forma de consultas SQL que pueden volverse a ejecutar para reproducir las actualizaciones.

Los registros tienen nombres como *nombredehost.n*, donde *n* es un número que se incrementa cada vez que se inicia un nuevo registro. Cada vez que envíe cualquiera de las siguientes instrucciones, se iniciará un registro nuevo:

- `mysqladmin refresh`
- `mysqladmin flush-logs`
- `mysqldump --flush-logs` con opción
- `FLUSH LOGS`
- Un inicio o reinicio del servidor

19

Con la apariencia del archivo de registro de actualización como un listado de instrucciones SQL (parecido a un vaciado), el administrador también puede restaurar de manera selectiva algunas actualizaciones, si fuera necesario.

Por lo tanto, la siguiente sería la secuencia de eventos:

1. Ejecute el servidor MySQL con registro iniciándolo con `safe_mysqld --log-update &`.
2. Realice un `mysqldump` para crear el respaldo completo (semanalmente). Al especificar la opción `--flush-logs` se eliminarán automáticamente los registros cada vez que haga un vaciado.
3. Los archivos de registro registrarán todos los cambios a la base de datos y sus datos. En un momento dado, habrá un archivo de registro completo (o más) desde el último vaciado completo. Para mayor seguridad, puede guardarlos diariamente en forma independiente del sistema.

Otros registros de MySQL

Ya aprendió cómo hacer que MySQL registre todos los cambios a una base de datos, con instrucciones como INSERT, UPDATE y DELETE, por medio de `mysqld` con la opción `--log-update`. Ésta crea un registro de texto que contiene cada una de las consultas de SQL.

También puede iniciar `mysqld` (o `safe_mysqld`) con la opción `--log`, que ocasionará que MySQL genere su registro de actividad principal. Éste registra prácticamente todo —por ejemplo, consultas SELECT y actualizaciones. El registro normalmente se almacena en `/usr/local/mysql/data/`*`nombre_host`*`.log` donde *nombre_host* es el nombre de la máquina. (En otros sistemas, podría estar en `/usr/local/var/`.)

La opción `--log` de `mysqld` puede ser útil para diagnosticar errores de la aplicación. Si sospecha que en la base de datos se están realizando consultas incorrectas, puede estudiar el registro para observar exactamente cuál consulta realizó, qué aplicación y cuándo.

Si realmente desea información detallada sobre lo que está haciendo MySQL, tal vez para depurar problemas del sistema que no sean fáciles de detectar, puede iniciar `mysqld` con la opción `--debug`. Existen muchas subopciones para este modo de depuración que pueden rastrear con detalle las actividades de MySQL.

Desactive el registro, cierre `mysqld` e inícielo nuevamente (o `safe_mysqld`) sin las opciones de registro.

Cómo reubicar una base de datos de MySQL

Existen diferentes motivos por los que necesitaría reubicar una base de datos de MySQL. Probablemente esté actualizando su sistema o desea transferir la base de datos a otra máquina. Tal vez tenga una copia "maestra" de una base de datos, en una ubicación segura, de la que toma una copia periódicamente y la tiene disponible desde un servidor Web u otro sistema.

Cualquiera que sea el motivo, el proceso tiene fundamentalmente tres pasos: guardar, transferir y restaurar.

Ya aprendió un método para guardar su base de datos utilizando `mysqldump`. Éste es el más utilizado. Puede guardar de manera directa una base de datos desde el sistema de archivos respaldando los archivos `.frm`, `.ISD` e `.ISM`. Sin embargo, esto no asegurará la consistencia de los datos y no es recomendable.

Puede guardar *en cinta su base* de datos, con una utilería como `tar`, y comprimirla, utilizando ZIP, para una transferencia más rápida.

Cuando esté en la máquina objetivo, descomprima y desempaquete y entonces estará listo para restaurar.

Si ejecutó `mysqldump --tab` o algo parecido, tendrá conjuntos de archivos SQL y de datos. De manera alterna, si ejecutó `mysqldump --opt`, tendrá un solo archivo grande que contendrá los comandos CREATE de SQL y los datos en forma de instrucciones INSERT. Para restaurar su base de datos en UNIX o Linux, podría realizar la operación con un comando como el siguiente:

```
cat /home/misdatos/dump.txt | /usr/local/mysql/bin/mysql
➥-u nombre_usuario -pcontraseña nombre_base_de_datos
```

El comando `cat` en combinación con | (canalización) es inmensamente poderoso. En una instrucción de una sola línea puede hacer que `cat` lea el archivo y lo envíe a `mysql`, como se observa en el ejemplo por su ruta completa en el sistema objetivo. Normalmente necesitará agregar los parámetros `-u` y `-p` y el nombre de la base de datos objetivo.

Funciones del sistema de MySQL

19

MySQL tiene algunas funciones del sistema que proporcionan accesos a los aspectos administrativos de su base de datos, las cuales pueden llamarse desde adentro de su base de datos de MySQL.

Los comandos tienen funciones muy diversas, que van desde información del usuario y la base de datos hasta los métodos de codificación.

DATABASE()

`DATABASE()` devuelve el nombre de la base de datos actual a la que usted está conectado. Por ejemplo, si su base de datos se llama "mybd":

ENTRADA   `mysql> SELECT DATABASE();`

produciría:

```
+-------------+
| DATABASE()  |
+-------------+
| mibd        |
+-------------+
```

USER(), SYSTEM_USER(), SESSION_USER()

Estas funciones devuelven el nombre del usuario actual de la base de datos, incluyendo el nombre de host. Normalmente devolverán algo como:

luis@localhost

VERSION()

Devuelve la versión en uso de MySQL.

PASSWORD(*cadena*)

Esta función codificará una cadena dada y devolverá el resultado codificado, tal como se almacena en la columna password de la tabla Users de mysql.

Por ejemplo:

`mysql> SELECT PASSWORD('micontra');`

produciría:

```
+----------------------+
| PASSWORD('micontra') |
+----------------------+
| 0ff1bdad147337f1     |
+----------------------+
```

Observe que PASSWORD() no necesariamente funciona de la misma forma que ENCRYPT(), la cual utiliza la función crypt() de UNIX. Una cadena codificada creada a través de PASSWORD() puede ser diferente a la misma cadena codificada mediante ENCRYPT().

ENCRYPT(*cadena*[,*salt*])

ENCRYPT() codificará una *cadena* dada con un *salt* opcional de dos caracteres (las versiones posteriores de MySQL aceptarán un salt de mayor longitud).

La codificación convierte un texto a un formato que es ilegible por un humano, convirtiendo así la información privada a un formato que no puede ser leído por otros. No hay forma de "decodificar" los datos.

El *salt* "complica" el algoritmo de codificación. Si no se especifica uno, se utiliza un *salt* aleatorio y el resultado codificado no es predecible. Si se especifica, el *salt* ocasionará que el resultado sea el mismo cada vez que se codifique una misma *cadena*.

MySQL utiliza la llamada a sistema `crypt()` de UNIX, pero si en su sistema no existe `crypt()`, la función devolverá un resultado nulo.

Observe el comportamiento de `ENCRYPT` cuando se omite el *salt*:

ENTRADA
```
mysql> SELECT ENCRYPT('algún secreto');
```

SALIDA
```
+------------------------+
| ENCRYPT('algún secreto') |
+------------------------+
| rRtXXJPIhWwyc          |
+------------------------+
```

Ahora puede ejecutar exactamente la misma instrucción:

ENTRADA
```
mysql> SELECT ENCRYPT('algún secreto');
```

Esta vez el resultado es diferente:

SALIDA
```
+------------------------+
| ENCRYPT('algún secreto') |
+------------------------+
| tRCUBHu2/nW9g          |
+------------------------+
```

Al especificar el *salt*, usted obtiene un resultado predecible. No hay forma de "decodificarlo", pero puede comparar si una cadena codificada corresponde con una no codificada. Por ejemplo, si en su base de datos tiene almacenada una versión codificada de una contraseña pero no tiene la versión en "texto simple", aún así puede verificar si una contraseña de prueba coincide con la almacenada.

Con el segundo ejemplo utilizará el salt —los primeros dos caracteres— de la cadena codificada y codificará una vez más su cadena (que puede ser la contraseña nueva en prueba):

ENTRADA
```
mysql> SELECT ENCRYPT('algún secreto','tR');
```

19

Ha utilizado "tR" del texto codificado y la salida es la siguiente:

SALIDA
```
+------------------------------+
| ENCRYPT('algún secreto','tR') |
+------------------------------+
| tRfqMMSq.y4ro                |
+------------------------------+
```

Al comparar cuidadosamente los resultados codificados, puede observar que son los mismos.

ENCODE(*cadena*,*contraseña*), DECODE(*cadena_codificada*,*contraseña*)

La función ENCODE() codifica una *cadena* dada con una *contraseña* como contraseña de acceso y devuelve una cadena binaria.

DECODE() realiza la función contraria, toma la *cadena_codificada* binaria y la decodifica con la *contraseña*.

Por ejemplo, para codificar:

ENTRADA   `mysql> SELECT ENCODE('mi cadena','micontra');`

SALIDA
```
+------------------------------+
| ENCODE('mi cadena','micontra') |
+------------------------------+
| äjhÉmÒº                       |
+------------------------------+
1 row in set (0.07 sec)
```

Para decodificar:

ENTRADA   `mysql> SELECT DECODE(ENCODE('mi cadena','micontra'),'micontra');`

SALIDA
```
+--------------------------------------------------+
| DECODE(ENCODE('mi cadena','micontra'),'micontra') |
+--------------------------------------------------+
| mi cadena                                        |
+--------------------------------------------------+
```

Al decodificar con la contraseña equivocada se obtendrá un resultado falso, no un error. Por ejemplo:

ENTRADA   `mysql> SELECT DECODE(ENCODE('mi cadena','micontra'),'otracontra');`

da como resultado:

SALIDA   +---+
          | DECODE(ENCODE('mi cadena','micontra'),'contraequivoc')|
          +---+
          | 9tG-5 |
          +---+
```

Recuerde que el resultado de una instrucción ENCODE(), por ser binario, necesita almacenarse como BLOB.

### MD5(cadena)

MD5() devuelve una suma de verificación MD5 para una cadena dada, es decir, un número hexadecimal de 32-caracteres.

### LAST_INSERT_ID([expr])

Esta función devuelve el último valor introducido en una columna AUTO_INCREMENT después de que ha sido generada automáticamente. Ésta se refiere solamente a los valores manejados por la conexión actual a la base de datos.

# Administración de una base de datos con mysqladmin

La utilería mysqladmin se utiliza para realizar una gran variedad de operaciones administrativas en una base de datos de MySQL. Normalmente se ejecuta desde la línea de comandos.

Al invocarla, debe transferir algunas opciones y comandos a mysqladmin que le indiquen cómo ejecutarse y qué hacer.

**19**

## Cómo utilizar mysqladmin

A continuación presentamos la sintaxis básica de mysqladmin:

```
mysqladmin [opciones] comando1 [opc_com1] comando2 [opc_com2]
```

Recuerde que podría necesitar anteceder mysqladmin con la ruta al directorio mysql/bin donde se encuentra.

Además, después de asignar nombres de usuario y privilegios a una base de datos, necesitará utilizar las opciones -p y/o -u al invocar mysqladmin si su nombre de usuario de MySQL es distinto de su nombre de usuario de UNIX. Esto le indica a MySQL que desea proporcionarle un nombre de usuario y contraseña; si no lo hace y MySQL los solicita, obtendrá un mensaje de error.
```

En resumen, `mysqladmin` puede utilizar los siguientes comandos:

- `create` *nombre_base_de_datos*   Crea una nueva base de datos con el nombre especificado.
- `drop` *nombre_base_de_datos*   Elimina la base de datos con el nombre especificado.
- *status*   Proporciona un pequeño mensaje de estado del servidor.
- *version*   Despliega la información de la versión del servidor.
- *extended-status*   Crea un mensaje de estado extendido del servidor.
- *variables*   Despliega las variables disponibles.
- *processlist*   Despliega una lista de los subprocesos activos en el servidor, útil para ver qué tan ocupado está dicho servidor.
- *flush-hosts*   Vacía todos los host almacenados en el caché.
- *flush-logs*   Vacía todos los registros.
- *flush-tables*   Vacía todas las tablas.
- *flush-privileges*   Carga nuevamente las tablas de permisos de acceso.
- `kill` *id1,id2*   Elimina los subprocesos de `mysql`.
- `password` *nueva_contraseña*   Cambia la contraseña anterior por una nueva.
- `ping`   Envía una señal "ping" a `mysqld` para verificar que está funcionando.
- `reload`   Obliga a `mysql` a cargar nuevamente sus tablas de permisos de acceso.
- `refresh`   Vacía todas las tablas de concesiones, cierra y abre los archivos de registro.
- `shutdown`   Apaga el servidor MySQL.

Además de los comandos, a `mysqladmin` se le puede proporcionar las siguientes opciones para indicarle cómo ejecutar dichos comandos:

- `-#, --debug=`   Para dar salida a un registro de depuración; frecuentemente éste es 'd:t:o,nombre_de_archivo'.
- `-f, --force`   Al eliminar una base de datos obtendrá una advertencia, al igual que con algunos otros comandos; *--force* continuará con la advertencia.
- `-C, --compress`   Utiliza compresión en el protocolo cliente/servidor.
- `-h, --host=`*hostname*   Se conecta al host especificado.
- `-p, --password`   Especifica la contraseña que debe utilizarse al conectarse al servidor. Si no se proporciona la contraseña, se le solicitará.
- `-P, --port[`*numero_de_puerto*`]`   Número de puerto que se va utilizar para la conexión.

- -i, --sleep=*num*   Ocasionará que `mysqladmin` ejecute los comandos una y otra vez, con un `sleep` entre ellos de *num* segundos.

- -s, --silent   Ocasionará que `mysqladmin` salga silenciosamente si no puede conectarse al servidor.

- -S, --socket=*socket*   Archivo socket que se va a utilizar para la conexión.

- -t, --timeout=*num*   Especifica el tiempo de final de cesión, en segundos, para la conexión al servidor `mysqld`.

- -u, --user=*nombreusuario*   Especifica el nombre de usuario para ingresar si no es el usuario del sistema actual.

- -V, --version   Imprime información sobre la versión y sale.

- -w, --wait [=*intentos*]   Espera e intenta nuevamente el número especificado de veces si la conexión a la base de datos no está disponible.

- -?, --help   Despliega los comandos y opciones y sale.

Debido a que algunas de estas opciones son bastante refinadas, explicaremos algunas de ellas con mayor detalle.

mysqladmin create *nombre_base_de_datos*

Si acaba de instalar MySQL, o si desea crear una nueva base de datos, necesitará crear una base de datos, lo cual puede hacer con `mysqladmin create`.

Veamos una sesión de ejemplo en la cual deseo ingresar a MySQL como `root` para crear una base de datos para mis fotografías:

```
[luis@zazeo luis]$ mysqladmin -u root -p create Fotos
Enter password:
Database "Fotos" created.
```

En esta etapa, la base de datos `Fotos` de MySQL no es más que un directorio vacío —`mysqladmin` simplemente ha creado el directorio `Fotos` en el servidor.

mysqladmin drop *nombre_base_de_datos*

¿Alguna vez ha deseado eliminar (borrar) una base de datos? El comando `mysqladmin drop` lo hará.

Suponga que desea eliminar la base de datos que acaba de crear:

19

```
[luis@zazeo luis]$ mysqladmin -u root -p drop Fotos

Enter password:
Dropping the database is potentially a very bad thing to do.
Any data stored in the database will be destroyed.

Do you really want to drop the 'Fotos' database [y/N]
y
Database "Fotos" dropped
```

Al contrario que con create, mysqladmin ahora elimina el directorio con la base de datos Fotos y todo su contenido.

Información de estado y versión

mysqladmin tiene varias formas para proporcionar la información sobre el estado y la versión del servidor MySQL:

- mysqladmin status
- mysqladmin version
- mysqladmin extended-status
- mysqladmin variables

La primera, status, proporciona un despliegue de estado de una sola línea en el servidor MySQL:

```
[luis@zazeo luis]$ mysqladmin status –u luis -p
```

```
Uptime: 80000  Threads: 1  Questions: 168  Slow queries: 0 Opens: 30
   Flush tables: 1
   Open tables: 26 Queries per second avg: 0.011
```

Observe cuidadosamente lo que significa este informe de estado:

- *Uptime*—El número de segundos desde que fue iniciado el daemon mysqld.
- *Threads*—El número de subprocesos o clientes que están activos actualmente. Éste siempre será al menos 1 porque incluye el subproceso que ejecuta el comando mysqladmin.
- *Questions*—Número de consultas que ha recibido mysqld desde que fue iniciado.
- *Slow queries*—El número de consultas que han durado un tiempo mayor que el especificado en ejecutarse. Este tiempo lo especifica *long_query_time*, que puede inspeccionarse ejecutando mysqladmin extended-status.
- *Opens*—El número de tablas que han sido abiertas desde que inicio el servidor MySQL.

- *Flush tables*—El número de comandos flush, reload y refresh que han sido enviados desde que el servidor fue iniciado.
- *Open tables*—El número de tablas que están abiertas actualmente.

Ahora observe una opción un poco más agradable para el usuario, mysqladmin version:

SALIDA

```
[luis@zazeo luis]$ mysqladmin version -u luis -p
```

SALIDA

```
mysqladmin  Ver 8.13 Distrib 3.23.32, for pc-linux-gnu on i686
Copyright (C)2000 MySQL AB & MySQL Finland AB & TCX Datakonsult AB.
This software comes with ABSOLUTELY NO WARRANTY. This is free software,
and you are welcome to modify an redistribute it under the GPL license.

Server version          3.23.32
Protocol version        10
Connection              Localhost via UNIX socket
UNIX socket             /tmp/mysql.sock
Uptime:                 23 hours 54 min 19 sec

Threads: 1  Questions: 300  Slow queries: 0  Opens: 30
Flush tables: 1  Open tables: 26 Queries per second avg:0.003
```

Mucha de la información, en realidad las dos últimas líneas, es igual a la de status, excepto que Uptime ahora presenta horas, minutos y segundos. Sin embargo, hay un despliegue útil de otra información.

Le indica la versión de MySQL que se está ejecutando y la versión del protocolo de comunicaciones. Usted podría necesitar esta información para depuración si estuviera ejecutando un software que utilizara directamente el protocolo de comunicaciones de MySQL.

También indica cómo estoy conectado a MySQL —en este caso, a través de un socket de UNIX porque ingresé al servidor utilizando Telnet.

Debido a esto último, también se me especifica el socket de UNIX. Si estuviera conectado a MySQL a través de TCP/IP, observaría el número de puerto TCP en su lugar.

Existen dos comandos más, extended-status y variables, que ofrecen información más detallada acerca del estado del servidor actual.

Información de subprocesos

Puede observar lo que está haciendo MySQL actualmente si ejecuta el comando, como se muestra a continuación:

ENTRADA

```
[luis@zazeo luis]$ mysqladmin -u root -p processlist
Enter password:
```

19

```
+----+-----+--+------------+----------+----------+------+-------+------+
| Id | User | Host       _| db _____| Command  | Time | State | Info |
+----+-----+--+------------+----------+----------+------+-------+------+
| 36 | luis | zazeo.mx   | Agenda   | Sleep____ | 0    |       |      |
| 37 | root | localhost _|  _____  | Processes | 0    |       |      |
+----+-----+--+------------+----------+----------+------+-------+------+
```

Observe que un proceso de MySQL, como se muestra en esta hoja de procesos, es diferente a un proceso UNIX. Aunque podría parecer que sólo se está ejecutando un proceso de MySQL, si ejecuta ps en un shell de UNIX, MySQL puede estar ejecutando muchos subprocesos, como se muestra en el comando mysqladmin processlist.

La lista incluye un Id para cada subproceso, el usuario (User) que lo inició y el Host desde el que está conectado el usuario. db es el nombre de la base de datos a la que está conectado el usuario.

Command proporciona información sobre el tipo de comando que está ejecutando el subproceso. Éste puede ser cualquiera de los siguientes:

- *Sleep*—El subproceso está esperando datos del usuario, como la mayoría de los procesos.
- *Processes*—El subproceso está buscando en otros subprocesos que se están ejecutando (como en el segundo elemento, que representa la ejecución del comando mysqladmin processlist).
- *Connect*—Actualmente el subproceso está recibiendo una conexión nueva desde un cliente.
- *Init DB*—El subproceso está inicializando la base de datos proporcionada y está preparándola para su uso. (Observe que un subproceso puede conmutar entre bases de datos.)
- *Query*—El subproceso está ejecutando actualmente una consulta. Es poco frecuente que usted la observe porque las consultas normalmente se ejecutan en un tiempo muy corto.
- *Field list*—El subproceso está generando una lista de los campos de una tabla.
- *Create DB*—El subproceso está creando actualmente una nueva base de datos.
- *Drop DB*—Actualmente el subproceso está eliminando una base de datos.
- *Reload*—El subproceso está cargando nuevamente las tablas de permisos de acceso de MySQL en ese momento.
- *Refresh*—Actualmente el subproceso está reiniciando los archivos de registro y vaciando los cachés.
- *Statistics*—Actualmente el subproceso está generando estadísticas.
- *Kill*—Actualmente el subproceso está finalizando otro subproceso.
- *Shutdown*—El subproceso está finalizando todos los otros subprocesos activos y está por apagar el servidor MySQL.
- *Quit*—El subproceso está finalizando.

Cómo arreglar una base de datos dañada

Una base de datos dañada no necesariamente significa un desastre. MySQL se ha anticipado a este momento de terror que le sucede a cualquier administrador de bases de datos y proporciona algunas herramientas para reparar tablas dañadas.

Estas herramientas se presentan en la forma de dos utilerías: `isamchk` y `myasamchk`.

Antes de ver lo que pueden hacer estas utilerías y cómo invocarlas, debe familiarizarse con la forma en que MySQL almacena sus datos.

Estructura de datos de MySQL

Primero, ingrese al directorio data de la base de datos llamada `Mi_Tienda`, y después liste lo que hay ahí:

```
[root@zazeo Mi_Tienda]# ls -la
```

```
total 28
drwx---     2 mysql    mysql       4096 Feb 14 13:15 .
drwxr-xr-x 11 mysql    root        4096 Feb 15 13:24 ..
-rw-rw--    1 mysql    mysql       1015 Feb 14 15:16 Clientes.MYD
-rw-rw--    1 mysql    mysql       2048 Feb 14 15:16 Clientes.MYI
-rw-rw--    1 mysql    mysql       8682 Jan 31 19:13 Clientes.frm
```

En dicha base de datos está, entre otras, la tabla, `Clientes`, la cual contiene tres archivos.

El archivo `.frm` es el archivo de formato que contiene la estructura de datos. No intente visualizar este archivo, no está en un formato legible.

El archivo `.MYD` mantiene los datos reales, mientras que el archivo `.MYI` contiene la información sobre las claves y otras referencias cruzadas internas. Éste es el archivo al que las utilerías `isamchk` y `myasamchk` se enfocarán para la reparación.

Ejecute `myisamchk -d` para desplegar la información acerca de la tabla `Clientes`:

```
[root@zazeo Mi_Tienda]# myisamchk -d Clientes
```

```
MyISAM file:    Clientes
Record format:  Packed
Character set:  latin1 (8)
Data records:              10234  Deleted blocks:        16
Recordlength:                322
```

19

```
table description:
Key Start Len Index   Type
1   3     4   unique  long
```

> **Nota**
>
> Observe que necesitará situarse en el directorio correcto, tal como
> /var/lib/mysql/data/nombre_base_de_datos/, o especificar explícitamente
> la ruta de las tablas. También observe que puede utilizar el carácter
> comodín * para revisar todas las tablas del directorio de una base de
> datos.

Esta salida le indica que la tabla contiene 10234 registros y 16 bloques eliminados. Lo demás es espacio desperdiciado en el disco duro.

Recuperación de espacio desperdiciado

Puede recuperar el espacio desperdiciado que se muestra en el ejemplo anterior ejecutando isamchk -r:

ENTRADA `[root@zazeo Mi_Tienda]# isamchk -r Clientes`

SALIDA
```
- recovering MyISAM-table 'Clientes.MYI'
Data records: 16
- Fixing index 1
```

Este comando revisa la tabla y la crea nuevamente sin utilizar espacio innecesario. En este ejemplo específico, al ejecutar ls -l en Linux muestra que clientes.MYD ahora ocupa solamente 756 bytes en comparación con los 1015 antes de ejecutar isamchk -r.

Es bueno ejecutar isamchk -d de manera regular en una base de datos que está creciendo, para estar al tanto del espacio libre que se está dejando en las tablas. Esto es de particular importancia si su aplicación ejecuta muchas instrucciones DELETE, lo que probablemente resultará en espacios entre los datos de su disco duro. Siempre que la cuenta de los bloques eliminados parezca ser muy alta, o una parte de los registros de datos, ejecute isamchk -r para eliminar el espacio desperdiciado.

> **Precaución**
>
> Si algún cliente accede a su base de datos a través de mysqld en el momento
> en que usted ejecute myisamchk, éste puede confundirse y pensar que las
> tablas están dañadas cuando en realidad no es así. Para myisamchk, cualquier
> actualización en proceso puede parecer como errores o daños. Por lo tanto,
> realizar una reparación con myisamchk en ese momento podría ser muy
> peligroso.

> Para evitarlo, cierre mysqld antes de ejecutar myisamchk. Alternativamente, siempre que usted esté seguro de que nadie está accediendo las tablas, simplemente ejecute mysqladmin flush-tables antes de myisamchk.
>
> Si va a realizar reparaciones a las tablas o una optimización, es fundamental que cierre mysqld antes de ejecutar myisamchk. Si no puede cerrar mysqld por un tiempo, al menos ejecute mysqladmin flush-tables y evite que los clientes accedan a la base de datos hasta que las reparaciones hayan terminado.

Reparación de tablas dañadas con `isamchk`

La siguiente es la sintaxis general para utilizar isamchk:

```
isamchk [opciones] nombre_tabla
```

Mientras isamchk trabaja en los tipos de tabla .ISM/.ISD, myisamchk hace lo mismo en los tipos de tabla MyISAM más recientes con las extensiones .MYI y .MYD, respectivamente.

Las opciones pueden especificarse de la siguiente forma:

- -a, --analyze   Analiza la distribución de las claves; útil para acelerar algunas operaciones conjuntas.
- -#=opciones_depuración, --debug=opciones_depuración   Crea un registro para depuración, utilizado frecuentemente en la forma 'd:t:o,nombre_archivo' para guardar en nombre_archivo.
- -d, --description   Obtiene información descriptiva sobre el estado de la tabla.
- -e, --extend-check   Verifica un archivo a conciencia. Normalmente no se necesita porque isamchk puede encontrar la mayoría de los errores sin esta opción.
- -f, --force   Sobrescribe archivos temporales.
- -i, --information   Muestra información estadística de la tabla.
- -k=num, --keys-used=num   Utilizado con -r, indica a isamchk que omita las primeras num claves antes de reparar.
- -l, --no-symlinks   Indica a isamchk que no siga vínculos de archivos simbólicos (lo hará en forma predeterminada).
- -q, --quick   Utilizado con -r para una reparación más rápida. Sólo repara archivos .ISD; no repara archivos de datos a menos que se especifique una segunda -q opcional, en cuyo caso también se repararán dichos archivos.

19

- -r, --recover   Realiza una recuperación. Esto arreglará la mayoría de los problemas con excepción de violaciones de clave única.
- -o, --safe_recover   Utiliza el método antiguo de recuperación. Éste es más lento que -r.
- -s, --silent   Imprime solamente los errores. Especifique -ss para modo muy silencioso.
- -v, --verbose   Imprime más información. Especifique -vv para imprimir información más detallada.
- -S, --sort-index   Ordena los bloques de índice para alguna mejoría de velocidad en las aplicaciones que realizan muchas operaciones "leer siguiente".
- -R=índice, --sort-records=índice   Ordena los registros de datos de acuerdo con un índice dado. Esto puede mejorar la velocidad con algunas consultas.
- -u, --unpack   Desempaqueta un archivo empaquetado con pack_isam.
- -V, --version   Despliega el número de versión y sale.
- -W, --wait   Espera antes de procesar si la tabla está bloqueada.
- -?, --help   Muestra la lista completa de opciones de isamchk.

Ahora veamos algunas de estas opciones con un poco más de detalle.

Reparaciones rápidas

Para una reparación rápida de una o varias tablas, utilice la siguiente sintaxis:

```
isamchk -rq nombre_tabla
```

Una reparación rápida de ejemplo podría tener la siguiente apariencia:

 `[root@zazeo Mi_Tienda]# isamchk -rq Clientes`

SALIDA
```
- check key delete-chain
- recovering ISAM-table 'Clientes.ISM'
Data records: 15
- Fixing index 1
```

Ésta realizará una verificación y efectuará reparaciones, si fueran necesarias. Es una verificación "rápida" porque solamente se realiza sobre el archivo .ISM, y no en el .ISD (datos).

Sin embargo, puede agregar una segunda -q para obligar a isamchk a arreglar también el archivo de datos.

Para una verificación más profunda de los datos, utilice la siguiente instrucción:

```
isamchk -e nombre_tabla
```

Ésta verifica tanto los archivos `.ISM` como `.ISD`. Arreglará la mayoría de los problemas, pero se detendrá si encuentra un error grave.

```
isamchk -ev nombre_tabla
```

Es otro formato del comando anterior y difiere en que continuará si encuentra un error grave, eliminando cualquier dato irreconocible, si es necesario. Por este motivo, es mejor hacer un respaldo de sus datos antes de iniciar las reparaciones con `isamchk`. También es bueno ejecutar los comandos uno a la vez en el orden mostrado anteriormente, explorando los datos para tener una mejor idea de la extensión de los daños antes de realizar una reparación extendida.

Cómo arreglar problemas con claves

Aun cuando las claves (o índices) están diseñados para mejorar el rendimiento de la base de datos, hay ocasiones en que lo empeoran. Como las operaciones INSERT u UPDATE.

Si ejecuta `isamchk` cuando existen claves dañadas, `isamchk` supondrá que los datos son los que están dañados y eliminará algunos de ellos.

Por lo tanto, deberá eliminar temporalmente las claves, reparar la tabla y después reestablecer las claves. El comando:

```
isamchk -rqk=0
```

Lo hará, estableciendo a cero las claves utilizadas (eliminándolas) y después realizando una verificación y reparación rápidas. Por ejemplo:

ENTRADA `[root@zazeo Mi_Tienda]# isamchk -rqk=0 *.ISM`

SALIDA
```
- check key delete-chain
- check record delete-chain
- recovering ISAM-table 'Clientes.ISM'
Data records: 15
```

Si después de hacer esto no está conforme con la reparación, ejecute:

```
isamchk -rq
```

para reconstruir las claves.

Nota   Después de ejecutar una reparación con `isamchk`, puede parecer que su aplicación no está utilizando las tablas reparadas. Esto ocurrirá si no puede apagar el servidor MySQL antes de realizar las reparaciones. Si esto sucede, simplemente ejecute `mysqladmin reload`.

19

Resumen

Este día aprendió algunos aspectos de la administración de MySQL:

- Cómo respaldar su base de datos con `mysqldump` para crear respaldos en diferentes formatos.

- Cómo restaurar su base de datos con `mysqlimport` para leer archivos de texto con datos solamente y con el comando `cat` de UNIX para canalizar los datos y el SQL directamente hacia MySQL.

- Cómo utilizar diferentes tipos de registro de MySQL: actualizar registros para cambios en la base de datos y registros de actividad completa para observar a MySQL con mayor detalle. Los registros de actualización son útiles para realizar respaldos por incrementos, mientras que los registros completos lo son para diagnosticar problemas de la aplicación y del sistema.

- Cómo utilizar las funciones del sistema para acceder a la información administrativa sobre su base de datos de MySQL.

- Cómo utilizar la utilería `mysqladmin` con sus diferentes opciones para crear y eliminar bases de datos, obtener el estado del servidor e información de subprocesos, así como para vaciar registros y otras funciones administrativas.

- Cuál es la apariencia de la estructura subyacente de archivos, cómo liberar el espacio desperdiciado y cómo verificar y recuperar una tabla dañada.

Con este conocimiento, podrá tener una base de datos respaldada de manera adecuada para no tener problemas. Ahora posee la habilidad para alcanzar la información del sistema y arreglar la mayoría de los problemas, si se presentan.

Preguntas y respuestas

P **Simplemente deseo realizar un respaldo de toda mi base de datos. ¿Cómo lo hago?**

R Utilice el siguiente comando:

```
mysqldump --opt nombre_base_de_datos -u root -p > /ruta/a/mydump.sql
```

Esto creará un respaldo relativamente compacto y rápido de toda su base de datos con instrucciones SQL para crear tablas e insertar datos. La guardará como un solo archivo llamado *mydump.sql* que puede almacenar en un lugar seguro.

P **¿Cómo realizo una restauración completa desde este archivo?**

R En la línea de petición de un comando de UNIX o Linux, escriba lo siguiente:

```
cat /home/misdatos/mydump.sql | /ruta/a/mysql -u nombre_usuario -p
➥nombre_base_de_datos
```

Esto analiza el archivo completo, elimina las tablas existentes y restaura el archivo en la máquina objetivo.

P **¿Qué es `mysqladmin`?**

R `mysqladmin` es una utilería para crear o eliminar una base de datos, apagar el servidor, observar la actividad del cliente (subproceso), etcétera. Puede vaciar registros y hosts, cambiar contraseñas de acceso, y otras funciones más.

Ejercicios

1. Escriba la sintaxis para verificar si una tabla llamada "`Mi_Tabla`" contiene bloques eliminados.

2. Proporcione la sintaxis para mostrar la lista actual de subprocesos activos en un servidor MySQL.

3. Escriba la llamada a función para codificar la cadena "`mi cadena`" con `salt` en "`ht1QbxA2IJPhU`".

19

DÍA 20

Cómo optimizar MySQL

Ahora que su base de datos está funcionando y ha estado en producción por algunas semanas, todo parece ser maravilloso. Pero espere, aquí viene un programador molesto diciéndole que su base de datos es lenta. Tiene a un grupo de usuarios gritándole porque la aplicación está tomando muchísimo tiempo para ejecutar una consulta sencilla. Usted le indica que es su código. Él replica vehementemente que su base de datos es la que está ocasionando los problemas y no su código. Usted contesta que está utilizando MySQL y que no existe nada más rápido. Después de algunos minutos, los egos ofendidos se calman y ambos deciden sentarse a analizar el problema. Encuentra que se trata de una combinación de ambos problemas, instrucciones SQL inadecuadas del lado del programador y algunos problemas de diseño y rendimiento del lado del administrador.

Si esto le parece familiar o si se tratara de una especie de predicción, el día de hoy explicaremos qué y dónde buscar los problemas de rendimiento. MySQL es rápido, muy rápido, pero hay cosas que puede hacer para optimizar el desempeño. Podría ser el diseño. Podrían ser consultas inadecuadas. La lección de este día le ayudará a ubicar y solucionar sus problemas de rendimiento.

Este día aprenderá:

- Cómo afinar el rendimiento
- Cómo generar mejores instrucciones SQL
- Cómo liberar el espacio desperdiciado —depuración de la base de datos

Cómo afinar el rendimiento

Cuando tiene problemas de rendimiento, uno de los primeros lugares donde debe buscar es en el sistema mismo. ¿En qué tipo de computadora se está ejecutando su servidor de bases de datos? ¿Cuánta memoria tiene? ¿Cuál es la velocidad de su procesador? Éstas son las preguntas que debería hacerse antes de iniciar el uso de su base de datos en producción.

La situación ideal para un servidor de bases de datos es un sistema ultramoderno, con una tonelada de memoria y que sea utilizado solamente para el servidor de bases de datos. Esto es lo ideal, pero usted no siempre tiene lo que desea. MySQL es una generación diferente de bases de datos. Puede ejecutarse prácticamente sobre cualquier plataforma y su desempeño es mejor en algunas de ellas.

MySQL se desarrolló principalmente en máquinas Intel que ejecutan Linux. Éste es el motivo por el que probablemente Linux es la mejor plataforma en la que puede ejecutarse MySQL. Ya que las máquinas están ejecutando Linux, el hardware no necesita ser tan moderno como debería si estuviera ejecutando Windows NT. Esto se agrega al atractivo de MySQL —una base de datos de alto rendimiento que puede ejecutarse en máquinas no tan nuevas. MySQL no tiene tan buen rendimiento sobre la plataforma Windows como en otras plataformas. Esto puede deberse a muchos motivos —el principal podría ser la asignación de memoria en el nivel del sistema operativo.

MySQL es capaz de ejecutar varios subprocesos a la vez. Esto significa que cada vez que se realiza una conexión, MySQL crea un subproceso. Cada subproceso consume memoria. El almacenamiento en caché de los resultados también consume memoria. Por lo tanto, entre más memoria, mejor. Esto ayuda a mejorar el rendimiento.

Otro aspecto a considerar para mejorar el rendimiento es el disco duro. Un disco rápido genera resultados más rápidos. Si tiene una tabla que es accedida con mucha frecuencia, podría colocarla en su propio disco. Esto aceleraría enormemente el proceso. La forma de configurar un entorno con discos múltiples está fuera del alcance de este libro. La información en línea sobre MySQL contiene lo necesario para realizar esta tarea.

Establecimiento de las variables del sistema

Después de tener el mejor hardware, lo siguiente es empezar a optimizar el sistema de la base de datos. Existen muchas variables que controlan la forma de operación de MySQL. Para verificar su configuración actual, siga estos pasos:

1. Asegúrese de estar en el directorio `mysql` y que el servidor está ejecutándose (el daemon `mysqld`).

2. Escriba el siguiente comando:

ENTRADA `bin/mysqladmin -p variables`

3. Se le pedirá su contraseña de `root`. Introdúzcala. Deberá obtener una salida como la que se muestra en la tabla 20.1.

TABLA 20.1 Variables del sistema de MySQL

Variable_name	Value
Ansi_mode	OFF
back_log	50
base_dir	/usr/local/mysql-3.23.32-pc-linux-gnu-i686/'
binlog_cache_size	32768
character_set	latin1
character_sets	latin1 big5 czech euc_kr gb2312 gbk sjis tis620 ujis dec8 dos german1 hp8 joi8_ru latin2 swe7 usa7 cp1251 danish Hebrew win1251 estonia Hungarian koi8ukr win1251ukr greek win1250 croat co1257 latin5
Current_insert	ON
connect_timeout	5
datadir	/usr/local/mysql/data
delay_key_write	ON
delayed_insert_limit	100
delayed_insert_timeout	300
delayed_queue_size	1000
Flush	OFF
flush_time	0
have_bdb	No
have_gemini	NO
have_innobase	NO
have_isam	YES

20

Tabla 20.1 continuación

Variable_name	Value
have_raid	NO
have_ssl	NO
init_file	
interactive_timeout	28800
join_buffer_size	131072
key_buffer_size	8388600
language	/usr/local/mysql/share/mysql/english/
large_files_support	ON
locked_in_memory	OFF
log	OFF
log_update	OFF
log_bin	OFF
log_slave_updates	OFF
long_query_time	10
low_priority_updates	OFF
low_priority_updates	OFF
lower_case_table_names	0
max_allowed_packet	1048576
max_binlog_cache_size	4294967295
max_connections	100
max_connect_errors	10
max_delayed_insert_threads	20
max_heap_table_size	16777216
max_join_size	4294967295
max_sort_length	1024
max_tmp_files	32
max_write_lock_count	4294967295
myisam_recover_options	OFF
myisam_sort_buffer_size	8388608
net_buffer_length	16384
net_read_timeout	30
net_retry_count	10
net_write_timeout	60

Tabla 20.1 continuación

Variable_name	Value
open_files_limit	0
pid_file	/usr/local/mysql/data/zazeo.mx.pid
port	3306
protocol_version	10
record_buffer	131072
Qquery_buffer_size	0
safe_show_database	OFF
server_id	0
skip_locking	ON
skip_networking	OFF
skip_show_database	OFF
slow_launch_time	2
Socket	/tmp/mysql.sock
sort_buffer	2097144
table_cache	64
table_type	MYISAM
thread_cache_size	0
thread_stack	65536
timezone	CST
tmp_table_size	1048576
tmpdir	/tmp/
Versión	3.23.32
wait_timeout	28800

20

Para cambiar cualquiera de estos valores, utilice la siguiente sintaxis:

```
safe_mysqld -O variable = valor
```

Donde *variable* es una de las variables del sistema y *valor* es un valor lógico para dicha variable. Los cambios no son persistentes. De esta manera, si finaliza su sesión e inicia MySQL sin opciones, MySQL automáticamente utilizará los valores predeterminados. Ninguno de los cambios anteriores existirá. Para utilizar sus opciones, debe cambiar sus secuencias de comandos de inicio para reflejar sus cambios a las variables.

La mayoría de las variables se explican a sí mismas. Las siguientes son las más importantes para optimizar su sistema:

- `back_log` Establézcala con un valor mayor si espera tener muchas conexiones simultáneas. Esta opción controla cuántas conexiones puede mantener MySQL mientras está realizando nuevos subprocesos.

- `delayed_queue_size` Esta opción controla el número de filas que pueden ser almacenadas en cola de espera mientras se utiliza un comando `INSERT DELAYED`. Aumente ésta si espera que sea necesario poner en la cola de espera muchas inserciones.

- `flush_time` Esta opción controla la cantidad de tiempo en segundos, antes de que MySQL escriba en el disco lo que está almacenado en caché. Entre más tenga operaciones de E/S al disco, más lenta se volverá la base de datos. Aumente este valor para retrasar la escritura en el disco del contenido del caché.

- `table_cache` Esta opción controla el número de tablas abiertas para todos los subprocesos. Si incrementa este tamaño, se incrementará el número de tablas que pueden abrirse al mismo tiempo. Esto disminuye la cantidad de sobrecarga y podría acelerar el proceso. Sin embargo, el sistema operativo puede tener límites que afecten la cantidad de archivos que pueden abrirse al mismo tiempo.

- `wait_timeout` Controla la cantidad de tiempo antes de que una conexión se cierre por inactividad. Un número menor puede incrementar la velocidad.

- `buffers` Al incrementar cualquiera de los búferes se acelerará su base de datos. Si aumenta mucho los búferes, puede tener un efecto contrario. Estas configuraciones deberán fundamentarse en la cantidad de memoria disponible.

> **Tip**
>
> Si tiene muchas tablas y mucha memoria, puede acelerar MySQL si establece el tamaño de búfer igual a la cantidad de memoria que tiene; por ejemplo, buffer = 32M.

mysqld y sus parámetros

`mysqld` es el corazón de MySQL; es el programa servidor en sí. En realidad, cuando usted piensa en MySQL, en realidad se trata de éste. El servidor de bases de datos puede iniciarse con algunas opciones que pueden ayudar con la optimización. A continuación aparece una lista de algunos de los parámetros más importantes que `mysqld` puede aceptar:

- `-b` o `--basedir=`*ruta completa* Este parámetro dirige al servidor MySQL al directorio de instalación `mysql`. Esto indica al servidor en qué lugar está localizado todo.

- `--big-tables` Cuando MySQL es iniciado con esta opción, permitirá conjuntos de resultados grandes. Esto eliminará los errores de tabla llena.

- `-h` o `-datadir=ruta completa` Esta opción dirige al servidor MySQL al directorio de datos. Configure esta opción si ha movido sus datos a otro lugar.

- `--enable-locking` Este argumento permite el bloqueo del sistema. MySQL no realiza un bloqueo del sistema en forma predeterminada.

- `-l --log=[`*`nombre_de_archivo`*`]`   Ocasiona que MySQL registre los mensajes del sistema en el archivo especificado. Si no se proporciona un nombre de archivo, los mensajes se escriben en `mysql-log-file`.

- `--log-update=`*`nombre_de_archivo`*   Ocasiona que MySQL registre todas las transacciones que afectan la base de datos. Ésta es una herramienta muy útil para crear respaldos de su base de datos. Esta opción fue explicada con detalle el día 19, "Administración de MySQL".

- `--log-long-format=`*`nombre_de_archivo`*   Esta característica ocasiona que MySQL registre más información que la opción `-update`. Nuevamente, consulte el día 19 si desea más detalles.

- `--low-priority-insert`   Esta opción ocasiona que MySQL ejecute instrucciones `SELECT` antes de las instrucciones `INSERT`.

- `--skip-grant-tables`   Es una característica útil para cuando usted olvida la contraseña de `root`. Esta opción brinca las tablas de permisos de acceso al iniciar, de esta forma todas las contraseñas y funciones definidas por el usuario no serán obligatorias.

- `--skip-name-resolve`   Esta opción puede acelerar un poco el proceso. Ocasiona que MySQL utilice las direcciones IP en lugar de transformar la IP en un nombre.

- `-V o --version`   Genera la salida de información sobre la versión de la instalación actual de MySQL.

Una forma de acelerar MySQL es desactivando el registro, pero esto no es recomendable. Si su base de datos se dañara, no habría forma de recuperar los datos. Sin embargo, si desactiva el registro, mejorará el rendimiento. Simplemente tiene que evaluar los beneficios.

Puede obtener una pequeña mejora en el rendimiento si utiliza la opción `-skip-name-resolve`. Ésta ahorra un poco de tiempo y no debería tener efectos negativos en la operación de su base de datos.

Construcción de una mejor instrucción SQL

20

El siguiente lugar donde debe buscar es en el diseño de su base de datos y en las instrucciones SQL que utiliza para acceder a sus datos. Podría escribirse todo un libro sobre las mejores técnicas para hacerlo, pero éste no es el objetivo de este libro. Aquí proporcionaremos algunos de los pasos básicos que puede seguir para agilizar su base de datos.

La estructura de su base de datos juega un papel muy importante en el rendimiento global. Si sus tablas no están construidas de manera adecuada, tendrá una mayor posibilidad de que surjan problemas. Éstas son algunas reglas generales para lograr tablas más rápidas:

- *Utilice el tipo de datos más pequeño posible*—Entre más pequeño sea el tipo de datos, ocupará menos espacio en disco y memoria. A menor memoria, mayor velocidad para recuperarla y utilizarla.

- *Obligue a que se coloquen valores en las columnas utilizando* NOT NULL—Esto ahorra un poco de espacio y acelera el proceso.

- *Evite el uso de columnas de longitud variable*—Si es inevitable, utilícelas. Pero si puede, evítelo. Esto puede mejorar sustancialmente el rendimiento.

- *Evite utilizar demasiados índices*—Los índices aceleran las instrucciones SELECT pero hacen más lentas las instrucciones INSERT y UPDATE. Si tiene muchos índices, hará todo más lento. Consulte el día 6, "Cómo agregar tablas, columnas e índices a su base de datos", para mayor información.

- *Elija el(los) tipo(s) de tabla tomando en cuanta el rendimiento*—En MySQL existen cuatro tipos de tabla (los miembros que no pagan solamente tienen tres). Éstos son: estática (predeterminada), dinámica, ordenada y comprimida. La tabla estática se crea de forma predeterminada. Es la más rápida de todas las tablas normales. Sólo puede contener columnas de longitud fija. Si contuviera al menos una columna de longitud variable, MySQL automáticamente cambiaría la tabla a dinámica. Estas tablas son más lentas —contienen más información (cada fila debe contener información que indica qué tan grande es). La tabla ordenada es superrápida para tablas pequeñas y medianas porque reside solamente en memoria. Este tipo de tabla es fabuloso para membresías y similares. La tabla comprimida es de sólo-lectura. Ocupa menos espacio en disco y es muy rápida. Ésta es solamente para clientes de MySQL inscritos con soporte extendido de correo electrónico.

- *Utilice los valores predeterminados en las columnas*—Esto disminuye el tiempo de análisis en las instrucciones INSERT y aumenta el rendimiento.

El siguiente lugar para buscar problemas de rendimiento son las instrucciones SQL utilizadas para manipular los datos en su base. A continuación presentamos algunas reglas generales que le ayudarán a mejorar el rendimiento general:

- Escriba sus consultas de forma que puedan utilizar índices siempre que sea posible. Para esto son los índices además de que pueden incrementar de manera sustancial el rendimiento de su base de datos.

- Utilice la palabra clave LIMIT en sus consultas. Esto puede obligar algunas veces a MySQL a que utilice un índice cuando en forma normal no lo haría.

- No utilice puntuación extraña siempre que sea posible, como paréntesis adicionales. MySQL tendrá que analizar los signos de puntuación extraños antes de realizar la consulta. Si no los utiliza, MySQL puede ejecutar la consulta con mucha más rapidez.

- La seguridad es directamente proporcional a la cantidad de sobrecarga creada al ejecutar consultas. A mayor seguridad, se crea más sobrecarga. No sacrifique la seguridad por el rendimiento. Utilice la seguridad de forma racional y adecuada. Algunas sugerencias serían crear un solo usuario para una base de datos de uso muy frecuente. Controle la seguridad a través de la aplicación y no al nivel del servidor. Por ejemplo, podría crear una tabla que almacene nombres de usuarios y contraseñas. Haga que la aplicación verifique esta tabla para comprobar si un usuario tiene los permisos necesarios para acceder a la base de datos. Si el usuario pasa esta prueba, utilice el usuario en la tabla de permisos para el resto del acceso a la base de datos.
- El recuento de todas las filas de una base de datos utilizando SELECT COUNT(*), es muy rápido —ésta utiliza el número contenido en el encabezado de la tabla.

Éstos son solamente algunos consejos generales para realizar una consulta más rápida. Los mejores resultados se obtienen de las instrucciones mismas.

Construcción de una mejor cláusula WHERE

La mejor forma de iniciar la construcción de su cláusula WHERE es buscar en los índices disponibles con los que cuenta para las tablas que va a consultar. Si una tabla tiene un índice, utilícelo; esto acelerará el proceso de manera considerable. Si no puede escribir nuevamente la cláusula WHERE, cree un índice.

Recuerde que las instrucciones condicionales se ejecutan con más rapidez con valores numéricos que con cadenas o caracteres. Compare números siempre que sea posible.

De la misma forma, la instrucción LIKE puede hacer más lento el proceso. Puede utilizar un índice con una comparación LIKE si la constante comparada no contiene un carácter comodín en la primera posición. Por ejemplo, la siguiente instrucción utilizará el índice si la columna Apellido_Paterno contiene uno:

```
SELECT Estado FROM Clientes WHERE Apellido_Paterno LIKE "Pe%"
```

Sin embargo, con la siguiente instrucción no se utilizará un índice:

```
SELECT Estado FROM Clientes WHERE Apellido_Paterno LIKE "%pe%"
```

20

Cómo liberar el espacio desperdiciado

Cuando se borra un registro de un archivo, o cambia una columna que contiene campos de longitud variable, se crea un espacio desperdiciado en el archivo que almacena estos datos. Vea la figura 20.1.

FIGURA 20.1

Una columna de longitud variable antes y después de una instrucción UPDATE.

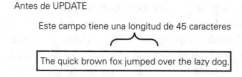

Antes de UPDATE

Este campo tiene una longitud de 45 caracteres

The quick brown fox jumped over the lazy dog.

Después de UPDATE

Este campo tiene una longitud de 27 caracteres

The quick brown fox jumped. < Dead Space >

Este espacio muerto puede acumularse, restando espacio del disco y disminuyendo la velocidad de procesamiento. No hay forma de evitarlo completamente. (Una forma es no utilizar campos de longitud variable.)

Otro problema que puede afectar el rendimiento de la base de datos es el orden de las claves. Suponga que tiene un índice en una columna AUTO_INCREMENT única. Ha realizado muchas inserciones, algunas eliminaciones y los números se han desordenado. Esto puede afectar el rendimiento de su índice —imagine qué difícil sería encontrar el archivo de alguien si los archivos no estuvieran en orden alfabético.

Afortunadamente, los desarrolladores de MySQL visualizaron estos problemas potenciales y realizaron una herramienta para resolverlos. Esta pequeña herramienta se llama myisamchk. Reside en el directorio bin de una instalación normal de mysql.

La herramienta myisamchk puede utilizarse para optimizar tabla y claves, de una forma muy parecida al comando OPTIMIZE, sólo que más rápido. Esta utilería también puede ayudar a reparar tablas dañadas. El comando es el siguiente:

ENTRADA   `myisamchk` *opciones* `nombre_de_tabla`

Donde *nombre_de_tabla* es el nombre de una tabla o grupo de tablas indicado por un comodín. Para realizar esta verificación en todas las tablas de su directorio de datos, podría emitir el siguiente comando:

```
bin/myisamchk /usr/local/mysql/data/*/*.myi
```

Éste verificará todos los archivos del directorio de datos. La utilería myisamchk puede aceptar las siguientes opciones:

- -a o -analyze   Analiza las rutas de las tablas para averiguar cómo puede hacer más rápidas a las uniones.

- -d o -description Despliega información sobre la tabla, como la longitud del registro, el formato del registro, el número de registros, los bloques eliminados e información de las claves.
- -f o -force Sobrescribe de manera automática cualquier archivo temporal.
- -i o -information Proporciona información detallada sobre la tabla. Ésta incluye la longitud del registro, el espacio utilizado y el perdido. Esta información detallada es útil si necesita ejecutar la parte de reparación de esta utilería.
- -q o -quick Ocasiona que la utilería realice una reparación más rápida. El archivo original no es tocado. Para utilizar el archivo original, agregue otra -q (myisamchk -qq).
- -r o -recover Ésta hace que la utilería repare cualquier archivo dañado. También depurará archivos y recuperará espacio perdido.
- -o o -safe-recovery Ésta es la versión más lenta de -r y algunas veces puede reparar cosas que -r no puede.
- -S o -sort-index Esta opción ocasiona que myisamchk ordene de manera descendente el índice. Esto dará como resultado que las consultas sean más rápidas cuando se utilice un índice.
- -u o -unpack Descomprimirá un archivo que fue comprimido con myisampack.
- -v Ésta proporcionará una explicación más detallada.
- -w Ocasiona que la utilería espere hasta que la tabla sea desbloqueada antes de que realice una reparación u operación de reordenamiento.

También puede establecer la memoria asignada para estas tareas. A mayor memoria, mayor velocidad en la realización de la tarea.

El mantenimiento de las tablas de su base de datos es una obligación para un buen rendimiento. Debe establecerse una rutina para que sus tablas estén en orden. Una secuencia de comandos del shell en una tarea cron funcionará para sistemas basados en UNIX o un trabajo por lotes como secuencia de comandos de Perl que esté calendarizado para una plataforma Windows. La mayoría de los problemas pueden detectarse antes de que crezcan hasta el punto en que afecten la producción.

·20

Para liberar espacio y verificar los errores en su tabla, escriba el siguiente comando:

ENTRADA `>bin/myisamchk -r /usr/local/mysql/data/*/*.myi`

Esto eliminará el espacio desperdiciado, verificará y arreglará su tabla. Si desea reordenar los índices de una tabla, ejecute el siguiente comando:

ENTRADA `>bin.myisamchk -S /usr/local/mysql/data/*/*.myi`

Todos sus índices se volverán a indexar. Esto puede tomar algún tiempo, así que debe elevar la memoria utilizada para esta operación. Para hacerlo, puede cerrar otras aplicaciones que estén ejecutándose y utilizar la opción `-o` en la utilería `myisamchk`.

La utilería `myisamchk` puede utilizarse para mejorar la velocidad de su base de datos. Al eliminar el espacio desperdiciado, permitirá registros más pequeños, que es el objetivo principal del rendimiento. Entre más pequeño, mejor.

Compilación y compresión

Si todo lo que ha hecho hasta ahora no ha funcionado, es el momento de tomar medidas más drásticas. La primera medida que podría considerar es compilar nuevamente la fuente de su plataforma con un compilador diferente. Las versiones RPM de MySQL se compilan utilizando el compilador más rápido con todas las optimizaciones activadas. Podría cambiar a una plataforma diferente, tal como un sistema Sun, para obtener un poco más de poder en rendimiento y el uso de más procesadores. También puede incrementar la velocidad de sus archivos ejecutables utilizando un compilador que cree ejecutables más rápidos para dicho sistema. Algunas personas aseguran que sólo con esto puede incrementarse el rendimiento de la base de datos de un 20 a un 30 por ciento.

Si no desea compilar MySQL, la siguiente opción es adquirir el soporte de correo electrónico de forma que pueda obtener la utilería `myisampack`. El uso de tablas de sólo lectura puede lograr una mejoría en el rendimiento. Esto puede hacer la diferencia.

Resumen

La optimización es una habilidad. Se requiere de mucha práctica y experiencia para saber cómo hacerlo. Y aun así puede significar una prueba de ensayo y error. Lo que aprendió este día y las reglas que le proporcionamos pueden servirle como punto de inicio para su tarea de lograr un rendimiento máximo.

A continuación revisaremos brevemente los pasos que puede seguir para optimizar su base de datos:

1. Examine el hardware que pretende ejecutar su servidor de bases de datos. ¿Es lo suficientemente bueno como para manejar el volumen de tráfico que será generado?

2. Examine su sistema operativo. Algunos son mejores que otros. El OS de Sun, así como Linux son muy adecuados para el uso de procesadores múltiples. Por el otro lado, NT es más fácil de usar. Evalúe las ventajas y desventajas y decidas cuál es la mejor plataforma.

3. Revise el diseño de su tabla. ¿Es sólido? ¿El formato es adecuado? ¿Los tipos de columna son lo más pequeños posible? ¿Existen columnas de longitud variable, de ser así, las necesita?

4. Observe las consultas que están accediendo a su base de datos. ¿Utilizan índices? ¿Son concisas las cláusulas WHERE?

5. ¿Se les da mantenimiento a sus tablas? ¿Cuándo fue la última vez que utilizó myisamchk? ¿Tiene una tarea programada para verificar automáticamente sus tablas?

6. Si nada de esto funciona, considere compilar la fuente con un mejor compilador. Esto puede ayudar. También considere adquirir la herramienta myisampack —ésta podría mejorar el rendimiento.

Existen muchas formas para incrementar el rendimiento. Desafortunadamente, puede tomarle algún tiempo encontrar la forma. Este día le proporcionó la introducción al arte de la optimización de bases de datos.

Preguntas y respuestas

P ¿Cómo puedo configurar una tarea programada para dar mantenimiento automáticamente a mis tablas?

R Normalmente, para utilizar una tarea programada, debe introducir un elemento en el archivo crontab. Este archivo le indica a la tarea programada lo que debe hacer. Para verificar y reparar las tablas de su base de datos cada semana, el siguiente elemento debería aparecer en un archivo crontab:

```
45 0 * * 0 /usr/local/mysql/bin/myisamchk -r /usr/local/mysql/data/*/*.myi
```

Consulte el manual de su sistema operativo para saber exactamente lo que se necesita para un elemento crontab.

P ¿Qué función tiene la instrucción OPTIMIZE?

R La instrucción OPTIMIZE es muy parecida a la utilería myisamchk, pero es más lenta y menos funcional que la utilería myisamchk. Sin embargo, esta instrucción puede ejecutarse mediante el uso de una interfaz ODBC o cualquier otra interfaz para ese uso, porque MySQL la utiliza de la misma forma que a una instrucción SQL. La sintaxis de la instrucción OPTIMIZE es la siguiente:

```
OPTIMIZE nombre_de_tabla
```

Donde *nombre_de_tabla* es el nombre de la tabla que desea optimizar. La optimización libera espacio desperdiciado. No repara tablas dañadas.

20

Ejercicios

1. Realice la opción de recuperación de la utilería `myisamchk` en todas las tablas de `Mi_Tienda`.

2. Reúna las especificaciones para que un servidor utilice la base de datos `Mi_Tienda`, sabiendo que ésta se accederá alrededor de 10,000 veces al día a través de Internet. Considere que MySQL se ejecuta mejor en sistemas basados en UNIX.

SEMANA 3

DÍA 21

Cómo agruparlo todo

Ha aprendido mucho en las últimas tres semanas. Este día revisará los pasos
que siguió para llegar hasta aquí. Cada aplicación o proyecto puede dividirse
en una serie de pasos que deben realizarse para que pueda llevar a cabo la tarea.
La tarea podría ser crear una aplicación de bases de datos para un sitio Web.
Los pasos necesarios para asegurar el éxito son:

1. Definición del problema
2. Análisis de necesidades
3. Diseño de la estructura/arquitectura
4. Construcción/codificación
5. Prueba
6. Implementación

Esta lección tomará cada paso del proceso de creación y lo aplicará a la base de datos `Mi_Tienda`. Esperamos que al término de este día pueda observar cómo se combina todo.

Creación de la base de datos `Mi_Tienda`

Antes de iniciar cualquier proyecto, una buena idea es invertir un poco de tiempo en definir el proyecto y reunir las necesidades antes de precipitarse y empezar a codificar la aplicación. Para comprender lo que debe hacerse en un proyecto, primero debe definir el proyecto. Puede definir un proyecto realizándose preguntas sencillas tales como: ¿Qué tarea va a realizar este sistema? ¿Qué sistema va a sustituir? Un proyecto bien definido es el primer paso hacia un proyecto exitoso. Si el proyecto nunca es definido, ¿cómo puede saber si ha tenido éxito o no? Para el proyecto `Mi_Tienda`, la definición es bastante sencilla: crear un sitio Web donde los clientes puedan encontrar libros y adquirirlos rápida y fácilmente a través de Internet. Cuando el cliente encuentre un libro que sea de su interés, se le ofrecerá la opción de enviarlo a su domicilio.

En esta primera etapa del proceso determinará lo que hará y las tareas que necesitará realizar. Este paso también debería definir el éxito y fracaso del proyecto. Si usted es el responsable del proyecto, ésta es su responsabilidad. Después de haber adquirido este conocimiento está listo para empezar a trabajar en el segundo paso, el cual es el conjunto de necesidades.

En el segundo paso del proceso de creación, empezará a reunir las necesidades de su proyecto. Hablará con la gente que usará el sistema para averiguar lo que la aplicación necesita hacer. Deberá averiguar qué información necesitan rastrear y almacenar, qué reglas deben aplicarse a los datos para comprobar si son aceptables o no y qué tipo de informes deberán generarse. En esta fase definirá los procesos de negocios, sus reglas y sus objetos. Éste es el primer paso del proceso de diseño de la base de datos que aprendió el día 3, "Diseño de su primera base de datos". En esta fase del proceso también debe empezar a buscar objetos que se convertirán en tablas de la base de datos.

Fase de necesidades

En esta fase debe entrevistar a los diferentes niveles de administración para lograr una comprensión completa de lo que debe hacerse y lo que debe lograr la aplicación para cumplir con los objetivos del negocio. A partir de aquí, debería empezar a obtener una idea de lo que necesita capturar, el tipo de equipo que necesitará, la plataforma que utilizará y la apariencia que tendrá la base de datos.

En esta parte del proceso descubrió lo siguiente acerca del proyecto `Mi_Tienda`:

1. Un cliente potencial puede buscar un libro y comprarlo.

2. Los clientes deben ser miembros antes de poder adquirir algún ejemplar.

3. Después de explorar la base de datos en busca de títulos que le agraden, los clientes pueden adquirir ese libro.

4. Todas las transacciones deben rastrearse.

5. Los miembros deben registrarse antes de realizar una búsqueda.

6. Los libros disponibles deben mantenerse en la misma base de datos.

Fase de diseño

Ahora que ha reunido las necesidades, puede iniciar la fase de arquitectura y diseño. Ésta es la fase más importante del proceso. Es donde se crean los cimientos de todo el proyecto. En esta fase también se diseñará la base de datos del proyecto `Mi_Tienda` y se creará un diagrama de flujo del sitio Web.

Observe la forma en que el flujo del sitio Web ayuda a implementar las reglas del negocio que fueron reunidas en la fase de necesidades. Específicamente, la regla que establece que un usuario no puede adquirir un libro o explorar los catálogos a menos que sea un miembro. El diseño del sitio es el que obliga a cumplir con esta regla.

Diseño de la base de datos

Ahora que ha diseñado el flujo del sitio. Recuerde que la base de datos es la máquina que hace funcionar la aplicación. Si la base de datos no está bien diseñada, la aplicación no tendrá un buen funcionamiento. Una base de datos mal diseñada no es flexible y no puede cambiar junto con la empresa. El tiempo invertido aquí está bien empleado.

En la etapa de recopilación de necesidades, usted determinó los siguientes objetos de negocios:

1. Clientes

2. Recomendaciones

3. Pedidos

4. Productos

La figura 21.1 muestra el diagrama determinado para el sitio Web basándose en las necesidades reunidas.

21

FIGURA 21.1

*El diagrama de flujo
del sitio Mi_Tienda.*

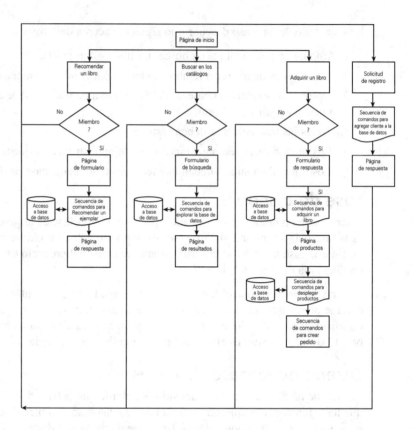

En esta etapa del proceso describirá los objetos de negocios. Esto le ayudará a determinar las columnas que conformarán su base de datos. El día 3 leyó con detalle acerca de este proceso. Al realizarse preguntas sobre las características de los objetos, determinó las descripciones de éstos (consulte las tablas 21.1 a 21.4). También es una buena idea establecer en este momento el tipo de datos de estas características. Le ahorrará tiempo posteriormente. Recuerde que también el tipo de columna le ayudará a que se cumplan las reglas del negocio.

TABLA 21.1 La tabla Clientes

Característica	Tipo de datos
Nombre	VARCHAR(20), Not NULL
Apellido paterno	VARCHAR(20), Not NULL
Apellido materno	VARCHAR(20), Not NULL
Dirección	VARCHAR(50), Not NULL

Ciudad	VARCHAR(20), Not NULL
Estado	CHAR(2), Not NULL
Código postal	VARCHAR(20), Not NULL
Correo electrónico	VARCHAR(20), Not NULL
Edad	INTEGER
Sexo	H, M
Actividad favorita	Programación, Cocina, Ciclismo, Correr, Ninguna
Género favorito	VARCHAR(50)
Ocupación	VARCHAR(30)

TABLA 21.2 La tabla Recomendaciones

Característica	Tipo de datos
Comentario	VARCHAR(170), Not NULL

TABLA 21.3 La tabla Productos

Característica	Tipo de datos
Nombre	VARCHAR(30), Not NULL
Título	VARCHAR(255), Not NULL
Precio	FLOAT(10,2), Not NULL
Editorial	VARCHAR(50), Not NULL
Imagen	VARCHAR(50), Not NULL
Año de publicación	INTEGER
Género	ENUM('Cómputo', 'Matemáticas', 'Infantil', 'Novelas', 'Ficción')
Número de páginas	INTEGER
Estado	ENUM('Nuevo', 'Usado')
Idioma	ENUM('Español', 'Francés', 'Italiano')
Tipo de pasta	ENUM('Dura', 'Normal')

21

TABLA 21.4 La tabla Pedidos

Característica	Tipo de datos
Fecha del pedido	DATETIME, Not NULL
Cantidad	INTEGER, Not NULL
Monto del pedido	INTEGER, NOT NULL
Producto	INTEGER
Cliente	INTEGER

Ahora que ha descrito los objetos y ha establecido las reglas del negocio, es momento de convertir sus objetos en tablas agregándoles una clave a cada una y realizando una normalización.

Normalización de la base de datos

A continuación creará una clave única en la tabla Clientes y la nombrará ID_Cliente. Una persona puede tener solamente una membresía, por lo tanto, la clave debe ser única. También agregará claves únicas a todas las tablas y les asignará un nombre de acuerdo con la tabla que identifican: ID_Recomendacion, ID_Pedido e ID_Producto.

Lo siguiente que haría en su proyecto es realizar una normalización de las tablas. Sin embargo, debido a que en este proyecto las tablas están bastante normalizadas, las dejará como están. Los únicos cambios que hará son renombrar las columnas Productos y Cliente de la tabla Pedidos como ID_Producto e ID_Cliente, respectivamente.

Nota
Para mayor simplicidad, las tablas no se normalizan realmente. Éstas podrían descomponerse más tarde; por ejemplo, en una tabla Editoriales, una Pedido_General y otra Pedido_Detalles.

Al terminar el proceso, el siguiente paso es definir las relaciones que existen entre las tablas. Puede establecer desde ahora una relación uno a muchos entre la tabla Clientes y la tabla Recomendaciones. Agregue una columna ID_Cliente a la tabla Recomendaciones. También existe una relación uno a muchos entre las tablas Clientes y Pedidos y las tablas Productos y Pedidos. Puesto que ya tiene dichas columnas en la tabla Pedidos, no necesita agregarlas.

Bien, ahora parece que ha solucionado los posibles problemas; por lo tanto, ahora puede crear un modelo de la base de datos. Para hacerlo, utilice una herramienta de modelado. La figura 21.2 muestra una representación en Microsoft Access de la base de datos y las relaciones.

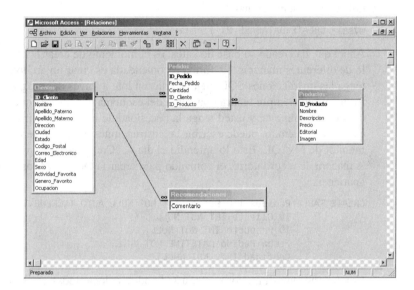

Si está trabajando en grupo, siempre es bueno que el resto del equipo vea su modelo. En ocasiones alguien puede descubrir algo que probablemente usted no tomó en cuenta. Comparta su diseño, permita que otras personas critiquen su trabajo. Esto sólo puede mejorar su diseño. Una vez que esté satisfecho con su diseño, será el momento de crear la base de datos.

Construcción de la base de datos

Para crear su base de datos, deberá estar ejecutando el daemon mysqld y también necesita tener el privilegio CREATE. Si cumple con los dos requisitos, puede crear su base de datos en una de dos formas posibles. Puede hacerlo mediante el comando mysqladmin o la instrucción CREATE DATABASE de SQL. Usted elige.

21

Para crear la base de datos con el comando `mysqladmin`, escriba lo siguiente en la línea de comandos:

```
%> bin/mysqladmin -p CREATE Mi_Tienda
```

Para crear la base de datos en el monitor de MySQL mediante una instrucción de SQL, utilice el siguiente comando:

```
mysql> CREATE DATABASE Mi_Tienda;
```

Ahora que ha creado su base de datos, es el momento de crear las columnas. Puede hacerlo de diferentes maneras. La forma recomendada es crear un archivo de texto que contenga las instrucciones SQL y ejecutarlas en lote a través del programa mysql. De esta forma, usted siempre tendrá una copia del esquema, en caso de que su base de datos deje de operar totalmente y usted tenga la necesidad de iniciar a partir de un borrador. Si no escoge este método, puede escribir las instrucciones de SQL interactivamente con el monitor de MySQL. Esto lo aprendió el día 4, "Creación de su primera base de datos". A manera de recordatorio, el comando para crear la tabla `Pedidos` tendría la siguiente apariencia:

```
CREATE TABLE Pedidos (ID_Pedido INT NOT NULL AUTO_INCREMENT PRIMARY KEY,
            ID_Cliente INT NOT NULL,
            ID_Producto INT NOT NULL,
            Fecha_Pedido DATETIME NOT NULL,
            Cantidad INT, NOT NULL);
```

Como explicamos anteriormente, usted podría colocar todas estas instrucciones en un archivo y enviarlas en lote. Esto le permite crear una copia de su esquema para utilizarla en caso de una falla del sistema o de que quisiera duplicar su trabajo en otra máquina.

Recuerde que en este momento usted también puede crear índices. Recuerde que un índice puede mejorar el rendimiento de su base de datos durante las instrucciones `SELECT`. Examine las tablas que tiene y elija algunos candidatos para contener un índice. MySQL indexa automáticamente la clave en cada tabla. Así, la tabla que podría necesitar un índice —la tabla `Productos`— ya lo tiene. La tabla `Productos` es una buena elección porque las personas la explorarán con frecuencia.

Cómo importar datos existentes

Ahora que el esquema está terminado, puede empezar a poblar su base de datos. Tal vez su cliente tenga datos en Access u otro tipo de base de datos desde los cuales podría trasladarlos a la nueva base de datos. El día 8, "Cómo poblar su base de datos", se explicó a profundidad este proceso. Este día repasaremos brevemente la importación de datos.

Si actualmente está usando Access como su base de datos y pretende cambiar a MySQL, está de suerte. Debido a que MySQL es compatible con ODBC, puede cambiar sus datos con relativa facilidad si la base de datos de MySQL tiene exactamente la misma estructura que la de Access. Simplemente utilice la opción Exportar del menú Insertar. Ésta lo guiará durante el proceso de exportación.

Otra forma para importar datos desde una base de datos existente es utilizando el objeto DBI de Perl. Escriba una secuencia de comandos (*script*) sencilla que seleccione todos los datos de una base de datos y los inserte en la otra.

Otra forma para introducir los datos en su nueva base de datos es mediante el comando LOAD DATA INFILE. Este comando está disponible a través del monitor de MySQL y le permite introducir datos de un archivo en su base de datos. Para introducir datos desde un archivo de texto delimitado por comas, podría utilizar el siguiente comando:

```
LOAD DATA INFILE ''/home/datos_anteriores.txt''
INTO TABLE Clientes IGNORE
FIELDS
TERMINATED BY '',''; 
```

Este comando importará el archivo datos_anteriores.txt residente en el directorio de inicio de la computadora del servidor MySQL. Cargará los datos en la tabla Clientes e ignorará cualquier dato duplicado. La última parte del comando describe cómo está delimitado el archivo.

En ocasiones podría necesitar ajustar los datos de manera que puedan introducirse en el nuevo esquema. Esto puede hacerse mediante una secuencia de comandos personalizada o una de las herramientas disponibles en el CD-ROM. Recuerde que MySQL almacena las fechas en forma diferente que la mayoría de las bases de datos. Tenga cuidado al importar información de fechas.

Implementación de la seguridad

Antes de que comience a diseñar secuencias de comandos que puedan acceder a la base de datos, deberá recordar la seguridad. ¿Cómo va a manejar el acceso a la base de datos? Para simplificar, utilizará las tablas de permisos de MySQL para manejar el acceso a su base de datos.

21

La secuencia de comandos para agregar un nuevo cliente accederá a la base de datos utilizando un identificador de usuario que solamente tiene privilegios INSERT en la tabla Clientes. Después de que un cliente haya sido agregado a la base de datos, éste obtendrá un nombre de usuario y una contraseña que le permitirá explorarla, adquirir libros y editar su registro existente. El nombre de usuario será su nombre completo, separado mediante un guión bajo, y su contraseña será su dirección de correo electrónico. Todos los clientes tendrán privilegios INSERT en la tabla Recomendaciones, privilegios UPDATE para algunas de las columnas de la tabla Clientes y privilegios SELECT en todas las tablas. También tendrán privilegios INSERT en la tabla Pedidos, de forma que puedan comprar libros. La tabla 21.5 muestra un resumen de los privilegios.

TABLA 21.5   Resumen de los privilegios de usuario de Mi_Tienda

Usuario	Tabla	Privilegio
Nuevo cliente	Clientes	INSERT únicamente
Todos los usuarios	Clientes	UPDATE, SELECT
	Pedidos	INSERT
	Recomendaciones	INSERT, UPDATE, DELETE
Personal	Todas las tablas	Completo

Creación de las páginas Web y secuencias de comandos

Ahora ha iniciado la cuarta fase del proceso de creación —la construcción real de la base de datos. Ésta es la fase más larga del proceso, pero también la que proporciona más satisfacciones. Usted realmente construye lo que ha diseñado. Al consultar el diagrama de flujo, puede determinarse que deben escribirse cinco secuencias de comandos que accedan a la base de datos por un motivo u otro. Al crear un sitio Web como éste, usted normalmente elegiría un tipo de tecnología y lo utilizaría. Por ejemplo, usted no decidiría utilizar secuencias de comandos CGI de Perl para algunas cosas y Active Server Pages para otras. Las tecnologías se traslaparían. Simplemente no tendría sentido. En este proyecto se utilizarán las secuencias de comandos de Perl con DBI para mostrar lo sencillo que es utilizarlas con MySQL.

Construcción de la página Web

El primer paso es crear una página Web que envíe los datos que necesita a su secuencia de comandos de Perl. Después creará una secuencia de comandos de Perl que agregue un nuevo cliente a la base de datos. Otros miembros de su equipo son responsables de esa parte del proyecto. Han trabajado duro y le presentaron la página Web que muestra la figura 21.3.

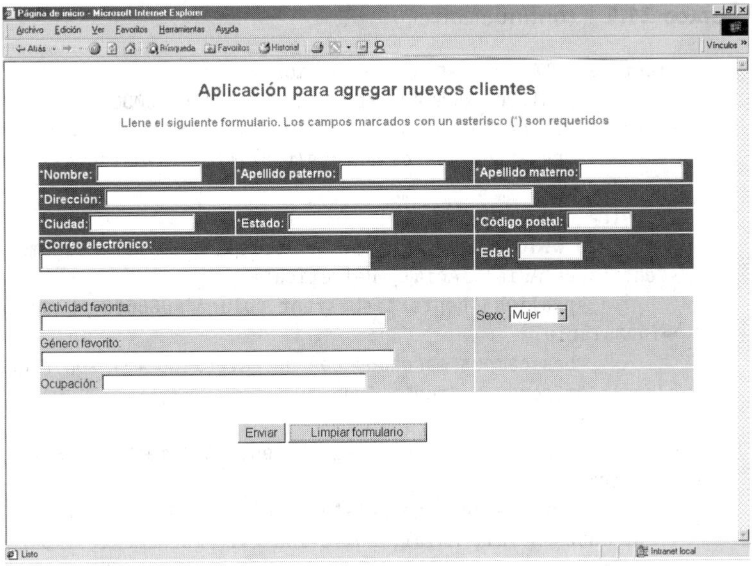

FIGURA 21.3

Formulario de solicitud para agregar un nuevo cliente a Mi_Tienda.

El listado 21.1 muestra el código que genera la página Web ClienteNuevo.html.

LISTADO 21.1   Adición de nuevos clientes a la base de datos

```
<html>

<head>
<meta http-equiv="Content-Type" content="text/html;
charset=windows-1252">
<meta http-equiv="Content-Language" content="en-us">
<title>Página de inicio</title>
<meta name="GENERATOR" content="Microsoft FrontPage 4.0">
<meta name="ProgId" content="FrontPage.Editor.Document">
<meta name="Microsoft Theme" content="blank 011, default">
</head>

<body background="_themes/blank/blbkgnd.gif"
bgcolor="#FFFFFF" text="#000000" link="#999999"
vlink="#990000" alink="#666666"><!--mstheme-->
<font face="Arial, Arial, Helvetica">
<div align="center">
  <center>
  <!--mstheme--></font><table border="0" width="900" height="31">
    <tr>
      <td width="800" height="51" colspan="3"><!--mstheme-->
```

21

LISTADO 21.1 continuación

```
<font face="Arial, Arial, Helvetica">
        <p align="center"><b><font color="#990033"
size="5">Aplicación para
        agregar nuevos clientes</font></b><!--mstheme--></font></td>
    </tr>
    <tr>
        <td width="741" height="31" colspan="3"><!--mstheme-->
<font face="Arial, Arial, Helvetica">
        <p align="center"><b><font color="#666666">Llene el siguiente
➥formulario.
         Los campos marcados con un asterisco (*) son requeridos</font>
</b><!--mstheme--></font></td>
    </tr>
<form action="../cgi-bin/AgregarCliente.pl" method = POST>
    <tr>
        <td width="741" height="31" colspan="3"><!--mstheme-->
<font face="Arial, Arial, Helvetica"><!--mstheme--></font></td>
    </tr>
    <tr>
        <td width="262" height="35" bordercolor="#990033"
bgcolor="#990033">
<!--mstheme--><font face="Arial, Arial, Helvetica">
<font color="#FFFFFF"><b>*Nombre:
        </b><input type="text" name="Nombre" size="20"></font>
<!--mstheme--></font></td>
        <td width="320" height="35" bordercolor="#990033" bgcolor="#990033">
<!--mstheme--><font face="Arial, Arial, Helvetica"><font color="#FFFFFF">
<b>*Apellido paterno:</b>
<input type="text" name="Apellido_Paterno" size="20"></font>
<!--mstheme--></font></td>
        <td width="310" height="35" bordercolor="#990033"
bgcolor="#990033"><!--mstheme-->
<font face="Arial, Arial, Helvetica"><font color="#FFFFFF">
<b>Apellido materno:</b><input type="text" name="Apellido_Materno"
➥size="20"></font>
<!--mstheme--></font></td>
    </tr>
    <tr>
        <td width="741" height="31" colspan="3" bordercolor="#990033"
 bgcolor="#990033"><!--mstheme--><font face="Arial, Arial, Helvetica">
<font color="#FFFFFF"><b>*Dirección:
        </b><input type="text" name="Direccion" size="101"></font>
<!--mstheme--></font></td>
```

Listado 21.1 continuación

```
    </tr>
    <tr>
       <td width="264" height="31" bordercolor="#990033" bgcolor="#990033">
<!--mstheme--><font face="Arial, Arial, Helvetica"><font color="#FFFFFF">
<b>*Ciudad:</b><input type="text" name="Ciudad" size="20"></font>
<!--mstheme--></font></td>
       <td width="267" height="31" bordercolor="#990033"
bgcolor="#990033"><!--mstheme--><font face="Arial, Arial, Helvetica">
<font color="#FFFFFF"><b>*Estado:</b>
<input type="text" name="Estado" size="10"></font><!--mstheme--></font></td>
       <td width="300" height="31" bordercolor="#990033"
bgcolor="#990033"><!--mstheme--><font face="Arial, Arial, Helvetica">
<font color="#FFFFFF"><b>*Código postal:</b>
<input type="text" name="Codigo_Postal" size="14"></font>
<!--mstheme--></font></td>
    </tr>
    <tr>
       <td width="538" height="31" colspan="2"
bordercolor="#990033" bgcolor="#990033"><!--mstheme-->
<font face="Arial, Arial, Helvetica"><font color="#FFFFFF">
<b>*Correo electrónico:</b>
<input type="text" name="Correo_Electronico" size="38"></font>
<!--mstheme--></font></td>
       <td width="187" height="31" bordercolor="#990033"
bgcolor="#990033"><!--mstheme--><font face="Arial, Arial, Helvetica">
<font color="#FFFFFF"><b>*Edad:</b>
<input type="text" name="Edad" size="5"></font><!--mstheme--></font></td>
    </tr>
    <tr>
       <td width="725" height="31" colspan="3"><!--mstheme-->
<font face="Arial, Arial, Helvetica"><!--mstheme--></font></td>
    </tr>
       <td width="532" height="31" colspan="2" bgcolor="#C0C0C0">
<!--mstheme--><font face="Arial, Arial, Helvetica">Actividad favorita:
<font color="#FFFFFF">
<select size="1" name=" Actividad_Favorita ">
<option value=" Programación " selected> Programación </option>
<option value=" Cocina "> Cocina </option>
<option value=" Ciclismo"> Ciclismo </option>
<option value=" Correr">Correr</option>
<!--mstheme--></font></td>
       <td width="150" height="31" bgcolor="#C0C0C0">
<!--mstheme--><font face="Arial, Arial, Helvetica">Sexo:
```

21

LISTADO 21.1 continuación

```
<select size="1" name="Sexo">
        <option value="M" selected>Mujer</option>
        <option value="H">Hombre</option>
      </select><!--mstheme--></font></td>
    <tr>
      <td width="532" height="31" colspan="2" bgcolor="#C0C0C0">
<!--mstheme--><font face="Arial, Arial, Helvetica">Género
      favorito:<font color="#FFFFFF">
<input type="text" name="Genero_Favorito" size="53"></font>
<!--mstheme--></font></td>
      <td width="187" height="31" bgcolor="#C0C0C0">
<!--mstheme--><font face="Arial, Arial, Helvetica"> 
<!--mstheme--></font></td>
    </tr>
    <tr>
      <td width="532" height="31" colspan="2" bgcolor="#C0C0C0">
<!--mstheme--><font face="Arial, Arial, Helvetica">Ocupación:
<font color="#FFFFFF">
<input type="text" name="Ocupacion" size="30"></font>
<!--mstheme--></font></td>
      <td width="187" height="31" bgcolor="#C0C0C0">
<!--mstheme--><font face="Arial, Arial, Helvetica"> 
<!--mstheme--></font></td>
    </tr>
    <tr>
      <td width="532" height="31" colspan="2">
<!--mstheme--><font face="Arial, Arial, Helvetica">
<!--mstheme--></font></td>
      <td width="187" height="31">
<!--mstheme--><font face="Arial, Arial, Helvetica">
<!--mstheme--></font></td>
    </tr>
    <tr>
      <td width="265" height="31">
<!--mstheme--><font face="Arial, Arial, Helvetica">
<!--mstheme--></font></td>
      <td width="267" height="31">
<!--mstheme--><font face="Arial, Arial, Helvetica">
<input type="submit" value="Enviar" name="cmdSubmit">
<input type="reset" value="Limpiar formulario" name="cmdReset">
```

LISTADO 21.1   continuación

```
<!--mstheme--></font></td>
      <td width="187" height="31">
<!--mstheme--><font face="Arial, Arial, Helvetica">
<!--mstheme--></font></td>
    </tr>
</form>
  </table><!--mstheme--><font face="Arial, Arial, Helvetica">
  </center>
</div>
<!--mstheme--></font></body>

</html>
```

Después de recibir esta página, lo primero que debe observar son los nombres de los campos <input>. Éstos son los nombres que necesitará para acceder a los valores que serán transferidos desde esta página hacia su secuencia de comandos CGI y después agregados a su base de datos. Otra cosa que debe buscar es la etiqueta <form>. Asegúrese de que está señalando hacia la secuencia de comandos correcta y que la propiedad method está establecida a POST.

Creación de la secuencia de comandos

Ahora es el momento de crear la secuencia de comandos de Perl. Debido a que ésta es una aplicación real, deberá asegurarse de que los datos que está introduciendo en su base de datos son correctos. Por lo tanto, los validará en su secuencia de comandos. Esto podría lograrse en el cliente con Java Script, pero como usted está haciendo una secuencia de comandos, tendrá que encontrar la forma de verificar sus datos ahí.

21

El listado 21.2 muestra la secuencia de comandos `AgregarCliente.pl`.

LISTADO 21.2   Secuencia de comandos para agregar clientes

```perl
#!/usr/bin/perl


use DBI;

&GetFormInput;

# las variables intermedias siguientes facilitan
#la lectura de su secuencia de comandos
#pero son menos eficientes
#ya que realmente no son necesarias.

$Nombre = $field{'Nombre'} ;
$Apellido_Paterno = $field{'Apellido_Paterno'} ;
$Apellido_Materno = $field{'Apellido_Materno'} ;
$Direccion = $field{'Direccion'} ;
$Ciudad = $field{'Ciudad'} ;
$Estado = $field{'Estado'} ;
$Codigo_Postal = $field{'Codigo_Postal'} ;
$Correo_Electronico = $field{'Correo_Electronico'} ;
$Edad = $field{'Edad'} ;
$Sexo = $field{'Sexo'} ;
$Actividad_Favorita = $field{'Actividad_Favorita'} ;
$Genero_Favorito = $field{'Genero_Favorito'} ;
$Ocupacion = $field{'Ocupacion'} ;


$message = "" ;
$found_err = "" ;

## Verifica errores en los valores

$errmsg = "<p>Debe llenar el campo Nombre</p>\n" ;

if ($Nombre eq "") {
    $message = $message.$errmsg ;
    $found_err = 1 ; }


$errmsg = "<p>Debe llenar el campo Apellido paterno.</p>\n" ;

if ($Apellido_Paterno eq "") {
```

Listado 21.2   continuación

```
      $message = $message.$errmsg ;
      $found_err = 1 ; }

   $errmsg = "<p>Debe llenar el campo Apellido materno.</p>\n" ;

   if ($Apellido_Materno eq "") {
      $message = $message.$errmsg ;
      $found_err = 1 ; }


   $errmsg = "<p>Debe llenar el campo Direccion</p>\n" ;

   if ($Direccion eq "") {
      $message = $message.$errmsg ;
      $found_err = 1 ; }


   $errmsg = "<p>Debe llenar el campo Ciudad.</p>\n" ;

   if ($Ciudad eq "") {
      $message = $message.$errmsg ;
      $found_err = 1 ; }


   $errmsg = "<p>Debe llenar el campo Estado.</p>\n" ;

   if ($Estado eq "") {
      $message = $message.$errmsg ;
      $found_err = 1 ; }


   $errmsg = "<p>Debe llenar el campo Codigo postal.</p>\n" ;

   if ($Codigo_Postal eq "") {
      $message = $message.$errmsg ;
      $found_err = 1 ; }


   $errmsg = "<p>Introduzca una dirección de correo electrónico válida</p>\n" ;

   if ($Correo_Electronico !~ /.+\@.+\..+/) {
      $message = $message.$errmsg ;
      $found_err = 1 ; }


   $errmsg = "<p>El valor del campo Edad no es válido</p>\n" ;
```

21

Listado 21.2   continuación

```perl
if ($Edad =~ /\D/) {
    $message = $message.$errmsg ;
    $found_err = 1 ; }

elsif ($Edad < 0) {
    $message = $message.$errmsg ;
    $found_err = 1 ; }

if ($found_err) {
    &PrintError;
      }

# Solamente agregue estos registros a la base de datos después de pasar todas
# las pruebas

$DSN = "DBI:mysql:database=Mi_Tienda";

my $dbh = DBI->connect($DSN,"webusr","83t4")
or die "Error al conectarse a la base de datos";

$dbh->do("INSERT INTO Clientes (Nombre, Apellido_Paterno, Apellido_Materno,
➥Direccion, Ciudad, Estado, Codigo_Postal, Correo_Electronico, Edad, Sexo,
➥Actividad_Favorita, Genero_Favorito, Ocupacion) VALUES('$Nombre',
➥'$Apellido_Paterno', '$Apellido_Materno', '$Direccion','$Ciudad', '$Estado',
➥'$Codigo_Postal', '$Correo_Electronico', '$Edad',
➥'$Sexo','$Actividad_Favorita','$Genero_Favorito', '$Ocupacion')");

## Crear usuario en la base de datos de MySQL

$Nombre_Usuario = $Nombre."_".$Apellido_Paterno."@\%";

$dbh->do("GRANT INSERT, DELETE, SELECT ON Mi_Tienda. Recomendaciones TO
➥'$Nombre_Usuario' IDENTIFIED BY '$Correo_Electronico'");

$dbh->do("GRANT INSERT ON Mi_Tienda.Pedidos TO '$Nombre_Usuario' IDENTIFIED BY
➥'$Correo_Electronico'");

$dbh->do("GRANT UPDATE (Actividad_Favorita, Genero_Favorito, Ocupacion) ON
➥Mi_Tienda.Clientes TO '$Nombre_Usuario' IDENTIFIED BY '$Correo_Electronico'");

$dbh->do("GRANT SELECT ON Mi_Tienda.Clientes TO '$Nombre_Usuario' IDENTIFIED BY
➥'$Correo_Electronico'");

$dbh->do("FLUSH PRIVILEGES");

$dbh->disconnect;
```

LISTADO 21.2 continuación

```
## si todo está correcto, enviar al usuario aquí

print  "Location: http://zazeo.mx/Mi_Tienda/AgregarCliente.html\nURI:";
print  "http://zazeo.mx/Mi_Tienda/AgragarCliente.html\n\n" ;



## si hay un error con el envío, ésta
## envía un mensaje al usuario
sub PrintError {
    print "Content-type: text/html\n\n";
    print  $message ;


#exit 0 ;
#return 1 ;
}


## Rutina que examina los pares nombre/valor del formulario
sub GetFormInput {

    (*fval) = @_ if @_ ;

    local ($buf);
    if ($ENV{'REQUEST_METHOD'} eq 'POST') {
        read(STDIN,$buf,$ENV{'CONTENT_LENGTH'});
    }
    else {
        $buf=$ENV{'QUERY_STRING'};
    }
    if ($buf eq "") {
            return 0 ;
        }
    else {
        @fval=split(/&/,$buf);
        foreach $i (0 .. $#fval){
            ($name,$val)=split (/=/,$fval[$i],2);
            $val=~tr/+/ /;
            $val=~ s/%(..)/pack("c",hex($1))/ge;
            $name=~tr/+/ /;
            $name=~ s/%(..)/pack("c",hex($1))/ge;

            if (!defined($field{$name})) {
                $field{$name}=$val;
            }
            else {
```

21

LISTADO 21.2   continuación

```
            $field{$name} .= ",$val";


        }


    }
        }
    return 1;
}
```

Esta secuencia de comandos le muestra cómo puede verificar los valores antes de introducirlos a su base de datos. Es importante recordar que si desea resultados adecuados, necesita introducir datos adecuados. En este código también crea usuarios y les asigna privilegios en la base de datos de MySQL. Observe que esto se logra mediante la instrucción GRANT. También vacía (FLUSH) las tablas de permisos de acceso antes de desconectarse del servidor. Esto se hace para que el usuario pueda ingresar inmediatamente. Ya estudió todo sobre este código anteriormente, con excepción de la verificación de errores y el agregado de usuarios y privilegios.

Cómo iniciar una sesión

La siguiente parte que va a resolver es cómo manejar el registro de un usuario. La tarea aquí es obtener el nombre y la contraseña del usuario y de alguna forma retener esta identidad a través de una sesión de usuario. Hay varias formas para manejar esto. Podría utilizar una cookie para transferir este valor a cada página que necesite las variables de registro. Existen un par de inconvenientes aquí. ¿Qué sucede si el usuario tiene desactivadas las cookies? Entonces usted está en problemas. La mejor forma para manejar esto es transferir estos valores mediante un campo oculto (<hidden>) en una página Web. Debido a que los usuarios deben registrarse para ingresar a una página, podría crear dicha página dinámicamente, transfiriendo su información en campos ocultos. Por ejemplo, un cliente válido hace clic en el vínculo de recomendaciones. Este vínculo lo lleva a la página Web de registro. Una secuencia de comandos de Perl valida su nombre de usuario y contraseña contra la base de datos de MySQL y después crea la página Web de pedidos. En el HTML de esta página Web, usted podría tener dos campos ocultos —uno para el nombre de usuario y otro para la contraseña. Estos campos son iguales a cualquier otro del formulario. Cuando un cliente termina su pedido, envía el formulario al servidor Web. Usted utiliza los campos ocultos para acceder a la base de datos de MySQL. Esto podría parecer un poco confuso, así que observe el código para aclararlo.

Una persona desea comprar un libro. De acuerdo con las reglas de su empresa, esta persona debe ser miembro. Para verificar su identidad, debe iniciar una sesión. Las personas que se encargaron de su página Web crearon la página inicio.html que se muestra en la figura 21.4.

FIGURA 21.4

El formulario de inicio de sesión.

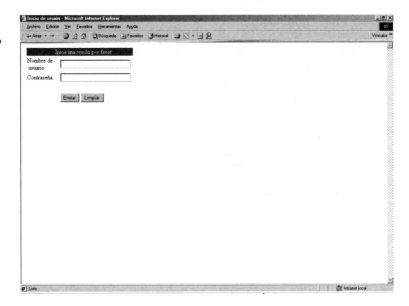

El listado 21.3 muestra el código que creó la página Web inicio.html.

LISTADO 21.3   Registro de un usuario

```
<html>
<head>
<title>Inicio de sesión</title>
<meta name="Microsoft Theme" content="blank 011, default">
</head>

<body>

<div align="left">
<form action="../cgi-bin/inicio.pl" method=post>
  <table border="0" width="294" height="21"
style="border-style: solid; border-color:  #000000">
    <tr>
      <td width="294" height="21" bgcolor="#990033" colspan="2">
        <p align="center"><font color="#FFFFFF">
Inicie una sesión por favor</font></td>
    </tr>
    <tr>
      <td width="91" height="21">Nombre de usuario: </td>
      <td width="187" height="21">
<input type="text" name="Nombre_Usuario" size="23"></td>
    </tr>
    <tr>
      <td width="91" height="21">Contraseña:   </td>
      <td width="187" height="21">
```

21

LISTADO 21.3 continuación

```
<input type="text" name="Contrasenia" size="23"></td>
    </tr>
    <tr>
      <td width="91" height="21"></td>
      <td width="187" height="21"></td>
    </tr>
    <tr>
      <td width="91" height="21"></td>
      <td width="187" height="21">
        <p align="right">
<input type="submit" value="Enviar" name="B1">
<input type="reset" value="Limpiar" name="B2"></td>
    </tr>
  </table>
</form>
</div>

</body>

</html>
```

Cuando un usuario hace clic en el botón Enviar, la secuencia de comandos que se llama es inicio.pl. Ésta tomará los valores del cuadro Nombre de usuario y Contraseña y verificará que coincidan con los de la base de datos. Si coinciden, se generará la página Web solicitada; en caso contrario, se le pedirá al usuario nuevamente que se registre.

El listado 21.4 es el listado completo de inicio.pl.

LISTADO 21.4 Secuencia de comandos para el registro de un usuario

```
#!/usr/bin/perl

use DBI;
&GetFormInput;

# Las siguientes variables intermedias facilitan
# la lectura de su secuencia de comandos
# pero son menos eficientes
# ya que realmente no son necesarias.

$Nombre_Usuario = $field{'Nombre_Usuario'} ;
$Contrasenia = $field{'Contrasenia'} ;


$message = "" ;
$found_err = "" ;
```

Listado 21.4 continuación

```
$errmsg = "<p>Debe llenar el campo 'Nombre de usuario'.</p>\n" ;

if ($Nombre_Usuario eq "") {
    $message = $message.$errmsg ;
    $found_err = 1 ; }


$errmsg = "<p>Debe llenar el campo 'Contraseña'.</p>\n" ;

if ($Contrasenia eq "") {
    $message = $message.$errmsg ;
    $found_err = 1 ; }

if ($found_err) {
    &PrintError; }

$DSN = "DBI:mysql:database=Mi_Tienda";

$message = "Contraseña incorrecta, inténtelo de nuevo";

my $dbh = DBI->connect("$DSN", "$Nombre_Usuario", "$Contrasenia") or
➥&PrintError;

$dbh->disconnect;

print "Content-type: text/html\n\n";
print "<html>\n" ;
print "\n" ;
print "<head>\n" ;
print "<title>Recomendaciones</title>\n" ;
print "<meta name=\"Microsoft Theme\"";
print "content=\"blank 011, default\">"."\n" ;
print "</head>\n" ;
print "\n" ;
print '<body background="_themes/blank/blbkgnd.gif"';
print 'bgcolor="#FFFFFF" text="#000000" link="#999999" vlink="#990000"';
print 'alink="#666666"><!--mstheme-->';
print '<font face="Arial, Arial, Helvetica">'."\n" ;
print '<form action="../cgi-bin/principal" method=post>'."\n" ;
print '<div align="left">'."\n" ;
print '<input type="hidden" name="Nombre_Usuario"
➥value="$Nombre_Usuario">'."\n" ;
print '<input type="hidden" name="Contrasenia" value="$Contrasenia">'."\n" ;
print '  <!--mstheme--></font>';
print '<table border="0" width="498" height="30" ';
print 'style="border-style: solid; border-color: #000000">'."\n" ;
```

21

LISTADO 21.4   continuación

```
print "    <tr>\n" ;
print '        <td width="498" height="20"><!--mstheme-->';
print '<font face="Arial, Arial, Helvetica">'."\n" ;
print '<p align="center">';
print '<b>Sugiera algún título de su agrado a nuestros visitantes</b>';
print '<!--mstheme--></font></td>'."\n" ;
print "    </tr>\n" ;
print "    <tr>\n" ;
print '        <td width="498" height="20">';
print '<!--mstheme--><font face="Arial, Arial, Helvetica">';
print '<!--mstheme--></font></td>'."\n" ;
print "    </tr>\n" ;
print "    <tr>\n" ;
print '        <td width="498" height="20">';
print '<!--mstheme--><font face="Arial, Arial, Helvetica">';
print '<b><font size="2">Comparta con nuestros usuarios'."\n" ;
print 'su gusto por la lectura. ';
print '</font></b><!--mstheme--></font></td>\n" ;
print "    </tr>\n" ;
print "    <tr>\n" ;
print '        <td width="498" height="132" valign="top">';
print '<!--mstheme--><font face="Arial, Arial, Helvetica">';
print '<textarea rows="6" name="S1" cols="61"></textarea>';
print '<!--mstheme--></font></td>'."\n" ;
print "    </tr>\n" ;
print "    <tr>\n" ;
print '        <td width="498" height="30" valign="top">';
print '<!--mstheme--><font face="Arial, Arial, Helvetica">'."\n" ;
print '        <p align="right">';
print '<input type="submit" value="Enviar">';
print '<input type="reset" value="Limpiar">';
print '<!--mstheme--></font></td>'."\n" ;
print "    </tr>\n" ;
print '  </table><!--mstheme-->';
print '<font face="Arial, Arial, Helvetica">'."\n" ;
print "</div>\n" ;
print "</form>\n" ;
print "<!--mstheme--></font></body>\n" ;
print "\n" ;
print "</html>\n" ;


sub PrintError {
print "Content-type: text/html\n\n";
```

LISTADO 21.4   continuación

```
print "<html>\n" ;
print "\n" ;
print "<head>\n" ;
print "<title>Introduzca sus datos</title>\n" ;
print '<meta name="Microsoft Theme" ';
print 'content="blank 011, default">'."\n" ;
print "</head>\n" ;
print "\n" ;
print '<body background="_themes/blank/blbkgnd.gif" ';
print 'bgcolor="#FFFFFF" text="#000000" link="#999999" ';
print 'vlink="#990000" alink="#666666"><!--mstheme-->';
print '<font face="Arial, Arial, Helvetica">'."\n" ;
print "\n" ;
print '<div align="left">'."\n" ;
print '<form action="../cgi-bin/inicio.pl" method=post>'."\n" ;
print '   <!--mstheme--></font>';
print '<table border="0" width="294" height="21" ';
print 'style="border-style: solid; border-color: #000000">'."\n" ;

print "   <tr>\n" ;
print '      <td width="294" height="21" bgcolor="#990033" ';
print 'colspan="2"><!--mstheme-->';
print '<font face="Arial, Arial, Helvetica">'."\n" ;
print '         <p align="center">';
print '<font color=\"#FFFFFF\">$message</font>';
print '<!--mstheme--></font></td>'."\n" ;
print "   </tr>\n" ;

print "   <tr>\n" ;
print '      <td width="294" height="21" bgcolor="#990033" ';
print 'colspan="2"><!--mstheme--><font face="Arial, Arial, Helvetica">'."\n" ;
print '         <p align="center">';
print '<font color="#FFFFFF">Introduzca sus datos</font>';
print '<!--mstheme--></font></td>'."\n" ;
print "   </tr>\n" ;
print "   <tr>\n" ;
print '      <td width="91" height="21">';
print '<!--mstheme--><font face="Arial, Arial, Helvetica">Nombre de usuario: ';
print '<!--mstheme--></font></td>'."\n" ;
print '      <td width="187" height="21">';
print '<!--mstheme--><font face="Arial, Arial, Helvetica">';
print '<input type="text" name="Nombre_Usuario" size="23">';
print '<!--mstheme--></font></td>'."\n" ;
print "   </tr>\n" ;
print "   <tr>\n" ;
```

21

LISTADO 21.4   continuación

```
print '        <td width="91" height="21">';
print '<!--mstheme--><font face="Arial, Arial, Helvetica">';
print 'Contraseña:   ';
print '<!--mstheme--></font></td>'."\n" ;
print '        <td width="187" height="21">';
print '<!--mstheme--><font face="Arial, Arial, Helvetica">';
print '<input type="text" name="Contrasenia" size="23">';
print '<!--mstheme--></font></td>'."\n" ;
print "    </tr>\n" ;
print "    <tr>\n" ;
print '        <td width="91" height="21">';
print '<!--mstheme--><font face="Arial, Arial, Helvetica">';
print '<!--mstheme--></font></td>'."\n" ;
print '        <td width="187" height="21">';
print '<!--mstheme--><font face="Arial, Arial, Helvetica">';
print '<!--mstheme--></font></td>'."\n" ;
print "    </tr>\n" ;
print "    <tr>\n" ;
print '        <td width="91" height="21">';
print '<!--mstheme--><font face="Arial, Arial, Helvetica">';
print '<!--mstheme--></font></td>'."\n" ;
print '        <td width="187" height="21">';
print '<!--mstheme--><font face="Arial, Arial, Helvetica">'."\n" ;
print '          <p align="right">';
print '<input type="submit" value="Enviar" name="B1">';
print '<input type="reset" value="Limpiar" name="B2">';
print '<!--mstheme--></font></td>'."\n" ;
print "    </tr>\n" ;
print '  </table><!--mstheme-->';
print '<font face="Arial, Arial, Helvetica">'."\n" ;
print "</form>\n" ;
print "</div>\n" ;
print "\n" ;
print "<!--mstheme--></font></body>\n" ;
print "\n" ;
print "</html>\n" ;

exit 0 ;
return 1 ;
}
```

LISTADO 21.4   continuación

```perl
sub GetFormInput {

    (*fval) = @_ if @_ ;

    local ($buf);
    if ($ENV{'REQUEST_METHOD'} eq 'POST') {
        read(STDIN,$buf,$ENV{'CONTENT_LENGTH'});
    }
    else {
        $buf=$ENV{'QUERY_STRING'};
    }
    if ($buf eq "") {
            return 0 ;
        }
    else {
        @fval=split(/&/,$buf);
        foreach $i (0 .. $#fval){
            ($name,$val)=split (/=/,$fval[$i],2);
            $val=~tr/+/ /;
            $val=~ s/%(..)/pack("c",hex($1))/ge;
            $name=~tr/+/ /;
            $name=~ s/%(..)/pack("c",hex($1))/ge;

            if (!defined($field{$name})) {
                $field{$name}=$val;
            }
            else {
                $field{$name} .= ",$val";

            }


        }
    }
    return 1;
}
```

Este código primero valida los campos introducidos para asegurarse de que no se hayan dejado en blanco. De ser así, se llama la subrutina PrintError. Esta rutina genera una página con un mensaje de error impreso en la parte superior. La siguiente parte del código toma el nombre de usuario y la contraseña e intenta conectarse a la base de datos. Si

21

todo es correcto, se transfieren las variables $Nombre_Usuario y $Contrasenia en las etiquetas ocultas y se crea la página para las recomendaciones (vea la figura 21.5). Si no se realiza una conexión, se llama la subrutina PrintError. Éste es un pequeño truco que ayuda a crear un ambiente seguro para su base de datos y molesta lo menos posible al usuario.

FIGURA 21.5

La página Web para recomendaciones que genera la secuencia de comandos inicio.pl.

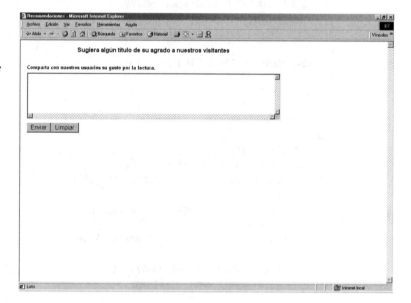

Cómo buscar un libro

La siguiente parte que verá del sitio Web es el formulario de búsqueda (vea la figura 21.6). Este formulario permitirá al usuario explorar los catálogos de libros registrados por género. El usuario podrá seleccionar opciones desde el formulario Web en las cuales basar la búsqueda. La instrucción SELECT de SQL, que se utilizara para hacer la consulta, será construida a partir de las selecciones del usuario. La página Web resultante desplegará todas las coincidencias con la base de datos. Observe el código HTML del listado 21.5.

FIGURA 21.6

El formulario de búsqueda.

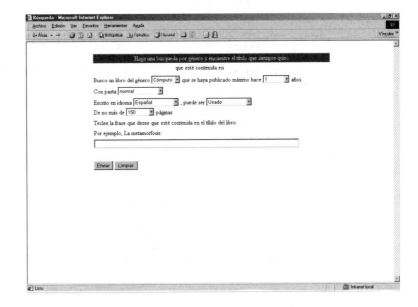

LISTADO 21.5   Llenado del formulario de búsqueda

```
</head>

<body>

<div align="center">
  <center>
<form action="../cgi-bin/buscar.pl" method=post>
  <table border="0" width="650" height="25"
style="border-style: solid; border-color: #000000">
    <tr>
      <td width="521" height="25" bgcolor="#990033">
        <p align="center"><font color="#FFFFFF">
Haga una búsqueda por género
        y encuentre el título que siempre quiso</font></td>
    </tr>
    <tr>
        <input type="hidden" name="Nombre_Usuario" value="">
        <input type="hidden" name="Contrasenia" value="">
      <td width="521" height="25"></td>
    </tr>
    <tr>
      <td width="550" height="25">Busco un libro del género
<select size="1" name="Genero">
        <option value="Ficción">Ficción</option>
        <option value="Cómputo" selected>Cómputo</option>
        <option value="Novelas">Novelas</option>
```

21

LISTADO 21.5 continuación

```
                <option value="Infantiles">Infantiles</option>
                <option value="Finanzas">Finanzas</option>
            </select> que se haya publicado máximo hace <select size="1"
name="Anios">
                <option value="1">1</option>
                <option value="2">2</option>
                <option value="3">3</option>
                <option value="4">4</option>
                <option value="5">5 o más</option>
            </select> años.</td>
        </tr>
        <tr>
          <td width="521" height="25">Con pasta
<select size="1" name="Pasta">
                <option value="Dura">dura</option>
                <option value="Normal" selected>normal</option>
                <option value="">me es indiferente</option>
            </select></td>
        </tr>
        <tr>
          <td width="521" height="25"select size="2" name="Idioma">
          Escrito en idioma
          <select size="I" name="Idioma">
                <option value="Inglés">Inglés</option>
                <option value="Español" selected>Español</option>
                <option value="Francés">Francés</option>
                <option value="Italiano">Italiano</option>
                <option value="">me es indiferente</option>
            </select> , puede ser <select size="1" name="Estado">
                <option value="Usado">Usado</option>
                <option value="Nuevo" selected>Nuevo</option>
                <option value="">me es indiferente</option>
            </select> <br>De no más de
          <select size="1" name="Paginas">
                <option value="150">150</option>
                <option value="250">250</option>
                <option value="350">350</option>
                <option value="450">450</option>
                <option value="1">sin límite</option>
            </select> páginas. </td>
        </tr>
        <tr>
          <td width="521" height="25">
Teclee la frase que desee que esté contenida en el título del libro.
            </td>
        </tr>
        <tr>
          <td width="521" height="25">
Por ejemplo, La metamorfosis.</td>
```

Listado 21.5 continuación

```
      </tr>
      <tr>
        <td width="521" height="25">
<input type="text" name="Frase" size="69"></td>
      </tr>
      <tr>
        <td width="521" height="25"></td>
      </tr>
    </center>
    <tr>
      <td width="521" height="25">
        <p align="right"><input type="submit" value="Enviar" name="B1">
        <input type="reset" value="Limpiar" name="B2"></td>
    </tr>
    </table>
  </div>

  </body>

  </html>
```

El listado 21.6 es la secuencia de comandos completa de buscar.pl.

Listado 21.6 Procesamiento del formulario de búsqueda con secuencias de comandos

```perl
#!/usr/bin/perl -w
use DBI;
&GetFormInput;
# las variables intermedias siguientes facilitan la lectura de su secuencia de
# comandos pero son menos eficientes ya que realmente no son necesarias.
$Nombre_Usuario = $field{'Nombre_Usuario'} ;
$Contrasenia = $field{'Contrasenia'} ;
$Genero = $field{'Genero'} ;
$Anios = $field{'Anios'} ;
$Pasta = $field{'Pasta'} ;
$Idioma = $field{'Idioma'} ;
$Estado = $field{'Estado'} ;
$Paginas = $field{'Paginas'} ;
$Frase = $field{'Frase'} ;

$message = "" ;
$found_err = "" ;


$errmsg = "<p>Debe llenar el campo 'Nombre de usuario'.</p>\n" ;
```

21

LISTADO 21.6   continuación

```
if ( ! $Nombre_Usuario ) {
    $message = $message.$errmsg ;
    $found_err = 1 ; }


$errmsg = "<p>Debe llenar el campo 'Contraseña'.</p>\n" ;

if ( ! $Contrasenia ) {
    $message = $message.$errmsg ;
    $found_err = 1 ; }

if ($found_err) {
    &PrintError; }

## Inicie la construcción de la cadena SQL

my $SQL1 = "SELECT * FROM Productos WHERE Genero = '$Genero' ";

$Anio=`date +%Y` - $Anios;
$Build = "AND Anio_Publicacion >= '$Anio' ";

if($Anios != "5"){
    $SQL1 = $SQL1.$Build;
}
$Build = "AND Pasta = '$Pasta' ";

if (  $Pasta ){
    $SQL1 = $SQL1.$Build;}


$Build = "AND Idioma = '$Idioma' ";

if (  $Idioma){
$SQL1 = $SQL1.$Build;
}

$Build = "AND Estado ='$Estado' ";
if (  $Estado ){
    $SQL1 = $SQL1.$Build;}

$Build = "AND Numero_Paginas <= $Paginas ";
if ($Paginas != "1"){
    $SQL1 = $SQL1.$Build;}
```

DÍA 14

La Interfaz de Bases de Datos de Perl

El lenguaje Perl fue desarrollado en 1987 por Larry Wall. Desde entonces, Perl se ha convertido en uno de los lenguajes de programación más populares y utilizados en la industria de las computadoras. Se ejecuta en casi cualquier plataforma (incluyendo Windows) y se puede transportar muy fácilmente, algunas veces sin cambiar una sola línea de código. Es un lenguaje muy robusto con capacidades muy fuertes en el manejo de cadenas. Esto hace de Perl una excelente alternativa para programación CGI, así como para otras muchas aplicaciones de negocios.

Debido a la popularidad de Perl, era sólo cuestión de tiempo para que la gente empezara a utilizar Perl para interactuar con las bases de datos. La primera versión de estos módulos era un poco engorrosa comparada con la que se encuentra disponible actualmente. En ese entonces, cada base de datos tenía su propio módulo, que era específico para esa base de datos. Los nombres de esos módulos se formaban por la base de datos que los producía y Perl; por ejemplo,

LISTADO 21.6   continuación

```
print "    <tr>\n" ;
print '       <td width="750" height="25" bgcolor="#990033" ';
print 'colspan="6"><!--mstheme-->';
print '<font face="Arial, Arial, Helvetica">'."\n" ;
print '          <p align="center"><font color="#FFFFFF">';
print '<b>Los resultados de su búsqueda '."\n" ;
print "          son los siguientes</b></font>\n";
print "<!--mstheme--></font></td>\n" ;
print "    </tr>\n" ;
print "    <tr>\n" ;
print '       <td width="600" height="17" ';
print 'bgcolor="#FFFFFF" colspan="6">';
print '<!--mstheme--><font face="Arial, Arial, Helvetica"> ';
print '<!--mstheme--></font></td>'."\n" ;
print "    </tr>\n" ;
print "    <tr>\n" ;
print '       <td width="586" height="17" bgcolor="#FFFFFF">';
print '<!--mstheme--><font face="Arial, Arial, Helvetica">';
print '<font color="#666666"><b><center>Título</center></b></font>';
print '<!--mstheme--></font></td>'."\n" ;
print '       <td width="52" height="17" bgcolor="#FFFFFF">';
print '<!--mstheme--><font face="Arial, Arial, Helvetica">';
print '<font color="#666666"><b><center>Años desde su
➥publicación</center></b></font>';
print '<!--mstheme--></font></td>'."\n" ;
print '       <td width="98" height="17" bgcolor="#FFFFFF">';
print '<!--mstheme--><font face="Arial, Arial, Helvetica">';
print '<font color="#666666"><b><center>Tipo de pasta</center></b></font>';
print '<!--mstheme--></font></td>'."\n" ;
print '       <td width="41" height="17" bgcolor="#FFFFFF">';
print '<!--mstheme--><font face="Arial, Arial, Helvetica">';
print '<font color="#666666"><b><center>Idioma</center></b></font>';
print '<!--mstheme--></font></td>'."\n" ;
print '       <td width="41" height="17" bgcolor="#FFFFFF">';
print '<!--mstheme--><font face="Arial, Arial, Helvetica">';
print '<font color="#666666"><b><center>Estado</center></b></font>';
print '<!--mstheme--></font></td>'."\n" ;
print '       <td width="41" height="17" bgcolor="#FFFFFF">';
print '<!--mstheme--><font face="Arial, Arial, Helvetica">';
print '<font color="#666666"><b><center>Número de páginas</center>'."\n" ;
print "          </b></font><!--mstheme--></font></td>\n" ;
print "    </tr>\n" ;
```

LISTADO 21.6 continuación

```
## Esta parte del código genera la cuadrícula.
## Utiliza la función mod para verificar
## si una fila es par o impar. Ajusta los colores de acuerdo con esto.


while( my $ref = $sth->fetchrow_hashref()){

    if($x % 2 > 0){
        $bg = "#666666";
        $ft = "#FFFFFF";}
    else{
        $bg = "#FFFFFF";
        $ft = "#000000";
    }
$anios='date +%Y' - $ref->{'Anio_Publicacion'};
print "    <tr>\n" ;
print '      <td width="52" height="17" bgcolor=\"$bg\">';
print '<!--mstheme--><font face="Arial, Arial, Helvetica">';
print "<font color=\"$ft\"><b>$ref->{'Titulo'}";
print '</b></font>';
print '<!--mstheme--></font></td>'."\n" ;
print '      <td width="52" height="17" bgcolor=\"$bg\">';
print '<!--mstheme--><font face="Arial, Arial, Helvetica">';
print "<font color=\"$ft\">$anios</font>";
print '<!--mstheme--></font></td>'."\n" ;
print '      <td width="98" height="17" bgcolor=\"$bg\">';
print '<!--mstheme--><font face="Arial, Arial, Helvetica">';
print "<font color=\"$ft\"><b>$ref->{'Pasta'}</b></font>";
print '<!--mstheme--></font></td>'."\n" ;
print '      <td width="41" height="17" bgcolor=\"$bg\">';
print '<!--mstheme--><font face="Arial, Arial, Helvetica">';
print "<font color=\"$ft\"><b>$ref->{'Idioma'}</b></font>";
print '<!--mstheme--></font></td>'."\n" ;
print '      <td width="41" height="17" bgcolor=\"$bg\">';
print '<!--mstheme--><font face="Arial, Arial, Helvetica">';
print "<font color=\"$ft\"><b>$ref->{'Estado'}</b></font>";
print '<!--mstheme--></font></td>'."\n" ;
print '      <td width="41" height="17" bgcolor=\"$bg\">';
print '<!--mstheme--><font face="Arial, Arial, Helvetica">';
print "<font color=\"$ft\"><b>$ref->{'Numero_Paginas'}</b></font>";
print '<!--mstheme--></font></td>'."\n" ;
print "    </tr>\n" ;
```

21

LISTADO 21.6 continuación

```
        $x = $x +1;

    }

    $sth->finish();
    $dbh->disconnect();

    if ( ! $x ){
    $mensage="No hay libros con las características seleccionadas";
    }
    else{
    $mensage="<b>Coincidencias: $x</b>";
    }
    print "    <tr>\n" ;
    print '        <td width="507" height="17" ';
    print 'bgcolor="#FFFFFF" colspan="6">';
    print '<!--mstheme--><font face="Arial, Arial, Helvetica"> ';
    print "<!--mstheme--><center>$mensage</center></font></td>"."\n" ;
    print "    </tr>\n" ;
    print '  </table>';
    print '<!--mstheme--><font face="Arial, Arial, Helvetica">'."\n" ;
    print "  </center>\n" ;
    print "</div>\n" ;
    print "\n" ;
    print "<!--mstheme--></font></body>\n" ;
    print "\n" ;
    print "</html>\n" ;

    ##En caso de error, envía al usuario nuevamente a la página de registro

    sub PrintError {
    print "Content-type: text/html\n\n";
    print "<html>\n" ;
    print "\n" ;
    print "<head>\n" ;
    print '<meta http-equiv="Content-Language" ';
    print 'content="en-us">'."\n" ;
    print '<meta http-equiv="Content-Type" ';
    print 'content="text/html; charset=windows-1252">'."\n" ;
    print "<title>Inicie una sesión por favor</title>\n" ;
    print '<meta name="Microsoft Theme" ';
    print 'content="blank 011, default">'."\n" ;
    print "</head>\n" ;
    print "\n" ;
```

LISTADO 21.6   continuación

```
print '<body background="_themes/blank/blbkgnd.gif" ';
print 'bgcolor="#FFFFFF" text="#000000" link="#999999" ';
print 'vlink="#990000" alink="#666666"><!--mstheme-->';
print '<font face="Arial, Arial, Helvetica">'."\n" ;
print "\n" ;
print '<div align="left">'."\n" ;
print '<form action="../cgi-bin/inicio.pl" method=post>'."\n" ;
print '   <!--mstheme--></font><table border="0" width="294" ';
print 'height="21" style="border-style: solid; ';
print 'border-color: #000000">'."\n" ;

print "   <tr>\n" ;
print '      <td width="294" height="21" ';
print 'bgcolor="#990033" colspan="2">';
print '<!--mstheme--><font face="Arial, Arial, Helvetica">'."\n" ;
print '         <p align="center">';
print '<font color="#FFFFFF">$message</font>';
print '<!--mstheme--></font></td>'."\n" ;
print "   </tr>\n" ;

print "   <tr>\n" ;
print '      <td width="294" height="21" ';
print 'bgcolor="#990033" colspan="2">';
print '<!--mstheme--><font face="Arial, Arial, Helvetica">'."\n" ;
print '         <p align="center">';
print '<font color="#FFFFFF">Inicie una sesión por favor</font>';
print '<!--mstheme--></font></td>'."\n" ;
print "   </tr>\n" ;
print "   <tr>\n" ;
print '      <td width="91" height="21">';
print '<!--mstheme--><font face="Arial, Arial, Helvetica">';
print 'Nombre de usuario: ';
print '<!--mstheme--></font></td>'."\n" ;
print '      <td width="187" height="21">';
print '<!--mstheme--><font face="Arial, Arial, Helvetica">';
print '<input type="text" name="Nombre_Usuario" size="23">';
print '<!--mstheme--></font></td>'."\n" ;
print "   </tr>\n" ;
print "   <tr>\n" ;
print '      <td width="91" height="21">';
print '<!--mstheme--><font face="Arial, Arial, Helvetica">';
print 'Contraseña:   <!--mstheme--></font></td>'."\n" ;
print '      <td width="187" height="21">';
print '<!--mstheme--><font face="Arial, Arial, Helvetica">';
```

21

LISTADO 21.6 continuación

```perl
print '<input type="text" name="Contrasenia" size="23">';
print '<!--mstheme--></font></td>'."\n" ;
print "      </tr>\n" ;
print "      <tr>\n" ;
print '        <td width="91" height="21">';
print '<!--mstheme--><font face="Arial, Arial, Helvetica">';
print '<!--mstheme--></font></td>'."\n" ;
print '        <td width="187" height="21">';
print '<!--mstheme--><font face="Arial, Arial, Helvetica">';
print '<!--mstheme--></font></td>'."\n" ;
print "      </tr>\n" ;
print "      <tr>\n" ;
print '        <td width="91" height="21">';
print '<!--mstheme--><font face="Arial, Arial, Helvetica">';
print '<!--mstheme--></font></td>'."\n" ;
print '        <td width="187" height="21">';
print '<!--mstheme--><font face="Arial, Arial, Helvetica">'."\n" ;
print '          <p align="right">';
print '<input type="submit" value="Enviar" name="B1">';
print '<input type="reset" value="Limpiar" name="B2">';
print '<!--mstheme--></font></td>'."\n" ;
print "      </tr>\n" ;
print '  </table>';
print '<!--mstheme--><font face="Arial, Arial, Helvetica">'."\n" ;
print "</form>\n" ;
print "</div>\n" ;
print "\n" ;
print "<!--mstheme--></font></body>\n" ;
print "\n" ;
print "</html>\n" ;

exit 0 ;
return 1 ;
}

sub GetFormInput {

    (*fval) = @_ if @_ ;

    local ($buf);
    if ( $ENV{'REQUEST_METHOD'} eq 'POST') {
        read(STDIN,$buf,$ENV{'CONTENT_LENGTH'});
    }
    else {
        $buf=$ENV{'QUERY_STRING'};
```

```
        }
    if ($buf eq "") {
            return 0 ;
        }
    else {
        @fval=split(/&/,$buf);
        foreach $i (0 .. $#fval){
            ($name,$val)=split (/=/,$fval[$i],2);
            $val=~tr/+/ /;
            $val=~ s/%(..)/pack("c",hex($1))/ge;
            $name=~tr/+/ /;
            $name=~ s/%(..)/pack("c",hex($1))/ge;

            if (!defined($field{$name})) {
                $field{$name}=$val;
            }
            else {
                $field{$name} .= ",$val";

            }


        }
    }
return 1;
}
```

Hay mucho código en este listado. La parte interesante es la construcción de la instrucción SQL. Ésta se genera a partir de los valores que eligió el usuario. El control de lo que ingresa a la instrucción de SQL se realiza por medio de instrucciones if sencillas. La instrucción SQL es una sencilla instrucción SELECT que se efectúa sobre la tabla Productos. Debe hacer esto porque sólo desea libros con características específicas. Esto lo garantiza. El conjunto de resultados se almacena en la variable $sth. Si no hay errores, el código continúa la construcción de la página de resultado. Esta página contendrá una cuadrícula de datos con filas de colores alternantes. Esto se hace posible al verificar si una fila es par o impar. Si la fila es par, la fuente se cambia a blanco. Si la fila es impar, la fuente es negra, y en ambos casos el color del fondo es verde. Éste es un pequeño truco fácil de hacer y proporciona una buena apariencia a la página devuelta al usuario.

Las celdas de la tabla se llenan con los valores que contiene el conjunto de resultados. El ciclo while le permite recorrer el conjunto de resultados y presentar los valores devueltos en la consulta SELECT.

21

FIGURA 21.7

Resultado de la búsqueda de libros.

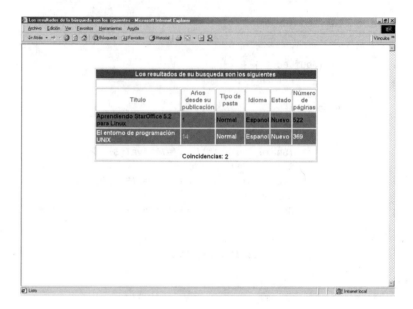

Los resultados de su búsqueda son los siguientes					
Título	Años desde su publicación	Tipo de pasta	Idioma	Estado	Número de páginas
Aprendiendo StarOffice 5.2 para Linux	1	Normal	Español	Nuevo	622
El entorno de programación UNIX	14	Normal	Español	Nuevo	369
Coincidencias: 2					

Prueba y distribución

Los últimos pasos en el proceso creativo son verificar su código y colocarlo en producción. Cuando termine de verificar completamente su código, proporciónelo a alguien más. Puede apostar que 9 de 10 veces la persona encontrará algo que usted omitió. Como regla general, los programadores no son adecuados para las verificaciones. Nosotros sabemos cómo debería trabajar nuestro producto, así que ésta es la forma como lo probamos. Nosotros no intentaremos hacer cosas inesperadas. Los usuarios sí. Pruebe bien sus secuencias de comandos antes de distribuirlas. También pruebe sus páginas Web (o la salida de sus secuencias de comandos) utilizando Internet Explorer y Netscape Navigator. Se sorprenderá de que en un navegador la apariencia es buena y en el otro es terrible. Por último, verifique su salida empleando diferentes resoluciones de pantalla. La resolución de pantalla de los usuarios afecta en gran medida la apariencia de su página Web.

El paso final es la distribución. Aquí es donde usted toma su sistema y lo coloca en producción —su último objetivo. Las horas de trabajo duro de diseño estuvieron enfocadas para este momento de coronación. En este punto no debería haber sorpresas. Antes de llegar a este punto, usted ya debe saber si su producto será un éxito o un fracaso. Si siguió el proceso creativo, junto con el proceso de diseño de la base de datos, prácticamente puede garantizar que su sistema será exitoso.

Resumen

Este día aprendió sobre el proceso creativo y los pasos relacionados con éste. Observó cómo se mezcla el proceso de diseño de la base de datos con el proceso creativo para ayudarle a alcanzar su objetivo. También aprendió la importancia del diseño; con la planeación adecuada, la transición de una idea a un sistema en funcionamiento es fácil.

También aprendió sobre los eventos clave que tuvieron lugar durante su trabajo de tres semanas. Aprendió cómo crear una base de datos, así como las tablas y columnas de soporte. Estudió cómo importar datos desde una base de datos existente y también cómo implementar la seguridad. Por último, creó una serie de páginas Web y secuencias de comandos de Perl que hicieron realidad su diseño.

Preguntas y respuestas

P La tabla `Productos` contenía una columna de imágenes. ¿Cómo se almacenan las imágenes en MySQL?

R MySQL puede almacenar imágenes como tipo `BLOB`. Primero deben ser procesadas antes de que puedan almacenarse. Ha habido mucha discusión en los grupos de noticias sobre si es mejor almacenar las imágenes en la base de datos o almacenar un vínculo a un directorio donde se coloque el archivo. El punto es que los tipos `BLOB` son ineficientes. Ocupan demasiado espacio y no pueden ser optimizados. Sin embargo, el sistema de archivos es probablemente el mejor lugar para almacenar archivos. Su mejor opción es almacenar imágenes en un directorio fuera de su base de datos.

P ¿Qué tan frecuentemente debería optimizar mi base de datos?

R Debe optimizar su base de datos frecuentemente, en especial cuando ésta es joven. El comando `OPTIMIZE` es necesario cuando se han eliminado o insertado un gran número de registros en su base de datos.

Ejercicios

1. Existen dos secuencias de comandos que no creó en el diagrama de flujo: la secuencia de comandos para desplegar artículos de la tabla `Productos` y la secuencia de comandos para crear un pedido. Cree estas secuencias de comandos usando Perl y DBI/DBD.

2. La misma tarea que el primer ejercicio, pero ahora utilice ADO y ODBC.

21

SEMANA 3

Repaso

Ya terminó su tercera y última semana de aprendizaje de MySQL.
Inició la semana con el aprendizaje de una interfaz muy utilizada. A la
mitad de la semana aprendió mucho sobre las tareas de administración
de bases de datos. Finalizó la semana con una revisión completa de lo
que aprendió construyendo un sitio Web utilizando MySQL desde el
principio. Ahora tiene el conocimiento básico para aplicar MySQL por
completo en situaciones reales.

APÉNDICE A

Comandos y sintaxis de SQL

Este apéndice le ofrece una lista de comandos de SQL para que los utilice como referencia. Los comandos se listan en orden alfabético. El comando estará seguido de una lista de posibles parámetros. Los parámetros opcionales estarán encerrados entre paréntesis cuadrados [ ]. Se presentarán ejemplos donde sea necesario.

ALTER [IGNORE] TABLE *nombre_de_tabla* especificación [, *especificación*]

Especificaciones] pueden ser:

- ADD [COLUMN] *nombre_de_columna* (*definiciones_de_columna*) [FIRST o AFTER *nombre_de_columna*]
- ADD INDEX [*nombre_índice*] (*lista_de_columnas*)

- ADD PRIMARY KEY (`lista_de_columnas`)
- ADD UNIQUE [`nombre_índice`] (`lista_de_columnas`)
- ALTER [`COLUMN`] `nombre_de_columna` {SET DEFAULT `valor_predeterminado` o DROP DEFAULT}
- CHANGE [`COLUMN`] `nombre_columna_anterior definición_creación`
- DROP [`COLUMN`] `nombre_de_columna`
- DROP PRIMARY KEY
- DROP INDEX `nombre_índice`
- MODIFY [`COLUMN`] `definición_de_creación`
- RENAME [`AS`] `nuevo_nombre_tabla`

Ésta es mucha información, pero en realidad es directa. La palabra clave IGNORE ocasiona que se borren las filas con valores duplicados en claves únicas; de otra forma, no sucede nada. Cualquiera de las especificaciones anteriores puede utilizarse en la instrucción ALTER TABLE.

Ejemplos:

```
ALTER TABLE Clientes ADD COLUMN Nombre_Cuenta INT
```

```
ALTER TABLE Clientes ADD INDEX (ID_Cliente)
```

```
ALTER TABLE Clientes ADD PRIMARY KEY (ID_Cliente)
```

```
ALTER TABLE Clientes ADD UNIQUE (ID_Cliente)
```

```
ALTER TABLE Clientes CHANGE ID_Cliente Numero_Cliente INT
```

```
ALTER TABLE Clientes DROP ID_Cliente
```

```
ALTER TABLE Clientes DROP PRIMARY KEY
```

El comando anterior no requiere el nombre de columna ya que en una tabla solamente puede existir una clave primaria (PRIMARY KEY).

```
ALTER TABLE Clientes DROP INDEX ID_Cliente
```

```
ALTER TABLE Clientes MODIFY Nombre varchar(100)
```

```
ALTER TABLE Clientes RENAME Cliente
```

CREATE DATABASE `nombre_base_de_datos`

Este sencillo comando crea una base de datos. El nombre de la base de datos debe estar bien formado o esta instrucción generará un error.

Ejemplo:

```
CREATE DATABASE Mi_Tienda
```

CREATE [*AGGREGATE*] FUNCTION *nombre_función*, RETURNS {*STRING*|REAL|INTEGER} SONAME *nombre_biblioteca_compartida*

Ésta ocasiona que dentro de la tabla func de la base de datos de mysql se cargue una función que usted ha creado. El nombre_función es el nombre que desea utilizar para llamar a esta función con una instrucción SQL. Además, después de la palabra clave RETURNS debe indicar qué tipo de valor devuelve su función. Las opciones para este valor son STRING, REAL o INTEGER. SONAME se refiere al nombre de la biblioteca compartida de esta función.

Si utiliza la palabra clave opcional AGGREGATE, MySQL trata a esta función como si fuera parte de las funciones integradas, como SUM(), AVG() o MAX().

CREATE [UNIQUE] INDEX *nombre_índice* ON *nombre_de_tabla* (*lista_de_columnas*)

Este comando crea un índice en una columna de una tabla dada.

Ejemplo:

```
CREATE INDEX ID_Indice_Clientes ON Clientes (ID_Cliente)
```

CREATE [TEMPORARY] TABLE [IF NOT EXISTS] *nombre_de_tabla definición_de_tabla* [*opciones_de_tabla*] [[IGNORE o REPLACE] *instrucción_select*]

Esta instrucción creará una tabla. La definición de la tabla es una lista de nombres y tipo de columnas.

CREATE TABLE tiene los siguientes parámetros opcionales:

- CREATE TEMPORARY TABLE Clientes_Temporal (ID_Cliente INT)   Esta instrucción creará una tabla temporal que se borrará automáticamente cuando termine la conexión que la creó.
- CREATE TABLE IF NOT EXISTS Clientes (ID_Cliente INT)   Esta instrucción creará una tabla solamente si ésta no existe.
- TYPE = {ISAM o MYISAM o HEAP}   Utilizado para establecer el tipo de tabla creado.
- Las opciones de las tablas pueden ser cualquiera de las siguientes:
  - ISAM es el tipo de tabla original.
  - MYISAM es el tipo de almacenamiento más reciente. Éste se utiliza en forma predeterminada.
  - Las tablas HEAP se almacenan solamente en memoria. Éstas tienen las siguientes restricciones:

Las tablas HEAP no soportan columnas AUTO_INCREMENT.

Solamente pueden utilizarse = o < = > con los índices.

Las tablas HEAP utilizan un formato fijo de longitud de registro.

Las tablas HEAP no soportan un índice en una columna NULL.

Las tablas HEAP no soportan columnas BLOB o TEXT.

Usted puede tener claves no únicas en una tabla HEAP (no como con las tablas de hash).

Ejemplo: CREATE TABLE Clientes (ID_Cliente INT) TYPE = HEAP

- AUTO_INCREMENT = X Establece el punto de inicio de una columna AUTO_INCREMENT.

Ejemplo: CREATE TABLE Clientes (ID_Cliente INT AUTO_INCREMENT) AUTO_INCREMENT = 90000

- AVG_ROW_LENGTH = X Poco utilizado. Establece la longitud de una fila de una tabla a columnas de longitud variable.

- CHECKSUM = {0 o 1} Aumenta el rendimiento, pero permite que la utilería myisamchk detecte con mayor facilidad las tablas con datos dañados.

- COMMENT = "comentario" Le permite agregar un comentario a una tabla. El límite es de 60 caracteres.

- MAX_ROWS = X Establece el número máximo de filas que pueden almacenarse en una tabla. Puede incrementar el rendimiento.

- MIN_ROWS = X Establece el número de filas que pueden almacenarse en una tabla. Puede incrementar el rendimiento.

- PACK_KEYS = {0 o 1} Cuando se establece a 1, hará que sus índices sean más pequeños y rápidos. Las actualizaciones tardarán más tiempo.

- PASSWORD = "contraseña" Ésta protegerá con contraseña el archivo .frm.

- DELAY_KEY_WRITE = {0 o 1} Cuando se establece a 1, se harán las actualizaciones a la tabla cuando ésta no esté en uso.

- ROW_FORMAT= { default, dynamic, static o compressed } Determina cómo se almacenarán las filas en un atabla.

Ejemplo de una instrucción CREATE TABLE:

```
CREATE TABLE Clientes
(ID_Cliente INT NOT NULL AUTO_INCRMENT PRIMARY KEY,
Nombre VARCHAR(20) NOT NULL,
Apellido VARCHAR(20) NOT NULL,
Direccion VARCHAR(50)
```

DELETE [LOW PRIORITY] FROM *nombre_de_tabla* WHERE *condiciones* [LIMIT n]

Este comando elimina valores de una tabla dada basándose en las condiciones expresadas en la cláusula WHERE. La instrucción DELETE tiene los siguientes parámetros opcionales:

- LOW_PRIORITY   Retarda la eliminación hasta que la tabla no esté en uso.
- LIMIT X   Limita el número de eliminaciones a X.

Ejemplo:

```
DELETE FROM Clientes WHERE ID_Cliente = 3
```

Para eliminar todas las filas de una tabla sin eliminar la tabla, utilice el siguiente comando:

```
DELETE FROM Clientes
```

DESCRIBE *nombre_de_tabla* [*nombre_de_columna*]

Esta instrucción mostrará una definición detallada de las columnas de una tabla.

Para ver una descripción de todas las columnas de una tabla, utilice la siguiente instrucción:

```
DESCRIBE Clientes
```

Para observar la descripción de una columna específica, utilice:

```
DESCRIBE Clientes ID_Cliente
```

DROP DATABASE [IF EXISTS] *nombre_base_datos*

La instrucción DROP DATABASE eliminará una base de datos. No hay advertencias o preguntas, simplemente tenga cuidado al utilizar esta instrucción.

Ejemplo:

```
DROP DATABASE Mi_Tienda
```

DROP FUNCTION *nombre_de_función*

Elimina de la tabla func de la base de datos mysql una función definida por el usuario. Consulte CREATE FUNCTION.

DROP INDEX *nombre_índice* ON *nombre_de_tabla*

Esta instrucción eliminará un índice dado en una tabla específica.

Ejemplo:

```
DROP INDEX indice_id_cliente ON Clientes
```

DROP TABLE [IF EXISTS] *nombre_de_tabla* [, *nombre_de_tabla*] ...

Esta instrucción eliminará la tabla especificada. Nuevamente, sea cuidadoso con todas las instrucciones DROP y DELETE, no hay advertencias.

Ejemplo:

```
DROP TABLE Clientes
```

EXPLAIN {*instrucción_select* o *nombre_de_tabla*}

Este comando desplegará el plan de consulta para la cláusula de selección. Despliega los mismos resultados que SHOW. Consulte SHOW.

Ejemplo:

```
EXPLAIN SELECT C.Nombre
FROM Clientes AS C, Pedidos as P
WHERE C.ID_Cliente = P.ID_Cliente
```

FLUSH *opción_de_vaciado*[, *opción_de_vaciado*] ...

Esta instrucción borrará el caché que utiliza MySQL. Las opciones posibles son

- HOSTS   Borra las tablas de caché de hosts. Utilice esta opción si cambia una de las direcciones IP de sus hosts o si cambia la dirección IP local.
- LOGS   Cierra todos los registros abiertos.
- PRIVILEGES   Utilícela cuando agregue un nuevo usuario o cambie información de la base de datos de MySQL. Carga nuevamente las tablas de permisos de acceso.
- TABLES   Cierra todas las tablas abiertas.
- STATUS   Restablece a 0 la variable de estado del sistema.

Ejemplo:

```
FLUSH PRIVILEGES
```

Puede utilizarse más de una opción a la vez.

```
FLUSH PRIVILEGES, TABLES
```

GRANT *privilegio* ON *objeto_base_de_datos*
TO *nombre_usuario* IDENTIFIED BY *contraseña*
[WITH GRANT OPTION]

Este comando concede privilegios de usuario. Éste es el método favorito para agregar usuarios. El administrador puede otorgar uno, alguno o todos los privilegios siguientes:

ALL PRIVILEGES	ALTER	CREATE
DELETE	DROP	FILE
INDEX	INSERT	PROCESS
REFERENCES	RELOAD	SELECT
SHUTDOWN	UPDATE	USAGE

El objeto de base de datos puede ser una columna, tabla o base de datos.

La contraseña se codifica de manera automática. No utilice la función password().

Recuerde cargar nuevamente sus tablas de permisos de acceso, mediante el comando FLUSH, después de realizar cambios.

La opción WITH GRANT OPTION permite al usuario conceder opciones a otros usuarios.

Pueden utilizarse caracteres comodín al especificar un host.

La cláusula IDENTIFIED BY es opcional, pero es recomendable para garantizar la seguridad de su base de datos.

Ejemplo:

Para otorgar a un usuario todos los privilegios para todas las bases de datos y también otorgarle la capacidad de otorgar privilegios a otros, utilice lo siguiente:

```
GRANT ALL PRIVILEGES ON *.*
TO juan@localhost IDENTIFIED
BY "dinosaurio"
WITH GRANT OPTION
```

Para otorgar privilegios SELECT y UPDATE a un usuario para una base de datos específica, utilice:

```
GRANT SELECT, UPDATE ON Mi_Tienda.*
TO carmen@localhost
IDENTIFIED BY "juguetes"
```

Para crear un usuario que no tenga privilegios utilice:

```
GRANT USAGE ON *.* TO usuario@localhost
```

INSERT [LOW_PRIORITY o DELAYED] [IGNORE] [INTO] nombre_de_tabla [(lista_de_columnas)] VALUES (lista_de_valores), INSERT [LOW_PRIORITY o DELAYED] [IGNORE] [INTO] nombre_de_tabla [(lista_de_columnas)] SELECT ..., INSERT [LOW_PRIORITY o DELAYED] [IGNORE] [INTO] nombre_de_tabla [(lista_de_columnas)] SET nombre_de_columna = expresión [,nombre_de_columna = expresión] ...

Estas instrucciones agregan filas a una tabla existente. Si no se utilizan nombres de columna, los valores de la lista VALUES deben coincidir en tipo, posición y número con las columnas de la tabla. Si se utilizan los nombres de columna, los valores de la cláusula VALUES deben coincidir en posición, tipo y número con la lista de columnas.

Si utiliza la cláusula SELECT, los resultados de ésta deben coincidir en tipo, posición y número de columnas en la tabla; si se utiliza una lista de columnas, los resultados deben coincidir con ésta.

LOW_PRIORITY ocasionará que se retrase la inserción hasta que la tabla no esté en uso.

La opción DELAYED ocasiona que se retrase la inserción hasta que la tabla esté libre. Ésta también agrupará varias instrucciones y las escribirá juntas, mejorando el rendimiento.

Ejemplo:

```
INSERT INTO Clientes
(ID_Cliente, Nombre, Apellido)
VALUES (NULL, 'Carmen', 'Álvarez')
```

KILL ID_Subproceso

Esta instrucción elimina el proceso identificado por el subproceso. Esto también puede lograrse con el comando mysqladmin. El identificador del subproceso puede observarse después de un comando SHOW PROCESSLIST.

Ejemplo:

```
KILL 18
```

LOAD DATA [LOW PRIORITY] [LOCAL] INFILE 'nombre_archivo' [IGNORE o REPLACE] INTO nombre_de_tabla, [FIELDS TERMINATED BY símbolo] [ENCLOSED BY símbolo], [ESCAPED BY símbolo] [LINES TERMINATED BY símbolo],[IGNORE n LINES] [(lista_de_columnas)]

Esta instrucción ocasiona que se cargue en una tabla un archivo de texto llamado 'nombre_de_archivo'.

Si se utiliza la palabra clave opcional LOCAL, MySQL buscará el archivo en la máquina del cliente. Si la palabra es omitida, el archivo será cargado desde el servidor.

Debe proporcionarse la ruta completa para el nombre del archivo.

La tabla debe contener el número adecuado de columnas con tipos de datos coincidentes. De lo contrario, ocurrirán errores parecidos a los de la instrucción INSERT.

Ejemplo:

El siguiente ejemplo cargará un archivo de texto delimitado por comas llamado datosclientes.txt, dentro de la tabla Clientes. Los campos están encerrados entre comillas.

```
LOAD DATA INFILE '/home/luis/datosclientes.txt' INTO Clientes
FIELDS TERMINATED BY "," ENCLOSED BY """
```

LOCK TABLES nombre_de_tabla {READ o WRITE}[, nombre_de_tabla {READ o WRITE}] ...

Esta instrucción bloquea una tabla para el proceso mencionado. Al bloquear tablas, es importante bloquear todas las tablas que pretende utilizar.

La instrucción LOCK mantiene su efecto hasta que sea desbloqueada o hasta que el subproceso que inició el bloqueo termine. Consulte UNLOCK.

Ejemplo:

```
LOCK TABLES Clientes READ, Pedidos WRITE
SELECT C.* FROM Cliente AS C, Pedidos AS P WHERE C.ID_Cliente = P.ID_Cliente
UNLOCK TABLES
```

En este ejemplo, las tablas Clientes y Pedidos tuvieron que bloquearse porque la instrucción SELECT utilizó ambas tablas.

OPTIMIZE TABLE *nombre_de_tabla*

Esta instrucción libera el espacio muerto que dejan los registros eliminados.

Esta instrucción debería utilizarse cuando hayan sido eliminados muchos registros o cuando hayan sido alterados campos de longitud variable.

Esta tabla es de sólo lectura hasta que la operación haya terminado.

Ejemplo:

```
OPTIMIZE TABLE Clientes
```

REPLACE [LOW_PRIORITY o DELAYED] [INTO] *nombre_de_tabla* [(*lista_de_columnas*)] VALUES(*lista_de_valores*), REPLACE [LOW_PRIORITY o DELAYED] [INTO] *nombre_de_tabla* [(*lista_de_columna*)] SELECT ..., REPLACE [LOW_PRIORITY o DELAYED] [INTO] *nombre_de_tabla* SET *nombre_de_columna* = *expresión*[, SET *nombre_de_columna* = *expresión*] ...

Esta instrucción es idéntica a INSERT y tiene las mismas opciones que ésta. La única diferencia es que esta instrucción eliminará un registro antes de que sea insertado si el registro anterior tiene el mismo valor en un índice único.

Ejemplo:

```
REPLACE INTO Clientes (ID_Cliente, Nombre) VALUES(12, "Beatriz")
```

REVOKE *lista_de_privilegios* ON *objeto_base_de_datos* FROM *nombre_usuario*

La instrucción REVOKE retira los privilegios otorgados en la instrucción GRANT.

Las tablas de permisos de acceso deben volver a cargarse para que los cambios sean efectuados. Consulte el comando FLUSH.

Consulte la instrucción GRANT para la lista de privilegios.

El siguiente ejemplo retira los privilegios para el usuario juan en localhost. No elimina el usuario de las tablas de permisos de acceso de MySQL.

Ejemplo:

```
REVOKE ALL PRIVILEGES ON *.* FROM juan@localhost
```

```
SELECT [DISTINCT] lista_de_columnas [INTO OUTFILE
'nombre_de_archivo' opciones_de_exportación]
FROM lista_de_tablas [{CROSS o INNER o STRAIGHT
o LEFT o NATURAL} JOIN nombre_de_tabla [ON
condición_de_unión]],[WHERE criterio][GROUP BY
nombres_de_columnas][HAVING criterio][ORDER
BY nombres_de_columnas]
```

Esta instrucción devolverá un conjunto de resultados basándose en el criterio proporcionado.

La palabra clave DISTINCT devolverá solamente valores únicos para una columna dada.

Las cláusulas después de la cláusula WHERE proporcionan un filtrado adicional.

Ejemplo:

```
SELECT * FROM Clientes WHERE Apellido
LIKE "Pe%"
ORDER BY Apellido
```

SHOW parámetro

La instrucción SHOW devuelve un conjunto de resultados basándose en el parámetro proporcionado. Los siguientes parámetros están permitidos:

- COLUMNS FROM *nombre_de_tabla* [FROM *nombre_base_de_datos*]

  o

  COLUMNS FROM *nombre_base_de_datos.nombre_de_tabla*   Proporciona una lista detallada de información basada en el nombre de la tabla.

- DATABASES   Muestra una lista de bases de datos.

- GRANTS FOR *nombre_usuario*   Despliega la información de privilegios para el usuario especificado.

- INDEX FROM *nombre_de_tabla*   Devuelve información acerca de todos los índices de una tabla.

- PROCESSLIST   Muestra una lista de los procesos e identificadores que se están ejecutando actualmente.

- STATUS   Muestra las variables de estado del servidor.

- TABLES FROM *nombre_base_de_datos*   Muestra la lista de las tablas de una base de datos.

- TABLE STATUS FROM *nombre_base_de_datos*   Muestra un recuento detallado de las acciones tomadas en una tabla.

- VARIABLES   Proporciona una lista de las variables del sistema.

Ejemplo:

```
SHOW COLUMNS FROM Mi_Tienda.Clientes
SHOW PROCESSLIST
```

UNLOCK TABLE *nombre_de_tabla* o UNLOCK TABLE

Este comando libera todos los bloqueos mantenidos por el cliente.

UPDATE [LOW_PRIORITY] *nombre_de_tabla* SET
nombre_de_columna = *valor* [WHERE *criterio*]
[LIMIT *n*]

La instrucción UPDATE permite al usuario editar los valores contenidos en una base de datos.

La palabra clave opcional LOW_PRIORITY ocasiona que la actualización ocurra solamente cuando la tabla no está en uso.

Ejemplo:

```
UPDATE Clientes SET Nombre = "Nicolás" WHERE ID_Cliente = 12
```

USE *nombre_base_de_datos*

La instrucción USE ocasiona que la base de datos mencionada sea la activa. Además, se puede utilizar el formato con punto (*nombre_base_de_datos.nombre_de_tabla*) para acceder a otras bases de datos.

Ejemplo:

```
USE Mi_Tienda
```

APÉNDICE B

Funciones actuales de MySQL

Este apéndice contiene una lista de las funciones actuales de MySQL que pueden utilizarse dentro de una instrucción SELECT de SQL. Las funciones están en orden alfabético, seguidas por una breve descripción y un ejemplo. No puede existir ningún espacio en blanco entre la función y los paréntesis.

ABS(x)

Devuelve el valor absoluto de x.

Ejemplo:

```
SELECT ABS(-2)
```

Resultado:

2

ACOS(*x*)

Devuelve el arco coseno de *x*. Devuelve NULL si *x* no está entre -1 y 1.

Ejemplo:

```
SELECT ACOS(-0.653644)
```

Resultado:

2.283186

ADDDATE(*fecha*, INTERVAL *expresión de intervalo*)

Devuelve el resultado de la fecha más la expresión de intervalo. Devuelve NULL si la fecha proporcionada no es válida. Esta función es igual que DATE_ADD().

Intervalos posibles:

```
YEAR, DAY, HOUR, MINUTE, SECOND
```

Ejemplo:

```
SELECT ADDDATE("1969-04-29", INTERVAL 1 YEAR)
SELECT ADDDATE("1969-04-29", INTERVAL 1 DAY)
SELECT ADDDATE("1969-04-29", INTERVAL 40 DAY)
```

Resultados:

"1970-04-29"

"1969-04-30"

"1969-06-08"

ASIN(*x*)

Devuelve el arco seno *x*. Devuelve NULL si *x* no está entre -1 y 1.

Ejemplo:

```
SELECT ASIN(0.987)
```

Resultado:

1.409376

ASCII(*x*)

Devuelve el código ASCII del primer carácter de una cadena.

Ejemplo:

```
SELECT ASCII("A")
```

Resultado:

65

Ejemplo:

```
SELECT ASCII("Abc")
```

Resultado:

65

ATAN(*x*)

Devuelve el arco tangente de *x*.

Ejemplo:

```
SELECT ATAN(3)
```

Resultado:

1.249046

ATAN2(x, y)

Devuelve el arco tangente basándose en los signos proporcionados en los argumentos para determinar el cuadrante.

Ejemplo:

```
SELECT ATAN(2,2)
SELECT ATAN(-2,2)
```

Resultados:

.785398

-.785398

AVG(*expresión*)

Esta función devuelve un promedio de los números proporcionados en la expresión escrita en el argumento. En este promedio se utilizan sólo valores diferentes de NULL.

Ejemplo:

```
SELECT AVG(Precio) FROM Productos
```

Resultado:

23 (Siempre que Precio sea una columna de una tabla)

BENCHMARK(*cuenta, expresión*)

Realiza la *expresión* proporcionada en el argumento un número *cuenta* de veces. El valor que devuelve siempre es 0. Lo importante es el tiempo transcurrido proporcionado al final. Esto le permite juzgar qué tan rápido evalúa el servidor sus consultas.

Ejemplo:

```
SELECT BENCHMARK(20000, "SELECT * FROM Clientes")
```

Resultado:

El resultado cambiará dependiendo de algunos factores clave, tales como la carga del servidor. El resultado siempre será 0 con un tiempo transcurrido.

BIN(*x*)

Devuelve un valor binario de x, donde x es un BIGINT. El tipo de valor devuelto es una cadena.

Ejemplo:

```
SELECT BIN(3)
```

Resultado:

"11"

CEILING(*x*)

Devuelve el valor entero más pequeño no menor que x. El valor devuelto se convierte a BIGINT. Consulte FLOOR().

Ejemplo:

```
SELECT CEILING(4.56)
```

Resultado:

5

Ejemplo:

```
SELECT CEILING(-4.56)
```

Resultado:

-4

CHAR(*x*, *y*, *z* ...)

Devuelve una cadena de valores basándose en los valores de código ASCII de los argumentos proporcionados. Los valores NULL son brincados.

Ejemplo:

SELECT CHAR(65, 78, 87, 100)

Resultado:

ANWd

CHARACTER_LENGTH, CHAR_LENGTH

Consulte LENGTH().

COALESCE(*expresión1*, *expresión2*)

Devuelve el primer valor diferente de NULL en una lista de expresiones.

Ejemplo:

SELECT COALESCE(NULL, 345, 56)

Resultado:

345

CONCAT(*x*, *y*, *z*, ...)

Devuelve el resultado de la combinación de argumentos de una cadena. Si se utiliza un valor NULL para cualquiera de los argumentos, se devolverá NULL.

Ejemplo:

SELECT CONCAT("Sydney", " ", "Renee")

Resultado:

Sydney Renee

Ejemplo:

SELECT CONCAT("SO", NULL, "0987")

Resultado:

NULL

B

CONV(*x*, *de base*, *a base*)

Convierte un número de una base a otra.

Ejemplo:

```
SELECT CONV(3, 10, 2)
```

Resultado:

"11"

COS(*x*)

Devuelve el coseno de *x* donde *x* está en radianes.

Ejemplo:

```
SELECT COS(4)
```

Resultado:

-0.653644

COT(*x*)

Devuelve la cotangente de *x*.

Ejemplo:

```
SELECT COT(5)
```

Resultado:

-0.29581292

COUNT(*x*)

Devuelve los valores diferentes de NULL de un conjunto de resultados. Si se utiliza un *, devuelve el número de filas del conjunto de resultados.

Ejemplo:

```
SELECT COUNT(Genero) as Genero FROM Clientes WHERE Genero = "Matemáticas"
SELECT COUNT(*) FROM Clientes
```

Resultados:

129

300

CURDATE() y CURRENT_DATE()

Devuelven la fecha actual del sistema.

Ejemplo:

```
SELECT CURDATE()
```

Resultado:

"2000-01-30"

CURTIME() y CURRENT_TIME()

Devuelven la hora actual del sistema.

Ejemplo:

```
SELECT CURTIME()
```

Resultado:

'23:49:00'

CURRENT_TIMESTAMP()

Devuelve la hora y fecha actuales. Consulte NOW(), SYSDATE() y CURTIME().

Ejemplo:

```
SELECT CURRENT_TIMESTAMP()
```

Resultado:

'2000-01-30 23:49:34'

DATABASE()

Devuelve el nombre de la base de datos actual.

Ejemplo:

```
SELECT DATABASE()
```

Resultado:

'Mi_Tienda'

B

DATE_ADD( )

Consulte ADDDATE( ).

DATE_ADD(*fecha*, INTERVAL *tipo de valor*) y
ADD_DATE(*fecha*, INTERVAL *tipo de valor*)

Suma el valor al argumento de fecha. La palabra INTERVAL es una palabra clave y debe utilizarse en la función. El tipo puede ser uno de los tipos mostrados en la tabla B.1.

TABLA B.1   Tipos de hora/fecha

Tipo	Valor esperado
SECOND	SEGUNDOS
MINUTE	MINUTOS
HOUR	HORAS
DAY	DÍAS
MONTH	MESES
YEAR	AÑOS
MINUTE_SECOND	"MINUTOS:SEGUNDOS"
HOUR_MINUTE	"HORAS:MINUTOS"
DAY_HOUR	"DÍAS HORAS"
YEAR_MONTH	"AÑOS-MESES"
HOUR_SECOND	"HORAS:MINUTOS:SEGUNDOS"
DAY_MINUTE	"DÍAS HORAS:MINUTOS"
DAY_SECOND	"DÍAS HORAS:MINUTOS:SEGUNDOS"

Si utiliza uno de los tipos de la primera columna, el valor debe coincidir con el formato de la segunda columna. Consulte DATE_SUB( ).

Ejemplo:

```
SELECT DATE_ADD("2000-01-27", INTERVAL 4 DAY)
```

Resultado:

2000-01-31

Ejemplo:

```
SELECT DATE_ADD("2000-04-23 23:59:59", INTERVAL "1:1" MINUTE_SECOND)
```

Resultado:

2000-04-24 00:01:00

DATE_FORMAT(*fecha, símbolo de formato*)

Asigna formato a la fecha proporcionada de acuerdo con el formato proporcionado en *símbolo de formato*. Para describir un formato puede utilizarse más de un símbolo. La tabla B.2 lista los símbolos de formato aceptados.

TABLA B.2   Símbolos de formato

Símbolo de formato	Significado
%M	Nombre completo del mes
%m	Mes—numérico
%b	Nombre del mes abreviado
%W	Nombre completo del día de la semana
%D	Día del mes
%Y	Año—4 dígitos
%y	Año—2 dígitos
%j	Día del año—numérico
%a	Nombre del día de la semana abreviado
%d	Día del mes—dígito
%r	Hora—reloj de 12 horas
%T	Hora—reloj de 24 horas
%H	Hora 00-23
%h	Hora 01-12
%"i"	Minutos 00-59
%S	Segundos

Ejemplo:

```
SELECT DATE_FORMAT('2000-02-27', '%M %D %Y')
```

Resultado:

February 27th 2000

DATE_SUB(*fecha*, INTERVAL *tipo de valor*) y
SUBDATE(*fecha*, INTERVAL *tipo de valor*)

Resta el valor del argumento de fecha. La palabra INTERVAL es una palabra clave y debe utilizarse en la función. Consulte ADDDATE() para los tipos y valores relacionados.

Ejemplo:

```
SELECT DATE_SUB(2000-01-01, INTERVAL 1 DAY)
```

Resultado:

1999-12-31

Ejemplo:

```
SELECT DATE_SUB(2000-03-10 00:00:00, INTERVAL 1 MINUTE)
```

Resultado:

2000-03-09 23:59:00

DAYNAME(*fecha*)

Devuelve el nombre del día dado en la fecha.

Ejemplo:

```
SELECT DAYNAME('1980-09-05')
```

Resultado:

"Friday"

DAYOFMONTH(*fecha*)

Devuelve el día del mes dado en el argumento de fecha.

Ejemplo:

```
SELECT DAYOFMONTH('2000-01-27')
```

Resultado:

27

DAYOFWEEK(*fecha*)

Devuelve el índice del día de la semana que se proporciona en el argumento. Consulte la siguiente lista para el índice correcto del día correspondiente.

1 = Domingo

2 = Lunes

3 = Martes

4 = Miércoles

5 = Jueves

6 = Viernes

7 = Sábado

Ejemplo:

```
SELECT DAYOFWEEK('2000-01-27')
```

Resultado:

5—Corresponde al índice del jueves.

DAYOFYEAR(*fecha*)

Devuelve el día del año para la fecha. Ésta es la fecha Juliana.

Ejemplo:

```
SELECT DAYOFYEAR('2000-01-27')
```

Resultado:

27

Ejemplo:

```
SELECT DAYOFYEAR('2000-04-23')
```

Resultado:

114

DECODE(*cadena_binaria*, *cadena_de_codificación*)

Devuelve los resultados decodificados de la *cadena_binaria*. La *cadena_de_codifi-cación* debe ser la misma utilizada en el proceso de codificación.

DEGREES(*x*)

Devuelve, como grados, el valor de *x* dado en radianes. Consulte también RADIANS().

Ejemplo:

```
SELECT DEGREES(4.345)
```

Resultado:

248.950162

ELT(*X*, *a*, *b*, *c*, ...)

Devuelve la cadena cuya posición en la lista de argumentos coincide con *X*. Consulte FIELD().

Ejemplo:

```
SELECT ELT(3, "Carlos", "Elizabeth", "Juan", "Carmen")
```

Resultado:

"Juan"

ENCODE(*palabra*, *cadena_de_codificación*)

Devuelve una cadena binaria codificada basada en la *cadena_de_codificación*. Consulte DECODE().

Ejemplo:

```
SELECT ENCODE('azul', '1')
```

Resultado:

goE

ENCRYPT(*palabra*[, *semilla*])

Devuelve una cadena codificada. Utiliza la función crypt() de UNIX. La *semilla* opcional puede ser una cadena de dos letras.

Ejemplo:

```
SELECT ENCRYPT('azul', 'zazeo')
```

Resultado:

ZaGUaN125Bbzg

EXP(*x*)

Devuelve el valor de la base de logaritmos naturales, elevados a la potencia de *x*.

Ejemplo:

```
SELECT EXP(5)
```

Resultado:

148.413159

B

EXTRACT(*valor* FROM *fecha*)

Devuelve el valor proporcionado en la fecha dada. El *valor* debe estar en uno de los siguientes formatos:

Valores aceptados:

SECOND

MINUTE

HOUR

DAY

MONTH

YEAR

MINUTE_SECOND

HOUR_MINUTE

DAY_HOUR

YEAR_MONTH

HOUR_SECOND

DAY_MINUTE

DAY_SECOND

Consulte ADDDATE() y DATE_SUB().

Ejemplo:

```
SELECT EXTRACT(DAY FROM "2000-01-27")
```

Resultado:

1

Ejemplo:

```
SELECT EXTRACT(DAY_SECOND FROM "2000-01-27 12:01:45")
```

Resultado:

10145 — devuelto en DÍA/HORA/MINUTO

FIELD(*x, y, z, ...*)

Devuelve la posición en la lista de argumentos donde coinciden *x* y la cadena. Consulte
ELT().

Ejemplo:

```
SELECT FIELD("Carmen", "Carlos", "Elizabeth", "Juan", "Carmen")
```

Resultado:

4

FIND_IN_SET(*x, lista_de_cadenas*)

Devuelve la posición en la lista de cadenas donde se encuentra *x*. Si *x* no está en la lista
de cadenas, se devuelve un 0. La lista de cadenas es una lista de valores de cadena separados por una coma.

Ejemplo:

```
SELECT FIND_IN_SET("Beatriz", "Juan, Carmen, Beatriz")
```

Resultado:

3

FLOOR(*x*)

Devuelve el valor entero más grande no mayor que *x*. El valor devuelto se convierte en
un BIGINT. Consulte CEILING().

Ejemplo:

```
SELECT FLOOR(4.56)
```

Resultado:

4

Ejemplo:

```
SELECT FLOOR(-4.56)
```

Resultado:

-5

FORMAT(*NUM, DEC*)

Devuelve el número en *NUM* con el formato '*x,xxx,xxx.x*' redondeado a los decimales asignados en DEC. Si DEC es 0, no se devolverá una parte decimal.

Ejemplo:

```
SELECT FORMAT(12345.45, 1)
```

Resultado:

12,345.5

FROM_DAYS(*días*)

Dado un número de días, devolverá una fecha (lo contrario de TO_DAYS).

Ejemplo:

```
SELECT FROM_DAYS(694734)
```

Resultado:

1902-02-13

FROM_UNIXTIME(*hora_unix*[, *símbolos de formato*])

Devuelve una fecha basándose en la *hora_unix*. El parámetro opcional proporciona el formato.

Ejemplo:

```
SELECT FROM_UNIXTIME(951631200, '%M %D %Y')
```

Resultado:

February 27 2000

GREATEST(*x, y, ...*)

Devuelve el argumento con el valor mayor. Utiliza las mismas reglas que LEAST para comparaciones. Consulte LEAST().

Ejemplo:

```
SELECT GREATEST(45, 222, 3, 99)
```

Resultado:

222

Ejemplo:

```
SELECT GREATEST("A", "B", "C")
```

Resultado:

C

Ejemplo:

```
SELECT GREATEST("Beatriz", "Carlos", "Elizabeth")
```

Resultado:

Elizabeth

HEX(x)

Devuelve un valor hexadecimal de x, donde x es un BIGINT. El tipo de valor devuelto es una cadena.

Ejemplo:

```
SELECT HEX(15)
```

Resultado:

"F"

HOUR(hora)

Devuelve la hora dada en hora.

Ejemplo:

```
SELECT HOUR('11:45:01')
```

Resultado:

11

IF(expresión1, expresión2, expresión3)

Si expresión1 es True, se devuelve expresión2. Si expresión1 es False, se devuelve expresión3.

Ejemplo:

```
SELECT IF(1, "Esto", "Aquello")
SELECT IF(0, "Esto", "Aquello")
```

Resultados:

"Esto"

"Aquello"

IFNULL(*expresión1, expresión2*)

Si *expresión1* es NULL, se devuelve *expresión2*. Si *expresión1* no es NULL, se devuelve *expresión1*.

Ejemplo:

```
SELECT IFNULL(Actividad_Favorita, "Ninguna")
FROM Clientes
WHERE ID_Cliente = 5567
```

Resultado:

Si la columna Actividad_Favorita es NULL, devuelve la palabra "Ninguna". Si Actividad_Favorita no es NULL, se devuelve el valor para dicha columna. Ésta es una función útil en caso de que usted deba tener algún valor devuelto en un conjunto de resultados.

ISNULL(*expresión*)

Devuelve 1 si la *expresión* dada es NULL. Devuelve 0 en caso contrario.

Ejemplo:

```
SELECT ISNULL(Actividad_Favorita)
FROM Clientes
WHERE ID_Cliente = 2322
```

Resultado:

Si la columna Actividad_Favorita es NULL, se devuelve 1. En caso contrario, se devuelve 0.

INSERT(*x, y, z, j*)

Devuelve la cadena *x* sustituyendo con *j* los caracteres que inician en *y* con una longitud de *z*.

Ejemplo:

```
SELECT INSERT("Database", 5, 4, "ware")
```

Resultado:

"Dataware"

INSTR(*x*, *y*)

Devuelve el valor de la posición de la cadena *y* en la cadena *x*. Éste es el inverso de
LOCATE(*x*, *y*) y POSITION(*x*, *y*).

Ejemplo:

```
SELECT INSTR("Beatriz", "B")
```

Resultado:

1

LAST_INSERT_ID()

Devuelve el número de la última secuencia de un registro insertado en una columna
AUTO_INCREMENT. Este número se almacena basándose en la conexión. Así, si se inser-
taran dos registros en la misma tabla desde dos conexiones diferentes, el último número
para la primera conexión sería el registro que se insertó utilizando esta primera conexión
y el número para la segunda conexión sería el que se insertó utilizando dicha segunda
conexión.

Ejemplo:

```
SELECT LAST_INSERT_ID()
```

Resultado:

15

LCASE(*x*)

Devuelve la cadena *x* con todos los caracteres en minúsculas. Consulte LOWER(),
UCASE(), UPPER().

Ejemplo:

```
SELECT LCASE('BETY')
```

Resultado:

"bety"

LEAST(*x*, *y*, *z*,...)

Devuelve el argumento con el valor menor. Las siguientes reglas se utilizan para comparaciones:

- Si todos los valores son enteros, se comparan como enteros.
- Si el argumento es una cadena sensible a mayúsculas y minúsculas, se comparan como cadenas sensibles a mayúsculas y minúsculas. De otra forma, se comparan como cadenas no sensibles a mayúsculas y minúsculas.

Consulte GREATEST().

Ejemplo:

```
SELECT LEAST(9, 45, 12, 34, 6)
```

Resultado:

6

Ejemplo:

```
SELECT LEAST("A", "B", "C")
```

Resultado:

A

Ejemplo:

```
SELECT LEAST("Elizabeth", "Beatriz", "Carlos")
```

Resultado:

Beatriz

LEFT(*x*,*y*)

Devuelve el número de caracteres desde *x*, iniciando desde la izquierda hasta alcanzar una longitud de *y*. Consulte RIGHT().

Ejemplo:

```
SELECT LEFT("Base de datos", 4)
```

Resultado:

"Base"

LENGTH(*x*)

Devuelve la longitud de la cadena *x*.

Ejemplo:

```
SELECT LENGTH("Entre los individuos como . . .")
```

Resultado:

31

LOAD_FILE(*nombre_de_archivo*)

Abre el archivo y devuelve el contenido como una cadena. El archivo debe residir en el servidor y el usuario de esta función debe tener privilegios FILE.

Ejemplo:

```
UPDATE Productos SET Imagen = LOAD_FILE("/home/figuras/Flores.gif") WHERE
ID_Producto = 12
```

Resultado:

Este comando cargará en la columna Imagen de la tabla Productos el contenido de Flores.gif. La columna debe ser de tipo BLOB o TEXT.

LOCATE(*x, y, z*)

Devuelve la posición de la cadena *x* en la cadena *y* iniciando en *z*. Devuelve 0 si no se encuentra.

Ejemplo:

```
SELECT LOCATE("m", "Carmen", 5)
```

Resultado:

0

Ejemplo:

```
SELECT LOCATE("m", "Carmen", 1)
```

Resultado:

4

LOG(*x*)

Devuelve el logaritmo natural del argumento *x*.

Ejemplo:

```
LOG(5)
```

Resultado:

1.609438

Ejemplo:

LOG(-5)

Resultado:

NULL

B

LOG10(*x*)

Devuelve el logaritmo base 10 del argumento.

Ejemplo:

LOG10(1000)

Resultado:

3

Ejemplo:

LOG10(-1000)

Resultado:

NULL

LOWER(*x*)

Devuelve la cadena *x* con todos los caracteres en minúsculas. Consulte LCASE(), UCASE() y UPPER().

Ejemplo:

SELECT LOWER('NICOLÁS')

Resultado:

"nicolás"

LPAD(*x*, *y*, *z*)

Devuelve la cadena *x* agregando a la izquierda la cadena *z* hasta que la longitud de la cadena devuelta sea igual a *y*. Consulte RPAD().

Ejemplo:

SELECT LPAD("Bety", 8, "OK")

Resultado:

"OKOKBety"

LTRIM(*x*)

Devuelve *x* sin espacios iniciales. Consulte RTRIM() y TRIM().

Ejemplo:

```
SELECT LTRIM("   Elizabeth");
```

Resultado:

"Elizabeth"

MAX(*expresión*)

Devuelve el valor máximo de la expresión dada.

Ejemplo:

```
SELECT MAX(ID_Cliente) FROM Clientes;
```

Resultado:

387

MID(*x*, *y*, *z*)

Devuelve una cadena de *z* caracteres de longitud desde *x*, iniciando en la posición *y*.

Ejemplo:

```
SELECT MID("Base de datos", 9, 5)
```

Resultado:

"datos"

MIN(*expresión*)

Devuelve el valor más pequeño (mínimo) de la expresión dada.

Ejemplo:

```
SELECT MIN(ID_Cliente) FROM Clientes;
```

Resultado:

1

MINUTE (*hora*)

Devuelve los minutos dados en *hora*.

Ejemplo:

```
SELECT MINUTE('11:45:01')
```

Resultado:

45

MOD(*x*,*y*)

Devuelve el residuo de *x* dividido entre *y*. También puede utilizarse el símbolo %.

Ejemplo:

```
SELECT MOD(13,2)
```

Resultado:

1

Ejemplo:

```
SELECT 19 % 7
```

Resultado:

5

MONTH(*fecha*)

Devuelve el índice para el mes dado en *fecha*.

Ejemplo:

```
SELECT MONTH('2000-01-27')
```

Resultado:

1

MONTHNAME(*fecha*)

Devuelve el nombre del mes dado en *fecha*.

Ejemplo:

```
SELECT MONTHNAME("2000-03-10")
```

B

Resultado:

"March"

NOW()

Devuelve la hora y fecha actuales. Consulte CURTIME(), CURRENT_TIMESTAMP y SYSDATE().

Ejemplo:

```
SELECT NOW()
```

Resultado:

'2001-04-08 23:51:00'

OCT(x)

Devuelve un valor octal de x, donde x es un BIGINT. El tipo de valor devuelto es una cadena.

Ejemplo:

```
SELECT OCT(10)
```

Resultado:

12

OCTET_LENGTH()

Consulte LENGTH().

PASSWORD(contraseña)

Devuelve una cadena codificada de la cadena contraseña dada.

Ejemplo:

```
SELECT PASSWORD('ZAZEO')
```

Resultado:

5998A86F2AE7A041

PERIOD_ADD(x, y)

Devuelve un valor que resulta de la suma de y meses sumados al periodo x. x no está en formato de fecha.

Ejemplo:

```
SELECT PERIOD_ADD(9910, 4)
```

Resultado:

200002

PERIOD_DIFF(*X*, *Y*)

Devuelve el número de meses entre *x* y *y*. *x* y *y* podrían estar en formato AAMM o SSAAMM.

Ejemplo:

```
SELECT PERIOD_DIFF(200010, 199804)
```

Resultado:

30

PI()

Devuelve el valor de PI.

Ejemplo:

```
SELECT PI()
```

Resultado:

3.141593

POSITION(*x*, *y*)

Devuelve la posición de la primera aparición de *x* en *y*. Devuelve 0 si *x* no se encuentra en *y*.

Ejemplo:

```
SELECT LOCATE("individuos", "Entre los individuos como . . .")
```

Resultado:

11

Ejemplo:

```
SELECT POSITION("duos" in  "Entre los individuos como . . .")
```

Resultado:

17

POW(*x*, *y*) y POWER(*x*, *y*)

Devuelve el resultado de *x* elevado a la potencia de *y*.

Ejemplo:

```
SELECT POWER(2,3)
```

Resultado:

8

Ejemplo:

```
SELECT POW(9,2)
```

Resultado:

81

QUARTER(*fecha*)

Devuelve el trimestre del año proporcionado en *fecha*.

Ejemplo:

```
SELECT QUARTER('2000-06-22')
```

Resultado:

2

RADIANS(*x*)

Devuelve como radianes el valor de *x* dado en grados. Consulte DEGREES().

Ejemplo:

```
SELECT RADIANS(248)
```

Resultado:

4.328417

RAND() y RAND(*semilla*)

Devuelve un número aleatorio de tipo flotante en el intervalo de 0 a 1. Si se proporciona un argumento, éste se utiliza como *semilla*. (Una *semilla* se utiliza para generar el número aleatorio. La misma *semilla* devolverá la misma serie de números aleatorios— haciéndolos predecibles.)

Ejemplo:

```
SELECT RAND()
```

Resultado:

.6847

Ejemplo:

```
SELECT RAND()
```

Resultado:

.1067

Ejemplo:

```
SELECT RAND(3)
```

Resultado:

.1811

Ejemplo:

```
SELECT RAND(3)
```

Resultado:

.1811

REPEAT(x, y)

Devuelve una cadena de *x* repetida *y* veces. Si *y* es menor que 0, devolverá una cadena vacía.

Ejemplo:

```
SELECT REPEAT("Bety ", 4)
```

Resultado:

"Bety Bety Bety Bety"

REPLACE(x, y, z)

Devuelve la cadena *x* y sustituye todas las apariciones de *y* con *z*.

Ejemplo:

```
SELECT REPLACE("Entre lOS individuOS como . . .", "OS", "os")
```

Resultado:

"Entre los individuos como . . ."

REVERSE(x)

Devuelve la cadena *x* en orden inverso.

Ejemplo:

```
SELECT REVERSE("Carlos")
```

Resultado:

"solraC"

RIGHT(*cadena, longitud*)

Devuelve la *longitud* del extremo derecho de caracteres de la *cadena*. Devolverá un valor NULL si la cadena es NULL.

Ejemplo:

```
SELECT RIGHT("Super", 2)
```

Resultados:

"er"

ROUND(*x*)

Devuelve el argumento redondeado al número entero más cercano. Consulte ROUND(*x,y*).

Ejemplo:

```
SELECT ROUND(5.374)
```

Resultado:

5

Ejemplo:

```
SELECT ROUND(-5.374)
```

Resultado:

-5

ROUND(*x,y*)

Devuelve el argumento *x*, redondeado a los decimales especificados en *y*. Consulte ROUND(*x*).

Ejemplo:

```
SELECT ROUND(4.345, 1)
```

Resultado:

4.3

RPAD(*x*, *y*, *z*)

Devuelve la cadena de *x* agregando a la derecha la cadena *z* hasta que la longitud de la cadena devuelta sea igual a *y*. Consulte LPAD().

Ejemplo:

```
SELECT RPAD("Bety", 8, "OK")
```

Resultado:

"BetyOKOK"

RTRIM(*x*)

Devuelve *x* sin espacios finales. Consulte LTRIM() y TRIM().

Ejemplo:

```
SELECT RTRIM("Juan     ")
```

Resultado:

"Juan"

SECOND(*hora*)

Devuelve los segundos dados en *hora*.

Ejemplo:

```
SELECT SECOND('11:45:01')
```

Resultado:

1

SEC_TO_TIME(*segundos*)

Devuelve la hora en formato hh:mm:ss basándose en el número de segundos proporcionados en el argumento.

Ejemplo:

```
SELECT SEC_TO_TIME(56789)
```

Resultados:

"15:46:29"

SESSION_USER()

Devuelve el usuario de la conexión actual.

Ejemplo:

SELECT SESSION_USER()

Resultado:

'luis@localhost'

SIGN(x)

Devuelve el signo de x. Si x es negativo, se devuelve -1. Si x es 0, se devuelve 0. Si x es positivo, se devuelve 1.

Ejemplo:

SELECT SIGN(-14)

Resultado:

-1

Ejemplo:

SELECT SIGN(0)

Resultado:

0

Ejemplo:

SELECT SIGN(45)

Resultado:

1

SIN(x)

Devuelve el seno de x, donde x está en radianes.

Ejemplo:

SELECT SIN(7)

Resultado:

.656987

SOUNDEX(*x*)

Devuelve una cadena SOUNDEX a partir de *x*.

Ejemplo:

```
SELECT SOUNDEX("Carmen")
```

Resultado:

"C650"

SPACE(x)

Devuelve una cadena con *x* número de espacios.

Ejemplo:

```
SELECT SPACE(12)
```

Resultado:

"   "

SQRT(*x*)

Devuelve la raíz cuadrada de *x*.

Ejemplo:

```
SELECT SQRT(9)
```

Resultado:

3

Ejemplo:

```
SELECT SQRT(-16)
```

Resultado:

NULL

STRCMP(*cadena1*, *cadena2*)

Devuelve 0 si *cadena1* es igual a *cadena2*. Si son diferentes, esta función devuelve 1 o -1. Devuelve NULL si cualquiera de las cadenas es NULL.

Ejemplo:

```
SELECT STRCMP("Azul", "Azul")
```

Resultados:

0

Ejemplo:

```
SELECT STRCMP("Blue", "Azul")
```

Resultados:

1

Ejemplo:

```
SELECT STRCMP("Azul", "azul")
```

Resultados:

-1

STD(*expresión*) o STDDEV(*expresión*)

Devuelve la desviación estándar de la *expresión*. Para calcular este valor solamente se utilizan valores diferentes de NULL.

Ejemplo:

```
SELECT STD(Cantidad) FROM Pedidos;
```

Resultados:

2.435

SUM(*expresión*)

Devuelve la suma total de la *expresión*. Para calcular este valor solamente se utilizan valores diferentes de NULL.

Ejemplo:

```
SELECT SUM(Costo) FROM Pedidos;
```

Resultados:

10234.34

SUBSTRING_INDEX(*x, y, z*)

Devuelve una cadena desde *x* después de encontrar *z* apariciones de *y*. Si *y* es positivo, devuelve todo lo que se encuentra a la izquierda del delimitador final. Si *y* es negativo, devuelve todo lo que está a la derecha.

Ejemplo:

```
SELECT SUBSTRING_INDEX("mysql.3-23-3.Linux.tar.gz", ".", 3");
```

Resultado:

"mysql.3-23-3.Linux"

Ejemplo:

```
SELECT SUBSTRING_INDEX("mysql.3-23-3.Linux.tar.gz", ".", -3);
```

Resultado:

"Linux.tar.gz"

SUBDATE()

Consulte DATE_SUB()

SYSDATE()

Devuelve la hora y fecha actuales. Consulte también CURTIME(), NOW() y CURRENT_TIME-STAMP().

Ejemplo:

```
SELECT SYSDATE()
```

Resultado:

'2000-01-31 23:54:34'

SYSTEM_USER()

Devuelve el usuario de la conexión actual.

Ejemplo:

```
SELECT SYSTEM_USER()
```

Resultado:

'luis@localhost'

TAN(x)

Devuelve la tangente de x, donde x está en radianes.

Ejemplo:

```
SELECT TAN(12)
```

Resultado:

-0.635860

TIME_FORMAT(*hora, símbolo de formato*)

Devuelve la hora dada con el *símbolo de formato* especificado. El *símbolo de forma-to* solamente puede ser un símbolo relacionado con la hora como los que aparecen en la tabla de DATE_FORMAT(). Consulte DATE_FORMAT().

Ejemplo:

```
SELECT TIME_FORMAT('2000-01-23 00:34:33', '%H %i')
```

Resultado:

00 34

TIME_TO_SEC(*hora*)

Devuelve el número de segundos basándose en la hora dada en el argumento.

Ejemplo:

```
SELECT TIME_TO_SEC("15:26:29")
```

Resultado:

55589

TO_DAYS(*fecha*)

Devuelve el número de días desde el año 0 hasta la fecha dada. Consulte FROM_DAYS().

Ejemplo:

```
SELECT TO_DAYS('1902-02-12')
```

Resultado:

694733

TRIM([[BOTH o LEADING o TRAILING][*x*] FROM] *y*])

Devuelve la cadena *y* y elimina la cadena especificada *x* desde el inicio, final o ambos de la cadena *y*. Si no se utilizan opciones, se eliminan los espacios desde el principio y final de la cadena. Consulte LTRIM() y RTRIM().

Ejemplo:

```
SELECT TRIM(" Luis ")
```

Resultado:

"Luis"

Ejemplo:

```
SELECT TRIM(LEADING "L" FROM "Luis")
```

Resultado:

"uis"

Ejemplo:

```
SELECT TRIM(BOTH "x" FROM "xxxarchivo.xxx")
```

Resultado:

"archivo."

TRUNCATE(x,y)

Devuelve el argumento *x* truncado a *y* lugares decimales. Si *y* es 0, el resultado no contendrá decimales.

Ejemplo:

```
TRUNCATE(3.4567, 2)
```

Resultado:

3.45

Ejemplo:

```
TRUNCATE(3.4567, 0)
```

Resultado:

3

UCASE(x)

Devuelve la cadena *x* con todos los caracteres en mayúsculas. Consulte UPPER(), LOWER() y LCASE().

Ejemplo:

```
SELECT UCASE('Saludos')
```

Resultado:

"SALUDOS"

UNIX_TIMESTAMP([*fecha*])

Sin el argumento opcional de fecha, devuelve una marca de fecha UNIX. Si se proporciona la fecha, la devolverá como una marca de fecha UNIX.

Ejemplo:

```
SELECT UNIX_TIMESTAMP()
```

Resultado:

949301344

Ejemplo:

```
SELECT UNIX_TIMESTAMP('2000-02-27')
```

Resultado:

951631200

UPPER(*x*)

Devuelve la cadena *x* con todos los caracteres en mayúsculas. Consulte UCASE(), LOWER() y LCASE().

Ejemplo:

```
SELECT UPPER('Beatriz')
```

Resultado:

"BEATRIZ"

USER()

Devuelve el nombre del usuario de la conexión actual.

Ejemplo:

```
SELECT USER()
```

Resultado:

'luis@localhost'

VERSION()

Devuelve la versión del servidor como una cadena.

Ejemplo:

```
SELECT VERSION()
```

Resultado:

"3.23.32"

WEEK(fecha [, *inicio*])

Devuelve el número de la semana proporcionada en el argumento de fecha. El parámetro opcional *inicio* indica cuál es el día de inicio de la semana. Si se utiliza 0, la semana inicia en domingo. Si se utiliza 1, la semana inicia en lunes.

Ejemplo:

```
SELECT WEEK('2000-04-29')
```

Resultado:

17

Ejemplo:

```
SELECT WEEK('2000-04-29', 1)
```

Resultado:

17

WEEKDAY(*fecha*)

Devuelve el índice para el día de la semana proporcionada en el argumento. La siguiente lista identifica el índice que se utiliza para cada día de la semana.

0 = Lunes

1 = Martes

2 = Miércoles

3 = Jueves

4 = Viernes

5 = Sábado

6 = Domingo

Ejemplo:

```
SELECT WEEKDAY('2000-01-27')
```

Resultado:

3—Corresponde al índice del jueves

YEAR(*fecha*)

Devuelve el año proporcionado en la fecha.

Ejemplo:

```
SELECT YEAR('2001-01-27')
```

Resultado:

2001

APÉNDICE C

Respuestas a los ejercicios

Día 1

1. Compare los precios de varias bases de datos que tengan características similares a las de MySQL. Podrían ser SQL Server, Oracle, Adaptive Server y DB2. Vea cuánto vale realmente MySQL.

   Encontrará que MySQL cuesta mucho menos que sus competidores. En el momento de escribir este libro, la edición empresarial de Microsoft SQL Server se encuentra en el mercado por $28,999.00 con un número ilimitado de clientes. La edición empresarial de Sybase Adapter 12 con una licencia para 10 usuarios cuesta $1,650.00 para Windows NT. La versión para Linux de Sybase Adaptive Server se vende en $995. MySQL, por su parte, cuesta cuando mucho $200.

2. Visite algunos sitios Web y pruebe algunos productos que utilicen MySQL (Algunos de esos productos están incluidos en el CD-ROM). Cuando vea a MySQL en acción, cambiará su forma de pensar acerca de los productos Open Source.

   El Support Wizard es un buen ejemplo. Éste utiliza MySQL de forma eficiente.

Día 2

1. Utilice la línea de comandos para desplegar todos los datos de la base de datos `mysql`.

   Puede hacerlo mediante el siguiente comando de SQL:

   `SELECT * FROM mysql;`

   También puede utilizar el comando `SHOW`. Éste mostrará todas las tablas en la base de datos (`SHOW TABLES FROM nombre_base_de_datos`).

2. Revise si el daemon `mysqld` está ejecutándose. Para ello utilice dos métodos diferentes.

   El primero es mediante el comando `mysqladmin`.

   ENTRADA   `bin/mysqladmin -p ping`

   El otro es mediante el comando `grep` (en Linux y máquinas UNIX) u observando los servicios o procesos que se están ejecutando actualmente oprimiendo Ctrl+Alt+Supr (en Windows).

   ENTRADA   `ps -aux | grep mysqld`

3. Conéctese a través de Telnet a un sitio remoto y arranque y detenga el servidor MySQL.

   Desde la línea de comandos, inicie una sesión de Telnet y conéctese a la computadora que esté ejecutando MySQL actualmente. Después de haber establecido una conexión, cámbiese al directorio de instalación de `mysql` (`/usr/local/mysql`, como predeterminado). Usted debe tener privilegios `root` de MySQL para iniciar y detener el servidor. Para hacerlo, utilice el comando `mysqladmin shutdown`. Para iniciarlo nuevamente, use el comando `safe_mysqld&`.

4. Use de manera remota el monitor de MySQL.

   Esto puede lograrse utilizando Telnet para conectarse a un servidor externo de MySQL.

Día 3

1. En el proyecto `Mi_Tienda` definió algunos objetos de negocios. ¿Puede definir algunos más?

   Basándose en entrevistas con el cliente, puede desarrollar más objetos de negocios. Para la base de datos `Mi_Tienda`, éstos podrían ser un objeto `Compañía de envíos`, `Anuncio`, `Cupón`, o quizá un objeto `Crédito`.

2. Defina el resto de las reglas del negocio para el proyecto `Mi_Tienda`.

Otras reglas del negocio dependerían también de entrevistas con el cliente o de un estudio posterior de los procesos de negocios. Algunas reglas podrían incluir "Una transacción no podrá realizarse hasta que sea verificado el formulario de pago". Otra regla podría ser que un artículo no será enviado a menos que éste se encuentre en inventario.

Día 4

1. Cree y elimine bases de datos con la utilería `mysqladmin` y también con el monitor.

Para crear la base de datos, utilice:

ENTRADA `bin/mysqladmin –p CREATE DATABASE BD_Prueba`

Para eliminarla, utilice:

ENTRADA `bin/mysqladmin –p DROP DATABASE BD_Prueba`

Para obtener los mismos resultados utilizando el monitor de MySQL, utilice los comandos:

ENTRADA `CREATE DATABASE BD_Prueba;`

ENTRADA `DROP DATABASE BD_Prueba;`

2. Agregue un par de usuarios a la base de datos y utilice esas cuentas.

La forma más fácil de agregar usuarios es con la instrucción `GRANT`. Esto puede lograrse mediante los siguientes comandos:

ENTRADA `GRANT ALL ON *.* TO "bety@%" IDENTIFIED BY "4zu11998";`

Día 5

1. Describa algunos de los beneficios de la normalización.

La normalización ayuda a crear una base de datos flexible y eficiente que facilite los informes y la manipulación.

2. Identifique áreas que no necesiten normalizarse.

Los artículos tales como dos columnas para contener direcciones o códigos postales pueden no necesitar normalizarse. Además, si pretende capturar una cantidad pequeña de datos, probablemente una tabla sería más eficiente.

C

Día 6

1. Cree un esquema para el proyecto Mi_Tienda. Base dicho esquema en el modelo que se desarrolló el día 3.

Lo siguiente podría colocarse en un archivo de texto y redireccionarse al comando mysql:

```
CREATE DATABASE Mi_Tienda;
USE Mi_Tienda;
CREATE TABLE Clientes
(ID_Cliente INT NOT NULL PRIMARY KEY AUTO_INCREMENT,
                    Nombre VARCHAR(20) NOT NULL,
      Apellido_Paterno  VARCHAR(20) NOT NULL,
                Apellido_Materno  VARCHAR(20) NOT NULL,
                Direccion VARCHAR(50) NOT NULL,
                Ciudad VARCHAR(20) NOT NULL,
                Estado VARCHAR(2) NOT NULL,
                Codigo_Postal VARCHAR(20) NOT NULL,
                Correo_Electronico VARCHAR(20) NOT NULL,
                Edad TINYINT NOT NULL,
                Sexo ENUM('Hombre', 'Mujer') DEFAUL 'Mujer',
                    Actividad_Favorita ENUM('Programación', 'Cocina',
                    ➥'Ciclismo',
                'Correr', 'Ninguna') DEFAULT 'Ninguna',
                Genero_Favorito        VARCHAR(50),
                Ocupacion VARCHAR(30)

CREATE TABLE Cia_Envios
(ID_Cia_Envios INT NOT NULL PRIMARY KEY AUTO_INCREMENT,
                Nombre VARCHAR(100) NOT NULL,
                Ubicacion VARCHAR(100) NOT NULL,
                Forma_Envio VARCHAR(40) NOT NULL,
                Activo CHAR(1) NOT NULL);

CREATE TABLE Pedidos
(ID_Pedido INT NOT NULL PRIMARY KEY AUTO_INCREMENT,
                ID_Conductor INT NOT NULL,
                ID_Transaccion INT NOT NULL,
                ID_Cliente INT NOT NULL,
                Fecha_Pedido DATETIME NOT NULL,
                Mensaje_Cliente VARCHAR(255),
                Cantidad_Adeudo FLOAT(5,2) NOT NULL);

CREATE TABLE Ordenes_de_Produccion
(ID_Ordenes_de_Produccion INT NOT NULL PRIMARY KEY AUTO_INCREMENT,
                ID_Producto INT NOT NULL,
                ID_Orden INT NOT NULL);
```

```
CREATE TABLE Transacciones
(ID_Transaccion INT NOT NULL PRIMARY KEY AUTO_INCREMENT,
               Fecha_Transaccion DATETIME NOT NULL,
               Cantidad_Pagada FLOAT(5,2) NOT NULL,
               Fecha_Envio DATETIME NOT NULL);

CREATE TABLE Productos
(ID_Producto INT NOT NULL PRIMARY KEY AUTO_INCREMENT,
               Nombre VARCHAR(100) NOT NULL,
               Descripcion VARCHAR(255) NOT NULL,
               Precio FLOAT(5,2) NOT NULL,
               Fabricante VARCHAR(255) NOT NULL,
               Imagen VARCHAR(100));
```

2. Cree índices para la base de datos `Mi_Tienda`. Utilice lo que aprendió este día para determinar qué columnas deben indexarse.

Las siguientes columnas deberían contener un índice:

`ID_Cliente` en la tabla `Clientes`.

`ID_Compania_Envios` en la tabla `Compania_Envios`.

`ID_Producto` e `ID_Pedido` en la tabla `Ordenes_de_Producción`.

Día 7

1. Utilice lo que ha aprendido hasta ahora y redefina todos los valores de las columnas del proyecto `Mi_Tienda`.

Vea el ejercicio 1 del día anterior.

2. Practique la inserción de filas en una tabla utilizando los tipos de columna `SET` y `ENUM`.

Éstos son algunos ejemplos:

```
INSERT INTO Clientes (Sexo) VALUES('Hombre');
```

```
INSERT INTO Clientes (Sexo) VALUES(NULL);
```

El primer ejemplo insertará un `Hombre` en la tabla. El segundo insertará el valor predeterminado, el cual, en su base de datos es `Mujer`.

Día 8

1. Utilice el comando `mysqlimport` con las opciones adecuadas para completar la siguiente tarea:

   Usted necesita importar una hoja de cálculo del departamento de envíos. Este departamento le proporciona una hoja para importarla a la base de datos que mantiene un registro de todos los pedidos que han sido enviados. Los campos están separados por diagonales y los datos están delimitados por apóstrofes. Todo el contenido de la hoja son datos nuevos; no han sido actualizados los datos antiguos. Importe el archivo.

   Para lograrlo, utilice el siguiente comando:

   ENTRADA
   ```
   bin/mysqlimport -p -i --fields-enclosed-by=' --fields-terminated-by=/
   ```

2. Utilice el comando `mysqldump` correctamente en el siguiente escenario:

   El jefe quiere que le dé un informe de contabilidad basado en la tabla Pedidos. Para calcular las comisiones, los contadores necesitan la cantidad y el precio de cada artículo que fue ordenado. No necesitan el DDL, pero se requiere que el informe esté delimitado por comas. Haga el informe.

   Para lograrlo utilice el comando:

   ENTRADA
   ```
   bin/mysqldump -p -t --fields-terminated -by=,
   Mi_Tienda Pedidos >> Informe.txt
   ```

Día 9

1. Traduzca lo siguiente a instrucciones SQL:

   a. Ver todos los registros de la tabla `Clientes` de los clientes que han realizado pedidos.
   ```
   SELECT * FROM Clientes WHERE ID_Cliente = Pedidos.ID_Cliente;
   ```

   b. Ver todas las compañías de envíos que se utilizaron el mes pasado.
   ```
   SELECT Nombre_Despachador FROM Despachador as D, Pedidos as P
   WHERE P.Fecha_Pedido >= '2000-01-01'
   AND P.Fecha_Pedido <= '2001-01-31'
   AND P.ID_Despachador = D.ID_Despachador;
   ```

   c. Ver todos los clientes.
   ```
   SELECT * FROM Clientes;
   ```

2. Cree una instrucción SQL que realice lo siguiente:

    - Agregue la siguiente información a la tabla Clientes:

        a. Nombre: Gerardo

        b. Apellido paterno: Higareda

        c. Dirección: Tamaulipas #176

```
INSERT INTO Clientes (Nombre, Apellido, Direccion1)
VALUES('Gerardo', 'Higareda', 'Tamaulipas #176');
```

3. Cambie el nombre del último registro que agregó de "Gerardo" a "Samuel"

```
UPDATE Clientes SET Nombre = 'Samuel'
WHERE ID_Cliente = LAST_INSERT_ID();
```

4. Borre, de la tabla Clientes, todos los registros con el nombre Gerardo.

```
DELETE FROM Clientes WHERE Nombre = 'Gerardo';
```

5. Cree una instrucción SQL que devuelva el número de clientes cuyos nombres empiecen con M.

```
SELECT COUNT(ID_Cliente) as Numero_Clientes
FROM Clientes
WHERE Nombre LIKE "M%";
```

6. Cree una instrucción SQL que devuelva el promedio de productos que compra cada cliente. (Tip: utilice la columna de cantidad.)

```
SELECT AVG(Cantidad) FROM Pedidos;
```

7. Cree una instrucción SQL que devuelva todos los clientes que hicieron algún pedido el mes pasado, ordenando alfabéticamente y de manera ascendente, y agrupando los registros por fecha.

```
SELECT C.* FROM Pedidos as P, Clientes as C
WHERE P.Fecha_Pedido >='2000-01-01'
AND P.Fecha_Pedido <= '2000-01-31'
AND C.ID_Cliente = P.ID_Cliente
ORDER BY C.Apellido_Paterno
GROUP BY P.Fecha_Pedido;
```

Día 10

1. Use en consultas algunas de las funciones que aprendió este día, utilizando la base de datos Mi_Tienda.

   Éstos son algunos ejemplos:

   ```
   SELECT SUM(Cantidad_Pagada) AS Total FROM Transacciones;
   SELECT MAX(ID_Cliente) AS Maximo FROM Clientes;
   ```

2. ¿Cómo obtendría el número total de transacciones del 1 de marzo del 2001?

   ```
   SELECT COUNT(ID_Transaccion)
   FROM Transacciones
   WHERE Fecha_Transaccion = '20000301";
   ```

Día 11

1. Imagine que tiene una tabla llamada Pedidos y que quiere actualizarla mientras ningún subproceso pueda leerla. También tiene una tabla llamada Productos, de la cual quiere leer, pero no hacer actualizaciones. Escriba la sintaxis para el bloqueo y desbloqueo apropiado de estas tablas.

   ```
   LOCK TABLES Pedidos WRITE, Productos READ;
   ...
   UNLOCK TABLES;
   ```

2. Considere cada uno de los siguientes escenarios. ¿En cuál de ellos consideraría aplicar una clave a la tabla? ¿Usaría una clave única o no única?

   a. Una tabla contiene todas las fechas de nacimiento de gente que usted conoce. Su computadora la accede una vez al día para ver si alguien cumple años ese día, y si es así, le envía un mensaje de correo electrónico de felicitación.

   Una clave no única.

   b. Una tabla de productos disponibles para ordenar de su tienda en línea. No se permiten los duplicados.

   Una clave única.

   c. Una tabla que registra el impuesto aplicado a los productos vendidos. Se escribe cada vez que un producto es vendido, pero se lee sólo una vez por trimestre.

   Sin clave.

Día 12

1. Liste las ventajas y desventajas de usar una interfaz en lugar del monitor de MySQL.

   • Ventajas:

     Las interfaces le permiten realizar operaciones complejas de base de datos en forma programática.

     Éstas le permiten controlar lo que se introduce en su base de datos, así como realizar verificación de errores.

   • Desventajas:

     Usted tiene que conocer un lenguaje de programación para crear la interfaz.

     El ciclo de desarrollo es largo.

2. ¿Cuáles son los requerimientos básicos para una conexión de base de datos?

   Nombre del servidor o dirección IP, nombre de usuario, de contraseña y de base de datos.

Día 13

1. Por medio de ADO, conéctese a la base de datos de MySQL y optimice sus tablas.

```
Dim mConn as Connection
Dim mCmd as Command

With mConn
    .ConnectionString = "Server=192.168.0.1;driver=mysql;" &_
"db=Mi_Tienda;uid=luis;pwd=zazeo"
    .Open
End With

With mCmd
    .ActiveConnection=mConn
    .CommandType = adCmdText
    .CommandText = "OPTIMIZE TABLE Clientes"
    .Execute , , adExecuteNoRecords
End With

mConn.Close
```

2. Cree una página ASP que permita al usuario editar datos de la tabla Clientes.

   Puede encontrar la respuesta a esta pregunta en el directorio del apéndice C ubicado en el CD-ROM que acompaña a este libro.

C

Día 14

1. Cree una secuencia de comandos Perl que tome una solicitud del usuario y despliegue valores de la base de datos basándose en un valor dado. Por ejemplo, con la base de datos `Mi_Tienda` cree una página Web que permita a una persona ver una lista de clientes basada en el Estado en el que viven los clientes. Pase este valor a una secuencia de comandos Perl que utilice ese parámetro en una consulta `SELECT` de SQL.

   Puede encontrar la respuesta a esta pregunta en el directorio del apéndice C ubicado en el CD-ROM que acompaña a este libro.

2. Cree una secuencia de comandos Perl que añada un usuario a la base de datos. (Tip: utilice la instrucción GRANT.)

```
#! /usr/local/bin
use DBI;
$DSN = "DBI:mysql:Mi_Tienda:192.168.0.1";
$dbh = DBI->connect($DSN,"luis","z4z30");
$dbh->do("GRANT ALL ON *.* TO juan@% IDENTIFIED BY "5u3g/0");
$dbh->disconnect();
```

Día 15

1. Escriba la sintaxis de PHP para ejecutar una instrucción `SELECT` en una tabla llamada `Productos`. La tabla deberá incluir los campos `Nombre` y `Precio`. Su consulta deberá recuperar todos los productos cuyo precio sea menor que $50. Además, deberá permitir una condición de error y, de ser necesario, llamar a la función definida por el usuario `informe_error`.

```
<?php

function informe_error () {
    echo "Error: ".mysql_errno()."; error description:
".mysql_error()."<br>\n";
}

$sql = "SELECT Nombre, Precio FROM Productos WHERE precio < 50";
if ($resultado = mysql_query ("$sql")) {
    while ($row = mysql_fetch_array ($resultado)) {
        echo "Producto: ".$row[Nombre]." precio $".$row[Precio]."<br>\n";
    }
} else informar_error ();
```

2. Escriba la función de PHP para conectarse a una base de datos de MySQL en localhost y devolver el identificador de conexión al programa invocador.

```
<HTML>
<HEAD>
<TITLE>Ejercicio 15.2</TITLE>
</HEAD>
<BODY>
<?php
$DB_Usuario="luis";
```

```
$Contrasenia_Usuario="zazeo";
$ID_Conexion=mysql_connect("localhost:/tmp/mysql.sock",$DB_Usuario,$Contrase
➥nia_Usuario);
echo  "El identificador de conexión es: ".$ID_Conexion;
?>
</BODY>
</HTML>
```

Día 16

1. Escriba una instrucción SELECT para dar salida a la hora actual en el formato "hora:minuto am/pm día de la semana mes año".

```
SELECT DATE_FORMAT(NOW(),'%r %W %D %M %Y');
```

2. Escriba una instrucción SELECT para encontrar qué día de la semana será el 4 de julio del 2010.

```
SELECT DAYNAME('2010-07-04');
```

3. Escriba una instrucción SELECT para sumar 1,000 días al 1 de abril del 2000 y devolver la fecha. ¿Qué día de la semana será el día siguiente a esa fecha?

```
SELECT DATE_ADD('2000-04-01',INTERVAL 1000 DAY);
```

Viernes. Puede obtener el segundo resultado utilizando

```
SELECT DAYNAME(DATE_ADD('2000-04-01',INTERVAL 1000 DAY)).
```

Día 17

1. Agregue usuarios a la base de datos Mi_Tienda mediante las técnicas explicadas en este capítulo. Agregue uno utilizando la instrucción GRANT, otro con la utilería mysql_setpermission y otro manipulando las tablas de permisos de acceso.

Utilizando la instrucción GRANT:

```
GRANT ALL ON *.* TO Elias@% IDENTIFIED BY "4c7u4/10";
```

Utilice el comando mysql_setpermission (si tiene problemas, utilice la opción -help).

Para manipular las tablas GRANT, debe tener la autoridad adecuada. Para agregar un usuario, utilice mysql:

```
INSERT INTO user VALUES("%","Elias", password("4c7u4/10")
,"Y","Y","Y","Y","Y","Y","Y","Y","Y","Y","Y","Y","Y","Y","Y");
```

Después tendrá que asignarle al usuario el acceso a una base de datos manipulando la tabla db.

2. Retire los privilegios que otorgó a los usuarios del ejercicio 1 utilizando la instrucción REVOKE.

```
REVOKE ALL ON *.* TO Elias@%;
```

3. Elimine a los usuarios de su base de datos.

```
DELETE FROM user WHERE User="Elias" AND Host="%";
```

Día 18

1. Entre al sitio Web crashme y compare MySQL con su base de datos favorita.

   El sitio Web crashme está vinculado al sitio Web de MySQL. Éste muestra una comparación estadística de muchas bases de datos comunes.

2. Cree una función definida por el usuario parecida a la de este día.

   Implemente la función en su base de datos de MySQL siguiendo las instrucciones de este día.

   Para implementar su nueva función, tendrá que agregarla a las tablas de permisos de acceso. Para hacerlo, utilizará la instrucción CREATE FUNCTION. La sintaxis para esta instrucción es la siguiente:

   ENTRADA
   ```
   CREATE FUNCTION nombre_de_función RETURNS tipo_devuelto
   "nombre_del_archivo_compilado"
   ```

   Después de haber agregado la función a las tablas de permisos de acceso, deberá ser capaz de usarla de la misma forma que cualquier otra función intrínseca de MySQL.

Día 19

1. Escriba la sintaxis para verificar si una tabla llamada "Mi_Tabla" contiene bloques eliminados.
   ```
   isamchk -r Mi_Tabla
   ```

2. Proporcione la sintaxis para mostrar la lista actual de subprocesos activos en un servidor MySQL.
   ```
   mysqladmin -u username -p processlist
   ```

3. Escriba la llamada a función para codificar la cadena 'mi cadena' con salt en 'ht1QbxA2IJPhU'.
   ```
   SELECT ENCRYPT('mi cadena,','ht');
   ```

Día 20

1. Realice la opción de recuperación de la utilería myisamchk en todas las tablas de Mi_Tienda.

   Para lograr esta tarea, escriba el siguiente comando:

   ENTRADA
   ```
   bin/myisamchk -r *.MYI
   ```

2. Reúna las especificaciones para que un servidor utilice la base de datos Mi_Tienda, sabiendo que ésta se accederá alrededor de 10,000 veces al día a través de Internet. Considere que MySQL se ejecuta mejor en sistemas basados en UNIX.

MySQL se ejecuta mejor en los sistemas basados en UNIX. Para la base de datos `Mi_Tienda`, lo mejor sería un servidor UNIX de los más modernos. Aunque esto es muy subjetivo. Probablemente podría lograrlo ejecutándola en un sistema Intel que corra en Linux.

Día 21

1. Existen dos secuencias de comandos que no creó en el diagrama de flujo: la secuencia de comandos para desplegar artículos de la tabla `Productos` y la secuencia de comandos para crear un pedido. Cree estas secuencias de comandos usando Perl y DBI/DBD.

   Puede encontrar la respuesta a esta pregunta en el directorio del apéndice C ubicado en el CD-ROM que acompaña a este libro.

2. La misma tarea que el primer ejercicio, pero ahora utilice ADO y ODBC.

   Puede encontrar la respuesta a esta pregunta en el directorio del apéndice C ubicado en el CD-ROM que acompaña a este libro.

C

ÍNDICE

Números

A

G

Instrucciones de instalación para Windows 95/98/NT/2000

1. Inserte el CD-ROM.
2. En el escritorio de Windows, haga doble clic en el icono Mi PC.
3. Haga doble clic en el icono que representa a su unidad de CD-ROM.
4. Abra el archivo `readme.txt`, en el cual encontrará descripciones de los productos de terceros.

Instrucciones de instalación para Linux y UNIX

Estas instrucciones dan por sentado que usted está familiarizado con los comandos de UNIX y la configuración básica de su computadora. Debido a que existen diversas versiones de UNIX, solamente se utilizan comandos genéricos. Si tiene algún problema al utilizar estos comandos, consulte por favor las páginas apropiadas del manual o a su administrador de sistemas.

1. Inserte el CD-ROM.
2. Si tiene un administrador de volúmenes, el montaje del CD-ROM será automático. Si no lo tiene, puede montar el CD-ROM con los siguientes comandos:

```
mount -tiso9660 /dev/cdrom/ /mnt/cdrom
```

3. Abra el archivo `readme.txt`, en el cual encontrará descripciones de los productos de terceros.

Nota

`/mnt/cdrom` es tan sólo un punto de montaje, pero debe existir al momento de que usted emita el comando `Mount`. Si no desea usar `/mnt/cdrom`, puede utilizar cualquier directorio vacío.

LITOGRAFICA INGRAMEX, S.A.
CENTENO No. 162-1
COL. GRANJAS ESMERALDA
09810 MÉXICO, D.F.

2001